세상읽기와 원불교

세상읽기와
원불교

류성태 지음

學古房

제2편 정신문화의 연원

제3편 연꽃이 되라

제4편 동양고전의 지혜

제5편 ▶ 구만리 장천의 봉황

제6편 ▶ 대학신문 사설을 쓰면서

　그동안 필자가 간행한 단행본들은 하단에 주를 달았던 형식으로서 학술
지 성격이었다. 그러나 본 저술의 형식에 있어서 지금까지 발간한 서적들
과 다르게 접근하였다.

　따라서 원불교 언론지와 지방신문, 대학신문 등에 실린 시론時論 성격의
글들을 모아 새롭게 세상에 선보이고자 한다. <원불교신문>에 오랜 기간
연재된 「문목 둘러보기」는 이미 『견성과 원불교』(2013)라는 저서로 탄생
하였지만, 그 외의 글들을 추스려서 이렇게 세상읽기의 모습으로 단장하
였다.

　『세상읽기와 원불교』는 낮은 자세의 시각에서 세상사에 다가서고, 또
소통하려는 뜻에서 서재와 현실의 격을 좁히면서 자유스럽게 사색의 창을
열고서 엮은 글들이다. 교수활동 후반기, 논문이라는 무거운 짐을 벗어던
지고 수필 형식의 단상斷想을 모은 산문散文이라 보아도 좋을 것이다.

　산문 형식은 붓이 가는 데로 가벼운 마음으로 써내려갔다는 것이며,
다만 시론과 사설의 성격인 관계로 여전히 딱딱한 문필임은 부인할 수
없다. 소설가나 수필가가 아닌 이상, 여전히 학자의 직업의식에서 나온
평론評論의 글이기 때문이다.

　본 저술의 가치는 필자 33년의 교수생활을 통해서 기고된 언로言路와의
소통 성격을 지닌다는 것이다. 지식인의 세상읽기는 민중으로 연결되는
언로와의 가교를 통해서, 종교인으로서 사회참여의 사명감을 북돋우는 것
이라 보며 이는 원불교의 사회의식과 맞물려 있다.

12

굳이 세상읽기의 성격을 밝히라고 한다면 원불교의 현실읽기, 사회읽기, 역사읽기가 그것이다. 교수활동을 총정리하면서, 그동안 지적 가치발현의 소명의식으로 세상 사람과 소통하려 했던 필력이 주마등처럼 흔적으로 남겨진 셈이다.

2021년 11월 20일
신룡벌 서재에서 류성태 합장

서편

현실읽기와 원불교

요즘은 급변하는 시대이다. 하루가 다르게 변화하는 실상을 감당하기 어려운 상황으로 몰아가고 있다. 영국의 설교자 휘터커는 1634년 하원에서 '지금은 격동의 시대'라고 하였다. 프랑스의 드 살모네 역시 1647년 펴낸 책에서 자신이 살았던 시대를 '철의 시대'(Iron Age)라고 부르면서 혁명의 시대를 예고한 적이 있다.

큰 틀에서의 시대 구분은 역사변천에 따른 선사, 구석기, 신석기, 철기시대로 보며, 철학사에서 시대 구분은 상고, 고대, 중세, 근대, 현대라는 구도를 통해서 접근한다. 오늘날의 산업발전사에서 볼 때의 시대는 농경사회, 산업사회, 지식정보화사회에 이어서 오늘날 'AI시대'라고 한다.

이러한 변화하는 시대를 읽지 못하면 시대착오적 사유를 하거나, 시대에 뒤떨어진 행동을 할 때가 문제이다. 변화하는 시대에 저항한다거나, 시대가 원하는 요구사항을 반영하지 못하는 경우가 적지 않기 때문이다. 시대적 흐름을 읽지 못한다면 그 단체는 뒤쳐지며, 사회 역시 시대적 사명을 다하지 못한다.

후천시대임에도 불구하고 선천시대의 사유에 매몰되어 있다면 그 종교는 교조가 추구하는 밝은 미래세계를 기약할 수 없다. 구한말의 종교들이 선후천 교역기에 제 역할을 하지 못했기 때문에 종교 아노미 현상이 일어났다. 그 시대의 아픔을 함께 하며 이를 치유할 '영성'을 제공할 수 있는 종교역할을 못했기 때문이다. 시대는 변화한다는 것이며, 이 변화하는 시대에 대응하지 못하는 종교가 현 시대를 선도할 수 있다는 것인가?

소태산 대종사는 19세기 말을 진단하고 시대인식을 선후천 교역 곧 '개벽의 시대'라고 선포하였다. 그의 시대인식은 「개교의 동기」에 잘 나타나

---

1) <원불교신문>, 2021년 9월 16일 게재(이하 '게재'생략).

있으며 이는 교조의 민중구원과 관련된다. 당시의 말세론적 시대인식을 직시하면서 미래 문명한 세계가 될 것임을 주장하였다.

정산종사도 교조정신을 계승하면서 말하기를 "예법을 개조하나 그 대의는 역력히 드러내고 시대의 병을 바루나 완고에 그치지 않았다."라고 하였다. 그리하여 시대는 과연 어떠한 시대인가를 알라고 「불법연구회창건사」에서 말하였다.

오늘날 교단의 시대읽기를 강조하는 것은 교조의 시대정신을 망각하는 일이 없는가를 성찰해보자는 뜻이다. 대외적으로 닥쳐오는 현실과 시대적 변화에 제대로 대응하지 못했기 때문에 교화정체 현상은 물론 대내적으로 교헌 개정이나 교법의 현실화를 능동적으로 이루어내지 못하였다. 시대인식이 결핍될 때 구성원의 의식구조도 구시대적 발상을 벗어날 수 없다. 결국 '시대인식'이란 구시대적 안일주의를 벗어나자는 것으로, 21세기의 종교로서 '시대불공'이라는 용어를 상기해야 한다.

| 2 | 사회읽기와 원불교[2) |

20세기 초에 캐나다의 정신과의사였던 벅크 박사는 당시 앞으로 1세기 동안 일어날 3대 혁명을 예언했다. 그의 예언은 교통혁명, 사회혁명, 심리혁명이며 이는 20세기에 일어날 중대한 3대혁명일 것이라는 것이다. 이를 통틀어 말하면 '사회혁명'이며, 사회 발전의 속성에는 교통의 발달, 심리의 혁신과 관련되어 있기 때문이다. 오늘의 사회는 빠른 교통수단과 인간심리의 계발로 인해 혁신을 거듭해 왔다.

---

2) <원불교신문>, 2021년 9월 29일.

21세기에 처해 'AI시대'로 변모한 사회, 이러한 사회의 변화를 읽어내지 못하는 것은 사회에 대한 문제의식이 부족하다는 뜻이다. 사회의 여러 문제점 가운데 무기력에 빠진 현대인들의 '자살'이 있다. 뒤르껭은 자살 행위를 연구하면서 자살을 개인들의 심리적 작용의 결과로만 분석하지 말고 사회의 문제와 관련시켜야 한다고 했다. 사회적 병폐가 사람들을 무기력한 삶으로 떨어지게 하는 원인 가운데 하나이기 때문이다.

인간은 개인으로 태어나서 특수한 사회적 질서에 편입된다. 그가 사회 공동체에 참여하여 자아성취를 하는 것도 사회관계의 소산이라는 철학자의 언급이 주목된다. 곧 인간은 '사회적 동물'이라고 아리스토텔레스가 말했듯이, 우리는 가정이라는 최소단위에서 출발하여 사회라는 규모에 합류하여 살아갈 수밖에 없다.

『세전』에서도 사람들이 어울리면 사회가 이룩된다며 '몇 사람이 모인 단체로부터 국가나 세계가 다 크고 작은 한 사회인 것'이라 했다. 그런데 사회는 하나의 고정된 실체가 아니라 지속적으로 변화하는 속성을 지닌다는 점을 주목해야 한다. 사회 변화의 연속선상에서 인간과 사회는 새로운 '혁신'을 체험하는 것이다.

여기에서 원불교는 사회읽기에 소홀할 수 없다. 당시의 사회는 어떠한 속성을 지니며, 사회적 순기능과 역기능의 관계는 어떻게 전개되는가에 대한 분석이 필요하다. 사회가 지니는 시대적 문제점을 파악하고 그 해법을 제시하는 것이 종교적 역할이기 때문이다. 원불교는 사회규범의 전통 유지와 새롭게 변화되는 '사회 상황에 적합한 교리체계와 실천체계'를 발전시켜 나가야 한다고 전 고려대 노길명 교수가 언급하였다.

소태산은 개인과 사회의 연속성을 강조하면서, 사회의 문제점을 직시한 후 사회를 고르는 방법으로 '사요'를 천명하였다. 사회의식이 투철한 '사회 개혁가'로서 그는 당시의 상황을 병들었다고 판단하고 「병든 사회와 그 치료법」이라는 방안을 제시하였다. 병든 사회를 읽어낼 줄 아는 마음, 사회 변화를 읽어내는 마음이 없다면 교단의 사회참여 정책은 공염불에 지나지 않는다.

사회적 속성은 변화한다는 것으로, 이 변화에 능동적으로 참여하는 것이 곧 사회불공의 구체적 방법이다. 사회가 변하는데 교단이 변하지 않는다면 교단의 사회참여는 요원해지고 만다는 점을 깊이 새길 일이다.

3 지식읽기와 원불교3)

산업사회에서는 부동산이 부의 가치를 측정하는 바로미터였다면, 현대는 지적 재산권이 이를 대신하고 있다. 『부의 미래』에서 앨빈 토플러는 오늘날 '지식경제'로 이전해 가는 많은 나라에서는 전통적인 역할이 빠른 속도로 변하고 있다며 이를 읽어내는 지혜를 강조하였다.

지식경제로 이동해가는 현대의 특성은 바로 과학과 관련되어 있다는 사실에 있다. '과학(science)'이란 말은 라틴어의 '지식(scientia)'에서 온 개념이기 때문이다. 과학이 발전하면 할수록 지식 가치에 의한 지식경제의 확산이라는 뜻이다. 과학철학자 케미니는 '과학'이란 과학적 방법으로 얻어진 모든 '지식'이라 정의하고 있다.

여기에서 현대인으로서 지식읽기의 중요성이 나타난다. 21세기를 과학문명의 시대라고 한다면 지식의 확산이 가치화되는 속성을 지니는 것이다. 인간은 본질적으로 지적 욕구를 통해서 편의성을 도모하는 것으로, 인간의 지식에 대한 무한 욕구는 인문학, 의학, 과학 등으로 분출된다.

현대적 지성들은 무지無知에서 벗어나게 함으로써 지식의 축적과 확산

---

3) <원불교신문>, 2021년 10월 14일.

을 지향하는 것으로, 지식을 섭렵하는 이유가 되기에 충분하다. 법정스님이 "나는 서점에 들를 때마다 산더미처럼 쌓여 있는 그 많은 지식과 정보 자료에 압도당한다."라고 『맑고 향기롭게』라는 저술에서 언급한 적이 있다. 지식 확산과 정보가치가, 우리가 원하던 원하지 않던 간에 문명을 향도해나감을 직시하고 있는 셈이다.

종교계에서도 지식의 중요성을 인지한다. 인도의 베다성전 전체를 제사부와 '지식부'로 크게 나눈다. 이 가운데 지식부는 우주 만유에 관한 철학적 고찰을 설명하는 부분으로서 주로 우파니샤드가 여기에 해당한다. 인도의 베다철학에서 말하는 '지식' 가치의 중요성이 인도불교에도 계승되어 무명無明 타파를 깨달음의 출발로 여기고 있다.

지식의 가치가 상승하던 19세기, 소태산은 불법연구회를 창립한 후 베다철학의 지식부와 같은 '인재양성소 기성조합단'을 만들었다. 남녀의 재능 있는 인재를 뽑아서 지식을 각득하게 한 후 본회 사업계에서 활동하는 인물을 양성토록 한 것이다. 그것이 육영부에서 교육부로 변화하여, 오늘날 지식의 가치를 창출하는 교립대학을 세워 인재양성을 도모하였다.

원불교인의 지식읽기는 「지자본위」 정신에 잘 나타난다. 호학好學의 지식 섭렵을 통해서 지혜를 활용하고, 깨달음에 이르도록 한 것이다. 대명천지의 세상에 '학문'을 홀대함은 물론 지식읽기에 소홀히 한다면 과학문명을 향도할 지성이 될 수 없다는 점을 명심하지 않을 수 없다.

지식읽기에 인색하거나 무관심할 경우 그 집단은 이성적 판단이 부족한 집단이요 합리적 사유를 할 수도 없게 된다. 지식은 우리에게 감성 위주의 사유를 이성적으로 유도하며 그리하여 합리적 사유를 통해 발전의 길로 인도하기 때문이다.

　사회의 병폐 가운데 하나가 세대와 세대의 단절에서 오는 갈등이다. 상호 소통을 중시해야 하는 인간관계가 굴절로 이어진다면 행복지수가 떨어지는 것은 당연하다. 우리는 이것을 '세대차이'라고 보며, "기성세대에 대한 젊은 세대의 반항이 오늘날과 같은 규모로 일어난 전례가 있는가?"라며 앨런 와츠는 『거꾸로 푸는 매듭』이라는 저서에서 지적하고 있다.

　전 세계를 포함한 한국사회의 실상은 어떠한가? 최근 우리 사회는 끝이 보이지 않는 갈등 속으로 가라앉고 있다. 구세대와 신세대의 갈등, 보수 세력과 진보 세력의 갈등, 노사의 갈등이 야기하는 한국사회의 병폐가 여과 없이 드러나고 있다. 오늘날 유행어로서 386, 486 세대라는 것도 분명 세대 간 차이를 말해준다. 여기에 MZ세대가 겪는 갈등은 또한 적지 않을 것이다.

　흔히 세대차는 한 세대 간의 차이를 말한다. 역사에서는 1세대를 흔히 20~30년으로 환산하는데, 한 사람이 결혼하여 아이를 낳는 기간이 30년 정도의 갭이라는 것이다. 캐나다의 공리주의 철학자 존 레슬리는 『세계의 종말』이라는 저술에서 인류 역사가 시작한 이래 15,000세대의 선조가 있었다고 했다.

　어느 종교든 그 교단의 구성원들 간에 8, 90년 전후의 밀레니얼 세대와 청소년세대, 기성세대들이 기세氣勢를 달리하며 갈등을 겪는 것이 당연할지는 모를 일이다. 사회에서 말하는 구세대와 신세대의 갈등이 종교 내에도 없을 수 없기 때문이다. 원불교의 경우도 교조 당대의 세대를 1세대라 하고, 그 제자들을 2세대라 한다면, 지금의 교단 지도층이나 교도들은 모두 3세대라 할 수 있다.

---

4) <원불교신문>, 2021년 10월 27일.

이를 좁혀 말한다면 부직자인 부교무, 보좌교무, 일선교당을 책임 맡고 있는 교무와 교감교무의 세대들이 교당활동을 전개하고 있다. 이러한 세대와 세대 교역자들의 원활한 소통이 교화에 활력을 가져다주는데, 과연 계층 간 소통의 부재는 없는 것일까? 한국천주교는 200년 참회문을 발표하였는데, '지역, 계층, 세대간 갈등을 해소하는 데' 부족하였음을 반성한다고 하였다. 교당과 총부, 부교무와 교무간 갈등 해소에 소홀히 할 수 없는 이유이다.

세대 간 갈등이 표출되는 가장 큰 원인은 의식구조의 차이인 점을 감안하면 요즘 나타나는 교역자들의 갈등 원인으로 의식구조의 갭으로 인하여 '세대불공'을 하지 못한 탓이라 본다. "수위단 제도를 변화하자. 현재의 방식을 벗어나서 학년별 또는 세대별 수위단 제도를 두자. 변화를 위해서는 다양한 세대가 회의를 해야 한다."는 출가교화단 건항 1단 건방 6단의 교단발전을 위한 혁신과제를 눈여겨봐야 할 것이다.

원불교는 3대3회말의 3세대를 보내고 이제 4대 1회를 대비하는 만큼 '제4세대'에 접어들고 있다. 기성세대는 신세대를 이해하려는 안목이 있어야 할 것이며, 신세대는 기성새대를 이해하려고 노력해야 할 것이다. 인류의 진화는 세대와 세대를 연결하여 이루어져오지 않았는가? 그럼에도 불고하고 기성세대는 신세를 몰이해하고, 신세대는 기성세대의 전통을 고루하다고 한다면 그 집단의 응집력은 멀어지고 세대갈등에 더하여 이해상충으로 치닫고 말 것이다.

역사에 대한 언급을 하면 괜히 숙연해지는 경우가 많다. 우주와 인류의 역사 속에 생명활동이 지속되어온 것이 기적 같은 현실이기 때문이다. 역사란 시간과 공간이라는 환경에 의해 형성되는 것이다. 이를테면 한국사 가운데 조선시대 5백년의 역사를 기록한 『조선왕조실록』은 총 1,893권 88책의 방대한 대역사이다. 에드워드 기번은 '포로 로마노'를 찾았기 때문에 『로마 제국 쇠망사』라는 대작을 쓰게 되었고, 청년시절의 아놀드 토인비는 고대 로마를 찾아 이탈리아 전역을 자전거로 답사하게 되었으며, 시오노 나나미는 『로마인이야기』에서 찬란한 역사속의 주인공들에 대해 찬탄을 하고 있다.

그럼에도 불구하고 우리는 지나온 역사에 무지하여 역사의식을 갖지 못하는 경우가 적지 않다. 어느 한 순간에 일을 저지르는 즉흥적 사고나 과거 한일 관계를 돌아보지 않는 몰지각의 사유는 개인과 국가 간의 문제를 야기하곤 한다. 종교 발전의 역사도 예외일 수 없다. 창립초기의 역사, 교세확장의 역사, 문화창조의 역사라는 과정을 밟으면서 발전되는 종교의 역사를 성찰하지 못할 경우 교단사의 정체성을 찾지 못하는 우를 범하고 만다.

사회와 종교의 발전사는 역사 변천의 과정을 반추해 보아야 하며, 동시에 새로이 발생하는 역사적 상황들을 그때마다 평가하는 지혜가 축적된다는 사실을 알아야 한다. 이것은 현재의 주인공들인 '우리'가 종교 역사의 발전과 굴절에 관한 문제들을 취급해야 하는 뜻이다. 창립기의 종교는 어떠한 매듭을 지었고, 앞으로의 종교는 어떠한 색채로 전개될 것인가의 설계도를 그려내는 것이 역사읽기의 필요성이기 때문이다.

---

5) <원불교신문>, 2021년 11월 3일.

역사는 '세상의 거울'이라는 정산종사의 가르침을 굳이 거론하지 않아
도 된다. 선후천 개벽기의 역사의식에서 발로한『조선불교혁신론』의 가르
침을 거론하는 것은 원불교 100년의 역사를 몇 년 째 넘기면서 교단의
역사읽기에 대한 필요성을 강조하려는 의도이다.

그러나 역사읽기는 단순히 과거의 사건들을 연대순으로 기록, 분류하는
것만으로는 무엇이 역사적으로 중대한가의 기준을 제공하지 못한다. 종교
사도 단순한 사건 기록서가 아닌 이유이며, 교단사에는 교사를 일관하는
기조정신이 서 있어야 한다. 그것을 사관이라 하여도 좋고 대종사관, 회상
관이라 하여도 좋다는 이공전 선진의『범범록』글귀가 소중하게 읽혀지는
것이다.

역사읽기에 소홀하다보니 교단사를 정리하는『교사』는 아직 반백년사
에 머물고 있다. 이유야 여러 가지가 있겠으나, 타당치도 않은 것들로 인해
교단 백년사라는 성업의 시점에서『교사』결집이 지연되었다. 이는 아무리
생각해봐도 역사읽기에 소홀하였거나 반백년 후 50년의 역사의식이 사라
진 현상의 하나라 본다.

과거 종교사적 시각에서 볼 때 교서결집이란 역사의식에서 나온 대결사
의 작업이었다. 교단사를 통해 교단의 고금을 점검함으로써 새로운 방향을
판단하는 것이 역사의식의 발로가 아니겠는가?『정전』의 결집작업도 단촉
함을 벗어나 장기적 시각에서 접근되어야 하는 일이었으며, 그것은 사관史
觀에 의한 전문지성의 동참을 이끌어내었어야 하는 아쉬움이 든다.

6 　문화읽기와 원불교[6]

　　문화가 소중하게 다가오는 것은 그것이 갖는 상징성 때문이다. 즉 문화와 예술은 인간만이 창조할 수 있다는 점이다. 문화란 인간들이 거친 자연의 조건에 적응하면서 성숙된 양태로 만들어가는 삶의 영역을 의미한다는 점에서 소중하다. 이 '문화'라는 말은 19세기 말에 이르는 유럽의 사회적·정치적 대변혁과 관련되면서 보편적 이상이 될 문명의 과정이나 상태, 인간이 의미와 가치, 기술적 작업이나 지적 작업의 총체 등의 근대적 의미를 지니게 되었다는 것은 인간의 창의적 적응과 가치성숙의 속성에 기인한다.

　　이처럼 문화의 정착에는 시공간의 여건에 따라 나름의 특성을 지니는데 그것이 곧 그리스 문화권, 중국문화권, 인도문화권 등으로 분화되는 것이다. 서로 다른 문화와 접촉할 때 나타날 수 있는 대응방식으로 '거절'을 거치면서 거절은 보수반동 또는 호교론적 색채를 지니지만, '수용'을 거치면서 그것은 호혜론적 합일의 색채를 지닌다.

　　여기에서 문화다원주의가 필요하다는 것으로, 인류는 평화를 사랑하며 다른 문화를 포용하는 지혜가 아름답기 때문이다. 문화다원화의 시대에 타문화와의 연관성을 잃어버린 조각난 사고는 더 이상 기능하지 못할 것이다. 어떤 문화적 요건이 비록 외래적인 요소가 접목되었다 하더라도 새로운 시대적인 조류에 수용되어 보편적인 민중의식으로 굳어지며 유불도의 회통문화가 빛을 발한다.

　　그러나 우리는 여전히 종교의 이방문화에 인색한 경우가 많다. "종교는 문화의 실체요, 문화는 종교의 형식이다."라는 유명한 문화신학자 틸리히의 명제도 깊이 보면 종교란 문화현상으로 이해되어야 한다는 뜻이다. 신앙을 달리한 종교적 지성들로서 이방의 문화읽기에 게을러서는 안 된다.

---

6) <원불교신문>, 2021년 11월 10일.

유럽의 기독교문화와 인도의 불교문화 읽기가 소중한 이유이다. 소태산은 문화읽기의 선각으로 자리하였다. 불교문화, 유교문화, 도교문화, 기독교 문화에 귀를 기울여 원불교적으로 수용하였기 때문이다.

다문화의 현상 속에서 원불교 문화의 정체성을 찾는 것이 중요하다. 얼마 전 열반한 손정윤 교무는 "원불교 문화와 예술이 무엇이냐 하는 물음에 대해서는 아직까지 명확한 정의를 내리기 어렵다."고 하였다. 문화는 짧은 시일에 창조될 수 없으며, 불교·유교 문화처럼 원불교 문화가 대중에게 어필할 수 있어야 가능하다.

원기 62년(1977)에 교정원에 문화부가 신설된 이유를 직시해야 하며, 이방문화와 교단문화 읽기에 소홀히 할 수 없는 이유이다. 아직도 문화읽기에 소홀한가의 여부는 우리의 서재에 이방의 문화서적이 얼마나 꽂혀져 있는가를 보면 알 수 있다. 또 원불교의 문화재에 대한 관심과 더불어 이웃종교 문화행사에 얼마나 참여해 보았느냐가 자신을 문화인으로 자부할 지렛대가 될 것이다.

정신문명은 문화의 총체로서 거친 황야에서 도야된 낙토樂土를 지향하는 것과 관련된다. 원불교의 재도약은 창립기, 제도정착기를 벗어나 문화계승기에 접어들어 문화의 꽃을 얼마나 피워 가느냐의 여부에 달려있다. 문화의식이 없는 집단에는 미성숙의 관습이 자리할 따름이며 여기에는 정신문화, 예술문화, 의례문화 등의 문화읽기가 없기 때문이다.

　윤리란 행동규범인데 '윤리읽기'라는 말이 가능한가에 의구심이 들 수 있다. 윤리에는 여러 항목들이 있으므로 이에 대한 인식과 이해를 요구하는 점에서 각종 윤리항목을 읽어두는 지혜가 필요하다는 뜻이다. 생명윤리, 환경윤리, 국제윤리를 포함하여 사이버윤리의 인식 및 읽기가 과거 어느 때보다도 중요하다.

　소크라테스는 인간의 윤리적 본성이란 전 인류에 똑같으며, 정비된 윤리적 삶이 기초를 잡을 수 있는 윤리적 개념들은 보편타당한 객관적 기준이 있다는 전제를 출발점으로 삼았다. 이러한 기준파악에 있어서 윤리의 개념읽기가 우선 필요하다. 윤리倫理의 '윤倫'은 어원에 있어서 무리·동료의 뜻이고, '리理'는 이치·도리의 뜻이므로 윤리란 인간관계의 도리란 의미이다.

　이제 윤리읽기를 위해 다음 몇 가지 윤리항목을 하나하나 나열해 보도록 한다.

　첫째, 생명윤리이다. 이 생명윤리는 1970년 미국의 생물학자이자 암 연구가인 포터가 최초로 사용하였는데, 그는 인류의 생존 위기에 어떻게 대처하느냐는 문제의식에서 출발했다. 오늘날 임신중절, 안락사, 자살, 장기이식, 생명복제 등의 윤리문제가 심각하다는 점에서 간과할 수 없는 것들이다.

　둘째, 환경윤리이다. 환경의 위기는 한 지역사회나 국가만의 문제가 아니며, 환경파괴의 재앙을 인식하고 이를 개선하기 위해 다양한 방향에서 환경의식의 환기가 무엇보다 중요하다. 환경윤리는 인간과 자연의 문제로서 자연을 경외敬畏하는 마음에서 환경에 대한 명확한 인식이 필요하며,

---

7) <원불교신문>, 2021년 11월 17일.

환경윤리헌장의 읽기가 중요한 이유이다.

셋째, 사회윤리이다. 생존경쟁의 자본주의 사회에서 상생의 윤리가 아쉽다. 종교의 사회갈등을 조정할 윤리가 필요하며, 유교의 사회적 규범윤리와 기독교의 사회참여 윤리는 초탈과 해탈을 중심으로 하는 불교의 사회윤리보다 설득력이 크다. 사회윤리의 이전 단계는 가족윤리이며, 핵가족의 증가로 인한 가족해체의 위기에 대한 윤리의식 결여가 적지 않다.

넷째, 사이버윤리이다. 시공을 초월하여 만나는 장이 사이버이다. 인터넷의 오용과 남용으로 사이버 공격을 받거나 이매일의 남발로 인해 시간적 손실이 적지 않은 상황이며, 사이버의 인신공격도 두고만 볼일이 아니다. 그 외에도 상기해야 할 더 많은 윤리읽기의 항목들이 있을 것이다.

원불교가 왜 윤리읽기에 소홀히 할 수 없는가? 인류를 치유할 종교윤리가 있기 때문이다. 한스큉은 세계종교 윤리가 공동으로 제시하는 것으로 ① 인간의 복지와 존엄성, ② 중용이라는 합일의 길, ③ 삶의 의미 지평과 목표설정 등을 들고 있다. 여기에서 전반의 윤리 가운데 사은 상생相生의 '생명윤리' 읽기에 관심을 기울여야 할 때이다.

인간의 존엄이 사라지고, 편벽된 판단이 내려지며, 삶의 의미가 미약할 때 그것은 윤리의식이 사라진 결과이다. 그리하여 만인에게 불성이 있다는 것을 모르고 상생의 화합을 도모하는 의식이 사라지거나, 고준한 삶의 지평을 모를 때 비윤리적 문제가 심각해진다. 이점에서 윤리읽기는 최령한 인간으로서 평등정신에 기반을 두며 낮은 곳을 지향해야 하는 명제와 직결된다.

세상읽기와 원불교[8]

세상이 어떻게 돌아가는지 모르고 사는 사람들이 많다. 세상사 자체가 복잡하므로 굳이 알 것까지 있겠느냐는 사람들이 있는 것도 사실이다. 각자 삶의 양식에 다른 특성이 있는 것을 뭐라 말할 수는 없다. 자신의 눈에 비추어진 양식 곧 '패러다임'이란 우리가 세상을 보는 방식을 말하는데, 세상을 볼 때 시각적인 감각에서가 아니라, 이해하고, 해석하는 관점에서 이 세상을 읽는 것이라고 스티븐 코비가 『성공하는 사람들의 7가지 습관』에서 말하였다.

세상읽기는 각자 다르게 접근될 수 있다. 많은 사람들은 "당신은 안경을 쓰고 세상을 본다."고 할 수 있다. '제 눈에 제 안경'이라 했듯이 세상읽기는 나의 안경에 비친 세상을 보는 것이다. 세계여행을 하는 사람들은 자신의 시각으로 그 나라의 리얼한 삶을 읽을 수 있다. 세계 명승지를 여행하면서 세상읽기를 하든, 지역사회를 거닐며 세상읽기를 하든, 목적은 하나 같이 세상 돌아가는 이치를 인지하는 것이라고 할 수 있다.

힐러리 클린턴 여사는 이렇게 말한다. "어머니는 우리가 책을 통해 세상을 배우기를 바랐다." 어머니의 손을 잡고 산책을 하면서 세상 돌아가는 이치를 터득하는 것이야말로 자녀교육의 참 가치라는 것이다. 시사평론가 유시민에 의하면 "세상읽기에서 나는 언제나 세상을 보는 나 나름의 견해를 말하려고 했다."라고 고백한다. 그는 세상읽기를 통해 자신의 관점을 분명히 했고, 그것이 세상을 평론하게 된 큰 자산이 되었다.

그러면 원불교 초기교단의 세상읽기는 어떠하였는가? 『회보』 회설에 나타난 대외 인식차원은 세계정세 문제에 관심을 피력하면서, 민중의 기저에 흐르는 전통불교의 제도를 혁신해야 한다고 했는데, 소태산은 불교의

---

8) <원불교신문>, 2021년 11월 24일.

구각舊殼을 벗겨버리고 후천세상의 열망이 무엇인지를 읽어냈으니, 그것이 곧 「조선불교혁신론」이었다.

'현하現下'란 '현재의 세상'을 말하며 새 시대를 향한 세계읽기의 바른 시각이 필요하다. 교역자는 세상의 돌아가는 이치로서 정치, 경제, 사회, 문화 등 일반 시민들이 살아가는 삶의 환경에 대해서 바르게 읽어낼 줄 알아야 한다. 그것이 사회갈등 치유의 역량을 개발하는 일이며, 사회정의를 실천에 옮길 수 있는 실천의지이다.

세상읽기에 뒤쳐질 경우, 세상 사람을 구원할 안목이 없어지며, 고해苦海에서 신음하는 구류중생을 구원할 시각이 결여되고 만다. 병든 세상의 치료법을 밝힌 소태산의 안목은 세상읽기에 정신을 바짝 차리라는 회초리인 셈이다. 19세기를 지나, 21세기의 세상사를 읽어내지 못한다면 얼마나 아둔한 일인가?

'제생의세濟生醫世'란 용어를 가장 많이 사용하는 종교가 원불교인 점은 누구나 잘 아는 사실이다. 초발심으로 출가한 목표와 곧 세상을 구제하는 일과 관련되어 있기 때문이다. 그럼에도 불구하고 세상사를 모르고 자신 안위의 초탈낙에 머문다면 그것은 오히려 세상 사람들에 의해 구제받아야 할 사람들이다. 세상읽기가 중요한 이유를 이제야 알겠는가?

제1편

21세기 문명과 과제

생명공학·인간복제 그리고 종교[1]

1) 생명공학과 창조론의 위기

다음을 상상해 보자. "마이클 조던들로 이뤄진 농구팀, 아인슈타인들로 이루어진 물리학 연구팀, 파파로티들이 출연하는 오페라…" 미국의 생물윤리자문위원회가 1997년 클린턴 미 대통령에게 제출한 보고서이다. 무서운 상상력의 인간 복제가 곧 실현될 상황이다.

아울러 인간게놈 지도가 21세기 첫해 2월 11일 완성되어 생명과학사에 새 지평을 열고 있다. 생명과학과 유전공학은 모든 생물을 자유자재로 복제, 건강 장수를 도모할 수 있는 과학적 산물이다. 그로 인해 사이보그나 복제 인간이 금명간 탄생할 수 있다고들 야단이다.

생명복제가 회자되면서 기독교의 창조론이 도전을 받고 있다. 로마 교황은 생명 존엄의 훼손을 경고하며, 1997년 3월 1일 "이 시대는 생명이 위험한 실험의 대상이 되고 있다."고 개탄해 했다. 하나님의 창조론이 큰 위협을 받기 때문이다. 놀랍게도 캐나다 종교집단인 '라엘리언'이 지원하는 생명공학기업인 '클로네이드'가 21세기의 첫해 인간복제 작업에 착수한 적이 있다.

2) 왜 생명 복제가 시도되나?

또 하나의 상상을 해보자. 인간 복제가 가능하다면 누가 단연 1순위일까? 얼마 전 미국인들은 "인간을 복제한다면 누구를 선택할 것인가?"라는 설문에서 「마더 테레사」가 1위로 뽑혔다. 가장 가치 있고 존경받을 인물이

---

1) 「류성태 교수의 21C 문명의 과제」로 4회 게재하였는데 제1회 테마이며, 본편은 본 주제의 시리즈로 게재하였다.(<원불교신문>, 2002년 1월 11일)

복제 인간의 우선순위에 오른 것이다.

이 인간 복제의 근거가 된 생명복제의 일지를 보자. 1997년, 복제양 돌리가 탄생하였다. 2천년, 원숭이가 복제되었고, 우리의 경우 같은 해 8월, 동물 난자를 이용해 환자 체세포 복제·배양에 성공하였다. 이어 2001년, 사람의 체세포를 이용한 인간 '배아' 복제가 사상 최초로 성공하였다.

미국의 생명공학회사인 ACT사는 "지난 10월 사람의 난구卵丘 세포로부터 떼어낸 핵을, 핵이 제거된 사람의 난자에 이식해 배아를 복제했다."고 「재생의학」지에 발표한 것이다. 의학자 제프리 피셔는 '2009년이면 인간 복제가 가능할 것'이라고 선포하였다.

그렇다면 온갖 위험과 윤리적 부담에도 불구하고 생명복제가 왜 시도되고 있는가? 기본적으로 인간의 난치병 치료를 위해서이다. 워싱턴포스트지는 "미 캘리포니아 게론사 연구팀이 수개의 인간 배아를 세계 최초로 복제해 당뇨병 등 난치병 치료 연구에 사용하고 있다."(99.6.14)고 보도했다. 인간 배아를 간세포(stem cell)로 배양해 당뇨병·파킨슨병 치료를 위한 생체조직을 얻는데 활용할 예정이라고 하였다.

이어서 우수한 생명체 종자의 개발을 위해서이다. 열성 인자보다 우성인자를 복제하는 일이 이것으로, 생명을 창조하는 시대인 만큼 불가능한 일이 있겠는가? 우려할만하게도 게르만인, 유태인, 알타이족들의 인종 개발론이 공론화될 법한 일이다.

다음으로 인간의 의식주 개발을 가져다주는 동식물의 유전자 조작에 관련되는 것으로, 삶의 풍요로움을 얻기 위해서이다. 동물의 DNA 유전자 복제는 윤리적 문제를 야기하지 않으며 의학이나 농업발달을 가져올 수 있다. 그래서 미국은 이미 97년도에 윤리에 역행하지 않는 유전자 복제는 허용하도록 한 적이 있다.

3) 생명윤리와 원불교의 시각

또 다른 상상의 화두가 떠오른다. '생명윤리'라는 문제가 그것이다. 사실 생명윤리학은 20세기 후반에 인기학문으로 떠올랐고, 21세기에 접해 생명 윤리의 중요성은 더욱 커졌다. 생명 복제가 생태학의 환경문제와 연계되고 인간 복제가 생명윤리와 관련되면서 '생명윤리학회'가 태동되었다. 바야흐로 생명윤리 정립의 중요성이 강조된 것이다.

그러면 생명복제는 왜 필요한가? 동물체의 생명복제는 복제한 장기臟器로 죽어가는 생명을 구할 수 있고 식량문제 해결도 가능한 장점이 있다고 한다. 그러나 이것이 인간복제로 이어지면 윤리적 파장은 엄청날 것이다. "인간복제를 윤리적으로 허용할 것인가?" 하는 점이 21세기의 단연 화두거리이다. 만일 인간 복제가 허용되더라도 복제 기술로 탄생한 아이는 일찍 죽거나 불구가 될 위험이 크다는 점이다. 최근 복제한 양에 관절이 생긴 것은 위험을 상징적으로 내포하고 있다.

이러한 인간 복제는 당연히 종교적 이슈로 되고 있으니, 원불교적 시각에서 접근해 보아야 한다. 교단에서도 인간 복제를 우려하고 있다. 원불교 인터넷 홈페이지 「종법사코너」에는 3가지가 있었는데, 첫째 <메시지>란에는 인간 복제의 우려사항이 기록되기도 하였다(1997년).

뒤이어 인간 복제에 대해 우려를 표명하였다. "인간 복제가 현실로 나타날 경우 윤리적으로나 문화적으로 인간 존엄성의 붕괴가 비극적으로 전개된다는 사실을 경고하며 이에 인간 복제를 반대한다." 원불교 수위단회가 천명한 내용이다.

이제 우리는 21세기에 처해 생명공학·생명과학의 발달을 권면해야 할 측면도 있다. 그러면서 생명복제를 윤리 문제와 연관 지어야 한다. 실제 인간 복제가 이뤄진다면 원불교의 업보 윤회론도 무너질 수 있기 때문이다. 삼세 윤회에 따라 전개되는 생사 윤회론이 인간 복제로 인해 여지없이 사라질 지도 모를 일이다.

아무리 난치병 치료, 우수인종 개발, 유전자 변형의 생명복제가 시도된다고 해도 인간 복제만은 안 될 일이다. 또 다른 '나'의 존재가 바로 옆에 있다면 끔찍한 일이다. 복제된 나는 실존의 나를 위해 의학적으로 희생할 수 있다는 말인가? 동식물의 생명복제는 가능할 수 있다 해도 인간 복제가 불가능한 이유가 되기에 충분하다. 21세기에 있어 생명과학이 아무리 발전해도 종교 영역을 넘을 수는 없는 것이 이것이다.

2 유로화의 등장과 종교[2]

1) 유럽 연합(EU)이 떠오른다.

유럽을 포함하고 있는 서구문명이 등장한 시기는 대체로 기원 후 700년에서 800년 사이로 본다. 중세 이후에 부각된 문명이 유럽으로, 도스토예프스키가 쓴 유럽 인상기를 보면 '그토록 강한 인상을 주며, 마술같이 매혹적인 인상을 주는 문명'으로 묘사되고 있다.

그럼에도 불구하고 아시아인들에게 '유럽(Europe)'이라는 블록이 부정적 이미지를 가져다주고 있음을 부인할 수 없다. 15세기 말, 무어인들은 이베리아 반도에서 마침내 축출 당하고 포르투갈의 아시아 정복과 스페인의 아메리카 정복이 시작되었다. 그 이후 250년 동안 서반구 전역과 아시아 주요 지역은 유럽의 지배를 받게 되었기 때문이다.

근래에도 여전히 유럽연합(EU)은 사회 간접자본 구축, 노동시장 개혁, 규제 완화를 3대 전략으로 경쟁력 강화를 추진하고 있다. 제2차 세계대전

---

2) <원불교신문>, 2002년 2월 1일.

이 끝나자 유럽통합은 쿠덴호브의 비전으로 이루어졌다. 그것이 로베르 슈망과 장 모네로 이어져 유럽석탄, 철강공동체(ECSC), 유럽경제공동체(EEC)를 출범시킨 로마조약의 체결로 이어진다.

2) 유로화(EURO)의 파급력

유럽연합이 단순한 국가와 국가의 연합에 멈추지 않고 경제수단으로서의 통화가치 즉 '돈'을 통합하였다는데 파급력이 크다. 유로화貨 등장이 그것이다. 사실 유로의 꿈을 실현한 그 비전은 오스트리아·헝가리 제국의 귀족이었던 리샤르 쿠덴호브 백작의 유럽 평화와 '코스모폴리타니즘(Cosmopolitanism)'에 대한 신념에서 비롯된다.

이러한 유로화의 등장은 독일과 프랑스의 정치적 타협의 산물이다. 미테랑은 독일 통일의 용인 조건으로 마르크화 포기를 요구했고, 콜은 이를 받아들였다. 1999년 1월 1일, 유럽연합 회원국 중 11개국이 자국 통화를 포기하고 단일 유로화를 출범시켰다. 98년 12월 31일 자정을 기해 유럽 단일 통화인 '유로'가 유럽 12개국에서 실제 통용되기 시작하였다. 영국 등 몇 개국을 제외한 유럽 어디를 가나 상품 가격은 유로로 표시, 거래된다.

앙리 생시몽과 빅토르 위고를 비롯하여 장 모네와 콘라드 아데나워가 구상했고, 콜과 미테랑이 합의한 유로화의 파급력은 대단할 것이다. 유로랜드가 세계 GDP의 16%, 국제교역의 20%를 차지하고, 유로화 등장 상반기의 국제 채권 발행에서 본 유로화가 36%를 차지한 것이다. 유로랜드의 등장 몇 년 전 당시 유로당 1.2달러의 강세로 출발한 유로가 뒤이어 달러 가치의 90% 안팎에 머물렀다.

3) 유로화와 아시아 문명

이제 세계는 앵글로색슨을 중심으로 재편될지 두고 볼 일이다. 여기에서 이들 문명권간의 상호 이해가 필요하다. 아시아와 유럽의 교역 규모는 3천 80억 달러로 미국·유럽 간의 2천9백 54억 달러보다 많다. 또 유럽이 아시아에 대해 갖는 채권 규모도 1천60억 달러로 미국의 여섯 배라고 한다. 이에 한중일 3국의 유럽 관심은 더욱 커질 것으로 보인다. 상호 경제 교류가 빈번해질 것이기 때문이다.

중국의 인력 수출, 일본의 기술 수출, 한국의 인력과 기술력 수출이 미국에 이어 유럽을 교역의 한 축으로 삼으리라 본다. 곧 아시아의 한중일 3국은 '유로' 출범을 계기로 화폐 통화 가치에 긴밀히 협조해야 할 것이다. 과제는 다음에 있다. 유로화貨의 등장으로 유럽 대 아시아 경제블럭(Bloc)의 긴장에 따라 완충 장치가 요청된다는 것이다.

종교는 과연 이 완충의 역할을 할 수 있을까? 그간 유럽 문명이 안데스 및 메소아메리카 문명을 약화시키고, 인도와 이슬람 문명도 아프리카 문명을 서구에 복속시켰다. 이에 유럽은 이유(EU) 유로화貨라는 경제 가치를 강조하기에 앞서 동양의 정신가치를 겸허히 수용하고, 유불도 3교의 정신 문화에 귀 기울여야 할 것이다. 원불교가 서구 기독교 문명을 종교화합 정신으로 접근한 점이 더욱 커 보이기만 하다.

3 ▶ CEO 시대의 도래3)

1) CEO란 무엇인가?

요즘 'CEO'라는 용어가 우리 주변에서 자주 거론되고 있다. 이 CEO란 용어는 '최고 경영자'라는 뜻을 지닌다. 얼마 전 TV에 출현한 어느 청소년

---

3) <원불교신문>, 2002년 3월 1일.

은 앞으로의 희망을 당당히 'CEO'가 되는 것이라고 밝힌 적이 있다. 과거 권위지향적 대통령이나 검·판사들이 이제 CEO라는 용어로 대체되고 있는 현실이다.

CEO의 고부가가치가 점차 빛을 발하고 있다는 증거이다. 그것은 20세기와는 다른 양상이다. 산업사회에서 지식정보화 사회로 바뀌면서 CEO의 역할이 확대된 것이며 오늘의 청소년들에게 선망의 대상이 된 것이다. 미국의 경우 정보화가 진행된 지난 수십년간 기업 최고경영자(CEO)와 노동자의 평균 임금 격차가 40대 1에서 4백대 1로 벌어지는 등 소득 격차가 확대된 현실을 우리는 알고 있는지 모른다.

2) CEO가 뜨고 있다

여기저기서 CEO의 주역들이 뜨고 있다. 미국은 18세기 말, 워싱턴·제퍼슨 등이 당시 사회의 영웅이었다면, 19세기에는 록펠러·카네기 등의 창업자들이, 그리고 20세기에 들어와서는 GM의 앨프리드 슬로언, GE의 잭 웰치 등 전문 경영자들이, 그리고 21세기에는 스티브잡스, 빌 게이츠라는 CEO 영웅이 세계의 지식산업을 주도하고 있지 않은가?

한국 역시 1960~70년대에는 박정희 대통령, 1980~90년대에는 이병철·정주영·최종현 회장이 그 시대를 주도하였고, 반도체 산업을 스타덤에 오르게 한 이건희 삼성그룹 회장은 삼성을 세계기업으로 일궜고, 건군 53년 만에 최초의 양승숙 여성장군, 안철수의 컴퓨터백신 CEO가 그 위광을 발하고 있다.

3) CEO의 자질과 미래종교

필자를 사로잡은 CEO와 관련한 책 두 권이 있다. 먼저 스티븐 코비가 저술하고 김경섭 등이 번역한 『성공하는 사람들의 7가지 습관』(김영사,

2001)이 그것이다. 이는 2000년 초 우리나라의 베스트셀러로 독자의 사랑을 받은 적이 있고, 필자 역시 이를 탐독하였다. 이어서 또 한 권으로, 책의 제목은 『CEO 안철수, 영혼이 있는 승부』(김영사, 2001)라는 것으로 이 역시 청소년을 중심으로 해서 베스트셀러가 된 것이다. 한결같이 이들은 모두 CEO와 관련하여 엮어진 담론들이다.

그렇다면 왜 독자들은 CEO와 관련한 책에 매료되었을까? 아마도 그것은 CEO의 자질을 닮아가고자 하는 독자의 여망이며, 21세기 지식정보화 사회에 걸맞은 소재를 담고 있기 때문이다. 여기에서 필자는 CEO의 자질론에 대해 언급해 보고자 한다.

먼저 성공한 CEO는 그만의 특유한 경영철학과 경영이념을 갖고 있다. 이에는 벤처기업들이 성공할 수밖에 없는 이념과 목적이 담겨있기 때문이다. 이러한 철학과 이념은 곧 그 회사의 장기적 마스터 플랜으로 이어진다. 이러한 청사진은 곧 기업의 정책과 전략의 구체적 행동 강령의 준거가 되기에 충분하다.

이어서 성공적인 CEO는 미래의 인재를 확보하고 있다는 것이다. 21세기 환경 변화에 대응하는 기획의 머리가 이들에게서 나오기 때문이다. 그러므로 CEO는 인재확보에 신경을 쓰지 않을 수 없다. 미래형 경영자를 확보해 두지 않고서 경쟁력이란 있을 수 없는 일이 아닌가?

또 성공한 CEO는 청렴한 도덕성과 철저한 예산 확보의 능력을 갖추는 일에 뛰어나다. CEO가 되기 위해서 기업이 존경하는 인격의 투명한 도덕성이 담보되어야 한다. 그리고 청렴 담백한 인격성에 기반, 경제적 능력이 보유되어야 한다. 제 아무리 경영이념이 있고 인재가 확보된다고 해도, 또 신뢰받는 인품이라 해도 경제적 역량이 없다면 모래 위에 성 쌓기이다.

종교의 CEO 탄생도 생각해 볼 수가 있다. 성철스님이라든가, 법정스님, 김수환 추기경의 흔적에서 볼 때 미래적 종교 지도자상을 과거 카리스마 위주에서 최고경영자라는 개념으로 전환해 볼 수 있다고 본다. 생활불교를 지향하는 원불교는 진리적이고 사실적이며 합리적 사유의 교법 정신에 비추어볼 때 앞으로 CEO의 시대를 기대할 필요가 있다. 절대 권좌에서 군림하던 대통령이 이제 CEO라는 개념으로 평가되고 있는 것을 타산지석으로 생각해 봐야 한다.

4 　문명 충돌론과 종교분쟁4)

1) 문명 충돌론의 급부상

21세기 들어 '문명 충돌론'이 급부상하고 있다. 그것은 새뮤얼 헌팅턴의 이론이 9.11테러를 당해 불을 지핀 결과이다. 그가 밝힌 바 있는 문명 충돌 가능성의 '7대 문명권'을 보면 유교문명권, 일본, 라틴 아메리카, 동방정교, 이슬람, 아프리카, 힌두 문명권 등이다. 문제는 이들 문명권간의 갈등과 세력 전이가 점증하고 있다는 점이다.

이 7대 문명권 중에서 가장 위협적인 문명권으로는 먼저 '유교 문명권'이 거론된다. 중국이 핵을 가지고 있고 많은 인력이 있으며, 경제 및 과학 기술이 급진전하고 있기 때문이다. 두 번째 위험한 문명권으로 과격하다(?)는 '이슬람 문명권'을 들고 있다. 아울러 위협적인 문명권으로 '힌두 문명권'이 거론된다. 이들은 IT산업의 발전, 많은 인력, 핵 보유의 잠재적 파괴력 때문이다.

이처럼 세간에 회자되고 있는 문명의 충돌론은 지극히 '서구주의의 시각'이라는 비판도 있으나, 21세기 분쟁은 전쟁이 아닌 문명의 충돌로 보는 견해에 일단 설득력을 지니고 있다. 그간의 냉전논리는 자본주의와 공산주

---

4) <원불교신문>, 2002년 4월 5일.

의란 두 개의 이념 대결 체제였는데, 앞으로는 7대 문명권의 충돌이 예상된다는 것이다. 문명 충돌론이 설득력을 얻은 것은 근래의 국지전, 종교분쟁 그리고 9.11테러가 주된 원인이다.

2) 종교 분쟁의 격화

문명 충돌론에서 현실로 다가온 것은 서로 다른 종교들 간의 분쟁이다. 예컨대 이슬람교는 자의든 타의든 유태교·힌두교와 기독교 문명권과 알력이 있어왔다. 지금도 생명을 담보로 팔레스타인과 이스라엘 분쟁이 지속되고 있고, 지난 2002년 2월 힌두교와 이슬람교의 종교분쟁으로 700여명 이상이 학살당하는 사건이 터지고 말았다.

이 같은 종교 분쟁이 문명의 충돌로 비추어지는 근원적인 원인은 무엇인가? 묘하게도 종교로 분리된 7대 문명권의 알력, 종교 교리의 배타성, 종교의 집단이기주의 때문일 것이다. "나 외에는 다른 절대자는 구원을 할 수 없다."는 식의 도그마를 통해서 타종교를 이단시한다. 이는 '교회와 교회 사이, 개인과 개인 사이에 서로 반목하고 서로 쟁투하는 것이 모두 이에 원인함'이라는 소태산의 가르침에 결부되고 있다.

근래 한국 천주교가 2백년의 역사 속에서 저지른 잘못을 민족 앞에 참회하는 공식문건을 처음으로 내놓았다. 서구 종교의 배타성을 반성하는 내용이다. "다종교 사회인 우리나라에서 다른 종교가 지닌 정신·문화적 가치와 사회윤리적 선을 충분히 이해하지 못한 잘못도 고백합니다." 이 같은 고백은 신선한 충격이 아닐 수 없다. 문명의 충돌과 같은 종교분쟁은 자칫 종교 배타성에 연결될 수 있음을 인지하는 고백이다.

3) 충돌·분쟁의 극복과 강약 진화론

21세기의 첫 해, 경악스럽게도 「9월 11일 美 심장부 테러…대참사」가 벌어지고 말았다. 자본주의의 심장부인 미국 뉴욕 맨해튼의 세계무역센터 쌍둥이 건물과 워싱턴의 국방부 건물이 파괴되고 말았다. 희생자수 3천 5백여명의 대참사가 벌어진 것이다.

뉴욕의 무역회관이 반미 테러세력에 맥없이 무너지는 광경은 전 세계에 생중계되다시피 하였다. 미국은 강대국으로서 자존심이 여지없이 짓밟히 자, 테러를 범한 세력권에 응징을 하고 나섰다. 그것이 바로 배후 용의자 '빈라덴 추적, 테러와의 전쟁'이었다. 결국 아프가니스탄 전쟁이 발생하여 미국의 일방적 승리로 끝나는 듯 했으나 결국 실패했다. 이를 보는 일부의 시각은 '이슬람 대對 기독교간 문명의 충돌'이 아닌가 하는 견해도 있다.

이처럼 초강대국 미국이 강타당한 것은 여러 이유가 있을 수 있다. 강대 국으로서 약소국에 대한 제국주의적인 면은 없는가 등의 자성어린 성찰이 필요한 것도 이 때문이다. 지난 9·11테러 참사를 지켜보면서 소태산이 밝힌 「강약 진화상의 요법」을 새겨볼 필요가 있다. 좌산 종법사는 이를 2002년 신정법어로 제시하였다. 세계는 지금 '문명의 충돌'로 인한 종교 분쟁의 위기에 빠져들고 있다. 강대국 미국의 겸허함에 바탕한 기독교와 이슬람교의 화해가 필요하고, 이슬람교와 힌두교의 화해가 절실한 것도 이 때문이다.

<table>
<tr><td>5</td><td>여성파워의 시대5)</td></tr>
</table>

1) 과거의 암울한 역사

과거사를 돌이켜 보면 여성들은 남성들로부터 억눌림을 당했던 암울한

---

5) <원불교신문>, 2002년 5월 3일.

역사였다. 의학의 원조인 히포크라테스가 기원전에 남성 우위론을 내놓았었다. 그뿐인가? 플라톤 역시 '티마이오스'에서 윤회설을 언급했는데, 우리가 악하게 살면 내세에 '여자'가 될 것이며, 만일 그 때에도 악하게 산다면 그때는 금수가 될 것이라고 하였다.

우리나라의 경우도, 조선 500년 역사에 '독수공방' '남존여비' '여필종부' '남아선호' 등의 속담 등이 곧 여성들을 억압하였던 것이다. 한 맺힌 과거 역사의 그늘진 모습은 여성의 모든 잠재력을 구속하고 말았다. 우리가 '어머니'와 '누나'는 좋아하면서도 '여성'은 싫어한 과거 역사였다.

2) 여성파워의 시대

오늘날 시대가 달라지고 있다. 곧 21세기의 특성으로 유연성과 섬세함 · 인내력 등이 요구되는 시대이며, 여성에게 이러한 장점이 두드러지고 있다. 그리하여 현대는 디지털 시대로서 '정보세계'에 걸맞게 여성파워의 시대가 열리고 있는 것이다. 2천년 7월에 간행된 『여성주간』에서도 '21세기, 이제는 여성'이라고 하였다.

그뿐이랴. 예술계에서 여성파워가 입증되고 있다. 그간 남성 전유물로 여겨졌던 '영화감독'에 여성이 약진하여 세인의 눈길을 끌고 있으니, 수편이 넘어서고 있다. 이미연 감독의 「버스 정류장」을 비롯해 이정향 감독의 「집으로...」, 모지은 감독의 「좋은 사람 있으면 소개시켜 줘」, 박찬옥 감독의 「질투는 나의 힘」 등이 우리를 매료시켰다.

'법조계'에도 여성파워가 입증되고 있다. 거년에 발표된 행정고시 최종 합격자 가운데 여성 합격자가 4분의 1을 넘었고 여성이 수석이었으며, 외무고시에서도 마찬가지였다. 또한 사법연수원 31기생에서 가장 눈에 띄는 특징은 여성파워였다. 여성 연수생의 판·검사 임용비율이 47~48%나 됐다고 한다.

군대세계에도 여성파워가 입증된다. 건군 53년 만에 최초의 양승숙 여성 장군이 배출돼, 별을 달았다. 금남의 집이었던 육·해·공에 여성 진입이 시작된 것은 벌써 오래 전의 일이다. 경제계에서도 여성파워가 커지고 있다. 중소기업청은 2000년 말, 현재 우리나라 1인 이상 사업체중 여성이 대표로 있는 곳은 전체 사업체(2백86만개) 중 35.1%인 1백만3천9백 여 개라고 발표했다.

출판계에서도 여성파워를 알리는 책들이 베스트셀러가 되었다. 한 예로 『여성CEO들의 새로운 성공법칙 10가지』(여성신문사)라는 책도 우리에게 잘 읽혀지고 있다. 학계에도 여성 활동이 두드러지고 있다. 미국 명문사립 프린스턴대학에서 개교 2백 55년만에 첫 여성총장이 나온 것이다.

3) 여성을 위한 세 가지 과업

과거 유교의 윤리를 보면 남존여비의 사상은 한중일 3국의 남성들로 하여금 우월의식을 갖게 하였다. 그러나 개방 이후 기독교가 전래되고, 한국의 민중을 대상으로 해서 일어난 민족종교들이 나서서 여성을 해방시키고자 하였다. 한반도의 남쪽에서 분연히 일어선 소태산은 미래의 여성시대를 예감한 듯 앞으로는 '여성 회상'이 등장할 것이라고 하였다.

소태산 교조는 원기 20년 4월에 「조선불교혁신론」에서 "여자 포교사를 양성하여 여자 신자는 여자 포교사의 교화를 받게 하라."는 등의 조항을 강조하였다. 오늘날 원불교 교역자의 여성수가 상대적으로 많은 점은 여타 종교에게 귀감이 되는 점이며, 이는 바로 소태산의 미래안적 경륜이 실천되고 있는 셈이다.

하지만 우리들이 21세기 여성 시대에 직면하여 '여권신장'에 관한 세 가지 과제가 있다. 첫째, 아직도 여성이라는 이유로 성직자가 되지 못하는 종교들이 있다. 둘째, 우리나라의 부끄러운 점으로, 룸살롱 등 유흥업소에

종사하는 여성이 상당수라는 점이다. 셋째 한국의 「여성 관리직 비율」이 42개국 중 41위였다. 원불교 정녀들은 이 세 가지를 직시해야 할 것이며, 남성들도 이를 인권회복 차원에서 남녀평등의식을 지녀야 한다.

6 ▶ 일방통행과 인권6)

21세기의 놀랄만한 특성으로는 초고속 정보통신망의 시대로서 쌍방향 통신이 가능해졌다는 것이다. 인터넷 사용자가 급증한 탓으로 상호 교신이 활발해지면서 일방적 의사전달이 아닌 쌍방 의견교류의 시대로 옮겨가고 있기 때문이다. 과거의 전제국가에서 민주국가로, 농경사회에서 IT사회로 변화되어온 영향이 크다. 이젠 일방통행만으로는 더 이상 세상에서 어필할 수 없는 시류에 직면한 것이다. 갈등을 조장하는 '나'만을 생각하던 시대에서 '너'와의 조화를 생각해야 하며, '우리'라는 여유 공간이 필요하게 되었다.

이러한 맥락에서 근래 폭력시위로 인한 사망 및 전경 부상자 속출 사건을 두고 창과 방패의 두 진영을 생각해 보아야 할 시점에 이른 것이다. 과거 여의도 농민시위 때 휘둘려진 쇠파이프(창), 그리고 이를 막고자 전경들이 들이댄 방패, 이 양 진영의 화해는 없을 것인가, 영원히 창과 방패는 맞수로 등장할 수밖에 없는가?

당시 부상당한 전·의경의 부모들이 서울 경찰청 앞에서 폭력시위 추방을 위한 집회를 열고 인권위원회 앞까지 행진하였다. 생계 문제로 인한 농민들의 시위도 필요한 일이요, 전·의경의 부모로서 군인 자녀의 안전도 중요한 일이다. 여기에서 일방통행만이 아닌, 양방통행의 성숙된 의식이

---

6) <월간교화> 3월호, 원불교 교화훈련부, 2006.

필요하다는 것이다. 이처럼 창과 방패의 갈등을 목격하는 우리에게 어떠한 의식이 필요한가? 평화시위 및 법질서라는 양방간의 노력이 필요하다는 것이다. 다시 말해 시위자들에게는 쇠파이프 대신 평화행진이 요구되며, 진압경찰들에게는 과잉 진압을 자제해야 한다. 오죽했으면 모 경찰관이 경찰 모자를 청와대에 올려 보내고 진압 경찰들에게 이름표를 달아주자는 발상이 나왔겠으며, 폭력을 조장하는 시위대에게는 인권을 제한하자는 말이 나왔겠는가?

지난 2006년 1월 25일, 전국농민단체협의회 대표단은 경찰병원에 입원해 있는 전·의경들을 방문했다. "농민 아저씨들도 살자고 한 거야. 행동은 밉지만 이해해주면 안 되겠니?" 부상당한 전경이 답하기를 "우리도 부모님 같은 분들한테 방패 휘두르기 싫어요." 이처럼 늦게나마 농민단체와 진압경찰의 양방이 서로의 아픔을 달래며 훈훈한 정을 건네었던 것이다.

돌이켜 보면, 일방통행의 결과는 오늘날 우리 사회에 양극화를 불러오기도 했다. 강대국과 약소국, 좌익과 우익, 노동자와 자본가, 부유층과 저소득층 사이에 나타나는 불신과 반목이 사회문제로 등장하고 있기 때문이다. 한쪽에서는 세금을 더 거두어서 갈등의 골을 좁히자 하고, 다른 한쪽은 경기부양이 우선이라고 하는 여·야 정치인들의 상투적 목소리가 이젠 신뢰성 있게 다가서지 않는 이유는 무엇일까? 요즈음엔 한 술 더 떠서 '뉴라이트'와 '뉴레프트' 사이에 논쟁이 벌어지며 티격태격하고 있는 판이다.

이러한 상황에서 원불교가 타산지석으로 생각해야 할 것은 무엇인가를 생각해 보자. 첫째는 양방의 인권존중이요, 둘째는 의견의 쌍방통행이다. 먼저 인권에 대해 언급하여 본다. 종교에 있어서 인권의 소중성을 강조하는 것은 아무리 강조해도 지나치지 않을 것이다. 소태산은 약자와 강자의 관계를 밝힘에 있어 상생의 조화를 강조하였다. 일제 압정당시 약자들이 당한 인권 유린을 스스로 겪으면서 구상하였던 교리가 「강자약자 진화상요법」이었다. 그것이 『월말통신』에 나오는 '갑동리와 을동리'라는 상징

법문이다. 이에 과거 농민시위 때 사망한 농부들의 인권도 소중하고 부상당한 전·의경의 인권도 소중하다는 여유 공간을 원불교의 상생교리로써 설명해야 한다.

이어서 의견의 쌍방통행을 생각해 보자. 출가와 재가, 성과 속, 영과 육, 물질과 정신의 관계를 둘로 나누지 않고 하나로 보고자 했던 소태산의 깨우침을 상기하자는 것이다. 사회가 정신가치보다 물질가치 중심으로 나아간다면, 또 서민층보다 기득권 중심으로 나아간다면 사회의 양극화는 더욱 벌어지기 때문이다. 물론 교단 운영에 있어서도 출가 위주의 일방통행으로 지속된다면 교도와 교역자 사이의 신뢰감이 부족해질 것이다. 제129회(2006) 임시수위단회의 의견교환 내용에서, 교역자와 교도의 신뢰부족 원인이 교도가 교화에 참여하는 시스템의 부재, 일방통행, 위로부터 하달 때문이라는 지적이 설득력 있어 보인다.

또한 박경석 교도는 원사연 발표회에서 다음과 같이 말한다. "우리 교단에는 다양한 형태의 소통 공간이 존재하지 않는다. 출가와 재가 간에 자연스런 소통이 이루어지지 못하고 교단적 보안이라는 문제로 정보가 단절되고 있다." 쌍방이 아닌 총부 중심, 출가 중심, 교무 중심의 일방적 상황이 전개된다면 이는 서로 갈등만을 부추기고 불신을 야기하는 결과가 있을 뿐이라는 것이다. 2005년 뜨거운 감자였던 수계농원의 활용건이라든가 정화의 집 입주 등에 있어서 일방이 아닌 양방의 의견교환이 있었으면 하는 아쉬움이 드는 것도 이 때문이다. 앞으로도 산적한 교단사의 해법에 있어서 상호 인격을 존중하고 재가·출가가 함께하는 교단이어야 한다는 면에서 더욱 그렇다.

세상 사람들에게 잘 알려진 것처럼 21세기의 가장 두드러진 특징으로는 '지식정보화 사회'라고 할 수 있다. 다시 말해 지식이 가치가 되고 정보가 가치로 변하는 사회를 말한다. 이 지식 정보화의 사회를 나름대로 다음 세 가지 차원에서 언급고자 한다.

1) 학력 중시의 시대

오늘날은 학력이 중시되는 사회이며, 과학이 발달하는 시대에 걸맞게 이는 긍정적 작용을 해왔다. 지성의 인지력과 창조력이 중시되는 사회로 변화된 것이다. 하지만 부정적 측면도 없지 않았다. 곧 간판주의로서 사람을 학벌 중심으로 평가하려는 심리 때문에 나타난 현상이다.

우리나라 학부모 10명중 9명은 자녀의 학력이 '대졸' 이상이어야 한다고 생각한다. 또 10명 중 6명은 전문대 졸업자가 취업이 더 잘되더라도 자녀를 4년제 대학에 보내겠다는 생각을 갖고 있다. 근년 2월 교육인적자원부가 한국교육개발원에 의뢰해 학부모 7백69명을 대상으로 실시한 「학부모의 학력주의 교육관 연구」 결과에 따르면 자녀에게 기대하는 학력 수준은 4년제 대학 이상이 아들은 89.9%, 딸은 89.0%로 나타났다.

2) 지가知價의 시대

일본 경제기획청 장관은 언젠가 모 일간지에 다음과 같이 말한 적이 있다. "역사의 발전 단계가 공업사회에서 지식이 가치창조의 기반이 되는 사회, 즉 지가知價 사회로 한 단계 진전하는 것이다." 그는 지식정보화

---

7) <원불교신문>, 2002년 6월 7일.

사회로 인해 새로운 문명이 도래할 것을 예언하였다.

과거에는 부富의 가치가 부동산 중심이었으나, 오늘날은 지식 중심으로 변했다. 땅이나 시설 등 부동산이 부자의 척도였던 것은 60~70년대의 일이다. 80년대 초반부터 불어온 지가知價 사회가 결국 아이디어, 즉 지식산업에 의한 부의 가치로 이동하였다. 미국이 지식 특허권을 강조하여 기세등등한 일본을 압도한 것도 이러한 지식 가치를 선도하였기 때문이다.

지가사회를 좀 더 구체적으로 말해서 '소프트웨어 시대'라 할 수 있다. 이른바 미국은 소프트웨어 특허의 라이선스 수입이 90년, 겨우 1백 50억 달러였으나 98년에는 1천억 달러를 달성했다. 그리고 2000년 초반에 5천억 달러에 넘어섰으니 과연 이의 폭발적 발전을 예고하고 있다.

3) 물질 중심의 시대

학력과 지식 가치가 부각하면서 나타나는 우려도 만만치 않다. 과학 위주의 사고라든가, 그로 인해 파생한 소프트웨어의 불법복제가 기승을 부리고 있다. 미국 25%, 영국 29%, 일본 31%, 한국 50%, 태국 81%, 중국 91%이다. 아울러 물질 중심의 사회는 결국 환경파괴, 정신의 타락을 가져오고 윤리 부재 현상을 부추긴다.

이에 소태산은 19세기의 암울한 상황에서 물질 위주의 사회를 경고하고 정법 교단을 창설하여 '정신개벽'을 주창하였다. 그리하여 지식 물결을 예언하기라도 하듯 병든 사회를 진단, 지식을 적극 활용하도록 하고 있다. 정산종사도 실행불교·학자불교를 선도하고 나선 것이다. 「수신의 요법」에서도 "시대를 따라 학업에 종사하여 모든 학문을 준비할 것이요."라든가, 사요의 「지자본위」 제도를 강조하고 있다. 정보의 물결을 또한 적극 대응하는 의미에서, 대산종사를 계승한 좌산종법사도 인터넷 교화를 강조하며 인터넷 방송교화에 관심을 기울였다.

19세기와 20세기를 지나 21세기의 교당 형태로 다가서는 측면에서, 지식·정보 가치의 사회를 교단이 적극 대응해야 한다. 이는 정신개벽에서부터 그 실마리를 풀어야 한다. 현하 과학 문명이 아무리 발전한다고 해도 정신개벽이 없는 21세기의 문명사회는 철없는 어린아이에게 칼을 들려준 것과 다를 것이 없다. 이른바 종교인은 지식인을 선도하고, 인류에게 지식 정보를 기반으로 하는 과학문명을 선용하도록 정신개벽이라는 시대적 과제를 안고 있다.

8 4S 시대를 주목하라[8]

21세기에는 여가의 시대 즉 레저산업이 부상하는 시대이다. 이 레저산업이 부상하는 시대란 다음 네 가지의 특성(4S)을 지닌다.

1) 'Speed(초고속)'의 시대

스피드의 시대란 초고속을 즐기는 시대라는 것이다. 오늘날 엔진 마력이 높은 자동차나 오토바이 폭주족, 부산을 3시간에 주파할 수 있는 고속전철이 이러한 속도 쾌감의 단면이다. 컴퓨터의 속도 역시 하루가 다르게 변화되어 빠른 속도여야 제값을 받게 되어 있다.

어느 기업이나 종교단체든 오늘의 빠른 변화에 신속한 대응이 필요하다. 초고속의 시대를 인지하지 못한다면 그만큼 뒤쳐지는 교단이 되고 말기 때문이다. 교단 행정라인의 전자결재 가동도 스피드를 염두에 둔 적절한 대응이다.

---

8) <원불교신문>, 2002년 7월 5일.

2) 'Screen(영상)'의 시대

스크린이란 화려한 애니메이션 즉 영상시대를 말한다. 현대문명의 발전은 디지털 영상이 주도하고 있다. 테이프 없는 녹음기, 필름 없는 카메라 등을 과거에는 상상이나 해 보았겠는가? 이 모두 스크린 시대의 디지털 영상의 한 모습이다. 휴대폰의 영상화면 제공도 같은 맥락이다.

이제 고정된 물체는 없다는 애니메이션 창작가의 말을 빌리지 않더라도 인터넷 등을 통해 영상매체를 개발해야 한다. 교단 역시 미래비전을 영상화해야 할 것이며, 교화 현장도 영상 자료를 비치해야 할 것이다. 어느 단체든 흑백시대의 19세기에 매달리는 우를 범해선 안 된다는 것이다.

3) 'Sports(스포츠)'의 시대

2002년의 한일 월드컵을 생각해 보아야 한다. "대한민국 짝짝짝짝" "코리아 화이팅! 오레 오레 오레 오레~."의 힘찬 함성이 지금도 귓전에 맴돈다. 우리 국민이 스포츠에 이토록 열광하던 때가 언제였던가? 3.1운동 당시 길거리에 운집한 군중이 200만명, 한일 월드컵 때 길거리 응원이 4~500만명을 넘어선 것은 황홀한 애국심 발휘의 현장이었다.

일선교당에서도 일찍이 청소년 교화의 측면에서 축구부 등을 가동하였던 점은 시의적절한 모습이 아니었나 본다. 앞으로 교단에서는 청소년 교화에 활력을 얻으려면 이 같은 스포츠를 통한 프로그램 개발이 절실한 과제로 등장한다.

4) 'Sightseeing(여행)의 시대

또한 21세기는 여행 및 여가선용의 시대이다. 과거 60~70년대에는 빵에 매달려 등산은커녕 외부 나들이가 거의 없었다. 이제는 빵보다는 휴식기간을 요구하는 사람들이 대부분을 차지하고 있다.『빵만으로 살 수 없다』는 소련 작가 두진체프의 소설이 매력으로 다가오는 것도 이 때문이다.

종교가에서는 적공이나 마음공부 등 긴장의 시간이 요구된다. 하지만 이러한 긴장 속에서도 이완이 필요한 것이다. 한국의 일부 신종교들이 훈련 코스에서 반드시 여행을 프로그램 속에 넣는 것은 미래를 내다보는 교화방법이라 본다. 이러한 측면에서 원불교에서도 앞으로 교도들의 훈련 프로그램에 여행 코스가 등장해야 할 것으로 보인다. '주5일 근무제'에 따른 교화방법 개발의 시급성도 이 때문이다.

21세기에 접한 현하, 물밀듯이 밀려오는 '4S'의 시대상을 잘 인지하여 사회적으로나 국가적으로 국민정서를 순화시킬 수 있는 다양한 통로를 개발해야 할 것이다. 원불교 역시 이러한 과제에서 비켜나 있지 않다고 본다.

9 　서바이벌, 서바이벌[9]

1) 적자생존의 법칙

다윈이 작성하여 세상에 유명해진 논문은 무엇일까? 생명체의 적자생존을 밝힌 논문이다. 그는 모든 생명체가 그 목숨을 존속하는 것은 험난한 이 전장에서 '서바이벌'의 법칙에 의해 살아가는 원칙에 충실하기 때문이라 하였다. 이는 식물, 동물, 최령한 인간이건 모두에게 통용되는 생명 법칙이다.

그간 수많은 생명체가 지구상을 다녀갔고, 그리하여 멸종된 생명체도

---

9) <원불교신문>, 2002년 8월 9일.

수없이 많다. 옛날 한때 영화를 누렸던 공룡이 사라진 것도 이러한 적자생존의 법칙을 고수하지 못했기 때문이다. 식물계의 생존법칙도 죽기 살기식이다. 우리가 전답을 경작하면서 잡초를 캐다보면 논의 피와 모를 구분하기 힘들고, 파밭의 풀은 파와 비슷하며, 감자밭의 풀은 감자를 닮았고, 콩밭의 풀은 콩잎 비슷하다. 뽑히지 않고 살아남기 위해 처절한 자기 보호색을 띄고 있는 것이다.

2) 서바이벌이란 무엇인가?

특히 인간의 경우 서바이벌 법칙은 필사의 생존 게임과도 같다. TV 등에서 보여주는 여러 서바이벌 게임은 가장 견디기 어려운 고통을 참고 관문을 먼저 통과한 사람에게 승리의 영예를 알려주는 생동감 넘치는 게임이다. 그야말로 처절하면서도 드라마틱한 현장으로서 스릴 넘치는 영화한 편과도 같다.

이처럼 '서바이벌'이란 다수의 군중 혹은 소수 집단들이 살아남기 위한 삶의 패턴으로서 '경쟁' 가치가 최우선시 되는 개념이다. 21세기의 특성중하나인 '경쟁사회'에서 살아남는 사람들만이 이러한 서바이벌 가치에 적응할 수 있다고 본다.

3) 서바이벌 법칙이 적용되는 곳은?

필자는 서바이벌이 적용되는 범위를 21세기와 인간을 중심으로 해서 언급해 보고자 한다. 먼저 '스포츠'에서 서바이벌 법칙이 가장 강력하게 전개된다. 우리가 2002년 한일 월드컵에서 한국 축구를 4강 신화에 올린 것도 서바이벌 법칙에 잘 적응한 증거이다. 히딩크 감독은 서바이벌, 즉 "경쟁은 즐겨야 한다."라고 하였다. 이러한 총성 없는 전쟁과도 같은 승부의 서바이벌 세계에서 살아남기 위해 히딩크는 철저한 자료 분석, 기초체력 증진, 팀웍을 도모하였다.

다음으로 '기업'에서 서바이벌이 또 강력하게 적용된다. 이건희 전 삼성 회장은 '기술은 기업 경쟁력의 원천이자 21세기의 생존 조건'이라고 하였다. 김우중의 대우가 무너지고 삼성이 반도체 산업을 통해 급상승하며, 정주영의 현대가 자동차 산업에서 세계와 어깨를 겨루는 것도 기업 서바이벌의 현장이다.

이어서 '국가'에서도 서바이벌 법칙이 강조된다. 2천년 기준 「국가별 경쟁력」 비교에서 한국이 25순위, 일본이 22위, 중국이 16위, 대만이 14위, 싱가포르가 1위를 차지하였다. 이처럼 한국이 국가 경쟁력에 있어 선진국의 후발주자로 부상하고 있다.

또 상기할 점은 '종교'라 해서 서바이벌 게임 법칙이 적용되지 말라는 법도 없다. 원불교의 경우, 교화력이나 교도 숫자 확보에 있어 경쟁력을 갖추어야 한다는 점도 예외는 아니다. 그리고 타 종단 교역자에 비해 경쟁력 있는 원불교 인재가 필요하다. 원불교문화에서도 비교 우위의 종교문화가 요구되는 것이다. 사회참여 정도에 있어서도 경쟁력이 있는 교단으로 살아남아야 한다.

그럼에도 불구하고 서바이벌 가치에 장애가 되는 것들은 무엇인가? 아마도 교역자들에게 자칫 무풍지대의 무경쟁 체제에 의한 '안주의 심리'가 싹 틀 수 있다. 선의의 경쟁이 필요하고, 특히 교역자들의 교화역량 배가라는 경쟁력이 필요한 데도 말이다. 오늘의 교화 정체현상도 종교간 서바이벌 게임에 적응하지 못한 원인은 아닌지 생각해볼 일이다.

이 같은 종교의 적자생존은 소태산의 「강자 약자 진화상의 법칙」에서 이미 밝힌 바 있다. 물론 이는 종교적 상생의 원리에 바탕한 '선의의 경쟁'이 필요하다는 뜻이다. 아무튼 우리는 무풍지대에의 안주가 아닌, 실력 갖춘 교역자로서 경쟁력 있는 교단을 이끌어가야 한다.

생태계의 기로10)

1) 생태계 파괴로 최초로 사라진 도도새

인간 중심의 문명이 타살한 최초의 멸종 동물은 '도도새'이다. 이 도도새는 오색영롱한 칠면조 과이며, 이것이 멸종한 것은 서기 166년 후반의 일이라고 한다. 안타깝게도 도도새는 최초의 환경파괴에 의해 절멸된 동물이다. 도도새가 마지막까지 살았던 땅이 환경회의가 열렸던 브라질의 '리우 데 자네이루'였다.

그런데 지구상에서 우리와 더불어 살아가고 있는 생명체의 종류는 동물·식물·미생물 등을 포함해 최소 360만종~최대 1억종이라고 전문가들은 말한다. 하지만 이것은 6억 년 전에 살았던 생물 종류의 '5%'에 지나지 않는다고 한다. 생물학자들은 현재 멸종 위기에 놓인 동물과 식물은 3만 1천종 이상이라는 지적도 있다.

환경 공해로 인한 생태계의 파괴는 우리가 아는 이상으로 보다 심각한 상황에 처해 있다. 지구촌 온난화의 현상도 이의 같은 맥락이다. 지금 중국에서는 강물이 범람하고 아시아 유럽 등지에서도 물난리가 나고 있는 실정이다. 장마철 여름의 한국도 예외는 아니다.

2) 생태계 파괴의 주범

전 지구적으로 생태계의 급격한 파괴 조짐은 1970년대와 1980년대에 나타난 산업사회의 결과이다. 앨빈 토플러도 말하듯이 "산업사회의 생태적 부산물은 생명 자체를 위협했다."는 것이다. '생태계 보전'이 21세기의 최대 화두로 떠오르는 것은 우리의 생존과 직결되기 때문이다. 급속한

---

10) <원불교신문>, 2002년 9월 6일.

산업화와 대량소비 사회에 따른 자동차 공해·농약·다이옥신·중금속·환경호르몬·유전자 변형 농산물(GMO) 등이 그 주범으로 떠오른 것이다.

이러한 지구촌의 몰락 위기를 그대로 지켜보고만 있을 것인가? 이제라도 늦지 않았다. 환경보전을 위해 우리는 모든 지혜를 동원해야 할 것이다. 이의 일환으로 우리나라에서는 2002년 괄목할만한 국제회의가 열렸다. 서울에서 개최된 '세계생태학대회(LTER)'가 그것이다.

서울대 최재천 교수(생물학)는 월드컵이 한국을 4강으로 만들었다면 이번 생태학술회의는 8강정도로 만든 괄목할만한 국제학술회의였다고 한다. 또 얼마 전 최대 환경회의인 지구정상회의(WSSD)가 남아공 수도 요하네스 버그에서 열흘간 일정으로 개막되기도 하였다.

3) 외부환경을 분석하라

이제 공해 추방과 환경보호로서 생태계의 보전은 선택의 문제가 아니라 필수의 문제라 본다. 우리 인류가 유일하게 살아남을 수 있는 길은 생태계의 보전이기 때문이다. 교단에서도 원기 70년대부터 환경 보호에 관심을 보이기 시작하였고, 근래 제3대 제2회 <종합발전계획>에서 「교단 외부환경 분석 보고서」를 제출한 적이 있다. 여기에서 '환경 생태의 시기, 환경 규제와 감시 강화, 인간의 삶에서 환경의 중요성 등장'이 거론되고 있다.

이미 교조 소태산은 사은 특히 천지은 조목을 신앙화하여 환경 보전의 중요성을 밝히고 있다. 다시 말해 우주 대자연의 보호를 '천지은'이라는 신앙 강령으로 밝혀 환경이 중요함을 밝혀놓은 것이다. 천지은에 이어 "초목금수도 꺾지 말고 살생하지 말라."는 동포은을 신앙의 대상으로 조목화한 종교는 과거에 일찍이 없었다.

앞으로 21세기 최대 현안의 해법은 자명하다. 환경 생태계의 보전, 인간 중심의 이기주의적 문명화 지양 등을 통해 생명체가 온전히 살 수 있어야 한다. 이는 원불교가 환경 보전에 앞장서며 사은의 소중성을 세상에 일깨우는 일과 맞물린다. 더 이상 생명체의 종種이 사라지지 않는 낙원 세상, 이는 '사생일신四生一身' 즉 동식물과 더불어 살아가는 세상이기 때문이다.

11 문화는 없는가[11]

1년 가운데 10월은 예술활동이 활발한 문화의 계절이다. '천고마비의 계절'에 맞게끔 숙살만물로 인해 오곡백과가 무르익고, 또 독서 열풍에 이어 영화 및 연극 등 문화행사가 각광을 받는 계절이다. 현재 국내외에서 한국 영화가 상한가를 치고 있는 것도 문화와 예술을 사랑하는 한민족의 덕택이 아닌가 본다.

1) 문화는 인간만의 특권

축제를 즐기는 존재는 누구인가? 미물도 아니요 동물도 아닌 오로지 인간뿐이다. 축제를 즐길 줄 안다는 것은 그 속에 문화가 있기 때문이다. 이 축제는 종교에서 재액을 물리치는 원초적 생존 본능에서 출발하였으며 그것은 인간만이 누리는 특권이었다.

슈펭글러에 의하면 문화 발생은 농경사회에서 비롯하여 '종교적 신비의 꿈속에서 깨어나는 영성'이라고 하였다. 이러한 영성이 꿈틀거리는 것은 오로지 우리의 문화를 사랑하고 심화시켜온 종교인들이었다.

그리하여 인간은 삶을 지속 성장하기 위해 사회 집단의 문화를 공유하여

---

11) <원불교신문>, 2002년 10월 4일.

결국 삶의 풍요로움을 느낄 수 있게 된 것이다. 여기에서 우리는 신명나는 삶을 약속 받았고, 국가마다 이집트 문화, 중국문화, 셈족문화, 힌두문화, 히브리문화, 그리스문화, 로마문화, 아라비아문화, 유럽문화 등을 형성하며 국가의 정체성도 갖추게 되었다.

2) 문화는 삶의 3요소

과거 농경사회에서 살아갈 수 있는 조건은 '영토, 자원, 인구'였지만 이제는 '지식, 정보, 문화'의 3요소가 그 자리를 차지했다. 문화 없이 21세기 사회는 살아갈 수 없다는 뜻이다. 우리에게 문화가 없다면 다시 미개인의 원시사회로 돌아가라는 것이다. 이에 문화란 인간의 성숙과 문명의 안전장치가 아닐 수 없다. 문화야말로 정신세계를 누릴 수 있는 삶의 도구라는 말이다. 포오드 역시 '문화는 생활을 해결하는 도구'라고 하였다.

따라서 1980년대 이후 문화는 세계적인 관심사가 되었다. 유네스코는 '세계 문화발전 10개년 계획'(88~97)을 구상했고, 92년 세계문화 및 발전위원회를 설립했다. 바로 이어서 98년 유네스코는 스톡홀름에서 '문화정책의 촉진과 발전'을 주제로 정부간 회의를 열었다. 이는 21세기에 문화가 없으면 세계의 발전도 없다는 인류 모두의 여망에 의한 몸부림이었다.

3) 문화가 살아야 교단이 산다.

문화란 모든 인류에게 흐르는 생명수가 된 것이다. 그 물에는 담담한 맛과 달콤한 맛이 있다. 이처럼 도도히 흐르는 생명수의 물꼬를 막을 수는 없다. 물을 막아버리면 숨통이 죄어오듯 질식할듯한 세상으로 전락하기 때문이다. 그리하여 문화가 살아나야 국가가 살며 종교가 생명력을 얻는다.

그간 우리 인류는 이러한 문화를 살려내기 위해 문화인으로서 살기를 자처해 왔다. 특히 문화 선진국이길 갈망해 왔다. 예컨대 '프랑스=문화국가'란 등식에 아무도 이의를 달지 않았던 것은 그들이 선진 시민의식으로 문화를 사랑했기 때문이다.

지금부터라도 정신가치와 삶의 질을 담보로 하는 종교는 특히 문화에 관심을 갖는 것이 필요하다. 좌산종사도 '앞으로 우리 교단이 사회와 국가에 기여해야 될 분야는 문화 분야'라며, 미래 시대에는 산업가치도 '문화'에서 찾는다고 하였다.

문화 없는 원불교는 교화 정체를 심화시킬 뿐 메마른 사막에 불과하다. 교단이 원불교 문화의 정체성과 문화 교화의 활로를 찾아야 하는 이유도 이 때문이다. 원불교가 창업기와 제도 정착기를 지나 '문화 창조기'에 접어들었다는 말도 80년대 어느 종교학자의 날카로운 지적으로만 남겨둘 수는 없다. 그래서 21세기 지식 정보화 사회에 불공하듯, 원불교를 만방에 알리는 출판문화대상, 성가대회, 미술전, 사진전, 민속잔치, 다도회 등 문화교화의 활로 개척이 시급한 일이다.

12 ▶ EQ와 SQ의 시대12)

오늘날 신과학의 영역들이 등장하고 있다. 정신과학이니 미래 관련 심리학이니 하는 것들이 부각되고 있는 상황이다. 여기에서 주목되는 테마는 '감성지능, 감성이미지, 감성 마케팅' 등의 용어로, '감성'이라는 테마들이 학계에서 자주 전개된다는 점이 주목된다. 최근 감성 연구의 권위자인 그린슈타인 교수도 미국의 성공한 대통령은 모두 '감성지능'이 높았다는

---

12) <원불교신문>, 2002년 11월 5일.

연구결과를 발표함으로써 성공한 리더는 높은 감성을 갖췄다는 리더십 학계의 정설을 재확인했다.

1) 무반응·무감각이 우리를 멍들게

근래 아이러니하게도 시대에 역풍을 불리듯 무감성주의자들이 늘어나고 있다. 러시아 사람들의 무관심, 무반응은 혹독하기 이를 데 없다. 사람들은 잘 웃지를 않으며 옆을 돌아보지도 않는다. 한국인들도 먼저 인사는 고사하고 미소에 인색하기는 마찬가지다. '무게를 잡아야 양반'이라는 과거 지향적 찌꺼기가 남아 있는 탓일까?

문제가 되는 것은 반응이 느리고 감성이 둔감한 환경에서 자라난 사람은 "매우 조심스럽고 보수적이며 호기심이 없고 아주 소극적이게 된다."고 앨빈 토플러는 지적하고 있다.

2) 미래에는 EQ와 SQ의 시대

80~90년대 문명이 전개되면서 IQ가 중시되어 오다가, 이제 21세기에는 인간의 지능 중에서 IQ(지능지수) 대신 EQ(감성지능)와 SQ(영성지능)가 급부상하고 있다. 그러면 EQ와 SQ가 왜 오늘날 더 요청되고 있는가? 이는 일의 효율적 성취도와 관련되어 자신의 감성을 잘 알고 조절해서 다른 사람의 감성까지 잘 이해할 수 있도록 하기 위함이다.

오늘날 IQ의 역할은 어느 정도 문명화된 컴퓨터가 대신하고 있으며, 이를 다룰 인간의 EQ와 SQ의 지능이 더욱 요청되고 있다. 21세기는 더욱이 평화 및 정신 가치가 요구되고, 인간의 화해가 요구되는 만큼 감성과 영성이 풍부한 지도자가 공동체 사회를 잘 꾸려가는 시대인 것이다.

3) 관심과 반응은 보약보다 낫다.

오늘날 세계 지도자 부재론이 등장하면서, 중동과 인도네시아 및 미국의 테러사건이 어쩌면 세인의 무관심과 무반응에서 왔는지도 모른다. 이에 이러한 테러를 치유할 유일한 처방으로 따뜻한 관심과 호혜적 반응이 필요하다는 점이다.

중요한 것은 감정 치료에는 '관심과 반응'이 보약보다 더 낫다는 점이다. 교단에서도 동지간 무관심·무반응 층이 증가하고 있으니, 이는 '감성·정서'를 생명으로 아는 종교 집단으로서 긴장되는 상황이 아닐 수 없다. 어느 날 S교무는 냉소주의적 교역자가 늘고 있다며, 교단 사업이 거론될 때면 "알아서 하겠지."라는 층이 늘어난다고 하였다. 총회나 교화단회에 상당수가 참석하지 않은 것도 이와 무관하지 않다. 또 동지의 애경사엔 "잘 몰라." 하는 경우도 많아지고 있다. 무반응·무감각의 교역자에게는 접근할 매력을 못 느끼는 것이다.

원불교인이 중생 제도에 필요한 '자비' 정신도 기쁠 때 함께 기뻐해주고, 슬플 때 함께 슬퍼해주는 것이다. 그리하여 '명상과 선, 여행' 등을 통해 이 가을에 재충전의 풍요로운 감성지수를 키워가자. 그리고 새 시대에는 감성지수가 높은 교역자들이 교화도 더욱 잘하리라 확신한다.

13 　미래는 시스템이다[13]

세계 최대의 실리콘 제조업체인 다우코닝은 기존의 고객들이 규격화된 실리콘 제품을 전자상거래로 살 수 있는 '자이아미터'라는 시스템을 개발

---

13) <원불교신문>, 2002년 12월 6일.

했다. 전 세계에서 가장 싼 값으로 실리콘을 구매할 수 있도록 하는 시스템을 개발해 다우코닝을 일류기업으로 만든 것이다.

비근한 예로, 한국의 삼성전자가 세계 일류의 IT기업이 된 것은 미국과 일본 기업의 모방이 아니라 그 장점을 살려서 앞서가는 시스템을 개발했기 때문이다. 서울대 송병락 교수의 지적처럼, 미·일의 많은 IT기업들은 한두 가지 제품 생산의 '단순 시스템' 정비를 집중했으나, 삼성전자는 반대로 반도체, LCD, 휴대전화, 가전제품 등 '다양화 시스템'을 정비했던 것이다.

1) 시스템은 체질개선의 생존법칙

이들 일류 기업체는 모두 체질개선을 도모했다는 뜻이다. 사실 국가든 기업이든 체질개선을 해야 발전한다. 이 체질개선은 군살빼기와 같은 뜻이며 '시스템 정비'라는 말로도 이해된다. 언젠가 S경제 연구소 윤순봉 이사는 "세 사람이 하던 일을 두 사람이 하게끔 시스템을 바꾸지 못하면 지속 성장이 불가능하다."고 하였다. 이처럼 시스템 점검은 체질개선과 직결되어 생존 법칙에 있어 중요한 요소로 등장하였다.

실제로 시스템 정비는 국가나 종교가 경쟁력 있는 체제를 창출하기 위한 살아남기 게임과도 같을 것이다. 예컨대 자본주의 국가는 공산국가와 체제 우월 논쟁에서 '개인의 능력에 따라 평가받고 보상받는 자본주의 시스템'의 승리로 판가름났다. 또 개신교가 더욱 발전한 것도 구교와의 시스템 차별화에서 기인한다고 하면 틀린 말은 아닐 것이다.

2) 사람보다 시스템이다.

품질 경영의 대가인 에드워드 대밍의 '85 : 15 규칙'은, 현장에서 일어나는 불량의 원인에 있어 85%는 시스템(제도)에 문제가 있고, 나머지 15%는 사람 잘못 때문이라는 이론이다. 매사의 문제점을 사람 잘못만으로 알아왔던 우리가, 시스템이 미래 생존의 동인動因임을 알게 된 것은 그리 오래되지 않았다.

언젠가 대학원에 재학 중인 W예비교무는 다음과 같이 고민을 털어놓았다. "힘들어서 어찌해야 할지 모르고 있어요. 시스템의 문제인지, 개인 수양의 문제인지?" 그는 분명 시스템과 사람의 갈등에서 그 나름의 고민을 털어놓은 것이다. 이처럼 갈등과 부적응은 개인의 잘못으로만 볼 것이 아니라 혹 시스템에 문제가 없는지 생각하게 해준다.

3) 교단의 시스템 점검과 21세기

이제 교단은 창립 100주년을 지내며 21세기에 적응하기 위해 시스템 변화에 대한 관심을 기울여야 할 때이다. 따라서 현재 교단시스템 정비의 걸림돌이 무엇인가를 살펴보아야 한다. 그간 농경사회에서 산업사회, 정보사회로 접어들면서 그에 맞는 시스템 점검에 소홀했던 점이 교화 정체로 이어진 것은 자못 아쉽기만 하다.

그렇다면 원불교가 어느 면에서 시스템을 점검해야 할 것인가? 인재양성 시스템, 인사제도의 시스템, 연구소 운영 시스템, 교단행정 시스템, 교도관리 시스템 등이 거론된다. 이러한 항목들의 정비를 앞으로 교단의 '종합정보 시스템'에 기대를 걸어야 할 것이다.

인재양성은 종교 이해 및 현장교화와 얼마나 연계하고 있는지? 인사제도는 지자본위 시스템에 역량 평가가 도입되고 있는지? 교단 행정은 총부·교구·교당의 독립과 유연성이 확보되는지? 교도관리는 실제로 관리할 수 있는 시스템인지? 아무튼 교단 발전도 기업의 체질개선과 같이 서바이벌 법칙에서 벗어나 있지 않기 때문에 이러한 성찰은 반드시 필요하다. 미래는 시스템의 시대인 바, 교단 체제의 유연성과 적응도 및 효율화는 이 시스템의 부단한 정비 여부에 달려있다.

21세기적 대중 선동의 도구는 리드미컬한 영상매체이다. 평면적이고 단순한 이미지만으로 사람들을 감동시키는데 효과가 적다는 뜻이다. 인터넷의 총아로서 애니메이션, 유비쿼터스의 시대가 요구하는 것은 살아 움직이는 첨단의 전달 매체들이기 때문이다. 이를테면 영상 이미지는 짧고 순간적인 에피소드로서 재빨리 낡아챘다 곧 내던지는 불안정한 것들이라는 것이다.

이 같은 글로벌 매체로서 삶의 진한 감동을 주고받는 수단으로는 아마도 영화가 아닐까 본다. 남녀노소를 막론하고 삶으로 재현되는 영화를 통해 인생의 희로애락을 맛보며, 스릴을 느끼고 눈물까지 흘리는 감동의 드라마는 오늘을 사는 현대인들에게 문화생활의 단면일 것이다. 왕의 남자, 미션 임파서블, JSA, 쉬리, 친구, 쿼바디스, 타이타닉, 쥬라기공원 등이 우리의 뇌리에서 떠나지 않는 것도 어쩌면 이 같은 영화만이 갖는 메리트일 것이다.

근래 '다 빈치 코드'라는 영화가 우리의 이목을 집중하는 관심사의 하나로 회자되고 있다. 작품무대의 파리엔 '다 빈치 코드 산책'이라는 여행상품까지 인기라니 '다 빈치 코드' 홍수라고 해야 할 판이다. 물론 이는 먼저 소설로서 우리에게 소개된 후 베스트셀러가 되어 세계에서 4000만부, 한국에서 260만부 넘게 팔렸던 덕이기도 하다.

이제 지면의 소설이 살아있는 매체로 탈바꿈하여 박진감 넘치고 흥미진진한 영화로서 우리에게 다가왔다. 제59회 칸 국제영화제가 '다 빈치 코드'를 개막작으로 택한 이래, 한국에도 개봉되었던 것이다. 필자 역시 가족과 더불어 CGV영화관에 가서 모처럼 종교인을 자극하는 영화를 관람했다. 초여름 밤, 가슴깊이 파고드는 영화의 파노라마는 오랜만에 삶을 재충전하

---

14) <월간교화> 7월호, 원불교 교화훈련부, 2006.

는 매력에 흠뻑 빠져들게 했다.

순간순간을 눈에서 뗄 수 없었던 영화의 대체적인 스토리는 다음과 같다. 우리의 상식과는 달리 예수가 막달라 마리아와 결혼했다는 것이라든가, 예수의 부활이 부정되는 양상, 예수의 후손이 존재했다는 것 등이다. 더욱이 가톨릭 교단의 어두운 면이 부각되었음은 물론 시온수도회 사이에 풀어헤치는 비밀이 압박감마저 주었다. '다 빈치 코드'의 충격으로 다가온 것은, 막달라 마리아와 결혼한 예수가 십자가에 못 박힌 것이 아니라 보통 사람처럼 죽었는데 교회가 이를 숨겼다는 내용이다.

여기에서 '다 빈치 코드' 영화가 기독교계의 거센 반발을 불러일으키기에 충분했음을 알 수 있다. 이를테면 미국의 목사 절반 이상이 '다 빈치 코드'에 맞서는 성경강좌를 열겠다 했고, 인도의 가톨릭 지도자들은 정부가 상영을 금지하지 않으면 단식을 하겠다고 했으며, 호주 성공회는 시드니 극장 250곳에서 예고편을 상영할 때 반박 비디오를 틀기로 했다.

한국에선 한국기독교총연합회가 상영금지 가처분신청을 냈다가 기각된 것이다. 그들은 "비판력이 부족한 청소년들이 기독교에 대한 부정적인 영향을 받을 수 있다."며 불안해하였다. 기독교의 정통성에 심각한 훼손을 줄 것이라는 사실 때문이다.

그렇다면 '다 빈치 코드'가 극장가를 강타한 이유는 무엇인가? 첫째, 도그마에 대한 반발은 흥행을 낳는다는 사실 때문이다. 강한 부정은 긍정으로 유도되는 논리와 유사하다. 본 영화를 개봉하려 하자 주변에서, 특히 기독교계에서 신성 모독이라는 것 때문에 강하게 반발했다. 이러한 반발 심리는 영화 매니아들의 호기심을 자극했다. 둘째, 초인超人으로 있던 예수가 세인世人에게 다가와 성聖의 영역을 허물었다는 사실 때문이다. 파계한 수도승이 우리에게 흥미를 전했던 '만다라' 영화처럼, 결혼한 예수에게 후손이 있었다는 '다 빈치 코드'는 멀리만 있게 보였던 초월자 예수를 속화된 우리들의 세계로 끌어들여 극적 흥미를 자아낸 것이다.

기독교계는 다음의 사실을 눈여겨보면 어떨까 한다. '다 빈치 코드'가 기독교의 역사를 부정한 것 같지만 이는 영상매체를 통한 작가의 꾸밈 곧 픽션으로 생각하라는 것이다. 비록 영화에서 언급된 것처럼 초기 기독교 역사가 가식과 폄하에 차 있다고 했더라도 이것은 소설을 영화한 것으로 생각하면 더욱 성숙된 문화로 이해할 수 있다.

아울러 고상한 성자적 예수의 모습도 좋지만 굴절된 세속과 더불어 면역된 예수상을 상정해 보면 어떻겠느냐는 것이다. 예수가 막달라 마리아와 결혼하여 후손을 두었다 한들 그것은 예수가 인간의 성숙된 삶으로 다가선 화신불이기 때문이다. 따라서 기독교계에 비판적인 영화가 상영되었다고 해도 인간으로 극화된, 풍자된 소설에서 면역성을 배양하였다면 이 또한 기독교의 성숙됨을 발견하는 셈이다.

차제에 불교계에도 '다 빈치 코드'처럼 흥행하는 영화가 나왔으면 한다. 달마가 동쪽으로 간 까닭은, 아제 아제 바라아제, 달마야 놀자 등의 영화가 한 때 흥행했었다. 또 다른 영화가 불교계에서도 바람을 불리면 이보다 더한 포교 수단은 없을 것이다. 원불교인의 한 사람으로서 '다 빈치 코드'가 그렇게 부러워 보였던 것은, 소태산을 주제로 한 원불교 영화가 세상에 빛을 발할 날을 고대하기 때문이다.

제2편

정신문화의 연원

소태산은 우리가 영산의 옛 회상에 만나던 사람들인데 100년 안에 1200 대중이 먼저 이 회상에 온다고 하였다. 교단 100년을 함께 한 법연 동지들은 모두 동창생이요 도반들이라 본다. 항타원 종사도 '원불교 백년 안에 든 대종사 제자는 유연 제자들'이라며, 모두가 친구로 보인다고 했다.

작금, 원불교 100년의 의미를 새겨봄으로써 원불교 비전을 점검해 보는 뜻은 원불교 2세기의 교단발전과 사회구원이라는 목표를 실현하기 위함이며, 이는 개교의 동기와 맞물리는 일이다. 이에 「원불교 백년의 의미」를 음미해 보는 것은 시의적절하다고 본다.

우선 이웃종교들이 겪어온 100년의 자취를 더듬어 보는 것이 지평 확대에 도움이 되리라 본다. 불타 사후 100년, 불교는 안빈과 청정 가치를 추구하는 출세간적 성향에서 화폐를 긍정하고 보시를 인정함으로써 민중불교로 전환하는 계기를 맞이하였다. 또 일부 비구가 종래 계율을 무시하고 10종의 새로운 주장[十事]을 하자 교단의 분쟁이 일어나 상좌 장로들은 회의를 열어서 십사를 부정, 700인 회의를 열어 경전의 결집을 단행했다.

이어서 기독교 100년의 의미를 살펴본다. 구약복음서가 기독교 창립 100년을 전후하여 결집되었다. 기원 후 100년 전후(예수 사후 67년) 구약성경은 이미 만들어졌다는 것이다. 또 한국 천주교의 선교 100년(1885)은 순교의 역사였다. 이승훈이 북경에서 1784년 세례를 받고 이듬해 실학자 정약전과 정약용을 선교하면서 우리나라에 천주교가 들어오자, 조선은 유교를 배척하는 사학이라고 박해하면서 김대건 신부 등 많은 순교자를 발생하게 했다. 한국 천주교 선교 200년사(1985)에는 농민운동과 민주화운동에 동참하면서 교세의 확장이 이루어졌다.

---

1) <원불교신문>, 2013년 8월 16일.

한국 개신교 100년(1966)의 역사를 보면, 1866년 토마스 선교사가 처음 선교를 시작한 후, 인권 민주화 등 도시산업선교와 세계교회운동에 앞장섰다. 짧은 100년 선교사에도 불구하고 급성장한 한국 개신교는 민중신학을 토대로 국제 신학운동에 새로운 해방적 패러다임을 제시하기도 하였다.

다음으로 천도교의 경우, 그 전신인 동학東學은 1994년 탑골공원에서 100년 대회를 개최, 반봉건·반외세의 정신을 기렸다. 100년의 천도교 기념행사는 2005년에 개최되었는데, 중앙총부 대교구 중소교구를 운영하는 근대적 종교체제로 변모되었다. 당시 100주년 선언문을 발표하고 기념조형물을 건립하였으며 성경신 인내천의 실천을 다짐했다.

한국 증산교 100년의 흔적을 살펴본다. 1909년 시작된 대순진리회는 백년사에 즈음하여 2007년 사회복지재단의 설립과 교육사업에 관심을 갖고 대진대학교 등을 운영하고 있다. 같은 계열로서 1911년 시작된 증산도는 2011년 기념행사를 갖고 증산도『도전』을 발간하였고, 『도전』은 6개 국어로 번역되어 세계교화의 발판을 마련하였다. 또 STB 상생방송국을 개국하였으며, 청소년을 중심으로 한 교세 성장을 도모하고 있다.

한국종교 100년사에서 볼 때 불교는 민중불교와 성전의 결집, 천주교는 순교와 민주화 운동, 개신교는 세계교회 운동, 천도교는 포덕의 인내천 실천, 증산교는 사회복지사업과 도전의 결집을 주도하였다.

원불교는 한국 기성종교 100년사를 새겨봐야 할 것이며, 이를 계기로 '원불교 100년의 의미'를 살펴본다.

첫째, 성업 축하의 의미를 지닌다. 소태산이 예시한 4, 5십년 결실은 반백년 기념의 성업에서, 4, 5백년의 결실은 원불교 100년의 성업에서 모색된다. 한국 4대종단으로 부상하여 성지 장엄, 교서번역과 국제교화의 교두보를 마련했고 원불교학 연구 50년사와 더불어 『원불교대사전』과 교서주석서를 발간하게 되니 자축할만한 성과이다.

둘째, 사회 역할론의 부각이라는 의의가 있다. 경산종법사는 취임법어

(원기 91년)에서 개교 백주년이 되면 교단의 위상과 역할이 크게 달라질 것으로 예상된다고 하였다. 이에 교단의 사회적 역할을 위해서 냉철한 진단이 필요하다. <서울교구 청운회>는 서울회관에서「교단창립 100년을 향한 원불교의 비전과 과제」라는 제목으로 발표회를 가져, 교단의 권위적 분위기, 교역자의 나태한 공부심, 교화의 침체 현상 등을 지적하였다.

셋째, 새로운 매듭과 혁신의 의미를 지닌다. 새로운 매듭이란 교단 1세기의 마감과 2세기의 시작이며 여기에 '혁신'의 가치가 들어 있다. 소태산이 원기 5년에 구상하여 20년에 발표한 <조선불교혁신론>은 조선불법의 한계, 승려생활의 문제점, 외방불교의 과제, 소수불교와 분열된 교화과목의 문제점을 지적하고 일원상을 신앙대상으로 혁신하였다.

이제 본 주제의 핵심인「원불교 100년의 과제와 전망」을 조명해 보자.

1) 교서 재결집이라는 과제가 있으며, 교단 현안과 원불교 사상의 다양한 해석학적 접근이 요구된다. 교서 결집사를 보면, 원기 12년『수양연구요론』과『불법연구회규약』, 원기 17년『육대요령』, 원기 28년『불교정전』, 원기 47년『원불교 교전』의 결집으로 이어졌다. 교서 결집연도의 순환곡선을 보면 5년, 11년, 19년의 간격이 있으며, 어느덧 결집 후 수십 년이라는 긴 세월이 흘렀다. 물론 숫자가 중요한 것은 아닐 것이나 원불교 2세기라는 상징적 숫자를 염두에 두면 맞춤법 등을 포함하여 수정해야 할 부분이 적지 않다고 본다. 또한 교단 현안의 냉철한 접근과 신앙호칭 담론 등 해석학적 해법이 요구된다.

2) 사회 문제점들을 직시하면서 고통 받는 현대인들에게 깨달음과 치유에 대한 방법론의 제시가 필요하다. 기성종교들이 중시한 민주화, 환경보호, 인권운동에 동참하면서도 구체적인 마음공부의 사회 환원이 필요하다. 이 모든 것들은 개인 및 사회 구원론과 직결된다고 본다.

3) 교단의 시스템 개선과 원불교 문화·예술의 정체성 확보가 시급하다. 시스템 개선으로는 ① 교단 제도, ② 인재 선발, ③ 교화 패턴 등이라 본다.

모든 목적사업의 성취에 있어서 시스템이 85%, 개인의 역량이 15% 영향을 미친다는 85:15의 법칙을 염두에 두어야 한다. 원불교는 창업기와 제도정 착기를 넘어서 문화창조기에 진입했다. 제도정착기는 반백년을 전후한 교단 내부의 일을 정리하는 단계로서 정적인 작업을 하는 과정이었다. 새 문화창조기에는 교단의 발전과 성장이 따르면서도 분열 현상이 나타난다고 학자들은 밝히고 있다. 그 기로의 현장에서 '시스템' 개선이 화두로 등장하며, 문화창조기에 진입한 교단 2세기에 원불교 예술의 정체성 확보가 간절하다.

원불교 100년의 비전으로서 교서의 재결집, 깨달음의 방법론 개발, 교단 시스템의 개선이 절실한 상황이다. 대종사의 불교혁신의 의미를 새기면서 우리에게 더 이상 머뭇거릴 시간이 없다.

2 　본말시종과 선후2)

우리에게 한때 베스트셀러로 잘 알려진『성공하는 사람들의 7가지 습관』 을 저술한 스티브 코비는 그의 저술에서 다음 언급을 인용하여 감동을 준 적이 있다. "악惡의 이파리를 수천 개 잘라내는 것보다 뿌리를 잘라내는 것이 더 낫다." 이는 지엽적이고 말단적인 것에 매달리는 것보다 근본적이고 본질적인 것을 다스리라는 뜻이다. 여기에서 우리의 처세나 행동에 대한 본말, 시종, 선후의 문제가 거론된다.

어떤 상황을 접함에 있어서 본말을 알고 시종을 알며 선후를 알아 처신 할 경우 그는 인격적으로나 업무 추진력에 있어 상당한 실력을 소유한

---

2) <월간교화> 9월호, 원불교 교화훈련부, 2003.

자로 평가된다. 달리 말해서 본말을 알지 못할 경우 일을 편벽되게 하며, 시종을 모를 경우 일을 중도에 그만두며, 선후를 모를 경우 일을 그르친다는 뜻이다. 대인접물에 있어 마음사용과 일처리를 함에 있어 그만큼 신중해야 하며 차서있게 해야 한다는 뜻으로, 이는 인간의 완성된 인품과 수월한 역량을 요구하는 것이다.

특히 동양의 윤리에 있어 본말과 시종, 선후 파악이 중요함은 사서『대학』 1장에 강령적으로 잘 나타나 있다. "사물에는 본말이 있고 일에는 시종이 있으니 선후를 알면 도에 가까우리라." 증자가 공자의 말씀을 주로 새기며 저술한 이『대학』은 동양인의 학문 방법과 행동 강령이 나타나 있어 고래로 동양 성철들이 훈도의 교재로 사용하였다. 중국 송대에『대학』이 사서의 하나로 분권되었으며, 이정과 주자가 주된 역할을 하였다.

주자는 사서 모두를 주석할 정도로 깊은 관심을 표명하였으며, 위의 문구를 다음과 같이 구체적으로 분류한다. "명덕明德은 본이 되고 신민新民은 말이 되며, 지지知止는 시가 되고 능득能得은 종이 된다." 다시 말해서 공부의 삼강령인 명덕[덕을 밝힘]과 신민[백성을 새롭게 함]과 지어지선[지극한 선에 그침]을 본말과 시종으로 구분하고 있다. 명덕은 자신의 도학 공부로서 근본이 되고, 신민 즉 사회 통치는 과학 공부로서 말단이 된다는 것으로 해석할 수 있다.

본말의 문제는 유가만이 있는 것이 아니라 도가나 묵가의 경우도 같은 입장에 있다. 장자는 도를 논하면서 그 선후 본말의 순서가 없다면 그것은 도가 아니다(語道而非其序, 則非道也)라고 하였다. 그리고 묵자는 근본이 안정되게 놓이지 않은 사람은 말단을 풍성히 하려 해서는 안 된다(置本不安者, 無務豊末)고 「수신편」에서 말하고 있으며, 근본이 견고하지 못한 자는 말단에는 반드시 위태로워질 것(本不固者, 末必幾)이라 하였다.

불가에서도 "도를 배우되 선후를 알지 못하며 이치를 설하되 본말을 가리지 못하는 이는 이 사견이라 이름할 것이요 수도라 이름하지 못한다

(學道而不知先後하며 說理而不分本末者는 是名邪見이요 不名修學이라)"
라고 『수심결』 8장에서 언급하고 있다. 역시 불가에서도 본말과 시종과
선후를 아는 것이 수양의 공부[修學]로 규명한 것이다. 유불도 3교가 모두
심신수행의 공부로 이러한 공부를 강조하고 있는 셈이다.

그러면 원불교에서는 이러한 공부에 대해서 무어라 했을까? 유불도 3교
를 활용하는 종교로서 원불교 역시 본말, 시종, 선후 공부를 해야 도를
아는 사람이라 했다. 소태산은 이에 말한다. "사람에 있어서 마음은 근본이
되고 육신은 끝이 되며, 세상에 있어서 도학은 주가 되고 과학은 종이
되는 바 이 본말과 주종을 분명히 알아야만 비로소 도를 아는 사람이라"
(인도품 5장). 각 고경古經의 뜻을 새기며 본말과 시종과 선후 문제를 원불
교적으로 접근해 볼 필요성이 여기에 있다.

특히 소태산 대종사는 일원상의 수행은 어떻게 해야 하는가라는 제자의
질문을 받고 일원상의 진리를 깨달아 천지만물의 시종본말과 인간의 생로
병사 등의 순서를 알도록 하고 있다. 시종 본말과 선후 차서를 알도록
일원상 수행과 연계한 것이다.

그렇다면 우리는 이러한 공부를 어떻게 실천에 옮겨야 할 것인가? 우선
적으로 모든 사업을 하는데 실패의 원인이 본말과 선후와 차서를 모르기
때문이라는 사실을 인지할 필요가 있다. 소태산은 실패의 세 가지 원인의
하나로 일의 본말과 선후 차서를 모르고 경솔하게 처사함이라고 언급하였
기 때문이다.

다음으로 수도인의 공부에 있어 도학은 본이요 과학은 말이라는 사실을
알고 도학 공부를 우선으로 하는 일이 필요하다. 물론 여기에는 도학과
과학의 병진이라는 단서가 필요하지만, 현대의 많은 사람들이 과학 공부
에 너무 치우쳐 있다는 점을 상기할 일이다. 현하, 물질 위주로 개벽되니 정신
을 아울러 개벽하자는 개교 표어의 정신이 이와 관련된다.

궁극적으로 우리는 시종 본말과 선후가 얼마나 소중한 일인지 「불법연

구회 창립총회 취지」의 내용을 더듬어 보자. 초기교단의 정신을 되새겨 보자는 뜻이다. 그리하여 본말과 시종 그리고 선후를 밝히지 못하던 우리의 무명을 하나하나 벗겨내자. "일만 물건의 근본과 끝을 알지 못한 우리, 일만 일의 시종과 선후를 알지 못한 우리, 선악 귀천의 근본을 알지 못하고 시비와 이해를 알지 못하고 한탄 원망에 그쳤던 우리…."

3 ▶ 명분과 상식3)

과거 농경사회에서 사는 사람들은 기껏해야 순박한 싸움들을 했다. 그 싸움에서 명분을 내세울만한 사회적 갈등이나 이해관계가 적었던 탓이다. 하지만 오늘의 상황은 달라져가고 있다. 그만큼 복잡다단한 정보화 사회로 진입했다는 뜻이다. 의약분업의 명분 다툼에 이어 새만금, NEIS, 호주제, 노사갈등, 성소수자가 이슈화되고 있다. 각 단체나 정당들은 이 명분론의 타당성 확보에서 밀리지 않기 위해 혈안이 된 것이다.

오늘의 현실에서 명분론의 허실 문제를 제기하는 것은, 각각의 주장들이 이해관계로 얽히면서 과거와 달리 지략의 이론들이 급증하고 있기 때문이다. 새삼스레 명분론의 불필요성을 밝히려는 뜻은 아니며, 명분이란 문제 해결에 있어 정당한가를 검토하는 주요 역할을 하는 점에서 더욱 그렇다.

하지만 명분 논쟁에서 주의할 사항으로, 명분도 각자 생각 나름이라는 점이다. 여기에서 명분의 허실 논란이 발생하며, 이에 휘말리면 긴장 관계로 전락한다. 정당한 명분과 일방적인 명분 사이에 화합과 분란의 간극이 존재하기 때문이다.

---

3) <원불교신문> 원불교신문, 2003년 7월 4일, 「시론」).

교단에서는 그간 명분 논쟁으로 어떤 것들이 쟁점화되어 왔는가? 핵폐기장 건립에 있어 정부와 교단의 갈등, 새만금 개발, 성주성지 지키기를 놓고 쟁점이 된 교단 구성원들의 사유방식이 이와 관련된다. 다음으로 행정당국의 졸속한 제도개혁 및 인사배치의 타당성에 관련되는 명분 논쟁도 전혀 없진 않다. 쌍방의 주의 주장들이 정당한 명분인가, 아니면 독선적이고 애매한 흔적의 명분 찾기는 없었는지 비판의식을 가져볼 필요가 있다.

　어느 명분이든 그 타당성을 얻기 위해서는 몇 가지 조건이 필요하다. 먼저 합의를 도출하고자 하는 명분에는 일반인의 상식과 구성원의 공감을 얻어야 한다. 나아가 사회나 교단이 주장하는 명분론에 일관성이 뒤따라야 한다. 더욱 소중한 것은 그 명분들이 미래안적이고 진리에 합당한가 하는 점이다.

　역사적으로, 어느 국가나 단체든 일 처리에 있어 궁색한 명분을 찾는 횟수가 많아지면 그만큼 통제수단이 약화되었다는 증거이다. 오늘날 국가의 명분 싸움, 교단사의 제반 명분 논쟁에 있어, 과거 혼란했던 백가쟁명의 춘추전국시대에 위정자들이 갖가지 명분을 앞세워 신분조직과 사회통치에 족쇄를 채우고자 했던 것을 역사적 교훈으로 삼아야 한다.

　아무튼 교단 내적으로 긴박하게 밀려오는 현안의 해법 찾기에 있어, 진리에 정당한 명분은 신명을 바치되 상식과 공감 그리고 일관성에서 벗어난 일부 고집스런 명분들에 대해서는 깊은 성찰이 필요하다. 모처럼 적극적으로 전개되는 교역자들의 사회참여는 그간의 국가와 사회에 대한 무관심과 방관에서 벗어나는 계기가 되어야 하며, 우리에게 현실을 바라보는 냉철한 시각 그리고 명분론에 대한 지혜의 안목을 키워야 할 것이다.

신앙대상의 호칭은 종교 절대자를 부르는 명칭으로 신앙심을 유발할 뿐만 아니라 종교 교화에 전반적인 영향을 미친다. 그 호칭에 대한 성찰은 원불교의 정체성은 물론 교화 대불공을 도모하는 기반이 될 것이며, 이에 대한 토론은 어제 오늘의 일만은 아니다.

언젠가 청소년교화특별위원회 실무위원들은 청소년교화에 대해 토론회를 가졌는데, 여기에서 지적된 청소년 교화의 과제는 원불교 신앙대상 호칭의 복잡성이었다. 수위단회도 제140회 임시회의를 열고(2004.7.23) 신앙대상 호칭에 대해 발표와 토론을 벌였다. 당시 제기된 것은 신앙대상의 인격성 문제, 신앙호칭의 단순화와 효율성, 호칭의 다양성에서 오는 혼란 등이었다. 이처럼 신앙대상 호칭의 문제가 청교특위, 수위단회, 원불교신문에 쟁점화되는 것은 신앙호칭이 신앙인의 감성과 교화 활성화에 큰 영향을 주는 사실 때문이다.

원불교 신앙대상의 공식 호칭은 '법신불 사은'이지만, 법신불, 사은님, 부처님, 원불님, 일원상 부처님 등 다양한 호칭들이 거론된다. 그로인해 원불교 신앙론의 현안으로 신앙대상 호칭의 혼재현상, 신앙호칭의 정통성과 관련한 전거典據 문제, 이법신앙과 인격신앙의 괴리감, 법신불과 사은의 이분법적 구조라는 한계가 지적되어 왔다.

타산지석으로 기성종교들도 오랜 세월을 거쳐 신앙대상 호칭이 정착되어온 것을 참조할 필요가 있다. 한국천주교의 신앙대상 호칭이 1969년 개정된 이래, 29년(1997)만에 또 전면 개정됐다. 이때 '천주'에서 '하느님'으로 호칭이 변경된 것이다. 미국의 사회학자 팔머 교수는 한국기독교 선교

---

4) 본래 제목은 「신앙호칭의 담론을 지켜보면서」이다.(<원불교신문>, 2008년 3월 21일).

의 성공을 신앙대상 호칭의 토착화 이론에 두었다. 불타에 대한 호칭도 오랜 역사가 전개되면서 여래, 석존, 응공, 명행족, 세간해, 무상사, 천인사 등을 거치며 오늘의 '부처님'이라는 호칭으로 정착된 것이다. 또 밀교에서는 지수화풍공식 육대를 체로 하는 '법신불 육대'를 그대로 부르지 않고 '대일여래'라 부르고 있다.

원불교 신앙대상의 호칭에 있어서 '법신불 사은'으로 정착해야 한다는 견해에 공감하면서도 '법신불'이나 '일원불' '부처님' 등으로 하자는 견해에 대해서 열린 마음으로 다가서는 시각이 필요하다. 물론 신앙성 약화의 원인이 반드시 신앙대상 호칭 자체에서만 발견되는 것은 아니며 개인의 신앙심 약화에도 있다고 본다. 그러나 신앙인은 종교언어와 상징적 호칭에 영향을 받을 수밖에 없다. 교화현장에 직면한 신앙호칭의 혼재현상을 극복해야 하며, 신앙호칭 전거典據의 정통성 문제에 대한 해법이 제시되어야 한다. 교단으로서 원기 100년을 전후하여 전개되는 신앙대상의 호칭에 대한 지상紙上 토론이 혼돈스럽다고 해도 교단 미래의 교화활성화와 교학 정립에 있어 거쳐야 할 과정이라고 본다.

5 ## 전서 증보판 발간의 방향5)

1) 전서증보판 발간의 난제

원티스에 '전서 증보판 의견수렴'난이 새로 생겨난 이유는 무엇인가?

---

5) 2021년 전서증보판 발간과 오류의 발생으로 인한 교단적 이슈로 교역자광장이 열기를 더하였으며, 이에 일선교무의 요청으로 이 글을 월간 원광에 싣게 되었다(《월간원광》 7월호, 2021, pp.70-71)

한동안 자유게시판이 한가롭다가 근래 '증보판 전서 폐기건'에 관련된 뜨거운 토론이 다양하게 전개되고 있기 때문이다. 개정증보판 전서의 오류와 교단 미래에 대한 견해들이 날카롭게 대두되었다.

참고로 원불교는 원기 17년 『육대요령』, 19년 『삼대요령』, 원기 43년 『불교정전』, 원기 62년 『원불교 교전』 및 『원불교전서』의 발간에 이르렀다. 1958년 5월 5일, 교서 발행부서인 정화사는 1961년까지의 편집과정, 재편집 수정과정 등을 통해 첨삭 보완, 공람의 과정을 거쳐 1962년 『원불교 교전』을 세상에 선보였다.

근래 교단에서는 전서증보판의 발간을 정성스럽게 준비하였지만 오차·탈자의 수정과정에 나타난 한계로는 교서 교정과정의 투명성과 전문성이 결여되었다는 점이 거론된다. 그리고 『대산종사법어』와 늘어난 『성가』의 삽입으로 전서가 두꺼워진다는 우려가 컸다. 또한 과연 오자·탈자 교정만으로 완성된 전서증보판이라 볼 수 있는가 하는 점이다.

2) 전서 증보판 발간의 방향

전서증보판의 추진에 있어서 방법론으로 여러 가지가 있을 것이나 다음 몇 가지를 제언하고자 한다.

첫째, 증보판 발간에 상당 기간을 두고 전문가들을 적극 참여시켜야 한다. 그리고 오자·탈자를 수정할 때 재가·출가의 청법 대중들의 공람을 거치는 과정이 반드시 필요하다. 여기에서 전문가란 교학 분야의 전문성에 더하여 한글학자를 우선으로 할 필요가 있다.

둘째, 두꺼운 '전서' 한권의 발간에 구애되지 말고 분권하여 『정전』과 『대종경』, 『성가』를 합본으로 발간하는 지혜를 모을 필요가 있으며, 일선 교당의 의견을 충실히 수렴해야 한다는 것이다. 두꺼워진 전서에 굳이 『교헌』을 전서에 넣는 것에 대한 비판의 여지가 있기 때문이다.

셋째, 오자 탈자의 수정만으로 충분한가의 문제인데, 문장과 문구의 수
정도 필요하다고 본다. "대종사 말씀하시기를" 만으로 끝나는 어법상의
오류가 있음에도 불구하고 수정하지 못하는 이유는 무엇인가? 『대산종사
법어』 「신심편」에 나타나는 "대종사는 법신불이니"라는 것이 타당한 문구
인지에 대하여 검토해볼 필요가 있다.

차제에 오자 탈자 수정과 전서증보판 발간에 더하여 교서의 재결집을
추진해야 한다. 『원불교 교사』는 교서 재결집의 우선순위이다. 교조 소태
산의 말씀을 한 자도 고칠 수 없다는 기성종교의 '성서무오류설'이 낳은
교서의 권위주의적 요소를 배제할 필요가 있다. 어느 종교든 세계종교로
성숙하는데 있어서 언어의 변화성과 교법의 재정립, 교리전달의 수월성에
대비해야 한다.

<h2>6   교단이 주목해야 할 8개조항[6)</h2>

프랑스 화가 고갱이 타이티로 떠난 것은 1894년의 일이다. 그는 촉망받던
증권거래인에서 35세의 나이에 화가로 변신했지만, 그의 작업이 벽에 부딪
치자 세계적 화가가 되기 위한 '돌파구'로 타이티 여행을 감행한 것이 우리
에게 큰 교훈으로 다가선다. 무엇이든 발전과정 중에 벽에 부딪칠 수 있으
며, 이에 새 돌파구를 찾고자 하는 지도자의 직관력이 필요한 것이다.

원불교는 지난 60~70년대의 농경·산업사회에 처해 교화에 활기를 띠어
상당한 발전을 해왔다. 그러나 근래에 교단 교화에 비상이 걸려 있음을
부인할 수 없다. 이 교화지체 현상은 원불교 지도자들에게 새 돌파구를

---

6) 원래의 제목은 「새해 교단이 주목해야 할 8개조항」이다(<원불교신문>, 2001
년 1월 5일, 「신년특집호」).

만들어 내라는 시대적 사명의식으로 접목된다. 원불교가 새해를 맞이하여 교단 발전의 새 돌파구를 찾는데 전력하지 않으면 안 되는 사실 때문이다.

근년 교단이 새롭게 달라지는 몇 가지 사항이 있다. 이는 원불교 발전의 성패를 가늠할 수 있는 돌파구 역할을 하기에 기대되는 바 크다. 그러면 원기 86년도에 새로워진 교단사업은 무엇일까? 다음 네 가지를 거론하고 자 한다. ① 봉도·호법 수위단원의 가동, ② 교정원 문화사회부의 서울 이동, ③ 원음방송의 익산·서울·부산의 네트워크화, ④ 미국의 선학대학 원 가동이 이와 관련된다.

이에 봉도와 호법 수위단원의 전문 활동이 가능해졌으며, 극히 일부이기 는 하지만 원불교 총부가 서울로 그 영역을 확대하는 측면에서 기대가 커지고 있다. 아울러 방송 매체의 범교화적 채널이 형성되었으며, 해외 교화 의 교두보가 정착되고 있다는 점이 우리 교단의 새 돌파구가 된 것이다.

아울러 새해를 맞이하여 교정원의 인사 재배치에 따른 출가·재가 교도 의 여망은 더욱 커지게 되었다. 이에 필자는 교단 제3대 제2회의 힘찬 발돋움과 더불어 새롭게 사령탑으로 역할을 할 교정 담당부서 제위께 다음 의 8가지 사항을 환기시킴으로써 새롭게 변모해야 할 교단 방향을 점검하 고자 한다.

첫째, "환경과 사회 지표를 수시로 분석하라."는 것이다. 주변의 환경을 분석하는 노력이 필요하다. 주변 환경의 변화에 대응하지 못하고 보면, 완급으로 흐르는 물살을 파악하지 못하므로 어떻게 배를 띄울 방도가 없 다. 아울러 사회 지표를 분석하는 것도 필요하다. 예컨대 우리나라의 의사 1인당 환자 수 내지 성직자 1인당 신도 수는 얼마인가를 알아내는 것들이 바로 사회지표의 한 단면이다. 원불교 교역자의 1인당 교도관리 수는 얼마 인가를 지표로 나타내야 정책 입안자들의 교도 관리에 대한 효율화 방안도 나오지 않겠는가?

교단이 환경 분석을 월별, 분기별, 연도별로 해낸다면 그만큼 실제적 교화의 대안이 나올 것이다. 그리고 각종 연구기관 내지 매스컴에서 발표되는 사회지표를 점검하여, 이에 적절한 교화방법을 모색하는 일도 필요하다. 종교 집단의 경우 숫자 개념에 미약한 심리가 있다. 그러나 이제는 실수實數가 필요한 때이다. 교화에 필요한 환경 및 사회 지표의 인지에 우리가 얼마나 노력해 왔는가를 반성해 볼 일이다. 사회 지표의 점검과 함께 교단에서도 교화지표를 수시로 도표화하여 교정원 각 부서의 벽면에 부착해 둘 것을 제안한다.

둘째, "영성 훈련 프로그램을 구체화하라."는 것이다. 정보전략연구소장으로 각광을 받았던 윤은기 박사에 의하면, 모든 병은 마음으로부터 나오고 모든 병은 마음으로부터 고쳐야 한다는 말이 서양과 동양 의학에서나 함께 인정하고 있다는 것이다. 따라서 그는 『하트 경영』이라는 책에서 "마음공부는 학력 불문, 남녀 불문, 나이 불문하고 누구나 할 수 있다."고 하였다. 이제 원불교인만이 아닌, 이방인들도 마음공부를 주창하고 있는 상황이다.

최근 관심도가 높아진 '마음공부'의 활성화를 위해 원불교사상연구원에서는 「마음공부 방법론」 포럼을 개최한 적이 있다. 여기에서 교학연구자들이 참여하여 열띤 토론을 벌였다. 여러 방안이 제시되어 마음공부를 하려는 수도인들이 공부에 표준을 잡고 수행 정진한다면 이보다 좋은 일은 없을 것이다. 이 마음공부는 모든 종교인의 '영성훈련'과도 같기 때문이다. 교화훈련부는 특히 이에 관심을 가져야 할 것이며, 이에 마음공부에 대한 표준 교과서를 만들 것을 제안한다. 필요하다면 기독교의 영성체험 프로그램도 참조해 볼 일이다.

셋째, "방법론 등 지식의 가치를 존중하라."는 것이다. 미국의 미래학자 앨빈 토플러는 『권력이동』에서 권력의 원천으로 '폭력, 돈, 지식' 세 가지를 들었다. 가장 질 낮은 권력이 폭력에 기초한 권력이고 고품질 권력은 '지식'에서 나온다는 것이다. 토플러의 언급에 나타나듯이 앞으로 권력의 이동은 지식에 의한 것임을 알 수 있다. 21세기의 지식 정보화의 시대에 걸맞은 혜안이 아닐 수 없다. 이처럼 지식의 가치를 소중히 하고 지식을 통해 현안들을 파헤쳐 나갈 여러 방법론이 필요하다.

정산종사는 신년 벽두에 살아나가는 비결을 말한 바 있다. "제군들은 잘 들으라. 하나는 사람이 누구나 욕심을 가지고 있으나 그 구하는 방식을 알아야 하며 그 원리를 알아야 한다." 그가 지적하듯이 '구하는 방식'이 소중함을 깨우쳐주는 법문이다. 이 구하는 방식이란 어쩌면 '방법론'을 가리키는 것이며, 여기에 지식적 방법론이 대두된다. 앞으로 교단은 원리나 이념의 강조도 필요하지만, 대안과 방법론의 제시에 정성을 쏟아야 한다. 매주(혹 격주) 첫째 월요일, 교정 업무를 맡은 분들은 '교화 방법론 제시의 시간'을 제정해보면 어떨까?

넷째, "공해와 이혼 등 사회 문제에 적극 대응하라."는 것이다. 선교 110여년의 한국기독교 교회협의회(KNCC)가 구랍 11월 20일 경동교회에서 21세기의 새로운 방향과 정체성을 모색하는 '신학 선언'을 공표하였다. 여기에서 교회를 둘러싼 사회적 현실을 진단하며, 빈곤과 차별, 폭력과 군사주의, 환경파괴와 생명조작, 민족분단의 현실 등 사회적 과제들에 대한 교회의 적극적 역할을 강조하였다. 기독교 교화의 돌파구적 활력이 바로 이러한 활동에서 비롯되는 것으로 보고 있다.

앞으로 원불교에서 대응해야 할 사회문제로는 다음과 같은 것들이 있을 것이다. 이를테면 이혼, 낙태, 미혼모, 환경오염, 생명복제, 빈부 차, 마약 확산 등이다. 타산지석이지만 미국의 경우 공식 통계로만 이혼율은 60%에 접근했으며, 신생아 가운데 미혼모 자녀가 30%를 넘어섰다. 기독교가 번성한 나라이면서도 이러한 사회문제는 더욱 커져만 가고 있다. 원불교도 이를 심각하게 인식하여 사회문제를 방관하지 말고 이 문제점들을 도표화하여 해결방안을 제시하고, 전담부서의 등장이 필요한 실정이다.

다섯째, "고객과 시장 인지도에 평가 개념을 도입하라."는 것이다. 미래학자인 피터 드러커는『미래의 결단』이라는 저술에서 "자기 자신을 '시장에 내놓는 제품'으로 인식해야 한다."는 말을 하였다. 자신을 적극 알리고 상품화하여 시장에 드러내야 하는 과제를 인식하지 못하면 사회에서 성공할 수 없다는 것이다. 시장원리를 이해하는 일은 마케팅의 세계화를 의미하는 것이기 때문이다.

원불교의 경우도 마찬가지이다. 교당 교무의 견해를 들어보자. "이제는 교단과 교당이 수요자인 교화의 대상자를 찾아 그들이 생각하고 행동하고 원하는 방향을 보고 교화의 실마리를 찾아야 할 것이다." 이는 일선교당 교무의 언급으로 '사회를 시장으로, 교도를 고객으로' 바라보아 적극적으로 교화 패턴을 다양화하는 방안을 찾아야 한다는 필자의 견해와 같다. 이제 교단은 '교도관리'라는 장부의 명칭을 '고객관리'라는 것으로 옮겨봄직한 일이며, 시장조사와 고객관리에 대한 교역자 역량 평가제를 도입할 필요가 있다.

여섯째, "교역자의 여망과 교단 언론에 주목하라."는 것이다. 클린턴이 대통령 시절 중국을 방문하여 '언론과 종교의 자유를 보장하는 것은 21세기 국가의 성공여부에 매우 중요한 것'이라고 하였다. 그의 언급처럼 언론의 역할은 미래의 국가가 성공할 수 있는 지름길이다. 이처럼 매스컴이 중요한 것은 여기에서 독자 및 편집자들의 요구조건 즉 여망이 자세하게 거론되기 때문이다.

아울러 종교언론인 '종교신문'의 역할이 소중하다. 다음의 말을 들어보자. "종교신문이라고 하여 오직 칭찬만 있고 잘한 일만 실린다면 이는 절름발이다. 시시비비를 가릴 줄 아는 것이 이사병행이요 사리연구이지 좋은 게 좋다는 식으로 그 할 바를 외면한다면 이는 직무유기요 책임회피다." 이는 도봉교당 교도회장의 언급이다. 원불교신문, 월간원광, 원음방송 등이 출가·재가의 여망을 알리고, 이를 경청하는 교단 분위기가 유지된다면 교단의 발전은 급류를 탈 것이다. 건전한 비판과 이의 대안까지 거론하는 원불교 언론은 그래서 책임이 크다고 볼 수밖에 없다.

일곱째, "타종교와의 유대관계를 강화하라."는 것이다. 그간 원불교는 타종교와 종교 간의 대화를 솔선수범으로 이끌어 왔음을 특히 기독교가 인정한다. 고 강원용 목사는 다음과 같이 말했다. "21세기 종교다원화 시대에는 닫힌 종교는 결코 좋은 역할을 할 수 없고 열린 종교들이 함께 할 것이다. 원불교 신도들의 생활태도는 참으로 본받을 점이 많다." 이는 원불교가 종교간 대화를 위해 노력한 공로를 치하하는 글이다.

「2000 종교학도 학술·문화 한마당」이 원광대에서 열린 적이 있다. 당시 행사는 가톨릭대, 서울대, 한신대, 감리교신학대, 영산원불교대, 원광대 원불교학과 등 6개대학 7개학과에서 2백여 명이 참가했다. 예비교무들이 타종교와 유대를 강화하여 세계 평화를 기여할 수 있는 모티브가 된 것이다. 또 여자교역자들의 '삼소회' 활동이라든가, 세계 종교지도자 대회(IARF, WCRP 등)의 활동은 원불교의 미래 비전을 제시하는 중요 역할이 되었다. 앞으로도 타종교간의 유대를 강화할 수 있는 여러 행사에 참여해야 하며, 여기에서 원불교의 역할을 더욱 구체화하는 방안을 마련해야 한다.

여덟째, "풍류와 여가의 가치를 주시하라."는 것이다. 여론조사 기관인 '해리스폴'이 최근 미국 직장인을 상대로 조사한 결과 "돈보다 시간을 택하겠다."고 응답한 사람이 전체의 64%에 달했다고 미 뉴욕타임스지가 보도했다. 이는 여가 선용이 미래사회의 큰 화두로 등장하고 있음을 대변해 준다. 보릿고개 시절에는 돈이면 다 되었으나, 이제는 인간답게 사는 것에 초점을 두고 있다. 교단은 이를 깊이 있게 받아들여야 한다.

이미 교단에서는 정산종사에 의해 "풍류로 세상을 건지리라."는 법어를 설하였으니, 앞으로의 화두는 풍류와 여가에 대한 교단의 가치 부여가 확대되어야 하리라 본다. 교역자들의 풍기를 바루고, 교헌의 실천 여부를 점검하는 감찰의 활동이 강화되는 것보다, 오락과 여가의 가치를 통해 내적 정서를 함양하는 일이 더 소중하게 된 것이다. 교역자들의 휴양기간이 설정된 것은 매우 다행한 일이다. 원불교 문화 확산의 차원에서 교역자들의 깔깔대소회, 청소년 교화의 오락 프로그램, 노인교화에 있어 레크리에이션과 관련한 교화 방법론이 다양하게 등장해야 한다.

결국 교단의 성패 여부는 위에 언급한 8개 조항이 교단에서 얼마나 중요시되고 실천되느냐에 달려 있다고 하면 다소 지나친 말일까? 이러한 조항들을 교정 당국이 하나하나 점검함으로써 한 해의 농사를 철저히 준비하는 자세로 임한다면 좋을 성싶다.

총체적으로 상기하고자 하는 것이 있다. 위에 제시한 8가지 조항을 세심하게 실천하는 과정 중에 다음의 내역들을 수시로 체크해 보는 지혜가 필요하다는 점이다. 우선 지식정보 사회에 맞는 인재 발굴 및 양성은 교단 발전의 관건이라는 점이다. 그리고 입교 및 법회 교도수의 증가를 도모하는 일도 중시해야 한다.

나아가 효율적 기획 및 행정처리의 전산화 작업도 무시할 수 없다는 점을 생각해 둘 일이다. 또한 원불교 문화의 정체성을 확보하는 일도 게을리 할 수 없다. 아울러 교단 재정 등 산업의 효율화가 과거 어느 때보다 더 절실해졌다는 점이다. 그리고 21세기에 접해 구성원들의 복지 후생에 대한 관심도가 높아지고 있다는 점도 숙고할 일이다.

| 7 | 생명윤리의 담론[7] |

1997년 영국 로슬린연구소의 윌머트 박사는 암양의 체세포에 있는 핵을 이용하여 생명을 탄생시키는데 성공하자 생명복제가 세상의 화두로 등장

---

7) <월간교화> 1월호, 원불교 교화훈련부, 2006.

하였다. 2년 뒤 1999년 2월, 황우석 서울대 교수도 송아지 복제에 이어 2004년 2월 인간 배아줄기세포 복제, 또 2005년 스누피 개 복제에도 성공하는 듯하면서 그의 명성은 세계에 알려졌다. 그러나 그의 연구성과 및 논문의 진위 여부가 매스컴에 회자되어 국내외에 걸쳐 전혀 예기치 못한 심각한 상황에 이른 것이다. 결국 황교수에 대한 기대가 지대하였기에 우리들은 가히 혼돈의 상황에 빠진 것이다.

황교수의 생명 관련 연구업적이 조작(?)이 아니고 사실이었다면 작년 5월 난치병 환자의 체세포를 이용해서 배아줄기세포 생산에 성공하여 척수신경마비, 당뇨병, 면역결핍 등 환자의 세포에서 11개의 줄기세포를 만드는데 성공, 난치병 치료의 길을 열 수 있었을 것이다. 설상가상으로 2005년 11월 23일, 연구원 난자 기증과 금전 보상된 난자를 사용한 사실이 알려지자 기자회견을 갖고 이를 공식 해명한 후 국민과 국내외 과학계에 사과했다. 복제실험 결과의 진위(眞僞) 문제가 언론에서 집중 거론되자 세상에 천파만파가 되었던 것이다. 황교수가 다시 생명과학계에 제기할 수 있을 것인가 하는 근본적인 문제가 부상되기에 이르렀다.

여기에서 우리는 간과할 수 없는 몇 가지 사항들을 점검해보지 않을 수 없다. 그것은 메즈메디 노성일 이사장과의 관계에 대한 것이다. 한때 황교수와 노이사장은 서로 동반의 연구관계로 지중한 상생의 인연이었는데, 서로가 잘못이라는 진실게임의 상극적 상황으로 치달은 모습이 몹시 안타깝다는 점이다. 아무리 좋은 인연이라도 진실 논란에 휩싸이는 상황에서는 그 인연이 오래가지 못한다는 점을 새겨보자는 것이다.

만일 매스컴의 최근 논문조작 보도들이 사실이라면 황교수가 우리나라 일류의 서울대 교수로서 과연 논문을 조작하는 상황으로 까지 가야 했는가 하는 점이다. 우리나라의 지성으로서 그러한 조작이 정말 필요했는가 하는 점에서 안타까운 일이다. 세계는 물론 우리나라의 지식계에 던져주는 고통스런 화두가 아닌가 본다. 이제 세계적 권위 논문지인 Science지에서 황교

수 논문을 철회하게 되어 한국 과학계는 물론 서울대의 위상도 추락한 것이다. 문제는 황교수 스스로 세계적으로 놀랄만한 업적(?)을 주위로부터 강요받지 않았는가 하는 점이다. 조급한 업적위주와 실적위주는 세상을 얼마나 혼돈스럽게 하는가 하는 점에서 이는 우리에게 큰 교훈을 던져주고 있다.

타산지석으로 생명 윤리의 문제는 교단적으로도 깊이 생각해 보아야 할 것으로 보인다. 원불교는 생명론에 대하여 어떠한 입장인가? 우리는 생명복제를 중심으로 한 세미나는 필요하며 관련 세미나 개최가 지속적으로 필요하다. 원불교의 생명론은 불교의 삼세인과 및 연기론적 생명관과 유사한 입장에 있지만, 소태산의 생명관 및 생명윤리론의 정체성 확보가 시급하다. 교단적 입장에서 존재론, 인간관, 생사관, 윤리관 등의 총론과 유전자 조작, 사형제도, 안락사, 뇌사, 장기이식, 낙태 등에 대한 원불교 독자적 관점을 제시해야 한다. 이와 관련한 사회 윤리적 과제들에 방관한다면 원불교의 사회구원이라는 이념 및 방법론 제시에 등한한 결과를 초래하기 때문이다.

그러면 생명복제를 원불교적 시각에서 어떻게 바라보아야 할 것인가? 인간 생명의 시작은 어느 때로 볼 것인가? 부모의 만남만이 생명 탄생의 명분인가? 불치병 치료를 위한 입장에서 본다면 배아줄기세포 복제와 여성의 난자 제공은 윤리적으로 타당한 것인가? 체세포 핵이식 등을 통해 줄기세포를 복제한다고 하여 생명체가 아닌 것으로 간주하는 것은 원불교에서 말하는 "살생을 하지 말며"의 취지와 어긋나는 일은 아닌가? 또는 배아줄기세포 연구과정에서 '살생'이 있을 수 있다는 비판적 입장을 강조할 수는 있는지? 이러한 것들을 교리적으로 정립하는 일이 앞으로의 과제이다.

한 가지 중요한 사실은 생명이란 '경외'의 대상이라는 점, 그리고 이율배반적인 것 같지만 한편으로 난치병·불치병을 치유하는 의료의 길을 열어야 하는 점을 생각하지 않을 수 없다. 원불교 교리에서 생명의 탄생은 인연연기로서 삼세 부모의 카르마(karma)와 연결된다면, 과연 배아줄기세포도 한 생명체로 간주해야 하는가, 아니면 인간의 생명체로 보지 않아도 되는가? 신년을 맞이하며 우리 모두에게 던지는 화두이다. 원불교생명윤리위의 탄생은 그래서 시급하며, 교리 토론을 통한 공의를 모으는 일도 마찬가지이다. 이는 선택이 아니라 필수이다. 이러한 일련의 일들은 생명체에 대한 경외심, 사회의 이슈에 대한 생명윤리 정립에 촉매가 되기 때문이다. 생명복제 관련 이슈들이 한 때만의 유행이 아니므로 우리는 구경하고만 있을 때가 아니다.

8 여걸과 여교무님8)

여교무님 안녕하세요. 설렘으로 기다렸던 봄맞이가 벌써 절정기 5월로 접어들었군요. 5월은 '계절의 여왕'이라 하지요. 계절의 여왕처럼 21세기는 '여성'이 화두가 되는 세기랍니다. 여성의 역할이 커진다는 뜻이겠지요. 일찍이 대종사님은 '남녀평등'을 강조하시어 여성 교역자들로 하여금 이토록 교단 발전에 기여하게 하셨는지요?

엊그제 용타원님의 열반을 아쉬워하듯, 여걸들이셨던 장적조 구남수 박사시화 선진님이 그립습니다. 또 법낭 이공주, 정녀1호 조전권, 여교무1호 김영신, 순교하다시피 한 항타원 선진님등은 교단 초창기 여교무들의 사표가 되셨지요. 더군다나 교단사에 있어 여성 교무님이 여성 첫 교정원장이 되는 등 여성의 역할이 커졌고 그것이 이웃 교단의 부러움을 사게

---

8) 본래 제목은 「여교무님들께」이다(<원불교신문>, 2004년 5월 7일).

되었답니다.

저는 원광대 신입생들에게 「종교와 원불교」 수업시간에 "기독교에 만일 여자목사, 여자신부가 원불교 여교무처럼 많이 배출되었다면 오늘의 한국 기독교는 훨씬 더 발전했을 것이다. 원불교가 이만큼 성장한 것은 원불교 여교무들이 놀랄만한 역할을 했기 때문이다."라고 말하곤 하지요.

현장 교화의 역사는 아직까지 정녀 교무님들의 교당 활동사라고 할 정도로 여교무들의 헌신이 발전의 초석이었습니다. 지난 70~80년대 농경사회와 산업사회 당시 여성 교역자들이 교당을 불리고 교도수를 늘리는 등 교세는 놀랄만한 것이었지요.

21세기에 접어들어 교화가 침체되고 있다는 소리가 여기저기서 들려오고 있습니다. 아마 일선의 여교무님들이 좀 지치지 않았나 생각해 봅니다. 그간 놀랄만한 교세 발전이 여교무님의 적극적인 활동과 맞물려왔기 때문이지요.

어떻든 교화에 한계를 느끼고 있는 지금, 염치 불고하고 여교무님들께 한두 가지 고민을 토로해 보고 싶습니다. 먼저 농경사회에서는 원불교 '인정교화'가 그 빛을 발했는데 지식사회로 접어들면서 과거의 교화방법에 효력이 점차 떨어지고 있다는 사실입니다. 아마 급격한 현대의 변화, 즉 지식사회의 시대불공에 우리가 소홀하지 않았는지 새겨보자는 뜻입니다.

이어서 '여자 예비교무'의 지원율이 너무 저조한 것에 대해 고민하고 있습니다. 초창 교화사는 정녀교무 활동사인데 그 뒤를 이어줄 여성 예비교무가 줄어들고 있다는 사실은 인재를 양성하는 우리의 어깨를 짓누르고 있답니다. 5월은 계절의 여왕이라지만, 또 21세기는 여성의 시대라지만, 오늘의 시점에서 여교무님들께 서신 한통으로 그간 '당신'들의 자리가 너무 컸음을 부러워하며 이렇게 말씀드리는 겁니다.

뒷짐과 등짐의 차이9)

뒷짐과 등짐은 '짐'이라는 면에서 공통성이 있고, 몸의 균형을 뒤에 둔다는 면에서 서로 통하는 한국의 토속적인 용어이다. 또 '뒷짐'은 우두커니 양손을 뒤로 하고 남을 관망하며 서있는 모습이라면, '등짐'은 등에 무거운 짐을 지고 진력해 가는 모습이다.

그런데 우리는 뒷짐을 지고 있으면 "왜 뒷짐 지고 있는가?"라며 다소 거북해한다. 뒷짐을 지고 상대방을 물끄러미 바라본다든가, 또 청소년들이 뒷짐 지고 걸으면 거만하고 버릇없어 보이기 때문이다. 그러나 등짐을 지고 가면 "아이고, 수고하네."라며 격려한다. 농촌 들녘에서 농부들이 풍성한 수확물을 지게에 싣고서 등짐을 지고 가면 고생 많다는 의미에서 그런 격려를 한다.

여기에서 왜 「뒷짐과 등짐의 차이」에 대해서 거론하는가 하는 점이 궁금할 것이다. 우리의 생활 방식과 교단 정서를 생각하면서 이를 언급코자 한다. 우선 교단의 출가 구성원들 중에는 등짐을 지고 가는 사람에 비해 뒷짐을 지고 있는 사람이 다소 늘고 있지는 않나 하는 우려감을 감출 수 없다. 일부 교역자들 중에는 뒷짐을 지고서 '어느 교무는 어떻고, 교단은 어떻고.' 하는 식의 구업口業을 짓는 경우가 없지 않나 생각해 볼 일이다.

혹 뒷짐을 지는 교역자가 많아지는 이유는 없는가? 그것은 '제도' 상에서 뒷짐을 지게 하는 일이 없는지를 생각해 볼 일이다. 교단의 여러 제도는 평등성에 바탕하되 지자본위의 원리 하에 이뤄진다. 혹 이러한 원칙이 묘하게 꼬일 때 뒷짐을 지는 층이 많아짐을 알아야 한다.

아울러 교역자들의 상호 '관계'에서 뒷짐을 지게 하는 일은 없는지도

---

9) <원불교신문>, 2000년 7월 14일, 1면(당시 효산 조정근 교정원장이 중앙총부 직원회의 때 본 신문 「뒷짐과 등짐」의 소감을 창립정신과 연결지어 언급하였다).

알아볼 일이다. 교무와 부교무의 갈등 측면에서 더욱 신경 쓰이는 점이 이것이다. 하나 더 곁들여 말하자면, '이교도·비교도들로 하여금 원불교를 뒷짐 지고 바라보는 상황'으로 몰아가지는 않는지 생각해 볼 일이다. 이는 교역자와 원불교가 사회 참여의 방관자로 전락하지 않아야 한다는 뜻이다.

뒷짐을 지고 방관하는 교역자보다 등짐을 지고 땀 흘리는 교역자가 많을수록 교단은 발전하게 된다. 소외되고 불평 불만이 많은 쪽은 '뒷짐' 지는 쪽일 것이고, 각자 맡은 분야에서 혈심 혈성으로 공중사업을 하는 쪽은 '등짐' 지는 쪽일 것이다. 우리는 모두가 주인으로 등짐을 지는 편에 서야 하지 않을까 본다. 회고컨대 정산종사는 뒷짐 지는 무리를 '머슴'으로 보았고, 등짐지는 무리를 '주인'으로 보았다.

어떻게 해서든 교단의 행정당국과 지도층은 뒷짐 지고 있는 일부 교역자들을 끌어들여야 한다. 그들에 방관하고 무관심하면 교단 발전과 화합에 차질이 우려되기 때문이다. 방언의 삼태기 등짐을 졌던 초기 선진들의 혈성 정신으로 되돌아갈 필요가 있다.

10 ▶ 두 위기론의 정면돌파[10]

우리는 지나온 세기에 식민지, 6·25, IMF 등 많은 위기를 겪어왔다. 그럼에도 불구하고 한민족은 국가의 이 위기들을 슬기롭게 타개하였다. '위기'를 위험과 기회가 공존하는 개념으로 파악하여 전화위복의 기회로 살려 쓰는 지혜를 발휘했기 때문이다. 오늘의 교단에 있어서도 점차 위기론이 등장하고 있으며 이를 슬기롭게 타개해야 하는 과제가 남아 있다.

---

10) <원불교신문>, 2003년 1월 17일.

항간에 회자되고 있는 교단 정체의 위기론을 두 가지로 좁혀 보자. 그 하나가 '교화' 위기론이고 다른 하나가 '인재' 위기론이다. 사실 일반 및 청소년 교화의 정체는 지속되어 왔고, 교도의 법회 참여수가 감소되는 현상도 지켜보았다. 그리하여 교도수의 답보 상태에 이어 예비교무 지원자 숫자의 퇴보는 우려의 도를 넘었고, 지원미달 사태가 몇 년째 지속되고 있다.

그러면 우리가 접하는 두 위기론은 우연히 찾아왔는가? 여기에는 다음 두 가지 사항에 소홀히 했기 때문이라 본다. 교화 '마케팅' 전략의 부족이며, 또 '시스템' 체제의 유연한 대응력 부족이다. 쉽게 말해서 시대 변화를 읽지 못해 교단의 마케팅과 시스템 운영의 한계에 부딪친 것이다. 먼저 마케팅에 소홀했던 결과, 원불교 홍보는 물론 일선 교당의 교화 프로그램 부재 현상을 가져왔다. 그리고 고객의 욕구와 변화 파악에도 안이했다.

다음으로 시스템에 소홀했던 결과, 정체 원인에는 85%가 시스템 잘못이고 15%가 사람 잘못인데도 불구하고 우리는 이를 거꾸로 이해하였던 것이다. 인재가 들어오지 않으면 정법을 모르고 신심이 없어 그렇다고 사람 탓만 했다. 각 종교도 이제 매력이 있거나 비교우위가 되어야 한다. 이에 교단은 마케팅 전략과 시스템 변화에 관심을 갖지 않을 수 없다.

구체적으로 교화 위기론의 극복으로서 교화를 마케팅 개념으로 이해, 적극 대응해야 한다. 또 인재 위기론을 극복하기 위해서 새 시스템 개발이 요구된다는 것이다. 즉 '경쟁' 가치를 중시하는 교화 마케팅 전략, '생활' 가치를 인정하는 인재 발굴 시스템의 변화가 절실하다. 두 위기 타개의 가능성은 아직도 늦지 않았다. 경쟁 가치를 도입한 인사 및 교화 마케팅 정책, 생활후생을 보장하는 시스템으로서의 인재 육성은 교화정체와 인재 난이라는 두 위기론을 정면 돌파할 수 있는 해법으로, 교단사의 우선순위로 등장하고 있는 것이다.

사회갈등과 교단11)

우리가 살아가고 있는 이 사회는 고통스런 갈등이 비일비재한데도 어떻게 발전하는가를 고민할 법한 일이다. 그만큼 사회 발전에 역기능과도 같은 갈등과 반목이 존재한다는 것이다. 헤겔의 변증법을 빌리지 않더라도 정과 반의 상충 속에 합습이라는 상생기운이 이 사회를 선도하는 것이 아닌가?

하지만 생존경쟁이 치열한 현대사회는 요구조건이 봇물처럼 쏟아지면서 대립과 충돌의 현장으로 내몰린다. 우리가 접한 현실 속에 돌출되는 이 같은 갈등의 양상들은 노사대립, 빈부차, 지역감정, 종교분쟁과 같은 것으로 현대인을 고통스럽게 만든다.

특히 우리나라는 강성 노사관계가 첨예한 갈등으로 나타나고 있는 실정이다. 고 노무현 대통령 정부가 출범할 때 노사관계의 정립에 있어 '사회적 힘의 균형'을 화두로 삼았다. 하지만 시간이 갈수록 수백 여건에 육박하는 노사분규가 발생하여, 분규 참가자는 급증하여 '파업 공화국'이라는 말이 나올 법하다. 두산중공업의 파업에 이어 철도노조, 조흥은행, 전교조, 현대자동차, 화물연대의 파업이 갈등의 한 복판에 서 있다.

이러한 갈등의 원인은 물질 위주의 자본주의에서 파생하는 개인주의, 집단이기주의 때문이다. 여기에 사회 표면으로 나타난 계층 간 강약 불균형에서 오는 사회구조가 한몫을 더한다. 종교집단의 경우도 예외는 아니다. 21세기 '문명의 충돌'로 우려되는 회교와 기독교, 힌두교의 갈등처럼 세계전쟁의 70% 이상이 종교가 연루되어 있다는 말은 끔찍스러운 일이다.

원불교의 경우는 어떤가? 100여년의 짧은 역사 속에 화합하는 교단으로 알려진 원불교, 하지만 교단 구성원들 사이에 갈등의 조짐이 없을 수 없다.

---

11) <원불교신문>, 2003년 9월 5일.

교무와 부교무, 교무와 교도, 교도들끼리의 갈등은 없는지? 언젠가 김덕권 중앙청운회장은 '심심치 않게 교무와 교도들 간의 불협화음과 갈등, 또는 불만을 호소해 올 때'가 있다고 지적하였다. 새만금 개발을 놓고 교역자의 구성원들 사이의 갈등, 방폐장 반대 운동과 관련하여 비대위 후반기의 갈등을 지켜보며 위기를 슬기롭게 개척해 왔다.

여기에서 교단에는 두 가지의 과제가 남는다. 하나는 종교의 사회통합 기능으로 오늘의 사회갈등을 치유하는 제생의세의 방안을 내놓는 일이다. 곧 정교동심政敎同心의 입장에서 노조와 기업의 상생적 관계를 위해 강약진화의 요법을 구체적으로 응용하는 방법론이 필요하다.

또 하나는 교단 구성원들끼리 나타날 수 있는 갈등 치유의 방안 마련이다. 교당과 기관, 도농 교역자간의 갈등을 점검하고, 이의 합리적 대안들을 제시해야 한다. 교역생활에서 나타날 수 있는 간극間隙을 간과한다면 그것은 화합 교단으로 지속될 수 없기 때문이다. 물론 획일적 평준화 작업만이 능사는 아니며, 사회 구원의 교법정신에 맞게끔 '원원전략'과 같은 설득력 있는 묘안들이 필요하다.

12   정신문화의 연원과 광맥12)

철학과 종교의 두 속성을 갖춘 유교와 도교는 동양문화에 있어서 정신적 문화유산이다. 이는 한국과 중국, 일본에 지대한 영향을 미쳐왔으니, 우리의 의식구조는 자연스럽게 이 정신문화에서 크게 벗어나 있지 않다. 앞으로 밀려오는 현대 서양문명에 대응하려면 동양종교에 기반을 두고 정신개

---

12) <원불교신문>, 2007년 10월 26일.

벽을 이루어가야 할 것이다.

이에 보물을 캐는 방향에서 다음 몇 가지를 언급해본다. 먼저 유교와 도교를 기층으로 한 본원적 진리관을 심층 이해한다면 원불교 진리관은 심화되어 진리 인식의 폭이 넓어질 것이다. 즉 일원상의 진리를 무극과 태극 원리와 연계하여 인식 영역을 확대하자는 뜻이다.

그리고 유교·도교의 우주론적 시각에 의한 존재론도 참조할 필요가 있다. 천도론에 기반한 신유학의 이·기·질, 도교 수련법의 정·기·신은 원불교의 영·기·질과 구조면에서 통하고 있기 때문이다. 따라서 정산종사의 영·기·질이 유교의 이·기·질, 도교의 정·기·신과 어떠한 연관이 있는가를 존재론적 측면에서 탐구할 필요가 있다.

또한 민중을 향한 종교의례에서 체받을 수 있는 것이 무엇인가를 고민해보자. 유교의 관혼상제는 인륜을 강조하며 동양문화에 깊숙이 파고들었고, 도교의 신비주의와 자연주의는 주술문화와 장생불사를 강조하며 민중의 종교체험을 유도하였다. 인륜과 민중구제를 향한 원불교가 동양종교의 의례를 간과할 수 없는 이유가 여기에 있다.

이어서 유교와 도교가 역사적으로 전개되어온 도통론道統論도 성찰할 필요가 있다. 공자는 맹자에 의해, 노자는 장자에 의해 도맥이 계승되면서 드러난 역사적 교훈을 새겨보자는 것이다. 대종사로부터 후래 종법사로 계승되어온 법맥의 소중성을 상기하면 유·도 도통론의 성찰이 필요하다.

아울러 동양종교의 수련법이 유럽 등 서구사회에 어필하고 있는 점도 주목해야 한다. 유불도는 심학心學을 목적하는 공통점이 있는데, 원불교의 정신수양에 있어 유교의 구방심求放心이나 존야기存夜氣, 도교의 호흡법과 양생법이 서구에 전파되는 현상을 눈여겨보자는 것이다.

하나 더 언급할 것은 유교와 도교의 보경寶經이 갖는 매력이다. 동양의 고전 『주역』 『논어』와 『도덕경』, 『남화경』이 인류의 영원한 베스트셀러라는 면에서 원불교의 『정전』, 『대종경』 등도 인류의 보경이 될 수 있도록 경전의 보급 및 연구가 절실하다.

유교와 도교에서 모든 것을 무조건 배우자는 것만은 아니다. 불교를 연원으로 한 원불교의 장점도 있다. 내세론을 포함한 종교로서의 역할보다는 철학이나 사상에 머물고 있는 유교와 도교의 한계가 남아있기 때문이다. 노대종교의 한계를 넘어선 생활불교로서 원불교의 신앙적 매력을 키워나가자는 것이다.

13 사학법 개정안에 대한 단견13)

사립학교법 개정안이 2005년 12월 9일 국회에서 통과됐다. 정부는 지난 사학법 개정안을 통과시킨 후 사학재단의 비리를 막는 견제장치를 마련했다고 한다. 개정안의 핵심은 개방형 이사제의 도입이다. 이사진 7명 중 외부 이사가 4분의 1 이상을 채울 수 있으며, 학교운영위원회 등에서 2배수의 외부 이사를 추천하면 이사회가 최종 선임권을 행사할 수 있다는 것이다. 이 개정안에 직접적인 영향을 받는 사립학교에 있어 특히 종교재단이 설립한 경우, 불교는 초중고와 대학을 포함한 24개, 개신교는 349개, 가톨릭은 82개, 원불교는 18개, 천도교는 1개, 민족종교는 8개가 있다고 한다. 이들 종교가 갖고 있는 사립학교는 모두 482개교로서 전체 사립학교의 24.4%를 차지하고 있는 셈이다.

사립학교법 개정안이 통과되자 국회는 물론 국민들의 여론이 찬반양론으로 갈라졌다. 우선 찬성론의 입장에서 보면, 폐쇄적인 구조 속에서 운영돼 온 사학의 투명성을 꾀할 수 있다는 점이다. 이를테면 사학의 일부이겠

---

13) <월간교화> 2월호, 원불교 교화훈련부, 2006.

지만 학교장, 행정실장을 친인척이 다 장악하는 것이 쉽지 않고 학교예산 운영의 투명성이 확보될 것이기 때문이다. 현장 교사들 사이에선 찬성론이 많다. 사학법 반대 의견은 재단 이사장 등 관리자층의 반발이지 종교사학 교사를 비롯해 상당수가 환영할 것이라고 한다. 사학법 개정으로 그간 불거졌던 급식비·앨범비 남용이나 교사임용 과정의 금품수수 의혹은 없어지고 예산도 직접 교육활동비에 쓸 수 있기 때문이라는 것이다.

이번 사학개정법을 놓고 반대하는 입장에 있는 사학재단들은 학교 운영에 전교조 등이 참여, 사학의 자율성 및 건학이념을 훼손할 수 있다고 우려한다. 이러한 우려는 물론 일리가 있겠지만 교육계에선 개방형 이사의 추천·선임 방법을 대통령령에 따라 학교법인 정관에서 정하도록 돼 있다는 점에서 별 설득력이 없다고 한다. 종교 사학법인들의 우려는 그들이 설립한 학교에서 종교교육 비중이 줄어드는 것 때문이다. 특히 기독교계에 이러한 반발이 클 줄로 안다. 하지만 선교를 주요 목적으로 학교를 세운다면 교육의 보편화와는 거리가 있게 되며, 교립학교에 다니는 학생들의 신앙자유를 침해할 우려가 있는 것도 사실이다.

어떻든 한국사학법인연합회 등 몇몇 단체는 학교를 휴교하는 등 사학법 개정안 통과에 반대의 입장을 분명히 하기로 했다. 새해 연두부터 제주도를 비롯하여 각도의 사립학교에서는 신입생의 배정을 거부하는 등 교육부와 갈등을 빚기도 했다. 물론 불교, 개신교, 천주교 등 7개 종단 지도자협의회는 최근 국회를 통과한 사립학교법 개정안에 대해 대통령이 거부권을 행사해줄 것을 촉구하는 탄원서를 내기로 했다.

그러나 사립학교 개정안을 지지하는 종교계의 목소리가 커지고 있는 것도 사실이다. 우리나라 11개 범종교단체는 '범종교단체 대표자 선언'의 발표를 통해 "단 한 명의 개방형 이사를 받을 수 없을 정도로 우리의 종교가 편협하다는 말인가?"라고 했다. 본 모임에는 진보단체로서 한국종교인협의회, 천주교 정의구현사제단, 우리신학연구소, 실천불교승가회, 원불교

사회개벽교무단이 참가했다.

원불교의 경우 사립학교 개정안이 통과되자 처음에는 당황한 흔적이 보였다. 사립학교 개정법을 반대하는 7대종교지도자협의회에 참여하여 이들의 이름으로 개정안 반대의 탄원서가 올라갔다. 그러나 개정안 찬성을 밝힌 범종교단체대표자 선언에 원불교 대표도 참여하였다. 아이러니하게 개정안 찬반양론이 들끓던 초기단계에서 원불교가 개별적으로든 단체로든 찬반 양 단체에 참여하여 의사를 표명하였다는 점에서 교단적 합의가 미처 이루어지지 않았기 때문이다.

이에 일선 교무들은 시비의 경황을 몰라 했고 교단의 공식입장이 무엇인지 알고자 했다. 그러나 원불교는 사학법 개정에 찬성하는 입장이었음을 알 수 있다. 이를테면 사학법 개정과 관련해 김진표 교육부총리는 서울회관에서 원불교 종법사를 만나 사학법 개정의 취지를 설명했다. 이에 대해 좌산 종법사는 원불교 교단에서 운영중인 20개 학교는 이미 이사회를 개방 운영하고 있다면서 사학법 개정이 여야의 합의로 통과됐으면 좋았겠지만 일단 법이 통과된 만큼 개정된 사학법이 잘 시행돼야 한다고 밝혔다.

물론 원불교의 경우 사립학교에 해당되는 교립학교 18개교가 운영되고 있으니 사립학교 개정법안이 교립학교 운영에 미칠 영향도 크다고 본다. 하지만 원불교는 이미 개방형 이사회를 운영하고 있는 마당에, 굳이 사립학교 개정안을 반대할 필요가 없다고 본다. 투명한 이사회의 운영에 더하여 교립학교를 지나치게 포교 및 선교의 무대로 삼지도 않았으며, 건학이념을 크게 훼손하지 않은 면에서 교립학교를 운영할 수 있을 것으로 보이기 때문이다. 오히려 개정안에 반대할 명분이 적어진 셈이다. 앞으로 남은 과제는 어떻게 하면 원불교 건학이념에 입각하여 교립학교를 더욱 활성화시키느냐 하는 점이다. 그리고 기왕에 더욱 투명한 사학을 통해 교립학교의 추가 설립도 계획하였으면 한다.

춘삼월의 한파14)

    춘삼월이 시작되자 캠퍼스는 나무에 물오르고 신입생들로 북적인다. 긴 겨울의 터널을 벗어난 환희의 생명 활동이 기대된다. 갓 스무 살의 젊은이들도 새옷으로, 새책으로, 새맘으로 교정을 활보한다. 그렇지만 춘삼월엔 아직 살갗을 에는 꽃샘추위가 남아 있다.

    엊그제 캠퍼스에도 물러나지 않은 한파가 심술을 부렸다. 지난주까지 대학가에선 등록미달 학생들을 채우기 위해 교직원들이 고등학교를 방문하고 입시생들에게 전화를 하는 등 북적임 그대로였다. 대학들이 많아지고 고졸 입시생 자원의 고갈은 대학마다 존폐위기를 가져다주어 춘삼월의 한파를 털어내기엔 역부족인 것 같다.

    오늘의 대학입시 상황과 고교 졸업생들의 대학 선택은 과거와는 완전히 역전된 느낌이다. 과거엔 대학에 못 들어가서 안달이었는데, 요즘은 대학에 모셔올 고졸 입시생이 태부족이다. 여기저기 전화를 해도 데려올 인재가 없다는 것으로, 대학마다 입시생 모셔오기 전쟁을 방불케 한다. 지난번 필자는 전화를 했다. "선생님, 대학에 들어오지 못한 학생은 없나요?" 고교 3학년 선생님 왈 "거의 다 들어갔어요. 한 명만 안 들어갔는데, 그는 심신이 부자유한 상황이라 안 들어갔죠."라는 답변이었다.

    엊그제까지 대학가에 회자된 말은 "A대학 신입생 등록률이 얼마이며, B대학 신입생 등록률도 얼마예요."였다. 다들 난리다. 다행히 C대학은 신입생 등록률이 괜찮았다지만, 모 단과대학의 학과 등록률은 너무 저조해 추가모집에 비상이 걸렸다. 그러면 우리네 학과의 등록률은 어떤가? 등록 숫자가 전부는 아니겠으나 너무 저조한 지원으로 "이대론 안 된다."는 생각에 모두가 공감하고 있다. 장차 이를 어떻게 할 것인가? 원불교학과

---

14) <원불교신문>, 2004년 3월 5일.

교수교무들에게 다가선 가장 큰 현안은 차기 입시생의 확보 방안이다.

교단 주변에서 거론되는 '교육인증제'라는 용어도 좋다. 인증을 하기 위해선 인증 받을 학생이 있어야 하는데 그 자원이 부족한 마당에 자못 걱정이 앞선다. 어쩌면 교육계에 몰아닥친 발등의 불은 인증제에 앞서 내년 신입생 지원자의 확충 문제일 것이다.

언젠가 필자는 춘삼월 벽두, 예비교무 관련 심부름을 담당할 원불교학과 장을 맡았다. 본 학과장으로서 당년도 가장 큰 화두는 내년 '신입생 모집'이었다. 긴장을 늦출 수 없다는 것이 예비교무 교육을 담당하는 교역자들의 한결같은 목소리이다.

여타 종교 성직자 지망률도 적다하니 위기의식에 잠시 긴장이 풀릴 수 있다. 하지만 인재 지망률이 현저하게 낮아진 우리 교단의 경우는 무척 심각한 상황이다. 이유야 많다. 시대를 읽는 교단 개혁의 역부족, 또 성직자서 신명나는 자부심 부족도 한 원인이다. 대학 팽창과 인구 부족이 심화된 것도 그 이유라지만, 외부적 요인들에만 핑계될 상황이 아니다. 이 한파를 어떻게 극복할 것인가? 우리 전 교역자 및 교도들은 힘을 합해 성직 지원의 인재 발굴 묘안에 최선을 다해야 하리라 본다.

15 각 종교의 경축일과 정체성15)

얼마 전 석가 탄신일은 불교의 최대 경축일이었다. 또 4월 28일 역시 '대각개교절'로서 원불교의 최대 경축일이었다. 이처럼 깨달음의 종교에

---

15) 「세상읽기 코너」로 연재한 내용이다(<월간교화> 6월호, 원불교 교화훈련부, 2006).

있어 성자 출현과 대각을 기념하는 경축일을 새겨보면서, 기왕 계시종교인 기독교와 이슬람교의 경축일에 대해서도 언급해 보고자 한다. 이를테면 12월 25일 '크리스마스'는 기독교의 경축일이요, 1월 21일 '하리라야 하지'는 이슬람교의 경축일이다. 이처럼 각 종교의 경축일을 음미해 보면서 각 종교마다 이날이 지니는 함의와 그 특징을 살펴보고자 한다.

먼저 이스라엘에서 창시된 기독교 최고의 경축일 크리스마스에 대해 알아본다. 곧 12월 25일은 성탄절이며 하루 전날인 24일 밤이 이브(eve)이다. 초대 기독교에서는 하루를 전날의 일몰로부터 다음 날 일몰까지로 삼았기 때문에 이브가 매우 중요시되었다. 물론 예수가 12월 25일 오전 0시에 탄생하였다는 증거는 없었으므로, 초기에는 1월 6일, 3월 21일, 12월 25일 가운데 어느 하루가 선택되었다. 그러나 로마교회가 12월 25일을 성탄절로 모시게 된 것은 354년경부터이며, 뒤이어 379년부터 그리스교회가 이에 따르면서 세계적으로 보편화되었다. 이날을 경축하는 것은 아기 예수의 탄생을 축복하자는 뜻이다.

이어서 중동을 중심으로 한 이슬람교의 최고 경축일에 대해서 알아본다. 중동은 물론 인도네시아, 말레이시아, 인도 등 전 세계인구 중 30% 이상의 신도를 가진 이슬람교 최대의 경축일은 '하리라야 하지'이다. 이날 1월 21일은 무슬림들이 성지순례를 다녀온 것을 축하하기 위해 전 가족이 모여서 일 년 중 가장 맛있는 음식을 준비해 이웃과 어려운 사람들에게 나눠주고 손님들을 공식적으로 자기 집에 초대하는 날이다. 이날은 성지순례를 기념 및 독려하는 것을 목적으로 한 무슬림 경축일인 셈이다.

인도에서 출발, 세계적 종교로 성장한 불교의 '석가탄신일'은 고타마 시타르타의 탄생을 기념하는 불자 최고의 경축일이다. 이날이 바로 음력 4월 초파일로서 신도들은 사찰에 가서 부처님 탄생을 기리며 무명(無明)을 밝히는 등불을 켠다. 역사적으로 1352년 고려 공민왕 때부터 4월 초파일날 궁중에서 연등회를 열어 궐내에서 100명의 승려에게 공양하였다고 전해진다. 이 풍습은 조선시대에 전승되어 건국 초부터 각 사찰을 중심으로 하여 연등회를 열어왔다. 이 거룩한 불사는 8.15광복 후 다시 성행하게 되어 해마다 전국 사찰들을 중심으로 연등회와 연등행렬의 행사를 벌인다. 이번 초파일에도 5만여 불자들이 등불을 들고 서울의 거리를 행진하였다.

원불교 최고의 경축일은 대각개교절이다. 이날은 소태산 대종사가 고행 후 큰 깨달음을 얻고 원불교를 개교한 날이다. 즉 소태산은 7세부터 우주에 대한 의심을 품고, 11세에는 산신을, 15세부터는 도사를 만나고자 일천정성을 다하였다. 그러한 고행과 적공의 결실로 마침내 26세인 1916년 4월 28일 대각을 이루어 불생불멸과 인과의 진리를 설파, 새 회상을 만방에 선포하게된 것이다. 이날은 원불교 교조의 일원상 진리에 대한 깨달음을 기념하기 위해 만들어진 기쁨 충만의 날이다.

돌이켜 보면, 원기 11년(1926) 2월 소태산은 원불교 '4기념예법'을 발표하였으니, 공동생일, 공동명절, 공동제사, 공동환세 기념일이 그것이다. 이 4기념예법 중에서 1회의 공동생일 기념일(3월 26일)이 춘기기념일, 개교축하일이란 몇 가지 이름을 동시적 또는 순차적으로 여러 차례 변화해 왔으니 그것이 오늘날 소태산의 대각과 원불교의 개교를 기념한 '대각개교절'로 정착되었다. 한때 원기 67년까지는 양력 3월 26일이 경축일이었으나, 원기 68년 3월 임시수위단회에서 대각개교절 행사를 양력으로 환산하여 4월 28일로 개정하고 그해부터 실시하여 오늘에 이르고 있다.

이미 언급한 것처럼 기독교에서 경축일로 삼는 것은 크리스마스로서 이는 예수의 육신 탄생을 가장 성대하게 기념한다면, 이슬람교의 '하리라야 하지'는 메카의 성지순례를 염원하는 뜻에서 가장 큰 경축일로 기념한다. 그리고 불교에서 경축일로 삼는 것은 석가탄신일로서 석가의 육신 탄생을 최고 경축일로 기념한다. 하지만 원불교는 교조의 육신 탄생일보다는 진리의 깨달음을 최고 경축일로 맞이한다. 원불교 신앙인 각자의 적공을 통해 깨달음을 강조하려는 의미가 깃들어 있다.

어떻든 종교마다 경건하게 맞이하는 경축일을 새겨 보면서 각 종교 신도들이 최고의 가치관을 어디에 두느냐에 따라 경축일의 특성이 나타난다. 불교와 기독교의 경우 교조의 육신 탄생이라든가, 이슬람교 신자들의 성지순례라든가, 원불교의 경우 교조의 대각이 최고 경축일로 간주되는 점에서 종교 나름의 특성이 있다. 그러면 육신의 탄생을 최고 가치로 둘 것인가? 성지순례를 최고의 가치로 둘 것인가? 깨달음을 최고 가치로 둘 것인가가 화두인 셈이다. 기성종교에 대한 원불교의 정체성은 여기에서부터 시작된다고 본다.

16 ▶ 파병과 회교 인지도[16)]

이라크 파병 문제로 온 나라가 시끄러운 적이 있다. 중동의 시국과 관련하여 이라크에 테러가 급증한 탓에 쟁점으로 부상한 것이다. 이라크 모술 지역에 전투병을 파병하는 것은 게릴라 전투가 많고 후세인 충성도가 높은 지역이어서 생명의 희생이 심각할 수 있기 때문이었다. 이라크 무자히딘 단원들이 어느 나라든 전투병을 파병하면 혹한 보복을 받을 것이라고 하였으며, 한국도 그 예외는 아니라 했다. 당시 이라크 주재 한국 외교관들이 이곳을 떠나라는 정체불명의 이라크인으로부터 위협 통보를 받기도 했다.

그럼에도 불구하고 한국군의 이라크 파병에 있어 찬성론자들은 한·미 동맹 및 중동국과의 관계, 에너지 확보 및 이라크 전후 복구사업을 비롯한 경제적 실익을 종합적으로 고려해야 했기 때문이라는 것이다. 그러나 파병 반대론자들은 자국민에 대한 테러 위협, 전투병의 희생, 한반도 안보 문제,

---

16) <원불교신문>, 2003년 11월 7일.

전쟁의 불충분한 명분 등을 그 이유로 밝힌 적이 있다.

여기에서 고려할 사항은, 파병을 반대하는 국민들이 상당수였다는 점이다. 우리는 평화를 사랑하는 민족이며, 이미 한국은 의료담당 군인들을 보낸 상태로, 평화유지의 명분은 이미 얻은 상태이다. 녹색연합·전국민중연대 등 350여개 시민·사회단체로 구성된 '이라크 파병 반대 비상국민행동'은 서울 세종로 정부합동청사 앞에서 기자회견을 갖고, 전투병 파병 반대입장을 표명하였다. 또 평화와 통일을 여는 사람들·민주노총·한국여성단체연합 등 29개 시민·사회단체 대표 30여명도 전투병 파병과 국방비 증액을 반대했었다.

이제 외국 파병의 문제를 교단적으로 숙고를 해보는 좋은 기회가 되었다. 우선 원불교사회개벽 교무단, 원불교 인권위원회, 원불교청년회가 공동으로 '우리의 주장'을 천명하였다. 즉 전투병 파병을 금지하고 순수 지원단만 파병하라는 것이 골자이다. 아울러 이웃종교들의 공동 연대에서도 전투병 파병은 안 된다는 입장을 밝히었다.

물론 초기교단에서도 전쟁의 고통을 함께 하고자 '전재동포 구호사업'을 전개했듯이 이라크 국민에 대하여 무관심할 수만은 없다. 원불교인으로서 전쟁의 고초를 겪는 사람들을 구제할 책임이 있기 때문이다. 따라서 전쟁의 고초를 겪고 있는 이라크인들에게 실제 도움이 되는 구호물품 보내기 등 교단이 할 수 있는 일을 찾아 나서야 했다는 것이다.

우리가 상기할 것은, 이라크는 회교국으로 고통 치유의 차원에서라도 회교에 대한 인지도 확대가 필요하다. 그간 원불교는 종교 회통론을 주장해 왔으나 유·불·기독교와 관계를 모색하는 선의 범주적 한계가 있었다. 세계 범종교 차원에서 회교에 대한 인지도는 거의 없는 상태이다. 힌두교나 회교 신봉자들이 십 수 억이 된다는 점을 생각해 볼 일이다. 이라크 파병 논란이 일어난 시점에서, 과연 원불교인들이 회교 인지도가 얼마나 되는지 성찰하는 계기로 삼자는 것이다.

2006년 7월 5일 새벽, 북한은 전격적으로 미사일을 발사하였는데, 이날이 미국 독립기념일이기도 했다. 98년 1호 대포동 미사일 발사에 이어 또 대포동 2호와 7기의 미사일을 발사하였으니, 한국은 물론 미국과 일본은 긴장상태에 들어갔고 북한에 대해 강력 제재론이 제기되기에 이르렀다.

세상이 발칵 뒤집힌 듯 15개 이사국으로 구성된 유엔 안전보장이사회는 북한의 미사일 발사를 규탄하는 대북 결의안을 만장일치로 채택했다. 대북 제재논의에 들어간 지 열흘 만의 일로서 경제 제재와 북한에 대해 미사일 프로그램과 관련된 모든 행동을 중지하도록 촉구하면서 미사일발사 유예선언의 준수를 강조했다.

한국도 북한 미사일 발사를 이유로 쌀·비료 지원을 유보하였다. 북한은 이에 대한 반발로 이산가족, 8·15 화상상봉, 금강산 면회소 건설 등을 모두 중단하겠다고 선언했다. 그간 햇볕정책 결과 김대중 정권에서 3조 5808억원, 노무현 정부 4년이 채 안 돼 3조6856억원 등 7조원 이상의 정부 예산을 남북지원 사업에 이미 충당했는데 아쉽게도 부정적 방향으로 흘러가버린 것이다.

때마침 일본은 북한이 미사일을 발사하자 북한 선제 공격론을 들고 나왔다. 팔은 안으로 굽는다고 했던가, 청와대가 발끈하고 나서서 7월 11일 일본 핵심 각료들에 대해 "일본의 침략주의적 성향을 드러낸 것으로 깊이 경계하지 않을 수 없다."고 밝혔다. 이처럼 북한의 미사일 발사로 한국과 일본, 북한과 일본, 북한과 미국, 중국과 북한 등 다자간 외교의 난관에 부닥치고 있는 실정이다.

오래전부터 우리는 독도 영유권 문제로 일본과 외교적 마찰을 빚고 있는

---

17) <월간교화> 9월호, 원불교 교화훈련부, 2006.

상황 속에 있으며, 고이즈미 일본 총리의 신사참배도 한국과 중국의 관계를 악화시켰다. 일본 총리가 A급 전범이 합사된 야스쿠니 신사를 참배해서는 안 된다는 일본인의 여론이 60%가 넘었으니, 일본 국민들도 위정자의 신사참배를 반대하고 있는 상황이다. 이러한 사실들을 보면 '멀고도 가까운 나라'가 어느 나라인가 하면 삼척동자도 '일본'이라고 말한다. 지정학적으로 가까운 나라임에도 불구하고 역사 교과서의 왜곡, 신사 참배, 독도 영유권 분쟁, 북한의 미사일 발사 등으로 얽혀진 한일관계인 것이다.

같은 맥락에서 원불교의 경우도 일본과의 구연舊緣이 있다. 소태산 재세시 일제의 갖은 간섭과 수난을 겪었기 때문이다. 황도 불교화, 창씨개명, 불법연구회 감시, 신흥종교 탄압, 언론의 횡포 등 이루 말할 수 없는 고초를 받았지만 소태산은 일본을 원망, 타도의 대상으로 보기보다는 그들을 포용하고 교화의 대상으로 보는 주세불로서의 대자비심을 드러냈다.

자비불의 감화 덕택에 원불교 일본교구의 봉불이 있었다. 도쿄교당의 봉불식이 2006년 7월 6일 오전 11시 도쿄도 가츠시카구 가나마치 5-1-15호에서 1백여명이 참가한 가운데 성대히 거행됐다. 교구청을 겸한 도쿄교당은 연건평 184평 규모의 4층 건물로 2층 대각전, 3·4층 사무실과 생활관, 1층 한국어교실 등을 가르치는 문화공간으로 사용된다. 이는 훗날 교구매각으로 난관에 부딪치는 상황으로 변질되었다.

사실 일본교화는 원기 16년(1931) 조송광 선진이 그 선구였다. 뒤이어 원기 20년 박대완 선진 등으로 이어져 왔으니 마침내 종교 법인으로 등록된 것은 원기 65년 2월의 일이며 일본교구 체제를 갖춘 것은 원기 72년이었다. 해외 교화의 선구자로서 이분들의 갖은 고통 속에서 견디어낸 열매가 일본교화의 개척으로 이어진 것이다.

아직도 일본 교화는 개척의 역사, 초창의 역사이다. 교역자들이 자주 드나드는 원티스 교역자광장에 「일본교화」와 관련하여 함께 고민해야 할 내용의 글이 게재된 적이 있다. 요코하마 교당의 공간 확보 및 재건축이라는 과제가 있음은 물론 일본 정부로부터 "지진위험 판정"을 받고 있었기 때문이다. 이에 우리 모두의 관심 속에 일본 교화의 돌파구를 찾아보자는 뜻에서 합력과 기도가 필요하다고 했다.

원불교 영산·익산 예비교무 3학년생들이 졸업여행 겸 교육기행을 다녀왔으며 필자도 여기에 동행한 적이 있다. 또 대학원대학교 졸업반들도 일본 기행을 하였다. 예비교무들은 일본의 여기저기를 돌아보며 안목을 키우고 또 해외교화에의 관심도 가져보는 등 원불교 미래교역자로서의 사명의식이 필요할 것이다. 그러나 단순히 해외교화나 지평을 넓히는 여행으로 끝나선 안 된다.

넓게는 한일관계, 좁게는 일본교화를 겸해서 생각해보자는 것이다. 예비교역자들이 외교관이 되고, 교화자가 되어 '멀고도 가까운'이 아니라 '가깝고도 가까운' 이웃으로 만들어보자는 뜻이다. 한국과 일본, 북한과 일본의 관계가 악화되고 있는 상황에서 우리 교역자들은 상생상화의 시각을 넓혀봄으로써 강약 진화의 요법, 삼동윤리 정신에 따라 일본과의 난제를 풀어가야 하리라 본다. 꼬인 남북과 한일관계의 물꼬를 트는 가교가 되자는 것이다.

18 영혼천도와 파병 반대[18)

21세기를 접하면서 감명 깊게 읽었던 『문명의 충돌』에서는 앞으로 문명 충돌로 국가 간 전쟁이 많아질 것이라 하였다. 새뮤얼 헌팅턴의 말대로라면 과거 미국의 이라크의 점령은 회교권과 기독교권 사이에 나타난 문명의

---

18) <원불교신문>, 2004년 7월 2일.

충돌임에 틀림이 없다.

우리나라에서도 중동에서 희생당한 고 김선일의 안타까운 죽음에 대한 아픔이 있다. 이라크의 저항세력들이 팔루자에서 김선일을 죽음으로 몰아갔을 때 그는 "한국군을 이라크에 파병하지 말라." "노무현 대통령, 제발 나를 살려 달라."고 절규했던 장면을 생생히 기억한다. 이때 한국 정부는 '이라크의 평화와 재건을 위한 파병'이라며 오히려 파병원칙을 강조하였다. 저항세력은 "거짓말 말라."며 한국의 파병은 미국을 도와주는 행위임을 분명히 하였던 것이다.

과거를 회고해 보면, 슬픈 영상 화면이 우리의 안방에까지 전달된 순간 한국인은 인질 참수라는 잔학무도함을 접하고 비탄에 잠기고 말았다. 회교의 율법에는 '눈에는 눈, 이에는 이'라는 인과응보의 원리가 있다. 기원전 18세기 바빌론 왕조의 함무라비 법전에 이 같은 문구가 새겨져 있다. 이는 인과의 원리가 분명한데, 회교 율법이 사실이라면 이라크 테러리스트들은 모순을 저지르고 말았다. 무고한 인명을 살상한 범죄는 그들 자신들도 피의 보복을 받을 것이라는 인과 업보의 악순환을 간과하고 만 것이다.

앞으로라도 우리 종교인들은 국군의 파병을 어떻게 바라보아야 할 것인가? 미국과의 관계 및 국익을 앞세운 파병 원칙을 종교의 명분론에서 냉정히 생각해보자는 것이다. 많은 종교가에서 평화 사랑과 생명의 소중성을 외치고 있는데 파병 세계 3위국이 될 한국군의 파병을 "나몰라."라 한다면 어느 종교든 부끄럽게도 명분을 잃고 만다.

여기에서 우리에게 몇 가지 새길 교훈들이 있다. 먼저 억울한 죽음을 당한 김선일 씨를 비롯하여 억울하게 죽은 영가들을 위해 교단적으로 천도재를 지내주자는 것이다. 비록 그가 기독교 성직을 희망했지만, 평화를 외치고 슬픔을 공유케 한 그는 한국 기독교인만이 아니라 대한민국의 아들이었기 때문이다. 종교를 초월하여 천도재를 올리는 것은 고인들의 영혼을 위로, 극락을 염원하는 길이라 본다.

다른 하나는 분규에 휩싸인 지역의 희생에 통탄하면서 명분 없는 파병은 반대하자는 것이다. 수년 전 수많은 촛불행렬을 지켜보며 우리도 그들과 더불어 한목소리를 내어야 한다고 본다. "불자야 듣느냐 애끓는 저소리." 를 깊이 새기며 파병 반대를 외치자는 것이다. 또 다른 피의 악순환을 막고 명분 없는 파병을 막자는데 특히 종교가 침묵하면 세상의 아픔의 현실을 모른 채하는 꼴이다.

하나 더 주문하고 싶은 것은 이제라도 우리는 회교의 교리를 배워보자는 것이다. 서구 중심으로의 해외교화에서 앞으로 아랍의 회교권에도 눈을 뜨자는 뜻이다. 오늘날 전쟁의 상당수가 회교국가에 있는 이상, 전쟁으로 고통 받는 회교인들을 돕지 않을 수 없기 때문이다. 서로 다른 문명권의 이해는 원불교의 종교 화합의 정신에도 맞는 일이라 본다.

19 이스라엘과 종교분쟁[19]

1973년 제4차 중동전쟁이 일어난 이래, 이스라엘과 아랍 주변에는 여전히 포성이 멈추지 않아왔다. 이라크의 쿠웨이트 침공과 미국의 이라크 침공, 아프가니스탄과 이라크의 재침공 등으로 인명살상의 현장이 회교권 나라였음을 우리는 기억으로 잘 알고 있다. 잠시 전쟁이 멈출 무렵, 또 이스라엘은 2006년 7월 12일 레바논을 침공한 이래, 팔레스타인들이 사는 인근의 헤즈볼라 거점 마을들을 집중적으로 폭격하였다.

그러면 이스라엘이 중동에서 보복공격을 해온 이유는 무엇일까? 헤즈볼라 세력이 테러를 감행했다는 명분이었다. 이에 이스라엘군은 이들에 대한

---

19) <월간교화> 10월호, 원불교 교화훈련부, 2006.

맞대응의 공격이라는 것이다. 하마스 세력과 헤즈볼라 세력을 무장 해제하려는 의도가 없지 않다고 본다.

여기에서 이스라엘이 공격한 헤즈볼라란 어떠한 단체인가? 헤즈볼라는 이슬람교 시아파 무장 세력으로 수천 명의 대원을 보유한 중동 최대의 세력이며 이슬람 지하드라고도 부른다. 호메이니의 이슬람 원리주의에 영향을 받아 1983년 이슬라믹 아말과 레바논 지구당인 다와 파티가 합쳐 창설되었고, 활동 본부는 레바논 동부쪽 비카에 위치하고 있다. 레바논의 헤즈볼라는 2005년 6월 총선에서 제2정당이 되었으며 정치세력으로 발전하였다.

돌이켜 보면 이스라엘은 팔레스타인에 대해 공격을 반복하여왔는데, 그 대표적인 사례가 샤틸라와 사브라의 학살 사건이다. 이스라엘은 2천년대 초반 레바논에서 활동하던 친 이스라엘 민병대원 300여 명을 앞세워 샤틸라와 사브라에서 3천여명을 잔인하게 죽인 것으로 알려져 있다.

어떻든 전쟁은 멈추어야 하며, 그것은 유엔 결의안으로 끝이 나기에 이르렀다. 유엔 사무총장의 역할이 그것으로, 과거 코피아난이라든가 반기문 사무총장의 역할이 높아 보이는 것이다. 이스라엘과 헤즈볼라는 휴전과 유엔 평화유지군 파견을 골자로 하는 중동 분쟁을 마무리하는 지혜를 발휘해 왔고 또 발휘해야 한다.

그간 중동 분쟁의 한 가운데 있는 이스라엘은 어떤 나라인가를 살펴보자. 우리가 흔히 유대인의 국가라고 하는 '선민의식'이 강한 민족으로 이스라엘은 700만 정도 인구 중에서 77%는 유대인, 23%는 아랍인들이 차지하는 일종의 다민족 국가이다. 이스라엘 건국 때, 그리고 제4차에 걸친 오랜 중동전쟁으로 많은 아랍인들이 고향을 떠나서 억지로 이주당한 것이다. 나사렛 지역과 같은 원래 아랍인들이 많이 모여 사는 곳에는 이스라엘 국적을 주어가며 강력한 동화정책을 펴고자 하였다.

이스라엘 전체는 세 지역으로 나뉘는데 1지구는 가자 구역처럼 팔레스타인 자치정부 관할지역으로, 여기에 거주하는 사람들은 이스라엘 국적이 없다. 2지역은 예루살렘, 나사렛과 같이 아랍인과 유대인들이 함께 사는 지역으로 이 지역에 거주하는 아랍인들은 이스라엘 국적을 가지고 있다. 3지역은 텔아비브와 같이 완전 유대인들만 거주하는 지역으로 구성되어 있다.

언제나 전쟁은 휴전상태로 돌입해서 평화가 유지되는 것이 인류의 바람이다. 이스라엘과 주변국가 모두 승패 없는 전쟁이었다. 죄 없는 희생자 유가족의 슬픔, 중동의 반이스라엘과 반미 감정은 극에 달하였으며, 세계 평화의 길이 쉽지 않음을 증명하고 있다.

여기에서 주목해야 할 것으로 전쟁의 근원에는 본질적으로 회교와 유대교의 종교 갈등이 기반하고 있다는 점이다. 회교와 유대교의 갈등 사이에 "우리 신만이 우리를 구원할 수 있다."는 종교 우월주의가 있는 한 총성은 멈추지 않을 것이다. 우리가 중동의 종교 갈등을 남의 집 불구경하는 식으로 간과해서는 안 된다.

오늘날 원불교는 종교 간의 대화를 주장하고, 종교화합 운동에 앞장서고 있다. 한국에는 고대로부터 많은 종교가 있어왔음에도 불구하고 화합해 왔다. 신라시대 최치원의 「난랑비서」에서는 유불도 3교가 화합하여 한국의 고유사상을 이루었다고 하였다. 근래 서구종교의 한국 정착과 교세 신장으로 종교간 화합이 더 요청되고 있지만 맹신자들에 의한 종교 갈등은 여전히 남아 있다.

유태교의 선민의식이나, 기독교의 유일신 사상, 이슬람교의 알라 신앙은 그 자체의 신앙적 돈독함과 교세확장에는 많은 도움이 될지 모르나, 오늘의 다종교 사회에서 종교간 윤리와 종교화합에 얼마나 기여하고 있는지를 성찰해야 한다. 자기종교만 절대 유일의 종교라고 주장하는 사람들이 많아질수록 종교화합은 쉽지 않을 것이다.

고대의 종교적 전통에 따라 한국 종교인들의 종교 화합이 더 요청되며,

종교 대화의 상생적 방법론 모색이 더욱 필요하다. 동서 종교 갈등의 틈새를 공략하는 것이 원불교의 불공법이요 원불교의 위상을 정립하는 계기가 되리라 본다.

20 ▶ 모하메드와 삼소회[20]

새뮤얼 헌팅턴이 문명의 충돌을 세계에 각성시킨 지 오래지 않아 한스 큉은 2천년 9월, 많은 나라에 있어서의 평화가 기독교, 무슬림, 유대교, 힌두교, 불교 등 모든 종류의 종교적 근본주의에 의해 위협받고 있다고 정산종사 탄백기념 학술회의에서 지적하였다. 이들이 밝힌 문명권의 충돌은 과연 무엇인가? 헌팅턴은 서구 문명권 외에도 7가지 문명권, 즉 중국 중심의 유교, 일본, 라틴아메리카, 동방정교, 이슬람, 아프리카, 힌두문명권 등 7가지 문명권이 존재하고 있다고 주장한다.

2005년 9월 덴마크의 한 신문사가 12컷의 풍자만화를 게재한 이래 우리는 큰 충격 속에 헌팅턴의 그 같은 예언을 직감할 수 있었다. 회교권인 리비아의 외무부는 성명을 발표, "질란츠 포스텐이 작년 9월부터 모하메드를 테러리스트로 묘사한 풍자만화를 12편이나 게재했음에도 덴마크 정부는 뒷짐을 지고 있다."며 "보복조치로 대사관을 폐쇄하겠다."고 밝혔다. 그 뒤를 이어 사우디아라비아, 요르단, 시리아, 이집트가 자국 대사를 불러들였다. 이슬람 국가에선 알라와 모하메드에 대한 그림 묘사가 금지돼 있지만, 서구의 풍자 만평은 모하메드를 심지에 불붙은 폭탄을 머리에 두르고 있는 털보 얼굴을 묘사했다.

---

20) <월간교화> 4월호, 원불교 교화훈련부, 2006.

그러면 우리가 사는 지구촌에 왜 이 같은 충돌이 빈번히 일어나고 있는 것일까? 그것은 각 집단의 이념과 목적이 상반되고 이해가 상충되면서 각기 반대쪽으로 지향하고 있기 때문이다. 욕망과 양심, 육체와 마음, 물질과 정신, 동양과 서양, 지역과 도시, 인종과 인종, 다른 가치관들이 충돌을 부채질한다. 충돌 현상이 가장 빈발한 것은 아이러니하게 평화를 부르짖는 종교집단이며, 종교 간의 충돌은 더욱 심각한 양상으로 이어져 종교분쟁으로 치닫는 경우가 허다하다. 종교간·문명권간의 충돌을 방지하려면 특정 종교 및 문명권 국가들이 가치관 차이에서 발생하는 사태에 개입하는 것을 자제하고, 각 종교 및 문명권의 주도국들이 이를 중재해야 하며, 서로간의 공통점을 찾는 노력들이 적극적으로 뒤따라야 한다.

여기에는 어느 종교든 조그마한 실천에서 지구촌의 화해와 평화를 약속 받는다는 믿음이 필요하다. 이를테면 원불교 정녀, 불교 비구니, 가톨릭 수녀 등 이웃종교의 여성성직자 모임인 삼소회 회원 16명이 세계성지 순례를 시도, 2006년 2월 5~6일 원불교 영산·익산 성지를 비롯해서 불교 성지인 인도 부다가야 등에 이어 영국의 캔터베리 대성당, 로마의 바티칸, 예루살렘 등을 순례하였다. 좌산 종법사는 익산성지를 방문한 이들에게 "종교 지도자들부터 이 같은 교류를 해야 하는데 삼소회가 그 물꼬를 텄다."며 삼소회의 세계성지 순례가 종교 갈등을 극복하는 계기가 되었으면 한다고 했다.

1988년에 시작된 삼소회는 불교의 비구니, 가톨릭과 성공회의 수녀, 원불교 여자교무(정녀)의 모임이다. '삼소회'라는 명칭은 중국의 고사 '호계삼소虎溪三笑'에서 따온 말이다. 중국 여산 동림사에 고승 혜원이 있었는데, 그는 사람들을 전송할 때 절 모퉁이까지만 나오고 다리를 건너지 않는 것을 철칙으로 삼았다. 30년간 지켜온 혜원의 이러한 계율이 한번 깨진 적이 있었는데, 유교의 도연명, 도교의 육수정과 청담을 나누던 중 그만 다리를 건너고 말았다. 이 사실을 뒤늦게 깨닫고서 세 사람이 함께 크게 웃었다는 것으로, 유불도 3교의 성현들이 종교 회통의 담소를 즐긴 아름다운 만남에서 본 용어가 기원했다.

종교 간의 갈등을 극복하는 일은 이처럼 작은 모임에서 그 싹이 트는 것으로, 이러한 활동들이 태동되어야 할 것이다. 한국의 종교간 대화의 움직임으로는 1970~80년대 성남 지역의 종교연합운동, 삼소회의 사회봉사 활동, 대한민국종교예술제, 국제종교연합운동 등을 들 수 있다는 점에서 삼소회의 성지순례는 이러한 틈바구니에서 역사적 발자취로 남을 것이다. 원불교 교리정신의 개방성은 어느 종교보다도 앞서 있다. 교조 소태산의 일원주의, 정산종사의 삼동윤리, 대산종사의 종교연합운동 정신은 여타 종교에서도 발견하기 힘든 것이기 때문이다. 지금껏 40~50년 전부터 있어 온 국내 종교화합에 선구자 역할을 하였던 것은 원불교였다는 점을 자타 공히 알고 있다.

앞으로 교단에서도 종교화합의 운동에 대하여 구체적 전략을 가지고 임해야 할 것이다. 이에 원불교는 ACRP, KCRP, WFB 등 세계 종교단체들과 긴밀한 협조 속에서 종교화합을 모색할 수 있고, 원불교 독창적 종교연합운동의 방향을 설정할 수도 있다. 이번 모하메드의 폭탄 그림이 문명의 충돌로 간주되는 것도 종교 간의 첨예한 갈등 때문이 아니었나를 새겨보면서, 덴마크에서 있었던 일부 언론인들의 회교에 대한 종교 편견을 표현의 자유만으로 볼 수 없는 점을 알아야 할 것이다. 서구 기자의 이웃종교에 대한 경외심이 우선되었으면 하는 아쉬움이 드는 것도 이 때문이다. 유불도 회통을 추구한 소태산의 가르침과 삼소회의 이웃종교 성지순례는 종교 화합에 기폭제가 될 것이다. 차제에 원불교는 이슬람교에 대한 이해를 위해 더욱 구체적으로 접근해야 할 것이다.

올림픽의 교훈21)

전 인류의 축제로서 제28회 올림픽(8.13~29) 경기가 그 발상지인 그리스에서 열렸다. 올리브 나무가 유난히 많은 아테네에서 1896년에 치러진 제1회 올림픽, 또 다시 그곳에서 108년 만에 거행된 것은 인류 역사의 부단한 순환이다.

올림픽의 승패를 보면서 국가마다 희비가 엇갈리긴 했지만 모두가 숨을 죽이며 손에 땀을 쥐었던 것도 사실이다. 특히 한국의 축구가 8강까지 올라서게 되어 온 국민이 또 다시 "대한민국!"을 외치며 응원전을 펼친 것은 지난 한일 월드컵을 재현하는 양상이었다. 유도, 양궁, 탁구, 레슬링, 배드민턴, 태권도 등에서 활약한 선수들에게 갈채를 보낸다. 세계 10위권으로 올라섰으니 한민족의 자긍심을 갖기에 충분한 시간이었다.

이제 화제를 좁혀 우리 교단이 올림픽에서 얻을 수 있는 교훈은 없을까 생각해 보자.

첫째, 각국의 젊은 선수들이 선보인 진인사대천명의 '승부' 정신이다. 젊은이들은 세계에서 최강을 자랑하기 위해 진력하여 각 종목에서 최강의 승부를 벌였다. 여기에서 얻는 교훈으로, 우리 교단의 젊은 인재들도 뛰어난 교화역량을 선보여 각 분야에서 승부를 걸어야 한다. 젊은 교무들의 사기가 꺾이면 교단 미래도 없으므로, 올림픽의 승부사들처럼 실력을 갖춰 진력할 수 있는 '승부' 정신을 키워보자는 것이다.

둘째, 올림픽 경기 28개 종목에서 국가의 명예를 걸고 경쟁, 301개의 금메달 및 각종 메달을 받은 각국 선수들에 대한 국가의 '찬사와 보상'이다. 인간의 한계를 도전하며 승자로서 얻는 영광은 국가는 물론 개인 모두의 축복이다. 우리 교역자들도 원불교의 명예를 걸고 경쟁력을 갖춰 각 분야

---

21) <원불교신문>, 2004년 9월 3일.

에서 진력, 눈부신 활약과 성과를 보이는 교무들에 대해서는 교단의 아낌없는 '찬사와 보상'으로서 성과급을 생각해 보자는 것이다.

셋째, 이번 올림픽 축제에서 보았듯이 화합과 평화의 정신을 새겨보자는 것이다. 스포츠엔 국경이 없다. 남북한이 함께 입장하는 모습을 보아도 민족 화합이자 세계 평화에 대한 기여이다. 원불교는 일원주의와 삼동윤리, 그리고 종교연합 운동을 통해 인류 화합은 물론 세계평화 건설에 뛰어들자는 것이다.

아무튼 종교인으로서, 또 원불교인으로서 '올림픽'이라는 인류의 대 축제를 새겨보면서 위의 세 가지 교훈은 우리 모두의 과제이다. 1988 서울 올림픽을 치렀고, 2002 월드컵을 치른 한국인의 자부심에 걸맞게 우리 교단에서도 신명난 교화의 장을 만들어 나갈 때 미래 교단의 비전이 보일 것이다.

물론 교단의 미흡한 부분, 교역자 역량의 한계도 발견되고 있다. 하지만 우리는 여기에 주저앉아 있을 수만은 없다. 교역자와 교도 모두가 "할 수 있다."는 용기로, 긍정의 가치로 교단 내일을 열어나가자. 청소년 희망 캠프, 삼동청소년 축구, 원청 40주년 법인기도를 통해서 젊은이들의 희망의 싹을 보았으니, 이제 우리는 분연히 일어나 역량을 한껏 발휘할 터전을 가꾸어 나가자는 것이다.

22 **월드컵과 교단22)**

70년대 잉글랜드 프로 축구에서 리버풀의 전성시대를 열었던 축구인 빌 생클리는 1981년 세상을 떠나면서 '축구는 죽고 사는 문제보다 훨씬

---

22) <월간교화> 8월호, 원불교 교화훈련부, 2006.

중요한 것'이라는 말을 남겼다. 이 말이 사실인 듯이 과거 독일 월드컵에서는 세계가 들썩였다. 눈물을 흘리는 사람이 있는가 하면, 발광하는 훌리건도 있었으며, 시내 곳곳에서 서로를 붙들고 기쁨에 못 이겨 춤을 추는 사람들도 있었다. 시민이 모여든 서울의 시청 앞 광장을 연상케 하는 것 같았다.

사실 2002년 한일 월드컵에서 한국이 4강에 올라간 것을 보면 기적과도 같았다. 기적이라고만 할까? 『구당서』 '고구려' 조에 "고구려 사람은 축구를 잘 한다."라는 구절이 있다. 『삼국유사』 '김춘추' 조에도 따르면 김유신은 삼국통일의 꿈을 품고 축구를 이용해 김춘추를 끌어들인다는 내용이 보인다. 삼국통일은 김유신의 집 앞에서 벌어진 축구시합에서 시작된 것이다.

이처럼 한국 사람이 축구를 잘했고, 삼국통일에 축구가 연계되고 있는 점은 신기한 일이다. 한국이 월드컵에 처음 출전한 것은 1954년으로, 1인당 국민소득은 70달러였을 때이다. 스위스와 한국 월드컵 경기 때 심판판정이 물의를 빚었는데, 우리가 첫 월드컵에 간 곳 역시 스위스 월드컵 때였다. 월드컵 처녀출전 당시 한국 대표팀은 합숙훈련을 1주일밖에 못했으니 헝가리 팀을 맞이하여 0대9라는 스코어로 참패했다. 그러나 세월이 흘러 2002년 한국축구는 괄목상대가 되어 폴란드를 상대로 2대0으로 승리를 거두었다. 월드컵 출전 48년 만에 첫 승리를 따냈던 것이다

돌이켜보면 한국인에게 2002년 월드컵은 잊을 수 없다. 한국에서 월드컵을 개최했다는 영광에 더하여 4강 신화를 만들었기 때문이다. 월드컵의 붉은 응원 물결에도 세계가 놀란 것이다. 이전 우리 팀은 독일월드컵 경기에 참여하였다. 6월 13일 밤 10시부터 12시까지 독일월드컵 G조 16강 첫 예선에서 한국은 토고와 첫 시합을 가졌다. 2대1로 승리를 하였으니 원정 경기에서 첫 승을 거두는 쾌거도 거두었다. 하지만 며칠 뒤 벌어진 프랑스와의 경기는 1대 1 무승부였고, 더욱이 스위스에게는 2대 0으로 패하는

아쉬움을 남겼다.

월드컵이 끝나고 세계 축구인은 4년마다 새롭게 전개될 월드컵을 기약하고 있다. 월드컵이 단지 개최국만의 잔치가 아니라 참여 국가 모두의 잔치요 관심사였다는 점에서 차제에 월드컵과 원불교 교단의 관계를 언급해 볼까 한다. 원불교가 월드컵에서 배울 게 있다는 뜻이다.

우선 월드컵에는 스타가 탄생하기 마련인데, 교화 현장의 스타들이 탄생하였으면 한다. 축구는 걸출한 스타의 힘으로 승리의 영광을 가져온다. 프랑스 팀이 8강전에서 우승 후보 브라질을 물리친 것은 뛰어난 스타가 있었기 때문이다. 지단과 앙리가 그 장본인들이었다. 원불교 교화가 침체 현상인 현 상황에서 일선현장의 '교화스타'들이 탄생하면 좋을 것이다. 물론 축구 스타의 탄생에는 감독의 신뢰, 다른 팀의 정보 분석, 팀의 조직력, 개인기 등이 필요하다. 원불교 역시 각 분야에서 스타들이 탄생하여 교단의 신뢰 속에 교화 정보를 분석하고, 교단 조직력을 응용하고, 자신의 전문 특기를 활용한다면 교화에 활력을 일으킬 것이라 생각해본다.

언젠가 일선교당의 어느 교무는 2002년 6월 한국 월드컵 4강 진출을 두고 신문에 '그때 그 열정과 기쁨이 한국인의 무한한 가능성'을 확신했다며 "우리 원불교 교화의 현장에서도 이러한 기운을 받아서 그간 힘 잃고 침체되어 있던 교화 현장을 새로 살려내야 할 때라고 본다."라고 원불교신문에 게재하였다. 월드컵의 선수들은 모두가 젊은이들이다. 원불교의 젊은 교무들이 교화무대에서 활력 있게 뛰어야 하는 이유가 여기에 있다. 그라운드 사정이 안 좋을 수도 있지만 열심히 뛰도록 힘 밀어 주는 것도 잊지 말아야 한다.

또 하나, 월드컵의 분위기를 이어받아 차분히 청소년 교화의 방편으로 축구교화의 붐을 일으켜 보았으면 한다. 활성화되는 듯하던 일선교당의 청소년축구팀이 멈춘 지 오래이다. 물론 교당에서 축구부를 육성하는 것이 쉽지만은 않을 것이다. 학생선수들을 모아서 지도하는 일, 거기에 들어가는 경비 모두가 쉽지 만은 않기 때문이다. 하지만 2001년도에 청소년 축구 교화에 노력한 결과, 국내 13개교구 중 10개교구에서 예선을 거쳐 27개 팀 450여 선수가 참가했던 지난 향수가 있지 않은가?

이어서 원불교가 월드컵에서 배울 것으로, 축구는 응원을 통한 지구촌의 응집과 소통 공간이 마련되는 점이다. 월드컵 때 나라마다 응원은 대단하며, 한국의 열렬한 응원무대가 독일에도 수출되었으니 응원의 소통공간은 이루 말할 수 없다. 축구는 응원에서 상하좌우, 남녀노소가 하나로 소통되듯, 원불교 역시 일선 현장에서 뛰는 젊은 교무들을 한 맘으로 응원해주자는 것이다. 11명의 선수에 응원단이 합하여 12명이 뛰는 것을 축구라 했던가? 교화 현장의 스타들이 탄생하여, 그들이 열심히 뛰도록 우리 모두 응원해주었으면 한다. 삐걱거림보다는 소통과 응집의 함성이 아쉬운 현 시점이기 때문이다.

23 챔피언과 모정母情의 함수23)

2006년 2월 6일, 한국계 흑인 스타 하인스 워드가 미국프로풋볼 제40회 슈퍼볼에서 팀을 우승으로 이끌며 최우수(MVP) 선수가 되었다. 워드는 1976년 3월 8일 서울에서 주한 미군이던 흑인 아버지와 한국인 어머니 김영희(55)씨 사이에서 태어난 후 5개월 만에 미국으로 건너갔다. 어머니는 그곳에서 아들 뒷바라지를 위해 하루에 세 가지 일, 즉 접시를 닦고, 호텔 청소를 하고, 잡화점 계산대에서 일을 했다. 워드는 "나를 위해 희생하는 어머니!"라며 "어머니는 한 번도 자신을 위해 돈을 써본 적이 없다."

---

23) <월간교화> 5월호, 원불교 교화훈련부, 2006.

라고 했다. 자신의 성공 역시 어머니 힘이라고 하였다.

모정은 스타의 탄생을 예고한다는 것인가? 한국 여자피겨의 대명사 김연아 선수가 슬로베니아 류블랴나에서 열린 2006 국제빙상경기연맹 세계주니어 피겨스케이팅 선수권대회에서 여자 싱글 부분 우승을 했다. 김선수는 8일 쇼트프로그램에서 1위를 차지한데 이어 이날 프리스케이팅에서도 멋진 연기로 아사다를 누르고 금메달을 목에 걸었다. 그녀의 엄마 박미희씨는 김선수에게 아침 러닝과 스트레칭을 시키는 것으로 하루를 시작한 후 태릉 국제링크로 데려가 3시간 동안 낮 훈련을 시켰고, 오후 체력훈련이 끝나면 밤 10시 다시 과천 실내 링크장으로 딸을 데려갔다. 훈련이 끝나는 시간은 새벽 1시이니 딸의 훈련에 함께한 어머니였기 때문에 김선수를 올림픽 우승의 영예를 안았던 것이다.

이 같은 모성애의 발휘로 인한 자녀의 성공은 최근의 일만은 아니었다. 과거 역사적으로 거슬러 올라가보면, 신라시대 김유신 장군과 그의 어머니의 경우가 이와 관련된다. 김유신이 젊었을 때 기생의 집에 자주 출입하더니, 어머니의 간곡한 훈계로 그간 여색에 멀었던 것에서 벗어나게 되었다는 것도 유명한 이야기이다. 김유신은 어느 날 밤 취한 몸을 태운 그의 말이 전에 하던 그대로 그 기생의 집으로 갔다. 뒤늦게 기생집에서 깨어나 이것을 안 김유신은 그 자리에서 차고 있던 칼로 자신 말의 목을 자른 다음, 영영 그 기생의 집에 발을 끊었다고 한다. 어머니의 간절한 훈계가 있었기에 이러한 일이 가능했으며, 그로 인해 그는 능히 삼국통일에 큰 공을 세울 수 있었다.

그러면 왜 어머니가 자녀의 성공에 있어서 절대 필요한 일인가? 그것은 어머니의 모성애가 자녀 성공에 본능적으로 관련된다는 것이며, 이를 종교적으로 접근해 본다면 '절대자'와 같은 역할을 하기 때문이다. 어머니는 자녀의 성공을 위해서는 자신을 헌신하며 무조건적으로 임하기 때문이다. 필자는 대학생들에게 종교관련 강의를 할 때 '부처님이나 하느님을 다른 곳에서 찾지 말고 여러분들의 어머니에게서 찾을 것'을 말하곤 했다. 학생들은 순간 의아해 했지만, 곧 다음과 같은 사실을 알고 고개를 끄덕인다. "어머니는 여러분들의 생명을 선사하고 평생을 희생하며, 조건 없는 사랑을 베푸는 점에서 절대자와 똑 같다." 이러한 심법이라면 어머니와 절대자는 닮은꼴이다.

『부모은중경』에서도 말한다. "세존이시여, 여래께서는 이 세상에서 가장 높은 스승이시고 모든 중생의 어버이신데 어찌하여 보잘 것 없는 해골더미에 절을 하시나이까?" "아난다야! 이 한 무더기 뼈들을 두 몫으로 나누어 보아라. 만약 남자의 뼈라면 희고 무거울 것이며 여자의 뼈라면 검고 가벼울 것이니라." "여자는 아이를 낳고 기를 때 서 말, 서 되의 피를 흘리고 여덟 서너 말의 젖을 먹여야 하므로 검고 가벼우니라." 엄마의 생명 사랑이 절대 희생적이라는 사실을 『부모은중경』에서 밝히고 있으니, 절대자의 생명 창조와 다를 것이 무엇인가?

원불교의 경우도 마찬가지이다. 원불교 성가 4장 「법신불 찬송가」 가사 내용의 일부를 소개해 보도록 한다. "아아 법신불 일원상 만유의 어머니시니, 믿음도 임밖에 없고, 진리의 거울이시니 표준도 임밖에 없네." 일원상이야말로 원불교의 신앙의 대상으로서 만유의 어머니라는 것이다. 만유의 어머니는 한 가족의 어머니에 그치는 것이 아니라 일체생령의 어머니가 된다는 뜻이다. 만유의 어머니로서 일원상은 부처님·하나님처럼 모든 생명의 존재 근거가 되기에 충분하다.

시창 26년(1941) 총회 참석차 익산총부에 온 부산지방 조전권 교무도 난생 처음 일경들에게 봉변을 당하였다. 총대회가 끝난 뒤 지방교무들을 따로 모아놓고 선원 서대원 교무는 시국 상황에 대처해 나갈 몇 가지 주의사항을 일러주었다. "일원상 부처님을 어머님 같이 모셔라."는 내용이 이것이다. 일원상이야말로 우리의 생명을 보호하는 만유의 어머니가 아닌가?

우리 자녀들이 출세 및 성공을 함에 있어서 어머니의 사랑이 절대적으로 필요하다는 것은 바로 일원상 부처님과 같은 권능이 어머니에게 간직되어 있기 때문이다. 따스한 가슴을 지닌 어머니의 모정母情이야말로 우리의 생명이요, 온갖 역경을 이겨내는 절대자와도 같다. 최근 하인스 워드나 김연아 선수의 성공에 어머니의 한없는 희생이 있었던 것은 바로 이러한 절대자 어머니의 하염없는 사랑 때문이다.

24 미국이여, 상생으로24)

알카에다 테러에 대한 미국인의 감정은 분노에 가깝다. 테러에 대한 미국은 물론 한국에도 큰 관심사로 등장하고 있다. 세계의 평화에 대한 미국인이나 한국인의 여망은 같다고 본다. 한·미관계는 한국전쟁을 겪고 난 한국인들에게는 밀접하게 여겨지고 있다.

60~70년대, 미국이라는 나라는 한국인에게 '아메리칸 드림'이라는 용어가 나돌 정도로 호감 가는 국가였다. 일본에서는 쌀미자 미국米國으로 쓰는데, 한국에서는 유독 아름다울 미자 미국美國으로 사용하는 데서도 그 정서를 엿볼 수 있다. 그러나 한국인들은 80년대를 넘어서면서 민주화 및 냉전의 붕괴로 자주 국가에의 열망이 미국을 냉철하게 보기 시작했다.

심하게 말해서 감정이 꼬여 꼬리 미자 미국尾國으로 쓰자는 말이 회자되고 있다. 구체적으로 남북 분단, 미군 장갑차에 희생된 효순 미선양 사건, 용산 미군기지의 이전, 이라크 전쟁 등 굵직한 사건들이 일부 한국인의 친미적 분위기에서 반미의 분위기가 싹트기 시작한 것이다.

---

24) <원불교신문>, 2004년 11월 5일.

만감지정에서 미국을 바라보는 한국인의 안목을 전향적으로 가다듬고, 종교적 관점과 원불교의 정신에서 미국의 시민들에게 다음 세 가지를 주문하고자 한다.

첫째, 미국은 선진국이라는 것을 항상 생각하라는 점이다. 그간 미국은 과학 첨단국가로서 역할을 충실히 해왔다. 하지만 선진국이란 물질 선진국만으로 이루어질 수 없으며 정신 선진국이 우선이라 본다. 이를 위해서 자국의 이혼율을 줄이고, 마약중독이나 인종차별을 벗어나는 등 정신 가치를 앞세울 때 세계의 진정한 선진국이 되는 것이다.

둘째, 미국인들의 가슴속에 스며있는 기독교의 소중한 가치들을 염두에 두라는 것이다. 기독교 신앙인이 대다수를 차지한 미국은 청교도 정신과 박애 정신을 중시한다. 하지만 아직도 남아있는 기독교의 이기주의적 종교 배타성, 세속주의적 일탈 유혹 등을 극복하라는 것이다.

셋째, 미국은 유엔 본부가 있는 국제정치 무대이므로 세계 평화에 기여하라는 점이다. 미국은 테러 및 전쟁 발발을 억제하고, 또 한국 분단의 현 상황에서 남북통일에 적극 협력하라는 점이다. 원불교 역시 세계평화와 민족통일에 깊은 관심을 보이고 있으며, 좌산 종법사의 유엔방문 연설도 같은 맥락이었다.

이러한 항목의 실천에 있어 강조할 것은, 미국이 강대국으로서 다른 나라에 대해 '강약 진화'의 상생 원리를 도입하라는 점이다. 세계의 각 국가 간 호혜의 정치를 유도한다면 미국을 포함한 한국은 진정한 선진국으로 발돋움할 것이다. 미국尾國이 아닌, 미국美國이 되는 길은 멀리 있지 않다.

핵실험과 북한의 도박25)

양자역학의 창시자인 보오어(Niels Bohr, 1885~1962)는 1944년 7월, 원자폭탄이 완성되기 거의 1년 전 당시의 루스벨트 대통령과 처칠 수상에게 미·영·소 3국에 의한 원자력의 관리에 관한 협정 체결을 촉구하면서 각서에서 다음과 같이 쓰고 있다. "긴급하고 중대한 사실은 비할 바 없는 강력한 병기가 만들어지고 있다는 것이다."

마침내 원자물리학의 발전은 인류 역사에 종지부를 찍을 수 있는 핵무기 생산을 가능하게 했다. 이에 맞서 핵무기의 가공할만한 위협으로 인해 유럽과 미국의 도처에서 핵무기 생산을 반대하고 있는 실정이다. 우리나라 가까이에 있는 일본의 히로시마와 나가사키에 핵폭탄이 투하되어 많은 희생자를 낸 채 세계대전의 종식을 가져왔던 것이다.

핵무기를 사용하면 지구 종말로 이어질 수 있다. 기독교의 종말론적 비판도 만만치 않지만, 캐나다의 공리주의 철학자 존 레슬리는 그의 저서 『세계의 종말』(1996)에서 핵전쟁의 위험성, 생물무기, 화학무기를 강조하였다. 정말 세계의 종말은 오고야 말 것인가? 세계에서 분단국가로는 하나밖에 없는 우리나라를 둘러싸고 핵무기 실험이 있었으니 한반도에도 암운이 몰아치기는 순식간이다. 분단이라는 명분으로 외국인들이 한국에 오면 삼팔선을 방문하는 것이 하나의 패키지여행 코스라고 하는데, 이를 좋아만 해야 할 이유가 없다.

알다시피 북한이 가공할만한 무기인 핵실험을 여러 차례 했다는 것에 세계인들이 경악할만 하다. 한국에 거주하는 외국인들에게 자국에서 전화 오기를 "한국에 전쟁이 날 것 같은데 뭐 하고 거기에 머물러 있느냐?"며 귀국을 종용한다는 소리를 들은 지가 엊그제 같다. 이유인 즉 아베 총리가

---

25) <월간교화> 12월호, 원불교 교화훈련부, 2006.

한국을 방문하던 2006년 10월 9일 오전, 북한에서는 미국의 금융계좌 봉쇄로 핵실험을 감행했던 것을 심각히 받아들이고 있기 때문이다.

북한이 유엔 안전보장이사회의 경고를 무시하고 핵 실험을 전격 단행함에 따라 국제사회에서 고립되어가는 모습을 우리는 지켜 보았다. 각국 정상들은 잇따라 북한을 강력히 비난하며 안보리가 제재에 나설 것을 촉구하였으며, 로이터 통신에 따르면 북한은 핵 실험 약 20분 전 중국에 통지했으며, 중국은 이 같은 사실을 즉각 한국과 미국, 일본 등 3국에 통보한 후 감행했다.

상황이 이렇게 되다보니 북한의 우방인 중국은 북한을 제재하고 나섰으며 일본도 자체 핵개발을 할 수 있는 명분을 찾고고자 하였다. 일본은 최근 북한의 핵 및 미사일 공격 가능성에 대비해 독자 핵개발 능력을 보유하겠다는 입장을 반복해 왔기 때문이다.

어쨌든 유엔 안보리는 2006년 10월 14일, 북한의 핵실험을 국제사회에 대한 위협으로 규정, 군사조치 가능성은 배제하되 강력한 경제적 외교적 제재를 가하는 대북 제재결의안을 만장일치로 채택했다. 안보리는 미국, 영국, 프랑스, 중국, 러시아 등 5개 상임이사국과 의장국인 일본이 참석한 가운데 비공개회의를 열어 이견을 조율한 뒤 전체회의를 열어 만장일치로 결의안을 가결했다.

이 결의안은 특히 대북 군사조치 가능성을 열어두는 유엔 헌장 7장의 포괄적 적용을 배제하고 중국과 러시아가 요구한 비군사적 제재만 허용하는 7장 41조를 적용키로 합의했다. 이에 확산방지구상(PSI) 검열을 촉구했지만, 대량살상무기 PSI검열은 물리적 충돌을 유발한다는 점에서 항공검색만 하기로 하는 등 한발 물러서는 조치를 취했다.

점증하는 살상무기의 등장으로 인해 미력하지만 원불교가 조금이라도 교법정신과 연계시킬 수 있다면 어떠한 역할이 필요한가? 소태산은 "물질이 개벽되니 정신을 개벽하자."고 하였다. 물질을 사용할 사람들의 정신세력을 확장해야 하는 임무가 부여된 것이다. 따라서 물질 선용의 측면에서 핵무기로의 사용보다는 보다는 에너지로 활용하는 방향을 유도해내야 한다.

이제 원불교에서는 어떻게 하면 핵무기 폐지에 앞장서야 할 것인가를 고민해야 한다. 종교는 평화를 추구하는 것에 가장 중요한 임무가 부여되어 있기 때문이다. 원불교에서는 지난 2003년 영광의 땅에서 핵폐기장 유치 반대운동을 벌인 적이 있다. 성지 부군에 핵폐기장의 유치는 곤란하다는 것이다. 이스라엘의 예루살렘이나 인도의 부다가야에 핵폐기장 설치를 할 경우를 생각해 보자는 것이다. 현재 영산성지 옆에 자리하고 있는 홍농의 원자력 발전소도 위험천만한 일이며, 대체에너지 개발이 절실한 상황이다.

여기에서 원불교의 북방교화를 재점검해보자는 것이다. 원불교는 한때 북한에 밀가루를 제공하여 그곳 아이들의 식량대용으로 빵을 만들도록 도와주었다. 원불교 대표들이 북한에 가서 북한 불교대표들과 만남도 가졌다. 공산주의 국가에서 종교 활동은 극히 제한적이라는 점을 모르는 바는 아니나, 원불교로서 북한 종교인들에게 핵무기 폐기를 선도할 수 있는 여러 방법들을 모색하기 위해 고심해야 할 것이다.

26 ▶ 이상과 현실26)

비록 한 달 차이지만 12월과 1월 사이, 신문 기사에는 극명한 차이점이 있다. 지난 12월엔 현실의 아쉬움이 많다면, 새해 1월에는 각종 이상적

---

26) <원불교신문>, 2004년 1월 9일.

희망들이 지면을 메운다. 한 달 사이로 이상과 현실이 교차되는 것 같다. 특히 1월의 경우 각종 지면에 국가 사회나 개개인의 희망 어구들이 넘쳐난다. 이러한 신년의 희망들이 삶의 촉진제가 되는 것은 사실이다. 과거의 잘못을 털어내고 새롭게 희망을 갖고 산뜻한 출발을 하고 싶은 우리네 심리 때문이다.

새해 들어 각종 일간지는 물론 종교계 신문에 희망 문구들이 넘쳐나는 이유는, 지난해 잘못은 어느새 다 잊고 보상심리로 새해 '희망 어구들'로 자족하려는 사람들의 심리를 대변하기 때문인지도 모른다. 갑신년에도 불교계와 기독교 그리고 민족종교 지도자들이 지면에 한 결 같이 새로운 비전으로 신년사를 선포하였다. 과거 수십 년간의 신년사와 별반 다름없이 희망의 미사여구가 눈에 많이 띄는 것도 사실이다.

물론 정치인과 종교 지도자들의 신년사 및 법어가 한해를 잘 맞이할 수 있는 메시지 역할을 하므로 당연히 희망의 상징 문구들로 자리를 메울 수 있다고 본다. 그러나 각계 지도자들의 신년 말씀들이 실천으로 이어질 구체적 행동강령으로 다가서지 못한 경우가 많았기에, 현실성의 결여는 물론 이상적 희망사항으로 일방통행 하는 점이 없지 않았다. 예컨대 각종 신문에 게재되는 '화합, 정의, 행복, 양보, 용서, 상생'이라는 용어가 우리를 이념적으로 안락한 이상 세계로 인도하지만, 구체적 행동강령으로 전달되지 못하는 것이다.

그러면 새해를 맞이할 때마다 희망 메시지들이 아쉬움으로 남지 않으려면 어떻게 해야 하는가? 이는 사회 지도자들의 신년사가 이상이 아닌 현실로 이어져야 하며, 나아가 유토피아와 사바세계의 골을 메꾸는 일에서 그 실마리가 풀린다. 이를테면 사회·종교 지도자들의 희망 메시지가 이상적 감상 전달에 머무르지 않도록 해야 하며, 현실성 있게 해결방안 및 구체적 실천강령으로 이어져야 한다는 점이다.

어떻든 원불교의 경우, 새해 벽두 4축2재의 하나로 신정절이 있어 신정법어의 경청에 남다른 의미가 있다. 설사 거년과 금년은 별 날이 아니라 해도 우리에겐 신정법어를 통해서 새해의 축복 그리고 새 출발이라는 희망이 있으며, 세계평화 추구의 희망이 남다르다.

그간 이웃 종교들의 새해원단 신문에 환상적이고 이념적 희망 용어들이 과거와 현재, 미래에 넘쳐났던 점을 타산지석으로 삼아 보자는 것이다. 이제 우리는 새해를 맞이하면서 이상에 안주하기보다는 현실에 냉정해야 한다. 현실감각이 결여된 사회 지도자들의 신년사를 되짚어 보자는 것이며, 구체적 방법론을 내놓지 못하는 이념 제시는 바람직하지 않다. 그래서 이 순간, "평화를 생산하는 새해가 되자."는 신년법문의 현실적 '생산' 용어를 보다 구체화하는 방법론 찾기에 몰두해야 한다.

제3편

연꽃이 되라

연꽃의 비밀1)

　우리가 귀에 따갑게 듣고 있는 현재를 21세기라고들 말한다. 새로움이라는 세월 관념을 심어주는 오늘의 시점에 우두커니 서서, 우리 모두는 새바람에 들떠 있는 모습 그대로이다. 지식사회이니, 후기산업사회이니, 첨단정보사회이니, 4차산업시대니 하는 것을 보면 우리는 분명 21세기 진입의 문턱에 서 있는 것 같다. 그래서 우리의 귓전에는 미래학자 토플러, 토인비, 피터 드러커 같은 세계적 석학들의 21세기적 진단의 담론이 거창하게 들리곤 한다.

　21세기에 진입한지 상당한 시간이 흘러갔는데도, 영 기대이상의 시대는 아닌 것 같다. 우리는 기대에 벅찬 호들갑에서 벗어나 다시 차분해져야 하겠다는 생각을 하지 않을 수 없다. 우리는 너무 미래만을 생각하고 현실을 돌아보는데 세심한 배려가 없었구나 하는 생각이 스쳐만 간다. 이미 부풀어버리는 풍선은 곧 터지고 마는 원리를 몰랐던 탓일까?

　새 시대임에도 불구하고 지구촌 어느 구석에서는 대포와 총소리가 요란하다. 1999년도 전반기에 발발한 유고의 코소보 전쟁이 20세기의 마지막 전쟁이라고 타전한 당시의 일간신문들은 조마조마 했건만, 지금도 국제적 갈등은 그칠 줄 모른다. 영토전쟁의 갈등은 온통 진흙탕 속의 싸움거리로밖에 들리지 않는다.

　그렇다고 우리는 이대로 21세기에 부풀어 오른 기대를 포기고 말 것인가? 그렇지만은 않을 것이다. 그렇게 염원하던 새로운 세기가 되었으니, 속은 셈치고 또 간절히 기대하고 염원하는 것들이 실현될 수도 있으리라 기대해 보자. 성 프란체스코의 「평화의 기도」에 '절망이 있는 곳에 희망을' 이라는 문구를 새겨볼 일이다. 이제 보다 차분한 우리의 영성 세계로 돌려

---

1) <전주일보>, 2000년 1월 15일.

보자. 내 마음을 맑고 밝게 열어주는 성자의 세계에 노크하여 보자. 나의 혼을 깨우치는 성현의 말씀에 귀 기울여 보자. 그것만이 21세기를 차분하게 맞이하는 길임을 하나 둘 깨닫고 있는 사람들이 늘어가고 있으리라.

우리의 혼을 깨우쳐 주는 법음이자 복음은 무엇인가? 이제 심령의 맑음을 바라는 기대에 의지할 수밖에 없다. 선각들이 말했듯이 세상의 '소금'이요, 사바세계의 '목탁'이요, 진흙속의 '연꽃'이 되도록 하는 우리만의 성찰이 필요하다. 연꽃의 신비스런 비밀이 여기에 있다.

사실 과거로부터 성자들의 말씀에 의하면 세상과 나라가 혼탁해질 때마다 이를 구제해줄 성자들이 출현한다고 하였다. 이를 전문 용어로 바꾸면 '성성상전聖聖相傳'이라는 것이다. 공자는 3천년 후에 성자가 출현한다는 것을 예언했고, 맹자도 공자 사후에 새 성자가 출현함을 알고 스스로 그러한 역할을 하지 않았는가? 게다가 석가와 예수 등이 한 시대를 떠맡지 않았는가?

그렇다면 "진흙 속의 연꽃이 되라."고 말한 이 시대의 성자를 우리는 간절히 만나보고 싶은 생각이 나는 것은 무슨 이유일까? 여기에서 불교와 기독교는 물론 원불교의 출현을 생각하지 않을 수 없다. 일례로 연꽃이 되기를 간절히 염원한 원불교의 성자 '송정산'을 언급하지 않을 수 없기 때문이다. 송정산을 기념하는 비명에는 '개벽계성開闢繼聖'이라 적혀 있다. 그가 바로 '새 시대 후천개벽을 이끌어 계승한 성자'라는 뜻이다.

원불교 교조 소태산을 계승한 송정산은 이러한 시대 잇기의 꿈을 안고 한 시대에 탄생하였으니, 현금 100여년 년 전의 일이다. 새천년을 맞이하여 그의 탄생 100주년을 맞고, 그의 숭고한 연꽃 정신을 오늘날 되새기는 것도 시의에 적절한 것이라 본다. '성성상전'이니 '개벽계성'이니 하는 말이 새천년의 시대적 전환점에 선 이즈음 더욱 소중한 말로 다가서는 것은 여전히 우리의 마음속에 기대에 찬 21세기의 모습 때문이리라 본다. 오탁악세의 '진흙 속에서 비밀스럽게 피어난 연꽃'처럼 말이다.

우리가 인생을 엮어가는 길은 여러 갈래가 있다. 그것은 각자의 가치관과 취향에 따라 문학, 예술, 학문, 종교 등의 다양한 직업세계에서 자신의 삶을 충실히 할 것을 유도한다. 새 시대에 처해 한국의 직업이 1만종이 넘고, 미국의 경우는 2만종이 넘는다고 하니, 우리는 드넓게도 각양각색의 분야에서 인생의 나래를 나름대로 즐겁게 엮어가고 있다.

이처럼 제 분야에서 인생의 삶을 충실하게 살찌우는 것은 우리가 문화적 존재이기 때문이다. 다양한 분야에서 혼과 혼을 마주치며 우리는 문화인으로서의 삶의 둥지를 틀고 있는 것이다. 문학을 즐기고, 예술과 학문을 즐기며, 종교의 세계에서 벅찬 삶을 숨 쉬며 살아가는 우리는 바로 문화적 존재임을 확인시켜주고 있다.

문학도들은 인생을 글에 실어 '삶을 가장 아름답게' 칭송하고 있다. 또 예술가들은 자신의 섬세한 재능을 음악에, 도자기에, 화폭에 담아 가장 아름다운 흔적을 남긴다. 우리가 휴가 때 가장 읽고 싶은 책으로 '문학작품'(34%)이 1위를 차지한 것을 보면 인간이 얼마나 문학도와 밀착되게 호흡하고 싶어 하는가를 알게 해준다. 로댕의 '생각하는 사람'은 예술의 정취로 흠뻑 젖어 있다.

오늘날 우리가 삶을 살찌우기 위해 찾는 곳이 있다. 그것은 다름 아닌 종교의 세계이다. 우리의 내면세계를 투명하게 바라보고, 무한의 가치를 추구하는 영성의 세계에 노크하는 사람들은 바로 종교적 신비의 세계에 의지한다. 특히 과학만능, 물질만능에 사로잡힌 현실의 세계에 염증을 느끼는 사람들이 많아짐에 따라 '정신개벽'의 세계에 관심 갖는 사람들이 늘어가고 있다.

---

2) <전주일보>, 2000년 1월 22일.

우리가 찾아가는 종교의 문으로는 어떠한 것들이 있는가? 고등종교로서 민중종교들이 바로 우리가 찾는 곳들이다. 그러면 왜 우리는 그러한 종교의 문을 두드리는가? 아마도 현대인들의 경우 기독교에는 '기도'하러 문을 두드리고, 불교에는 '불공'하러 문을 두드리며, 도교에는 '도통'하러 문을 두드릴 것이다.

이에 더하여 많은 신자들이 민중종교임을 자부한 원불교에 문을 두드리는 이유는 무엇인가? 다시 말해서 신앙인들을 이끄는 원불교의 매력 포인트는 무엇인가? 그것은 '마음공부'로서, 지혜 등불을 밝히는 곳(교당)에 이끌림과도 같다. 이에 송정산은 당시의 암울한 시대상황에서도 굴하지 않고 많은 원불교 신도들에게 "마음공부 잘하여서 새 세상의 주인되자."라며 희망을 불어넣어 주었던 것이다. 기도하는 종교에 이어 마음 수행하는 종교를 쌍전토록 한 그의 성자적 의도가 드러난다.

그렇다면 소태산을 성자로 모시고, 원불교를 계승한 송정산이 그토록 강조한 '마음공부'란 무엇인가? 그것은 다음 세 가지 부정적인 마음 즉 욕심내는 마음, 화내는 마음, 어리석은 마음을 극복하기 위함이다. 이러한 수행의 대상을 송정산은 '삼독심'三毒心이라고 하여, 수행인들로 하여금 삼독심을 없애도록 가르쳤다. 이러한 삼독심에 가리어 있으면, 집착심으로 결국 참된 성품의 세계를 바라볼 수가 없기 때문이다.

사실 종교인으로서, 수도자로서 마음공부를 통해 편협한 놀부 심보를 극복할 수 있다. 한편에 치우친 삶에서 극복되어, '둥근 세상'을 바라보며 참된 수행인으로서 균형감각을 갖춘 종교인으로 성숙할 수 있다. 근래 세간에는 「하버드에서 화계사까지」라는 저서를 남긴 현각스님에 대한 얘기가 자자하다. 그가 화려한 학벌을 뿌리치고 마음 깨닫는 출가 스님이 되어 수행 정진하고 있다. 마치 송정산이 밝히듯, '마음공부 잘 하여서 새 세상의 주인이 되려는 듯…'

구도자의 정열3)

이따금 TV에서 동양학 강의로 열정을 불태우는 김용옥 박사가 지난해 자신을 참회하는 글을 일간지에 실은 적이 있어 가슴에 와 닿았다. 그는 지천명知天命의 나이가 지났음에도 불구하고 말하기를 "후회스럽기도 하다. 구도자처럼 행동했어야 하는데…."라고 자신을 통렬히 참회하는 모습을 보였기 때문이다. 그가 무엇이 부족하였기에 후회한다고 했을까? 지식이 부족해서? 그것은 아닐 것이다. 그가 구도자적 열정이 부족했기 때문에 그러한 후회를 하였으리라 본다.

그러면 구도란 무엇인가? 진리를 탐구하고 스승을 찾아 깨달음으로 향하는 길이 곧 구도라 본다. 이러한 구도의 열정에 사로잡혀 봄직한 일이다. 언젠가 신혼 첫날밤도 잊고 구도의 심정으로 도사를 찾아 나섰던 사람이 있었다. 그는 결혼식을 올린 첫 날, 그동안 가슴에 품고 있던 깨달음에의 갈증으로 첫날밤을 신부와 보내야 하는 것도 잊은 채, 머릿속에 맴돌던 도사를 찾아 나섰던 것이다. 그가 바로 심즉리心卽理와 지행합일知行合一을 주창한 중국 명나라 왕양명이다. 얼마나 구도에의 간절한 염원이 있었다면 달콤한 신부와의 만남의 장인 첫날 밤 조차 잊어버렸을까?

그뿐이랴. 어린 시절 의심이 꼬리를 물고 일어나, 하늘은 왜 푸르고, 구름은 왜 떠다니며, 비는 왜 오는가를 간절히 알고 싶은 소년이 있었다. 그는 산신을 찾아 헤매다가 산신을 만나지 못하고 도사를 찾아 나섰는데, 그가 바로 19세기 후반 전남 영광에서 탄생한 소태산이었다. 구도의 성자를 찾아 나선 사람이 또 있다. 그가 바로 송정산이다. 그는 어린 시절 경상도 성주에서 전라도로 건너온다. 그가 왜 경상도에서 전라도로 건너 왔을까? 그의 가슴을 그토록 뜨겁게 하는 매력, 즉 허전한 가슴을 메꾸는 구도

---

3) <전주일보>, 2000년 1월 29일.

자적 열정이 있었기 때문이었다.

생각건대 종교를 믿는 자와 믿지 않는 자, 성자와 범부의 차이는 분명 있으리라 본다. 그렇다면 그것은 무엇일까? 아마도 그에게 구도자적 열정이 있느냐 없느냐의 차이일 것이다. 이에 관음사 현진스님도 말하기를 '현재의 이 순간 속에 자신을 불태우는 것, 이것이 구도의 정신일 것'이라 했다. 우리에게 자신을 불태워 깨달음의 세계로 향하는 열정이 없다면 그는 빈껍데기의 속물에 불과할지도 모를 일이다.

구도자가 되는 것이 우리 모두에게는 하나의 지상 과제이다. 진리탐구와 종교생활을 통해서 자신의 내면세계를 투명하게 바라보고, 밝은 양심을 키워 진리를 깨닫는 삶을 이루어가는 것이 우리 구도자로서의 성취감이다. 송정산이 그 같은 구도의 정열을 불태우고자 했던 것은 진리를 깨닫고, 둥근 마음을 얻는 것 즉 '마음공부'에 있었다. 중생에서 성자로 지향하는 심법의 소유가 바로 이것이다.

송정산 탄생 백주년을 전후하여 원불교 신앙인들이 '정산종사 닮아가기' 운동을 벌인 것도 송정산의 구도적 열정을 체받는 길 중의 하나일 것이다. 아무리 우리가 성자닮기운동을 많이 한다고 해도 오히려 부족하다. 성자를 닮아간다는 것은 우리의 속된 마음을 성현의 성스런 마음으로 바꾸는 공부법이다.

위대한 인물로서 미국 링컨과 루스벨트의 인물상을 러시모어산의 큰 바위 얼굴에 새겨 그분들을 닮아가고자 하는 것도 같은 맥락이다. 지금 그곳이 관광 명소가 되었다. 어쨌든 우리는 누구나 구도적 열정을 간직하여 성현의 얼굴을 닮아가는 운동을 지금부터라도 시도해 볼 때이다. 세계적 미인 소피아 로렌은 거울을 보며 "나는 미인이다. 나는 미인이다."를 계속적으로 반복하며 미인을 닮아가고자 간절히 염원하였다. 이제 우리는 "나는 성현이 될 수 있다."를 반복하여 성자의 얼굴을 닮아가는 구도자가 되었으면 한다.

인간은 주변 내지 마을 사람들과의 만남 속에서 '우리'라는 테두리를 정하고, 점차 그 영역의 보금자리를 넓혀 나간다. 이웃사촌이라는 말에 익숙한 것도 이러한 맥락에서이다. 우리는 '너와 나'라는 피차 관념에 익숙해지면서부터 다른 지역에도 인지도를 넓히고자 하는 사교성을 곧잘 발휘하곤 한다.

여기에서 우리는 멀리 떨어진 공간 지역에도 가보고 싶은 마음을 갖게 되며, 이에 교통수단을 강구하였다. 그로 인해 우리는 '여행'이라는 멋진 말을 창출하게 된 것이다. 요즈음 여행으로 잘 알려진 여류여행가 한비야는 말하기를 '여행에서 가장 흥미로운 건 사람들의 살아가는 모습'이라며, "새로운 사람과 만나는 것은 항상 재미있다."라고 했다. 이방인과의 만남은 인간들의 채취를 느낀다는 면에서 달콤한 것이다.

그렇다면 이토록 달콤한 만남이란 무엇인가? 우선 '대인접물待人接物'이라는 말을 자주 사용하는데, 우리는 언제나 인간과 만물과 접하고 만난다. 그중에서도 거의 인간끼리 조우를 한다. 친구와의 만남, 이웃과의 만남 등이 소박한 의미에서 너와 나의 만남일 것이다. 친구나 이웃과 얼마나 자주 만나는가의 물음에 '매일' 55.8%, '주 2,3회' 11.2%가 된다는 응답이 있는 것을 보아도 우리는 주변 사람들과 만남의 시간을 갖는다.

서로의 만남이 없거나, 잘못 만나면 어떤 결과를 가져올 것인가? 만남이 없다는 것은 나의 대인관계가 거의 이루어지지 않는다는 것이다. 대인관계가 없이 우리는 무엇을 배우고 자극받을 수 있겠는가? 또 우리가 잘못 만나는 인연이라면 그야말로 고통과 번뇌로 얼룩지기 십상이다. 악연과의 만남처럼, 원수는 외나무다리에서 만난다는 속담이 있지 않은가?

---

4) <전주일보>, 2000년 2월 12일.

따라서 많은 만남이 주선되어야 할 것이고, 또 선한 인연들을 만나야 한다는 지론을 이제야 이해할 수 있을 것 같다. 여기에서 우리에게 하나의 과제가 있다. 그것은 "누구를 만나야 할 것인가?"에 대한 숙제이다. 마치 레오나르도 다빈치가 마키아벨리를 만났을 때, 한쪽은 「모나리자」를 남긴 천재 화가로, 또 한쪽은 「군주론」을 지은 정치 귀재로 각기 다른 길을 걷는 계기가 되었듯이 얼마나 멋진 만남이었을까? 우리는 이러한 상호권면의 만남이 있어야 한다.

여기에서 소중한 교훈을 던지고 싶다. 그것은 우리가 '선각자들과의 만남은 인생의 거울'이라는 당연명제이다. 성현들의 만남은 그래서 소중한 것일 수밖에 없다. 도산 안창호가 소태산을 만난 것이라든가, 소태산과 송정산의 만남이 이와 같은 맥락이다. 이러한 만남이 소중한 것은, 견우와 직녀의 만남은 애정적 만남이지만, 소태산과 송정산의 만남은 성자적 만남이라는 사실에 있다.

그런데 소태산과 정산의 만남은 뭐가 그렇게 중요하다는 것인가? 그것은 원불교 신앙인들에게나 소중한 것이지 일반인에게 소중할 게 뭐 있느냐는 문제제기도 가능할 법하다. 어쨌든 송정산은 1918년 봄 정읍에 친히 찾아온 소태산을 만나 사제관계를 맺었다. 이러한 만남은 우연이 아니고 숙연인 것처럼 그들은 성자혼에 바탕한 '둥근 세상'을 만들자고 약속한 듯이 다짐을 했다.

공자와 노자의 만남에서 성자의 조우가 이루어졌고, 율곡이 충무공에게 만남을 청한 것도 이러한 역사적 만남을 기약한 것이었으리라 본다. 이러한 만남이 많은 세상일수록 '살맛나는 세상'이 아니고 무엇이겠는가? 도박꾼들끼리의 만남, 원수들끼리의 만남이 사라지는 세상이 바로 살맛나는 세상이 되리라 본다. 생각건대 소태산과 송정산의 만남은 천년지우千年之遇라 본다. 성자의 만남이 중생제도를 다짐했기 때문이다.

　　우리나라 굴지의 그룹 '삼성' 이건희 전 회장이 저술한 『생각 좀 하며 세상을 보자』라는 책이 베스트셀러가 된 적이 있다. 본 저술을 보고 특히 눈에 와 닿은 내용이 있어 소개하여 본다. "조직 속에서 서로 이심전심으로 뜻이 통하게…." 하라는 강력한 메시지가 그것이다. 여기에서 그는 '이심전심'이란 용어를 사용하여, 이심전심으로 공감대 형성을 통해 구성원 간 의식 통일을 이룩하고자 하는 그의 의지를 드러내었다. 이러한 정신이 있었기에 삼성그룹이 지속되는지도 모른다.

　　이처럼 우리는 '이심전심'이란 용어를 사용하며, 조직간·개체간 친밀한 대화를 유도하고, 주요한 정신적 교훈을 상의하달, 하의상달 식으로 전달하곤 한다. 그런데 이심전심의 용어는 어디에서 등장하고 있는가. 이심전심以心傳心이라는 용어는 한산·습득에 의해서 나왔던 단어이다. 동양의 베네치아라고 불리는 중국 소주의 한산사에서 한산과 습득이 둘도 없는 우정을 보이고자 이심전심이란 용어를 탄생시켰던 것이다.

　　오늘날 우리에게 이심전심이 되지 못한다면 사회는 어떻게 될 것인가? 그것은 불신의 사회로서 사회적 상황은 알력, 대립과 투쟁뿐일 것이다. 서로간의 마음을 열어놓지 못하고 심심상련心心相連이 되지 않기 때문이다. 마음과 마음이 이어지지 않은 상태는 불신과 반목의 상처를 남기고야 만다.

　　따라서 이심전심이라는 말은 특히 오늘날 종교계에서 많이 사용하고 있음도 주목할 일이다. 서로간의 화해 및 신뢰와 양심을 전달하는 메카가 바로 종교이기 때문이다. 이를테면 불교 성자들의 이심전심이란 용어가 이와 관련된다. 세존이 영산회상에서 꽃을 들어 대중에게 보이자 수제자인

---

5) <전주일보>, 2000년 2월 19일.

가섭만이 얼굴에 미소를 띠거늘, "내게 있는 정법안장을 가섭에게 전하노라."는 말은 이미 잘 알려진 내용이다. 석가와 가섭 사이에 경외의 신뢰가 있었기에 이심전심으로 사자상승師資相承을 하고 있지 않은가?

이심전심의 성자적 교감은 불교뿐 아니라 원불교의 소태산과 송정산 사이에도 일어났던 일이다. 송정산은 말하기를, "내가 일찍 경상도에서 구도할 때에 간혹 눈을 감으면 원만하신 용모의 큰 스승님과 고요한 해변의 풍경이 눈앞에 떠오르더니, 대종사를 영산에서 뵈오니 그 때 떠오르던 그 어른이 대종사시요 그 강산이 영산이더라."고 하였다. 실제 성자적 만남은 이러한 사자상승이라는 교감이 일어난 후의 일이다. 1918년 봄 정읍에 친히 찾아온 소태산은 정산을 수제자로 맞이하였다.

마치 심월상조心月相照처럼 당시 두 성자의 만남은 이심전심의 기쁨 충만이었다. 당시 송정산이 회고한 내용을 소개하여 보자. "나는 평생에 기쁜 일 두 가지가 있나니, 첫째는 이 나라에 태어남이요, 둘째는 대종사를 만남이니라." 이처럼 그는 이심전심으로 소태산을 만나, 교조의 정신을 온몸으로 계승한 일을 충만의 기쁨으로 생각하였다.

이심전심의 대단원은 1943년 소태산의 열반 후에 일어났다. 해방을 2년 앞두고 소태산은 암울한 시대상을 뒤로한 채 열반에 들었다. 이때는 일본이 한국의 불교를 '일본 불교화' 하려는 움직임이 있어 더욱 한국의 미래 불교는 기로에 있었다. 곧 소태산이 거연히 열반을 하자 송정산은 그를 이어 이심전심으로 성성상전聖聖相傳과 같이 새 불교의 불을 지피고, 원불교 최고위로서의 종사위를 계승하였다. 이것이 바로 성자간의 이심전심의 역사적인 일이었던 것이다. 그것은 마치 예수의 선교를 이어받은 베드로의 로마 선교였던 것처럼. 이심전심이란 뜻은 이같이 성자와 성자의 만남이자, 세상 구제의 바톤을 이어주는 것에서 발견된다.

건국과 경륜6)

　얼마 전 뉴질랜드에서 한국 교포학생이 최고의 성적을 거두었다는 뉴스를 접하고 같은 국민으로서 뿌듯함을 느꼈다. 그는 시오노 나나미가 지은 『로마인 이야기』를 탐독하고 있으며 이를 감명 깊은 책이라고 하였다. 그가 감명 받은 바는 로마 건국이 하루아침에 이루어지지 않았다는 점이다. 로마 건국기념일은 기원전 753년 4월 21일이다. 이때 레무스가 죽고 유일한 왕이 된 로물루스는 그해에 나이 열여덟으로 그를 따라온 3천명의 라틴족과 더불어 로마를 건국하였다. 그는 우선 팔라티누스 언덕 주위에 성벽을 쌓으며 건국의 청사진을 만들었다.

　로마가 그토록 흥성한 역사적 국가의 면모를 보였던 것은 로물루스의 새 건국의 청사진 덕택이었는지 모른다. 이러한 그의 청사진 속에 우선적으로 시작한 것은 팔라티누스 언덕 주위에 성벽을 쌓는 일이었으며, 도시를 건설하겠다는 야무진 계획도 세웠다. 그는 이러한 계획 속에 신들에게 산 제물을 바치는 등 의식도 엄숙하게 거행하였다. 이처럼 각 국가의 재건은 위대한 지도자들의 청사진 시행 덕택이다. 미 초대 대통령 워싱턴이 미합중국을 탄생시켰는데, 그의 건국 정신으로는 '청교도' 이념이 기반되었다. 이는 단군왕검이 '홍익인간'의 이념으로 한민족을 세운 것과 마찬가지이다.

　그런데 우리나라는 조선왕조를 마치고 잠시 국가를 빼앗겨 쓰라린 식민지배라는 고통을 겪지 않을 수 없었다. 일제의 압박으로 37년간의 식민지에서 깊은 늪에서 벗어난지 어느덧 수십년이나 된다. 당시 해방을 맞아 새로운 국가 건설을 준비하려 했던 순간, 독립 지도자들이 뜻을 통일하지 못하고 좌익과 우익으로 나뉘어 또 한 번의 고통을 겪고 말았다.

---

6) <전주일보>, 2000년 2월 26일.

이러한 건국에의 참여는 정치 지도자의 역할도 필요하고 종교 지도자들도 필요한 일이다. 우왕좌왕하는 백성을 구제해야 하는 시대적 요청과 맞물려, 송정산은 원불교 제2대 종법사가 된 후 2년(1945) 그의 경륜으로 「건국론」을 집필하게 되었다. 곧 「건국론」이 집필된 1945년 10월의 상황은 민족국가 건설과정이면서도 38선의 확정, 좌우익 정치세력간의 대립 등으로 민족 분단의 위험이 내재한 시기였다

그러나 이에 굴하지 않고 송정산은 암울한 식민시대를 청산하고 해방을 맞이하면서 건국의 청사진을 하나하나 드러내 보였다. 그는 국가 재건을 위한 「건국론」에서 좌익 우익의 혼탁한 이데올로기 상황에서 '중도론'을 통해 중립화 통일론을 모색하였다. 여기에 통일해 가는 순서와 절차가 단계적으로 제시되었는데, 이는 종교 내적인 통일방안 모색과 더불어 국가간 제휴를 통한 통일론을 제시하고 있다.

이 같은 송정산의 「건국론」을 연구한 서울대 백낙청 교수는 이에 평가하기를, "1972년 남북 당국이 협의한 통일 원칙인 자주, 평화, 민족 대단결을 상기케 하였다."라고 말한다. 백교수는 또 이런 원칙은 1991년 남북 기본합의서에서도 재확인되었다고 하였다. 송정산의 「건국론」이야말로 해방 후 암울한 상황에서 새 탈출구와도 같은 성자적 경륜이었다는 것이다.

그렇다면 송정산의 「건국론」은 왜 이 시점에서 거론될 필요가 있는가? 서기 2000년 새천년의 세계화와 더불어 그의 탄생 100주년이며, 그의 애국적 경륜과 포부가 종교만이 아니라 국가 세계와도 연결되어 있다는 점 때문이다. 「건국론」에서 그는 이렇게 말한다. "과거의 독선주의를 청산하고 공존공영의 정신으로 모든 건설에 물적 원조를 아끼지 말며…" "적대하는 생각을 두지 말고 자리이타의 주의 하에서 한 가지 건설에 협력할 것이다." 민족의 지향점을 다시금 생각해봐야 한다.

7 　 깊은 산 향풀[7)]

　20세기 전반, 외국의 경우 가장 사람을 많이 살상한 사람이 히틀러로서 그는 유대인 6백만, 반유대인 500만 도합 1,100만 명을 죽였다. 국내의 경우도 고통스러운 사건을 기억하기 어렵지 않다. 19세기 후반부터 20세기 중반까지 겪게 된 일제의 식민지가 그것이다. 이 고통 속에서도 유관순 열사의 3·1운동 정신 등으로 결국 해방을 맞이하였다. 이러한 해방의 기쁨도 잠시, 1950년 6·25를 겪은 한민족의 쓰라림을 누가 알랴? 남북 동족끼리의 전쟁으로 엄청난 상처를 겪었던 한민족들이다.

　동족상잔의 피해도 엄청나기만 하였다. 6·25의 내전을 겪게 된 참극상은 이루 형언할 수가 없었기 때문이다. 6·25전쟁으로 남한에서 2백만 명이 숨지고, 산업시설 43%와 주택 33%가 파괴됐다. 공산진영의 인명피해는 모두 250만 명으로 추산된다. 1950년대의 우리나라는 그야말로 아수라장이었다. 살육의 고통, 남북 이산가족, 좌우익 이념투쟁 등 이러한 고통을 생각하고 싶지 않을 것이다.

　이 당시 우리 민족은 어찌할 바를 모르고 허둥대며 지푸라기 하나라도 의지하고 싶은 마음들이었다. 6·25가 발발하자 공산군은 우리나라 전역을 휩쓸 듯이 부산 앞까지 밀고 내려갔다. 서울, 충청, 전라도의 땅을 점령군이 휘몰아가고 있었다. 그러한 와중에서도 이곳 전북全北 역시 공산군의 습격으로 점령당하고 말았다.

　익산 신룡리 송림松林에도 인민군 탱크가 몰아닥쳤다. 1950년 7월 19일, 인민군이 익산지구에 진입하여, 원불교 총부의 송림에 밀어닥친 것이다. 마치 자기들 땅인 마냥 일개 소대가 송림에 주둔해 있다시피 하였다. 밤낮으로 황등 쪽에서 넘어오는 인민군의 대열이 원불교 총부에 들어와 송대

---

　7) <전주일보>, 2000년 3월 4일.

숲과 정원에 하루 밤씩 자고 남진을 계속하였다.

인민군의 무자비적 점령이 지속되는 며칠 동안 솔밭 숲은 암흑이 지속되었다. 동년 8월 3일, 병참부대 1개 대대가 들어와 원불교 총부 구내에 주둔하고 총부 정문에는 기관포 2문을 설치하였다. 그리고 대대본부에서 정식으로 총부 식구들에게 구내 퇴거령을 내렸다. 원불교 총부는 비상대책위원회를 구성하지 않을 수 없었고, 일시 수도修道 대중의 피난령을 내리고만다.

총칼 앞에서는 어쩔 수 없어진 총부 종교인들은 피난할 수밖에 없었다. 그러나 눈을 부릅뜨고 총부를 지킨 종교적 성자가 있었으니 그가 당시 원불교 종법사 '송정산'이다. 송정산은 해방 직후 「건국론」으로 청사진을 폈지만 또다시 전쟁이 일어나자, 민중의 방패막이 역할을 하며 피난을 하지 않고 익산의 송림 지역을 끝까지 사수하면서 파수꾼의 역할을 하였다. 이때 송정산은 민중을 향하여 다음과 같이 외친다. "아무리 난경에 처해 있다 할지라도 자포자기하지 않고 희망을 잃지 말라."(『정산종사법어』, 국운편 29장). 그러면서도 그는 여유롭게 송림에서 한 발짝도 물러나지 않았다.

송정산은 송림의 숲에서 이 땅의 한 구석을 지키며 소태산의 정맥正脈을 잇고자 하였던 것이다. 원불교의 성가 '안심곡' 가사에는 "깊은 산 향풀도 제 스스로 꽃다웁고…"라는 말이 있다. 육이오 당시 우왕좌왕 안절부절하는 민중들을 안심시켜준 성자의 '향풀'를 우리는 결코 잊을 수 없다. 대한민국 전라도 익산의 송림 숲 사이의 향풀이 되어준 송정산, 그의 「건국론」 시행은 6·25 전쟁이라고 해서 방해될 수가 없었다. 새천년에 즈음한 현금, 또 엊그제 맞이한 3·1절, 우리는 민족의 지향점을 모색하기 위해 다시 한 번 '깊은산 향풀'을 찾아나서야 하지 않을까 본다.

8 경전의 결집8)

우리는 삶의 보감寶鑑으로서 교양을 넓히는 방법으로 '구전口傳'과 '기록'에 의해 가르침을 전수받는다. 말로 가르침을 받거나 기록물인 책을 통해서 교훈을 얻는다는 것이다. 학교에서는 선생님을 통해 가르침을 받고, 교과서를 통해서 진리를 배우는 것이 이와 관련된다. 수많은 사람들이 서점에 들러 책을 고르고, 독서삼매에 빠지는 것은 곧 위의 후자에 속하는 사항이다.

그리하여 학교에서의 교과서는 종교의 경우 '경전'과 같은 것이다. 많은 신앙인들은 종교 생활을 하면서 『성경』을 읽고 『경전』을 접한다. 근래 "종교인의 31.9%가 일주일에 한 번 이상 『성경』이나 『불경』을 읽는다."는 앙케이트 조사가 관심을 끄는 것도 그들이 경전을 통해서 신앙의 복음과 법음을 전달받기 때문이다. 종교적 성자의 말씀이 이러한 경전 속에 다 들어있으며, 이는 신앙인들을 행복으로 유도한다.

우리는 성자들의 말씀을 소중히 간직해야 할 필요가 있다. 예수의 설법 시기와 장소는 AD 30~33년 갈릴리의 어느 시골마을이었다. 그의 설법이 오늘날 성경으로 탄생한 것이다. 그리고 BC. 576년경 인도 석가는 카빌라 왕국 녹야원에서 최초로 설법을 했다. 부처의 설법이 『불경』으로 탄생한 것도 같은 맥락이다. 이들 성자의 말씀과 법어를 오늘날 우리가 접할 수 있는 것은 그러한 『성경』과 『경전』이 있기 때문에 가능하다. 이처럼 삶의 보감으로서 경전은 소중하기 그지없다.

유대인 랍비들은 「신명기」 6장 6절의 "오늘날 내가 네게 명하는 이 말씀을 너희는 마음에 새기고…"라는 말씀을 『구약』에서 찾는다. 불교인들은 공空 사상을 『금강경』에서 찾는다. 그리고 공자의 인仁 사상을 『논어』에서

---

8) <전주일보>, 2000년 3월 11일.

찾으며, 노자의 도道를 『도덕경』에서 찾는다. 소태산의 은恩 사상 역시 『대종경』에서 찾는다. 오늘날 우리가 이러한 경전에 관심을 가질 수 있는 것도 성자들의 말씀이 이곳에 소중하게 기록되어 있기 때문이다.

이러한 맥락에서 원불교의 2대 종법사였던 송정산도 '경전의 결집'을 중생구제의 경륜 속에서 거론하고 있다. 1961년 12월 그는 4가지 교단의 사업계획 중 하나로서 경전의 결집 즉 「교재 정비」를 강조하고 있다. 여기에서 그는 원불교 경전인 『대종경』을 완정하고 『예전』 『성가』 등의 원불교 교서의 발간이라는 역사적 작업을 시도하였다. 후래 송정산의 말씀이 『정산종사법어』라는 것으로 탄생한 것도 같은 흐름이다.

그러면서도 송정산은 글씨로 쓰인 것만이 경전은 아니라고 말한다. 그가 밝힌 경전의 종류에는 세 가지가 있는데, "첫째는 지묵으로 기록된 경전들이요, 둘째는 삼라만상으로 나열되어 있는 현실의 경전이요, 셋째는 우리 자성에 본래 구족한 무형의 경전이라."고 했다. 그러면서도 그는 종이에 기록된 경전도 소중하지만, 이보다 더 소중한 현실 경전을 읽을 줄 아는 사람이 되라 했다. 원불교의 처처불상處處佛像의 교리가 이와 관련된다.

아무튼 송정산은 성자들의 말씀이 새겨진 경전이야말로 '중생을 인도하는 광명의 등불'이라고 하였다. 따라서 종교인들은 시간의 틈을 다른 데에 빼앗기지 말고 경전을 읽고, 경전의 내용을 실천하는 사람이 되도록 하였다. 시공을 초월하여 성자의 정신을 이어주는 경전을 소중히 해야 하는 이유가 여기에 있다. 기독교인들은 『성경』을 등불로 삼고, 불교인들은 『불경』을 등불로 삼으며, 원불교인들은 『교전』을 등불로 삼아야 한다.

신룡벌의 봉황9)

요즈음 봄이 되어 창공이 더 높고 파랗게 보인다. 높고 푸른 하늘에 활력 있게 나는 새들이 유난히 아름답다. 동양인들은 허공을 나는 새들을 매우 좋아하는 것 같다. 이러한 새들 중에서도 전설적인 새를 좋아하는 성향이 있으니, 그것이 바로 봉황이다. 어느 누가 봉황의 신비스러움을 멀리하겠는가? 전설의 새, 봉황이 둥지를 틀고 앉기 위해서는 다음 두 가지가 필요하다고 한다. 그 하나는 맑은 호수가 있는 곳이요, 그 둘은 벽오동나무가 있는 곳이라 한다. 그래서 우리의 노래 가사에는 "벽오동 심은 뜻은 봉황이…"라는 것이 있어 귀에 익는다.

한국에서의 길조는 까치라든가 비둘기 등이 있으며, 봉황 역시 길조로 통하고 있다. 중국에서도 고대 장자는 붕새(봉황)가 구만 리 장천을 날아오르는 모습을 매우 황홀하게 언급하고 있다. 우리는 이처럼 봉황이 높은 곳을 나는 세상에서 살고 싶은 마음이 든다. 봉황새는 우리에게 자유가 무엇인가를 알게 해주고, 희망을 불러 일으켜 주며, 미래의 서광을 안겨준다.

그런데 신비의 새 봉황이 내려앉은 터전이 있다. 그곳이 바로 익산의 신룡벌 호수 위 '봉황각'이다. 이 봉황이 내려앉은 곳은 원불교의 송정산이 포부를 갖고 학교를 건설한 곳으로서, 익산에 둥지를 틀고 많은 인재들을 키워내는 상아탑 바로 그것이다. 그는 소태산의 정기를 이어 수많은 인류 구원의 인재를 양성하려는 사명을 지녔으며, 해방이 되자 곧바로 인재 양성의 요람을 만들고자 정성을 기울였다.

익산의 신룡동에 위치한 신룡벌의 상아탑은 송정산의 일생 인재양성의 포부가 서려 있다. 그는 이곳에 요람을 세워 많은 인재들을 공부시켜서 사회의 일꾼을 키워내고자 하였다. 그때가 바로 1946년이요, 정식 4년제

---

9) <전주일보>, 2000년 3월 18일.

대학으로 제1회 졸업식을 한 날이 1955년 3월이다. 첫 졸업식에 송정산은 훈시하기를 "원광대학이 학사의 학위를 주는 졸업식을 가지기는 이번이 처음이나, 원광대학이 오늘을 가지게 된 데에는 수십 년 땀에 젖은 역사가 뒤에 숨어 있나니…"라고 하였다. 이어서 그는 말하기를 "그대들은 일체 대중을 위하여 국한 없는 큰 사업에 널리 활용하라."고 하며, 미래 대장부의 포부를 펼 것을 강조하였다.

여기에서 우리가 상기할 사항이 있다. 전 세계적으로 일류대학과 모범대학들의 창립자는 종교와 관련된 경우가 많다는 사실이다. 하버드대와 예일대학이 그렇고 프린스턴 대학의 경우도 마찬가지이다. 유럽의 경우 프랑스 파리대학과 영국의 옥스퍼드대학은 가톨릭 교황이나 제왕의 후원을 받으며 성장하였다. 이처럼 종립학교로서의 인재양성이라는 얼이 서려 있는 대학들이 국가의 명문대가 된 것이다.

우리나라의 경우도 불교가 자비의 손길로 세운 동국대가 있고, 대순진리회의 대진대학이 있으며, 통일교의 선문대학이 있다. 나아가 천주교의 가톨릭대학 및 서강대학이 있고, 개신교계의 신학대와 이화여대 및 연세대 등이 있다. 이러한 종립대학들은 오늘날 한 결 같이 각 종교의 숭고한 이념에 따라 수많은 인재들을 양성하고 있는 것이다.

원불교의 경우 일반대학들과 어깨를 나란히 하여 봉황이 있는 원광대학을 세워 수많은 인재들을 양성하고 있다. 현재 익산 신룡벌 상아탑의 학생들은 2만여 명에 육박한다. 이곳에 입학한 학생들은 어느 종교를 믿든 열심히 나름대로 대학생으로서 국가와 세계의 인재가 되도록 혼신의 노력을 기울이고 있다. 그래서 송정산이 원광대의 첫 졸업식 때 언급한 바 있듯이, 세계 '대장부'가 되라는 훈시가 더욱 우리의 가슴에 와 닿는다.

우간다에서 500여명의 신도들이 집단자살을 했다는 씁쓸한 보도를 접하고 그곳 종교가 무엇이기에 이처럼 많은 생명체가 소중한 목숨을 버리는가 하는 아쉬움이 있었다. 그들의 교주가 12월 31일에 종말이 온다고 했다가 종말이 오지 않으니 1년을 연기해 놓은 터였다. 이들이 이처럼 허무하게 자신의 생명을 내던지게 하는 등 일부 종교인의 모습은 안타깝게 해준다.

한때 횡행했던 종말론이니 말세론이니 하는 말들이 자주 거론되고 있다. 이러한 상황에서 부활이니, 환생이니 하는 논리는 자연스럽게 언급된다. 서구종교에 이어 동양의 종교도 이러한 말세론에 익숙해 있다. 불교의 경우, 계법·상법·말법이라는 세 시대를 구분하고, 현세를 말세라고 하는 성향이 있다. 이러한 말세의 대안으로 나온 것이 미륵환생설이다. 석가가 56억 7천만년 후에 환생한다는 것이 곧 미륵불의 환생과 관련된다. 이는 불교가 설하는 말법에 지금까지의 교법으로는 중생구제가 불가능하고 미륵이라는 새로운 부처가 출현하게 된다는 것으로 '미륵불'의 출현을 간절히 염원한 산물이다.

이처럼 말세의 세상을 구원하고 평정하는 시대적 사명을 지닌 성자들이 출현하였다. 그것이 유가나 도가에서는 도통道統이라 하고, 불가에서는 법통法統이라고 한다. 공자가 출현한 후 맹자가 뒤를 이은 것이나, 노자가 출현하여 장자가 그 뒤를 이은 것이 이와 관련된다. 신의 창조론을 계승하여 세상을 구원하고자 나온 인물 역시 예수라고 볼 수 있다. 소태산의 정신의 계승하여 나온 송정산 역시 이러한 맥락에서 거론될만한 일이다.

곧 원불교는 미륵회상을 예언하고 원불교 스스로가 재래불교와 주세불을 달리하고 용화회상 또는 미륵불 회상임을 표명한다. 이에 소태산에

---

10) <전주일보>, 2000년 3월 25일.

의하면, "미륵불이라 함은 법신불의 진리가 크게 들어나는 것이요, 용화회상이라 함은 크게 밝은 세상에 되는 것…"(전망품 16장)이라고 하였다. 법신불을 신앙의 대상으로 삼는 원불교는 장차 미륵불이 활동하는 회상이라는 뜻이다.

소태산의 미륵 회상을 이어받은 송정산의 미륵 회상관이 새롭게 거론될 만한 일이다. 그의 탄생 100주년 행사를 즈음하여 보면 더욱 그의 시대적 경륜을 드러낼 필요가 있기 때문이다. 송정산은 말하기를 "미륵불 세상이란 곧 근실한 세상을 이름이니, 종교도 그 교리가 사실에 맞고 자력을 주로하는 종교라야 세상에 서게 될 것이요."(근실편 18장)라고 하였다. 그의 언급대로 미륵불의 세상은 사실적 종교, 자력적 종교가 활동하는 시대라는 것이다.

그리하여 원불교는 막중한 미륵 회상이라는 시대적 사명을 지닌 채, 1923년(원기8) 8월, 교조 소태산은 송정산 등 제자들과 더불어 원불교 중앙총부 기지를 건립할 장소를 물색하기 시작하였다. 그 다음해(1924) 9월, 소태산은 영산에서 변산, 변산에서 익산을 탐방한 후, 익산의 북쪽 신룡리에 원불교 총본부의 기지를 건립하게 되었다. 당연히 원불교 총부가 있는 익산은 영산·변산과 더불어 원불교의 성지로 자리매김하였다.

오늘날 원불교의 중앙총부가 소재한 익산시 신룡동 344~2번지가 다름 아닌 원불교의 성지로서 미륵불 도량이라고 할 수 있는 곳이다. 이곳은 현재 주범이 주재하는 활불活佛 도량이다. 그리고 수많은 수도인들이 수양하는 이곳에서 중생구원 사업을 펴고 있으며, 원불교 교화의 메카를 이루고 있다. 이 미륵불 도량 바로 옆에는 인재 양성의 요람인 신룡벌의 봉황이 있어서 시대화·생활화·대중화된 종교의 면모까지 갖추고 있다. 게다가 이곳은 미륵산을 배경으로 하여 안착해 있다.

아름다운 얼굴[11]

우리는 특히 자신의 얼굴에 대해 깊은 관심을 갖는다. 얼굴이란 '미인'의 척도가 되기 때문이다. 우리가 아름다운 얼굴을 가진 사람을 미인이라고 하는 이유가 여기에 있다. 얼마 전 40-50대 가장들의 성형수술이 부쩍 늘었다는 것도 미인이 되고자 하려는 마음에서 비롯된다. 결혼 정보회사 듀오가 조사한 「관심 있는 성형수술 부위」를 보니, 눈 27%, 코 20%, 피부 14.3%, 얼굴윤곽 9.0%를 차지하고 있어 흥미롭다.

이처럼 아름다움을 묘사하는 '얼굴'에는 두 얼굴이 있다고 한다. 이를테면 참으로 아름다운 얼굴이 있는가 하면, 이중인격의 가식적 얼굴이 있다는 것이다. 이의 후자를 언급해 보자. 방한했던 존 F케네디 주니어가 한 말이 되씹어진다. 그는 연세대에서 강연 도중 "정치가의 얼굴은 두껍다."라고 했다. 우리 한국인이 가장 싫어하는 사람들 중의 하나가 '정치인'이라는 것과 맞닥뜨리는 것 같다.

그러나 가식의 얼굴이 아닌, 참으로 아름다운 얼굴이 있음을 우리는 상기해야 한다. 곧 아름다운 얼굴을 종교적 성자의 인격과 관련시켜 보자. 우선 유교 '선비'의 얼굴에 대해 말하고자 한다. 소동파의 친구였던 황산곡은 말하기를 "선비가 사흘 동안 책을 읽지 않으면 거울에 비친 자기 얼굴이 역겨워진다."라고 하였다. 이는 선비로서 평생 공부로 독서를 권면하는 것으로, 우리는 독서를 통해 아름다운 얼굴을 간직할 수 있다는 것이다.

다음으로 불교에서 아름다운 얼굴은 어떻게 거론될까? 『잡보장경』이라는 불경에서 베풀 수 있는 7가지 보시를 가르치고 있다. 그 첫째가 얼굴로 베푸는 '안시'顔施이다. 이는 바로 나의 웃음을 보시함으로써 저 사람에게 도움을 주고자 함이다. 부처의 환한 미소의 얼굴에 나타난 자비인정 교화

---

11) <전주일보>, 2000년 4월 1일.

가 이와 관련되지 않나 본다.

그렇다면 원불교에서 말하는 아름다운 얼굴은 어디에서 모색될까? 그것은 '마음공부'를 직업으로 삼는 수도인의 얼굴 바로 그것이다. 박청수 교무는 예비교역자 특강시간에 말하기를 "수도자는 오래 수도하면 맑은 영성이 드러나, 남에게 감동 줄 수 있는 힘이 얼굴에 있다."며, 맑은 영성이 얼굴을 맑게 한다고 하였다.

이처럼 수도자로서, 성자적 경륜으로서 '가장 아름다운 얼굴'을 우리에게 보여준 분이 바로 원불교 2대 종법사였던 송정산이다. 숭실대 명예교수였던 안병욱 교수는 이미 1961년 <동아일보>에 기고하기를 "정산종사는 내가 만난 사람 가운데 가장 잘 생기고 가장 아름다운 얼굴을 가진 사람이다."라며, 사람의 얼굴이 얼마나 닦고 닦았으며 지혜와 자비로움이 넘치는 그런 얼굴을 가질 수 있는가에 대해 감동했다고 한다.

안교수가 지적한대로, 이 세상에서 그처럼 아름다웠던 얼굴의 주인공 송정산의 얼굴은 어떻게 아름답고 황홀하게 보였을까? 그가 가장 아름다운 얼굴을 지녔던 이유로는 종교적 영성에 의한 그의 '마음공부' 덕택이다. 마음공부는 삿된 마음을 없애는 공부법에서 비롯된다. 그는 말하기를 "얼굴로 주인 되는 것도 아니요, 사 없는 마음으로 주인이 되나니라."라고 한 것도 이와 같은 맥락이다.

그렇다면 우리는 어떠한 얼굴을 하며 오늘의 세상을 살아갈 것인가? 화난 얼굴, 조소의 얼굴, 못마땅한 얼굴, 토라진 얼굴을 할 것인가? 아니면 파안의 미소를 지으며, 상대방의 마음을 편하게 해주고, 업장을 녹여주는 자비의 얼굴을 할 것인가? 여기에 대해 정산종사는 말하기를 "화평한 마음을 가지게 하면 나도 또한 화평한 얼굴을 가지게 될 것이요, 남을 불안하게 하면 나도 또한 우울한 얼굴을 갖게 될 것이니라."(원리편 32장)고 하였다. 가장 아름다운 얼굴을 애타게 기다리는 우리의 마음이 새롭다.

얼굴 없는 시인 박노해는 사노맹사건으로 무기징역을 선고받고 오랜 감옥생활 끝에 98년 8·15 특별사면으로 석방돼 우리 곁으로 다가왔다. 그가 언젠가 원불교 교역자 특강을 한 적이 있다. 그는 "좋은 세상은 정진의 힘에서 나온다."라고 역설하며, "마음공부는 기본이니 열린 마음과 열린 감성으로 신세대를 끌어안아야 한다."고 했다. 한마디로 그의 특강 핵심은 마음공부로 정진하는 삶을 촉구하고 있다. 박노해 시인이 '마음공부'를 화두로 내걸고 있다.

그런데 마음공부란 용어의 등장은 일반인들에게 아직도 어색한 면이 있다. 그간 우리는 영어 및 수학 등 학과목을 대상으로 공부하라고 했지, 마음을 대상으로 하여 공부하라는 말을 별로 사용하지 못한 탓이다. 실제 이 마음공부란 마음을 대상으로 하는 수련, 수양, 수행으로서 아름다운 마음, 둥그런 마음, 선한 마음, 희생 봉사하는 마음을 갖추도록 하는 일종의 종교적 신행信行이다. 따라서 마음공부라는 용어가 오늘날 보편화되는 과정 중에 있다고 볼 수 있다.

흔히 우리는 종교적 경향성으로서 기도하는 종교로 기독교를, 불공하는 종교로 불교를, 철학하는 종교로 유교를, 도 닦는 공부로 도교를 들곤 한다. 그렇다면 원불교의 특성을 한마디로 말하라 한다면 '마음공부'하는 종교라 하고 싶다. 논자가 대학 강단에서 원불교 교서과목 외에 「중국철학사」 및 「종교와 원불교」 등을 강의하고 있는데, 이따금 학생들에게 각 종교의 특징을 소개하곤 한다. 그러면 학생들은 원불교의 특성을 보다 쉽게 이해한다.

동양의 종교 및 철학은 마음을 대상으로 수행해 왔는데 그것을 우리는

---

12) <전주일보>, 2000년 4월 8일.

일반적으로 심학心學이라 한다. 공자와 맹자, 노자와 장자, 주자와 왕양명 등은 동양인의 아름다운 심성 수련을 위하여 마음을 수행의 대상으로 삼았다. 『하트경영』으로 유명한 윤은기 박사도 "모든 병은 마음으로부터 나오고 모든 병은 마음으로부터 고쳐야 한다."고 하였다. 소태산은 마음 밭心田을 말하여 이 심전을 계발하도록 하였다. 이에 그는 요란한 마음, 어리석은 마음, 그른 마음을 극복하는 '일상 수행의 요법'을 강조하였다.

소태산의 심전계발을 전수한 송정산은 마음공부를 어떻게 말하고 있는가? 그는 보다 구체적으로 이 마음공부에 대해 말하고 있다. 곧 그는 『법어』에서 "탐내는 마음과 성내는 마음과 어리석은 마음을 내지 말며 원망하거나 시기하거나 무시하는 마음을 두지 말며…"라고 하였다. 이러한 법문은 파스칼이 말한 대로 인간은 '흔들리는 갈대'와 같이 일분일각에 수시로 변하는 마음을 오로지 아름다운 마음으로 바꾸는 공부를 하라는 의미이다.

마음공부에 대해 송정산은 열반 직전에 더욱 강조하는 의미에서 "마음공부 잘 하여서 새 세상의 주인 되라."고 그의 제자들에게 언급하였다. 그의 이러한 유언은 종교인으로서 그저 마음 수련만 하라는 것이 아니다. 종교 본령의 신앙적 기도생활을 열심히 하면서도 우리의 조물주인 마음을 잘 단련하는 조련사가 되라는 뜻이다.

송정산의 마음공부를 어떻게 하면 효율적으로 실천에 옮길 것인가에 원불교 신앙인들은 고민하고 있다. 과거에 전개된 수계농원 마음공부, 원불교교사회가 주축이 된 동그라미 마음공부회의 프로그램, 최희공 교수가 주축이 된 새삶회 훈련, 대안학교(영산성지고, 경주화랑고, 합천원경고) 교육 마음공부 프로그램이 교도는 물론 일반사회와 시민들로부터 큰 호응을 받고 있다.

앞으로 '마음공부'라는 용어가 국민의 정신적 수련의 화두가 될 것이라 확신한다. 물질 위주의 발전, 여유가 없어진 현대인의 생활은 이제 마음의 주체를 세우고, 마음의 안정을 세우는 일이 가장 급선무이기 때문이다.

로마 교황이 화해의 상징으로 이스라엘과 팔레스타인을 방문하였다. 교황은 타종교와의 화해를 도모하면서 역사적 순례를 하였던 것이다. 그간 기독교는 이슬람교 및 유대교와 갈등을 겪어 왔으니, 이는 그간 종교적 배타성으로 인해 종교분쟁이 끊이지 않았던 지난 천년을 되돌아보게 하는 좋은 계기가 되고 있다. 이란의 모하마드 하타미 대통령도 "문명 간의 충돌이 아닌 대화가 가능하다."고 하였으니, 열린 종교의 시대가 서막을 알리는 것 같다.

열린 종교란 21세기의 이상적 종교상과도 같다. 베르그송은 바로 닫힌 종교가 아닌, 열린 종교를 미래 종교의 모델로 제시하고 있다. 그간 기성 종교들은 종교 집단이기주의 내지 종교 배타성으로 인해 종교전쟁을 야기시켜 왔다. 세계 전쟁의 70%이상이 종교와 관련되어 있다는 것을 종교인들은 참회하는 마음으로 새겨야 한다.

세간에 관심을 모았던 철학자 김용옥씨는 21세기는 '종교와 종교의 화해' 세기라고 하였다. 미래학자 새뮤얼 헌팅턴이 지적한 바에 의하면, 21세기는 '문명과 문명의 충돌'을 주의하라고 하였던 것을 생각해 볼 수 있다. 종교 문명끼리 싸우고 알력하고 하는 일체의 현상을 극복해야만 하는 현대인들의 사명은 막중하다. 그래서 더욱 종교와 종교의 화해는 절실하며, 각 종교의 집단이기주의라는 마술에서 벗어날 필요가 있다.

여기에서 우리는 다음의 사실을 상기하지 않을 수 없다. 이를테면 "나는 어떠한 종교를 믿느냐가 중요한 것이 아니라, 나는 종교인으로서 어떠한 삶을 꾸려나가느냐?"가 중요하다는 것이다. 루스벨트와 토마스 제퍼슨이 그렇게 강조한 '종교의 자유'가 있듯이, 누구나 어느 종교를 믿든 자유이다.

---

13) <전주일보>, 2000년 4월 15일.

오로지 신앙적 열정이라는 자기도취에 빠진 일부 광신도들처럼 자기종교만 믿어야 하며, 타종교는 구원이 없다는 사고에 길들여진 사람들은 종교의 자유를 무시한 '종교 제국주의자'들이다.

이러한 맥락에서 1961년 종교 화합을 주장하고 나선 종교적 성자의 외침이 있었음을 상기하고 싶다. 즉 1961년에 선포된 '삼동윤리'는 모든 종교가 같은 진리성을 내포하고 있으니, 종교인들끼리 화합해야 하는 당위성을 거론하고 있는 것이다. 이것은 인류의 종교적 도덕성을 회복케 하는 종교 윤리 선언이었다. 송정산은 소태산의 일원주의를 이어받아 삼동윤리를 만천하에 공포한 것이다.

그렇다면 송정산이 만방에 전한 인류의 메시지, 삼동윤리란 무엇인가? 첫째 동원도리로써 모든 진리는 하나라는 것이며, 둘째 동기연계로써 모든 인류는 한 가족이라는 것이며, 셋째 동척사업으로써 모든 사업은 같은 협동의 일터라는 것이다. 이처럼 송정산의 '삼동윤리는 만년의 원숙한 사상 경지에서 이룩된 것으로, 이는 21세기 사유의 패러다임'이라고 이화여대 중문과 정재서 교수는 말하고 있다.

따라서 삼동윤리의 핵심을 보면, 각 종교의 파벌을 초월하여 세계가 한 가족이 되어 행복의 세상을 이룩하자는 세계주의 바로 그것이다. 유교에서는 대동大同사상을 말하였고, 불교는 동체대비를 말하였으며, 기독교는 사랑이 넘치는 사회를 만들자고 하였으니, 이것이 바로 원불교의 삼동윤리와 통하고 있다.

앞으로 더욱 종교간 화합에 초점을 맞춘 삼동윤리가 요청될 것이다. 새 시대에 즈음하여 인류는 지구촌 사회에 사는 공동체인 만큼, 상호 종교인들끼리 합하여 우리의 미래를 생각해야 한다. 우리의 미래는 내가 어느 종교를 믿느냐보다는 내가 사회에 어떻게 기여하느냐가 더욱 소중하다는 점을 우리는 망각할 수 없다. 아직도 남의 종교에는 구원이 없으니, 타종교는 미신이니 하는 일부 광신도가 있다면 이는 그들이 믿는 교조 정신에 위배된다는 사실을 알아야 한다.

14 ⠀탄생 100주년[14]

어느 작가의 탄생 100주년 기념을 축하한 나라가 있다. 헤밍웨이의 탄생 100주년을 기념한 프랑스가 그곳이다. 헤밍웨이와 연고 있는 지역, 즉 그가 태어난 일리노이 오크파크시, 그가 살았던 파리 작품 무대 팜플로나시 등지에서 그의 탄생 100주년을 기념하기 위해 영화와 연극을 상연하고, 학술대회, 유고집 출판기념대회가 열렸다.

헤밍웨이의 탄생 100주년을 새겨보며, '탄생 100주년'의 기념이란 말의 의미를 파악해 봄으로써 역사적 행사의 의의에 대해서 알아보고자 한다. '100'이라는 용어는 영어로 백년제 'centennial'이다. 또 이와 유사하게 오늘날 자주 거론되는 용어 'millennium'이라는 단어가 있는데, 이것은 '1000'을 뜻하는 것에서 연유한다. '밀레니엄'의 의미에 익숙한 것은 새천년을 건넜기 때문이요, 또 우리가 '센테니얼'에 익숙해져야 할 필요가 있는 것도 성자들의 탄생 100주년이 갖는 성자 추모의 정신 때문이다.

이처럼 100년이란 기간은 우리에게 고독의 한 세기를 의미하며, 또 지나간 세기를 음미해보는 역사적 시점이기도 하다. 이 100년이란 기간을 길다면 길고 또 짧다면 짧다. 1982년 노벨문학상을 수상한 콜롬비아의 작가 가브리엘 마르케스는 그의 대표작 『100년 동안의 고독』을 발표했다. 그는 이 100년이라는 세월을 '고독'이라는 말로 표현했으며, 여기에서 카리브해의 열대 마을에 정착한 부엔디아 일가의 흥망성쇠를 기린 '백년 동안의

---

14) <전주일보>, 2000년 4월 22일.

고독'을 세상에 알린 장본인이다.

의미가 깊은 '100년'의 시기를 축하 행사로 거행하는 것은 인간들의 역사의식에서 비롯된다. 다시 말해 '센테니얼'(100)과 '밀레니엄'(1000)을 축하할 수밖에 없는 것은 인간들의 새 역사 창조의 문화인이라는 지성적 열정에서 기인된다. 영국의 밀레니엄위원회는 밀레니엄상, 밀레니엄 돔 건설을 추진한 것이라든가, 프랑스 역시 그와 유사한 수준에서 거창한 행사를 열었던 것이다.

이제 '센테니얼'에 대한 화제를 좁혀 보자. 원불교 교조 소태산의 탄생 100주년이 1991년에 있었고, 소태산을 이은 송정산의 탄생 100주년이 2000년 9월에 있었다. 그러니까 소태산은 1891년에 태어났다면, 송정산은 1900년에 태어난 셈이 된다. 이러한 탄생 100주년의 기념대회를 통해 원불교는 새롭게 거듭나는 계기를 마련했다.

그렇다면 왜 탄생 100주년을 기리며 이처럼 정성스럽게 행사를 준비를 해 왔는가? 송정산은 그렇게 축복받을만한 인물인가? 이러한 행사는 원불교인만의 행사는 아닌가? 생각해 봄직한 일이다. 송정산은 우리 민족의 암울한 시기에 희망을 불러 일으켜 주는 '건국론'과 '삼동윤리'를 만방에 선포함으로서 민족의 희망찬 미래를 촉구하였다. 따라서 송정산은 원불교의 2대 종법사이면서도 한민족의 미래를 위해 성자적 비전을 제시하고 그것을 실천으로 옮긴 우리 민족의 성자 반열에 있다는 것을 알아둘 필요가 있다.

송정산의 100백주년 기념을 보내면서 우리는 다음 세 가지의 정신을 살려야 하리라 본다. 하나는 그의 원불교 창립정신이요, 둘은 성자의 법통을 이어나가는 정신이며, 셋은 새롭게 발전하는 개척의 정신이다. 기성종교의 2천년 역사와 달리 원불교는 100여년의 역사라는 창립기의 시대상황에 처해 있다. 따라서 그는 원불교 창립에 큰 공을 세운 분으로 소태산의 성위를 계승한 제2대 종법사로서 활약을 하였다.

"교육을 강조하는 한국인의 가치관을 존경한다. 국민의 90% 이상이 글을 읽고 쓴다는 사실은 정말 놀랍다. 서구사회도 배워야 할 대목이다." 이처럼 말하는 사람은 바로 EBS 영어강사 미국인 수잔 맥도널드이다. 그녀가 한국에서 받은 임프레션 가운데 한국인의 교육열이야 말로 세계 최고로서 소중한 가치로 작용하고 있음을 서슴없이 말하고 있다. 한국인은 허리띠를 졸라매며 자녀를 가르치려는 본능적 교육열이 있음으로 인해 오늘날 선진 대열에 들어서고 있는지 모른다.

그녀의 견해에 공감되듯이, 근래 『과학이 살아야 나라가 산다』의 주인공 김익철씨는 "인간이 인간답게 살려면 교육이 보장되어야 한다."고 말하고 있다. 교육을 받지 못하면 인간으로서의 문명을 개발할 수 없고 또 동물과 별반 다를 것이 없기 때문이라 본다. 한국인의 열정적 교육열을 자랑삼을 수 있듯이, 그 덕택에 우리 인간은 만물의 영장으로 활동하는 기반이 되는 것이다.

하지만 교육은 관념적이고 형식적인데 흘러들어 인간됨보다 지식인과 기능인이 되는 것을 앞세워 왔다. 다시 말해서 학생들의 교육 자세를 보면 대학에 들어가는 경쟁적 관계 속에서 교육을 받아온 성향을 부인할 수 없다. 이제 우리는 이러한 일탈된 청소년 교육의 현장에서 벗어나야 한다. 그것은 지식인과 기능인에 머무르지 않고 지혜인이 될 수 있는 인성교육까지 겸해주는 교육을 요청하는 의미이기도 하다.

바람직한 교육을 위해서는 교육 주체자들의 노력이 필요하다. 그러니까 기성 교육자들의 역할이 더욱 요청된다고 볼 수 있다. '맹모삼천지교'라는 말이 있듯이 훌륭한 맹자가 탄생할 수 있도록 그의 어머니는 아들 맹자의

---

15) <전주일보>, 2000년 4월 29일.

교육을 위해 학교 옆에 이사를 하여 거주지를 정하였던 것이다. 자신의 자녀교육을 정성스럽게 한다면, 자녀는 성장하여 인류의 인재로 활동할 수 있게 된다.

여기에서 과거 성자들의 교육관이 소중함을 알 수 있다. 이러한 맥락에서 유난히 교육에 관심을 많이 가진 원불교 송정산의 교육관을 새겨볼 필요가 있다. 그는 『세전』에서 「교육」이라는 항목을 따로 두어 교육의 중요성을 만방에 알렸다. 그는 다음과 같이 말한다. "교육은 세계를 진화시키는 근원이요 인류를 문명케 하는 기초니, 개인 가정 사회 국가의 성쇠와 흥망을 좌우하는 것이 교육을 잘하고 잘못함에 있다할 것이니라." 이처럼 송정산은 교육의 소중성을 밝히고 있다.

이에 더하여 그는 교육에 대해 견해를 피력한다. "사람이 비록 만물 가운데 가장 영특하다 하나 교육의 힘이 아니면 능히 그 최령最靈의 자격을 이루지 못할 것이다." 그리하여 가정과 사회 및 국가가 교육의 힘이 아니면 능히 발전할 수 없다는 입장을 그는 고수하고 있는 셈이다. 문명의 발전과 생명의 진화는 교육에 의한 것임은 사실이기 때문이다.

그리하여 송정산은 두 종류의 교육이 있음을 전제한다. 그것은 바로 과학교육이요 도학교육이다. 기본적으로 이 두 교육을 병진해 나가되 "도학으로써 바탕 되는 교육을 삼는다."라고 하여, 그는 종교적 성자답게 도학교육을 주체로 할 것을 강조한다. 학교에서 하는 과학교육과 종교에서 하는 도학교육 내지 심성교육이 잘 조화를 이룰 수 있음을 그는 확인하고 있다.

근래 학술회의에서 오종일 전주대 교수는 송정산의 교육관에 대해 다음과 같이 말하고 있다. "송정산의 교육은 본성의 개발에 그치지 아니하고 과학교육과 도학교육을 병행할 것을 주장하였다." 그의 존재가 갖는 의의는 민족과 인류의 교육에서 비롯됨을 알아둘 필요가 있다. 송정산의 숨결이 신룡벌의 상아탑으로 자리한 청소년 교육의 현장에서 이를 확인할 수 있다.

「행복의 주된 요인」은 무엇일까? 그것은 조사에 의하면 '가정화목'이 최우선 순위로 나왔으며, 다음으로 '건강'과 '자아실현' 순으로 조사됐다. 이는 모 일간지가 전국 20세 이상 성인남녀 1000명을 무작위로 조사한 내용이다. 우리가 행복하다고 하려면 반드시 가정의 화목함이 보장되어야 한다는 것이다.

이와 달리 불행의 원인은 무엇일까? 예컨대 경제적 궁핍, 욕구불만 내지 상호 갈등이 그 주된 원인이 될 것이다. 불행에 대해 관심을 가진 종교학자 폴 틸리히는 '인간으로서도 어쩔 수 없이 겪어야 하는 실존적 불행'이 있다고 하였다. 아마도 생로병사의 과정에 나타나는 인간 한계로서의 불행이 이것이라 본다.

여기에서 우리는 인간으로 태어난 이상, 행복해야 한다는 일종의 의무감이 자리함을 알게 된다. 우리의 생명은 하나뿐이며, 기왕 인간으로 태어났으므로 행복한 삶을 살아가는 것이 자아실현 내지 삶의 의미를 찾는 길이기 때문이다. 이는 인간이 동물과 다른 면에서도 더욱 강조될 수 있는 사항이다.

그렇다면 우리가 행복을 찾기 위해 가장 기본적으로 갖추어야 할 것이 있다. 그것은 바로 행복을 찾는 기본 단위가 '가정'이라는 사실이다. 어느 누구든 가정을 통해서 부모 형제와 상호 행복을 추구하는 본성을 간직하고 있기 때문이다. 웃음꽃이 피는 가정에서 만사가 성공을 이룬다는 것은 이미 잘 알려진 것으로 '가화만사성家和萬事成'이란 격언이 있지 않은가?

이제 다음의 결론에 이른다. 즉 가정이 불행하다면 어느 누구도 행복하다고 할 수 없는 것은 지당한 말씀이다. 이를테면 이혼가정, 편부모가정,

---

16) <전주일보>, 2000년 5월 13일.

결손가정이란 보통 우리가 생각하는 평범한 가정이 아니며, 이러한 가정은 행복을 만끽한다고 자신할 수 없다. 오늘날 가정 문제로 부각되는 결손가정이란 다름 아닌 삶의 고통이 수반되는 대표적 가정이 아니겠는가?

5월은 '가정의 달'이다. 어린이날과 어버이날이 있는 달로서 우리는 가정의 한 구성원임을 이달을 통해서 다시 한 번 느끼게 된다. 여기에서 우리는 가정이 무엇인가를 생각하는 여유를 가졌으면 한다. 송정산은 『세전』에서 '가정'의 의미를 중시하고 있다. 그는 가정에 대해 언급하기를 "가정은 인간생활의 기본이라, 사람이 있으면 가정이 이루어지고 가정에는 부부로 비롯하여 부모 자녀와 형제 친척의 관계가 자연히 있게 되는 것이다."라고 하였다.

물론 송정산은 행복한 가정과 안락한 가정을 추구하면서 이러한 가정의 의미를 밝히고 있다. 그러면서도 그는 가정의 행복조건으로 다음 세 가지를 말하고 있다. 첫째는 부부의 도요, 둘째는 부모 자녀의 도이며, 셋째는 형제의 도이다. 부부간에 화목하고 자녀와 즐거운 대화 꽃이 피며, 형제간에 우애한다면 그보다 행복한 모습이 어디에 있겠는가?

따라서 송정산이 밝힌 「부부의 도」를 보면 첫째 화합이요, 둘째는 신의요, 셋째는 근실이라고 하였다. 부부간에 화합하고 경제 자립을 위해 근면하여야 한다는 것이다. 이어서 송정산은 「부모와 자녀의 도」 역시 소중하다고 하며, 자녀를 교육시키고 부모에 효도해야 함을 그 골격으로 언급하였다. 이어서 그는 「형제간의 도」에 대해 언급하기를 상호 '우애'하는 것을 원칙으로 해야 한다고 하였다.

특히 종교에서는 가정의 행복을 적극적으로 유도할 필요가 있다. 종교는 행복을 만드는 마음의 고향이요, 가정의 행복을 유도하는 정신의 수련장이다. 원불교의 송정산은 이러한 사실을 잘 알고서 행복한 가정 만들기에 깊은 관심을 가졌다. 제가齊家 이후에 평천하平天下가 된다는 진리를 소태산과 송정산은 실천에 옮긴 것이다.

17 신앙의 도[17]

우리는 '3D'현상이라는 말에 익숙해 있다. 그런데 요즈음 지성인에 있어 '4F'의 시대라고 한다면 우리는 이 용어에 얼마나 익숙해 있을까 궁금한 일이다. 그러면 우리가 추구하는 '4F'의 시대란 무엇인가? 즉 자유 (freedom), 가정(family), 우정(fellowship), 신앙(faith)이 여기에 해당된다. 이들에서 'Faith'에 해당되는 것이 바로 '신앙' (혹은 신념)이란 의미로서, 현대인들에게 신앙의 가치가 중시되는 시대임을 알 수 있다.

이와 같은 맥락에서 우리가 추구하는 근래의 가치관에 대한 경매 프로그램이 눈길을 끈 적이 있다. 어느 고등학교 학생들에게 가짜 화폐 1백만 원을 나눠준 뒤 「결혼, 우정, 지식, 가정, 신앙」 등 여러 가치 중에서 그중 하나를 경매하게 하였다. 최고 액수 1백만 원을 써내 '신앙'을 낙찰 받은 학생은 이를 낙찰 받은 이유에 대해 말하기를 '종교생활'을 통해 그동안 너무 오만하게 살아온 것에 대한 반성을 위해서였다고 하였다. 종교 신앙이 바로 그가 추구한 이상적 가치관이었던 것이다.

이처럼 현대인은 딱딱할 신앙을 멀리하는 것 같으면서도, 내면의 세계에서는 신앙에 대한 욕구가 있다. 평화의 사도 성 프란체스코의 '평화의 기도' 내용 하나를 소개해 본다. "의혹이 있는 곳에 신앙을, 그릇됨이 있는 곳에 진리를…" 이를 보아 알 수 있듯이 신앙이란 우리의 삶에서 의심스러운 것을 극복하게 해주고 참 진리를 향하게 해주는 역할을 한다. 인생에 있어 신앙이 소중한 것은 바로 이 때문이다.

지방의 명문사학 원광대 초대총장을 지냈던 고 박길진 박사는 신앙에 대해 다음과 같이 그의 저술에서 말하고 있다. "한 가정에 한 가지 신앙이 없고 보면 가족의 정신을 안정되고 희망 있게 결속하기가 어렵다." 그의

17) <전주일보>, 2000년 5월 20일.

162 세상읽기와 원불교

언급처럼 우리는 신앙생활을 하지 않으면 안정된 삶이 어렵다는 논리인데, 어쨌든 신앙은 우리의 생활을 안정되게 하는 큰 힘이 되는 것만은 사실이다.

그렇다면 신앙이란 무엇인가? 원불교의 송정산은 다음과 같이 말한다. "신앙은 사람의 정신생활에 근본이 되는 요건이다." 정신적 삶에 있어 가장 근본이 되는 요건이 신앙이란 그의 논리는 '마음의 안온과 평화를 유지하며 근원 있는 마음의 힘'으로 자리할 수밖에 없다는 뜻이다. 이처럼 신앙은 정신적 축의 보금자리인 것이다.

여기에서 송정산이 밝힌 '신앙의 도' 4가지가 있어 소개하여 본다. 첫째, 잘 가려서 믿는 것이다. 미신이 아닌 바른 신앙, 편협된 신앙이 아닌 진리신앙이 이것이다. 둘째, 타력신과 자력신을 아울러 나가는 것이다. 타력에만 의존하지 않고 자력에 기울지 않은 병진신앙이 이것이다.

다음으로, 셋째, 신앙대상을 향해 성심으로 공경하고 믿는 것이다. 이에는 신앙의 길을 열어준 교조에 대한 공경도 포함된다. 송정산이 소태산을 신봉한 의의가 여기에 있다. 넷째 신성에 일관하는 것이다. 신앙생활은 일관되어야 한다. 어떠한 어려운 경계를 당할지라도 한결같은 신성으로 영생을 일관할 것이라는 송정산의 주장이 이와 관련된다.

이처럼 4가지 신앙의 도를 실천에 옮긴다면 그것은 바로 올바른 종교신앙을 하고 있는 셈이다. 요즈음 시한부 종말론이니, 편협한 종교관이니, 사이비 종교니 하는 말들을 보면 정법正法을 신앙한다는 것이 얼마나 중요한지를 새삼 느끼게 해준다. 송정산이 밝혔듯이 신앙종교, 학자종교, 실행종교를 갖춘 신앙이야말로 21세기의 참 종교임에 틀림이 없다. 그것이 바로 소태산과 송정산이 추구한 진리적 종교의 신앙이요, 사실적 도덕의 훈련이기 때문이다.

18 ▶ 남녀의 도[18]

오늘날 많은 사람들이 '3S'의 시대라고 한다. 이것이 주관적이라도 현대 사회에 일리가 있는 말이다. 즉 '3S'란 스포츠(Sports), 스피드(Speed), 섹스(Sex)를 뜻한다. 여기에서 후자 곧 섹스(Sex)에 관한 용어에서 유추해 볼 수 있는 것은 그것이 '남녀'간의 윤리와 관계된다는 점이다. 남녀의 건전한 성윤리가 바로 그것이기 때문이다.

현대사회에서 남녀 사이의 윤리가 중요한 것은 사회의 문제점으로 성폭력의 문제가 많고, 이혼이 증가하며, 매춘이 하나의 사회문제로 부각되기 때문이다. 이러한 문제점에 대하여 지성 집단이나 종교 단체가 무관심하다면 그것은 사회의 커다란 불안 요인으로 남게 된다. 세계 최악의 성범죄 국가로 불리는 남아공에서는 매년 100만건 이상의 성폭행 사건이 일어난다고 한다. 이는 26초마다 1명꼴로 성폭행 피해자가 생기고 있음을 뜻한다.

우리의 경우는 어떠한가? 근래 우리나라의 경우, 성폭력 피해상담 1779건 중 성인이 42.1%, 청소년이 23.6%였으며 어린이가 무려 33.7%를 차지한 것으로 나타났다. 더욱 오늘날은 인터넷 시대의 사회라는 면에서 성윤리를 간직해야 하는 시대적 과제로서 남녀의 윤리 정립은 더욱 심각하다. 청소년들이 인터넷에서 채팅을 하는 경우가 많은데 언어에 의한 성폭력이 심각하며, 그중에서도 음란 사이트가 등장하여 남녀 간의 불건전한 성 문제가 사회 이슈로 등장하고 있다.

하지만 인생에 있어 남녀의 건전한 상호 관계의 유지 내지 건전한 이성 교제라면 더욱 좋을 성 싶다. 그것이 인생을 더욱 활력 있게 해주기 때문이다. 어느 누가 이성 교제를 싫어한다고 했는가? 러셀은 그의 『자서전』의 머리말에서 자신의 생애를 강렬하게 지배한 3개의 정열이 있음을 고백하

---

18) <전주일보>, 2000년 5월 27일.

면서 그의 첫 번째 것을 남녀 이성(異性)의 사랑에 대한 그리움이라고 하였다. 대학시절 미팅 한 번 안 해본 것을 자랑할 것은 없다. 그만큼 남녀 간 달콤한 미팅 체험은 대학생활의 자랑거리이다.

여기에서 남녀 이성간의 건전한 교제를 적극 상정하지 않을 수 없는 것이 우리 인간사회이다. 젊음의 상징인 남녀의 사랑이 인생의 에너지로 작용하는 한, 어느 누구인들 이성간의 교제를 굳이 멀리할 필요가 있겠는가? 건전한 이성 교제를 만들어가는 것이 어쩌면 종교인의 과제라 본다. 이에 원불교의 송정산도 건전한 남녀관계를 통해 사회 안정을 추구하였다. 송정산은 『세전』에서 '사회에는 먼저 남녀 사이의 도가 있어야 할 것'이라 한 것이 이와 관련된다.

그렇다면 바람직한 「남녀의 도」는 어떻게 설정하는 것이 좋겠는가? 이에 대하여 송정산은 다음 세 가지를 말하고 있으니, 사회 구성원들은 참조해 볼만한 일이다. 첫째, 공경심이다. 그는 말하기를 '남녀가 서로 공경하는 예의를 잃지 아니하여 피차의 인격을 존중히 할 것'이라고 하였다. 남녀간 공경의 윤리가 깨진다면 그것은 역사가 증명하듯이 조선시대의 남녀차별 시대로 후퇴할 것이기 때문이다.

둘째, 근신이다. '근신'이란 서로 삼가는 마음이다. 근신하는 마음이 있어야 남녀의 관계가 흐트러지지 않기 때문이다. 송정산은 근신에 대해 말하기를 '남녀가 서로 교제를 공명정대히 하여 사회의 풍기를 건전하게 할 것'을 주문하고 있다.

셋째, 양보와 협조이다. 남녀 간에 서로 양보하고, 협동하는 마음이 있다면 그것은 부부의 윤리가 새롭게 설정되는 것이며, 남매의 윤리가 새롭게 상정되고 연인 사이의 윤리가 새롭게 정립된다. 송정산에 의하면 '남녀가 서로 양보하는 아량과 협조하는 미덕을 발휘하여 명랑한 사회 건설에 힘쓸 것'이라고 하였다.

　　고대 로마에는 노인을 다리에서 떼민다는 뜻으로 '데폰타니'(Depontani)
라는 용어가 있었다. 부양에 힘이 드는 부모를 다리 위에서 밀어 익사시켰
던 데서 비롯된 말이다. 또 남태평양의 일부 섬에서 부양에 힘든 부모가
생기면 야자나무에 올려 놓고 자식들이 흔들어 추락사시키는 관습도 보고
되고 있다. 세계 곳곳에서 노인 문제가 심각하다.

　　오늘날 노부모의 고통스런 학대 현상이 벌어지는 경우가 많다. 우리나라
노부모 중 상당수가 자녀 등 가족의 학대를 받은 경험이 있는 것으로 조사
됐으니 말이다. 특히 학대를 경험한 노인 중 42.7%는 거의 매일 학대받는다
고 응답했고 주 1회 이하가 7.9%나 되었다. 그들이 받는 학대방법은 언어
학대가 93.9%로 가장 많았고 이어 방임(30.5%), 경제적 착취(25.6%) 등이었
다고 한다.

　　요즘 의료기술의 발달로 인하여 노인 인구가 급상승할 것이라는 면에서
그만큼 노인들의 문제가 커지고 있음을 알게 된다. 유엔 인구국에 따르면
세계 인구에서 60세 이상 노인이 차지하는 비율은 2050년에는 22.1%까지
늘어날 전망이라고 한다. 그러니까 10명중 1~2명은 노인층에 해당된다는
의미이다.

　　따라서 노인 복지를 향한 실버산업이 크게 부상하고 있다. 노인층의
인구가 자연 많아질 것이고, 많은 노인층을 대상으로 경제 활동도 가능해
진다. 일본 경제기획청은 65세 이상이 일본 총인구의 25%에 이른 2020년에
는 실버산업 규모가 급상승한다고 했다. 우리나라도 인간 수명이 연장되고
있으니, 노인과 관련한 산업이 확장될 것이다.

　　같은 맥락에서 원불교의 송정산은 그의 「건국론」에서 많은 노인들이

---

19) <전주일보>, 2000년 6월 3일.

앞으로 혜택을 받아야 한다고 하였다. 그는 다음과 같이 말한다. "65세 이상의 노인은 양로당에서 생활하고, … 무산자나 중병에 걸려 치료의 힘이 없는 자에게는 무료 입원하게 한다." 이와 같이 연로한 어른이나, 무의탁 노인들이 사회의 복지시설에서 여생을 편안하게 보낼 수 있게 해야 한다는 것이 그의 지론이다. 각 종교의 노인복지가 발전해야 하는 이유가 여기에 있다.

우리에게 구전口傳으로 전해오는 옛 말씀은 소중한 것이다. 송정산도 옛 말씀을 인용하여 말하기를 "내 집안 어른을 받드는 마음으로 남의 어른을 받들라."고 하였나니, 어른을 공경함은 그 사회의 아름다운 풍속이 될 것이라고 하였다. 어른을 받들고 공경하는 도가 이것이다. 그러나 오늘날 노인을 학대하고 존친 상해의 청소년이 있음은 고통스러운 모습이 아닐 수 없다.

이에 송정산은 『세전』에서 어른을 대하는 도에는 두 가지가 있는데, 그중 첫째의 도는 공경과 신뢰감이라고 하였다. "나는 부인을 애처가라기 보다는 경처가敬妻家라 부르고 싶다." 이 말은 김대중 전 대통령이 TV에서 언급한 말이다. 상호 공경 속에 신뢰가 싹튼다.

노인 공경의 도에 있어 둘째의 도는 무자력한 노인을 봉양하는 것이다. 송정산은 "자력 없는 노인들에게 동정과 위안을 잊지 말며 힘 미치는 대로 보호하고 봉양하여 드릴 것이니라."라고 하였다. 노인이 되면 경제활동도 없어지고 그저 육신의 힘도 없어지니 젊은이들이 보살펴야 마땅하다.

아울러 송정산은 노인에 있어 젊은이를 대하는 도가 있음도 상기시키고 있다. 그것은 젊은이가 진보하는 세대라는 점과, 나이에 관련 없이 지혜 있는 사람을 스승으로 대접할 것을 강조하고 있다. 나이가 많다고 무조건 대접만 받으려고 해서는 안 된다는 것이다. 노인들도 자력생활을 할 때까지 해야 하며, 그것이 인생의 황혼을 즐겁게 보내는 길이다.

우주와 지구는 BC 4004년 10월 24일 오전 9시에 창조되었다는 것은 신의 창조론에 관련된다. 물론 이 논리가 사실이든 아니든 상관없다. 다만 우리가 지상에 직면해 살고 있다는 사실이 경외의 일이다. 이 경외의 현실에서 현대인들이 가장 두려워하는 것은 무엇인가?

아마도 자신이 범한 죄에 대해 판결을 받을 때일 것이다. 이러한 현실의 고통을 우리는 간과할 수 없다. 그러나 우리는 그 이면의 세계에 대해서 두려움을 가져본 적이 있는가? 이를테면 현실의 죄목(crime)이 아니라 양심이 지은, 보이지 않는 세계에서의 죄과(sin)에 대한 두려움 말이다.

같은 맥락에서 아담과 이브는 어쩔 수 없이 무화과를 따 먹었기에 선악의 분기점으로 갈라섰다. 선과 악이라는 양 측면에서 우리 인간이 고민하게 된 것이다. 선연선과·악연악과라는 인과론도 심심찮게 거론된다. 이처럼 우리는 양면성의 굴레에서 하루하루를 살아가고 있는지도 모른다. 그것이 일원론이니, 이원론이니 떠들어대는 고준한 학문으로 연결될 필요는 없는 것이다.

불교를 혁신한 송정산은 다음과 같이 말한다. "사람들은 몸과 입과 마음으로 모든 죄복을 짓는 바, 도인들은 형상 없는 마음에 중점을 두시나 범부들은 직접 현실에 나타나는 것만을 두렵게 아나니라."(『법어』 원리편 47장). 여기에서 거론하는 범부는 자각심이 적은 일부의 현대인이라면, 도인은 종교적 신행이 돈독한 신앙인이다. 그가 지향하는 도인에 관심을 가져보면 어떨지? 이는 현대인들이 내면의 형상 없는 세계에 노크해 보는 여유가 필요하다는 것이다.

노크하기가 어렵다면 우선 우리는 한 인간의 생존에는 두 가지 요소가

---

20) <전주일보>, 2000년 6월 10일.

필요하다는 것을 고려해보면 좋을 것이다. 그 하나는 정신이요, 그 둘은 육체이다. 이 두 가지가 있어서 우리는 이목구비를 가지고 자유스런 사유의 세계를 즐기는 것이다. 따라서 우리는 두 안목이 작동함에 따라 사람 노릇을 하게 된다. 하나는 육체적 안목이 작동하여 사람들 틈에 끼여 의식주의 경제활동을 하게 되는 것이고, 다른 하나는 정신적 안목이 작동하여 서로 가치 있는 인생을 토론할 수 있게 된다.

이 두 안목에 잘 적응해야 우리가 누리는 낙원세계에 접근이 가능해진다. 이 두 가지 낙원이 있는데 그것은 현실낙원과 영혼낙원이다. 원광대 송천은 총장은 다음과 같이 말한다. "낙원의 근본은 영혼낙원에 있고 현실낙원은 종속적이라는 명제는 원불교에서 현대사회에 확립코자 하는 낙원의 기본원리이다." 그의 견해에 의하면 종교적으로 영혼낙원이 있고 현실낙원이 있다는 것인데, 우리는 양면의 낙원을 취할 수 있으면 좋다는 것이다. 하지만 그 본의는 바로 현실낙원에 비할 정도로 영혼낙원을 추구하는 것이라는 논리이다.

따라서 원불교의 송정산은 성품의 세계도 본래와 현실이라는 두 세계가 있다고 하였다. 그에 의하면 성품의 본래자리에서 보면 분별이 쉬지만, 현실 세계에서는 분명한 분별이 나타난다는 것이다. 그것이 그가 본 생사관(『법어』 생사편 22장)의 기본이다. '성품'이라는 용어가 어떻게 접근될 수 있는지는 확신하기 어려우나, 불교에서 말하는 본래 자성의 세계, 청정한 마음의 세계가 성품이라 이해하여도 무방할 것이다. 이에 현대인은 본래 자성의 세계를 관조하면서 현실의 마음작용을 잘 해야 하는 과제가 생긴다.

송정산은 『법어』 「무본편」 52장에서 말하듯이 삼라만상으로 나열되어 있는 현실의 경전과 우리 자성에 본래 구족한 무형의 경전 두 가지를 모두 공부의 대상으로 보고 있다. 이는 우리가 일상적 삶에서 현실의 세계를 살아가면서도 자성에 본래 텅 빈 세계를 관조하는 종교의 세계를 무시하지 말라고 한 것으로 이해하였으면 한다.

21 주인정신[21]

사회계약론을 주장한 로크는 정치 문제에 관심을 가지며 주인과 노예로 나뉜 상태에서 참다운 정치는 부재할 수밖에 없다는 입장을 밝혔다. 그에 있어 정치권력이 의미하는 것은 시민을 주인으로 삼고 시민의 동의에 의해 국가의 입면권이 행사된다는 것이다. 시민을 종으로 여기지 않는 자세를 정치 권력층에 요청하고 있는 로크이다.

언젠가 필자의 눈에 띤 글로, 이근식이 모 일간지에 기고한 글인데 '민주 국가에서는 국민이 주인'이라며, 대통령과 모든 공직자는 국민들을 주인으로 섬기는 자세를 촉구하였다. 참으로 지당한 언급이다. 국민을 주인으로 알고, 섬기는 자세를 갖고 살아가는 공직자야말로 국가 헌신의 진정한 주인공인 셈이다.

"주인이 되라." "주인의식을 갖자."라는 말은 우리가 종종 듣고, 사용한다. 주인이 되어야 인생의 참 가치를 발견함은 물론 매사에 성공할 수 있기 때문이다. 예컨대 우리에게 화장실에서 자주 발견되는 크리넥스 티슈로서 '뽀삐'라는 두루마리가 있다. 이것을 처음으로 만들어 유한 킴벌리 회사의 회장이 된 이종대의 성공비결은 "주인정신을 발휘하자."였다. 그는 이러한 주인정신으로 제지공장 입사 1년 만에 공장장이 되어 결국 회장으로 성공한 케이스이다.

오늘날 세상은 머슴이 많으며, 주인다운 주인은 적으니 문제가 많은

---

21) <전주일보>, 2000년 6월 17일.

세상인 것 같다. 주인은 공중 물건을 아끼며 쓰레기를 어질지 않고 남이 알아주든 몰라주든 제일을 잘 하나, 머슴은 이와 전혀 다르기 때문이다. 성자의 다음 가르침에 눈을 돌려 보자. 원불교의 송정산은 공부나 사업이나 주인의 심경으로 하는 이가 있고 머슴으로 하는 이가 있다며, 참 주인의 심경으로 살아가라고 했다. 그의 언급처럼 머슴의 심경으로 살아가는 사람은 남의 이목에 끌리어 살며, 불평불만의 생활을 하기 마련이다.

여기에 대해서 송정산은 '국민은 곧 그 나라의 주인'이라며, 모든 국민이 각각 주인의 도를 다해야 나라가 흥성하고 민중이 행복을 얻게 된다고 하였다. 명예나 권력에 추세하여 망동하는 이는 한 국가의 건설에 주인이 될 수 없다(『법어』 국운편 27장)는 사실을 누구보다 먼저 그는 터득하였기 때문이다. 주객전도의 삶을 살지 않도록 하는 의미에서 이러한 교훈을 설한 것으로 보인다.

그러면 어떠한 심경을 지녀야 참 주인이 될 수 있는가? 가장 중요한 것은 어떠한 난경에 들었다 하여도 평화의 심경을 놓지 아니하여야 한다는 것이다. 그러한 주인만이 앞으로 세상에 평화를 불러들이는 주인이 될 수 있기 때문이다. 머슴은 조금이라도 힘들면 바로 투정을 부리며 그에 상응하는 보상만을 요구하지만, 주인은 넉넉한 마음으로 꿋꿋하게 역경을 견디어낸다.

이러한 심법을 소유할 경우, 드디어 참 주인이 되는 것이다. 이에 송정산은 일개 회사의 주인이 아닌, 세계의 주인이 되라고 가르친다. 그는 다음과 같이 말한다. "시방의 주인은 낱으로 나누인 마음으로는 되지 못하나니, 얼굴로 주인 되는 것도 아니요 지식으로 주인 되는 것도 아니라 낱 없는 마음, 사 없는 마음으로 주인이 되나니라." 시방의 주인, 온 인류의 주인이 되라는 그의 염원에는 인류 공동체의 낙원을 지향하고자 하는 구원 감정이 자리하고 있다.

어쨌든 그는 종교적 성자답게 시방의 주인, 즉 '허공' 같은 텅 빈 심법으로 시방 세계의 주인이 되라고 하였다. '허공이 천하 만물의 주인'임을 천명하고 '빈 마음은 만물의 주인'이라며, "마음 허공을 잘 알아 이용하면 세계의 주인이 되리라."고 하였다. 남북 동포 모두를 포용하는 텅 빈 마음의 소유자가 아쉬운 이때이다.

22 **송정산의 평화론22)**

1950년 새벽, 우리나라는 남북으로 대치된 상황에서 엄청난 비극의 6 · 25 전쟁을 맞게 되었다. 이로 인해 생명의 살상은 물론 의식주를 해결하는 시설들이 마구 파괴되었던 것이다. 6 · 25전쟁으로 남북한의 인명 피해는 모두 5백만 명으로 추산된다.

6 · 25의 발생으로 3년간 우리나라는 전쟁의 잿더미 속에 있었다. 부산 지역 외에는 거의 점령을 당하였으니, 가히 전쟁의 폐허가 아닐 수 없었다. 이곳 익산의 경우도 마찬가지였다. 당시 익산의 신룡리에 위치한 원불교 총부에는 번갈아가며 인민군 1개 소대가 주둔하고, 병참부대 1개 대대가 들어와 총부 정문에는 기관포 2문을 설치하였다. 가히 이곳 익산 지역도 인민군 천지였음을 알게 해준다.

이러한 와중의 동란 속에서 익산에 거주하고 있던 원불교 종법사 송정산은 당시 대중에게 동포의 평화를 위해 기도하라고 하였다. 6 · 25를 맞아 그는 다음과 같이 말한다. "늘 척 없는 말을 하며 여진 있는 행을 하며 기한과 도탄에 빠진 동포들이 평화를 누리고 안락한 생활을 하도록 정성스럽게 기도하라." 종교인으로서 기도 외에는 다른 방법이 없었을 것이다.

---

22) <전주일보>, 2000년 6월 24일.

이에 그는 수생동안 업으로 인해 쌓였던 상극을 극복하기 위해 동포들끼리 서로 척 짓는 말을 하지 말도록 하였다.

전쟁의 발발은 오랜 동안 묵은 업에 의함이니, 송정산은 우리에게 '6·25는 과거 반상 시대에 맺혔던 원진이 터진 것'이라 했다. 더하여 물질과 무력으로 적화통일을 하려는 야망 때문이었다. 이를 간파한 듯 송정산은 "물질과 무력으로 어찌 참다운 행복과 평화를 이룰 수 있으리요?"라며 물욕을 벗어나도록 했다. 전쟁은 투쟁으로 모든 것을 해결하려는 정치지도자 때문에 일어난다. 투쟁이 있는 한 평화는 있을 수 없는데도 말이다.

여기에서 전쟁을 극복해야 하는 현대인들의 과제가 남아있다. 그것은 상호 협조와 진화로 나아가는 길밖에 다른 도리가 없다. 남북이 긴장 속에 대치되는 한 평화는 없으며, 협조로 나간다면 평화로운 세상이 보장된다. 이에 송정산은 다음과 같이 말한다. "서로 도가 있어서 협조와 진화의 길로 나아간다면 그 사회는 평화와 번영을 이루게 되나니라." 협조와 진화 외에 다른 평화의 길은 없다는 것이 성자의 진단이자 안목이다.

이와 같이 화합하는 기운이 생겨났다. 과거 김대중 대통령은 김정일 국방위원장과 역사적 화해로 남북의 얼어붙은 긴장을 완화하고자 하였다. 그가 98년 대통령 당선 후 처음 미국을 방문하여 국회에 연설을 하였다. "우리는 전쟁의 폐허 속에서 일어나 30년간의 노력 끝에 한국을 주요 경제 대국으로 성장시킨 적이 있다." 그의 자신에 찬 언급처럼 한민족은 또 다시 화합을 하여 새천년 6월 14일, 다시는 6·25가 발생하지 않도록 남북 합의서를 도출해 냈던 것이다.

회고컨대 6·25와 대등하게 국난으로 불리어진 사건은 IMF 난국이었다. 한민족은 이 같은 고통의 경제난국도 극복하였다. 김수환 추기경은 다음과 같이 말한 적이 있다. "IMF시대를 6·25보다 더한 국난이라는 표현을 더러 하는데, 그렇다면 전쟁에서 이겨내야 하듯이 이겨내야 한다." 그의 언급대로 우리는 6·25의 폐허를 극복했고, IMF도 이겨내지 않았는가?

다시 '평화'를 위한 원점으로 돌아가자. 세계 평화의 기점은 각자의 '화합하는 마음' 뿐이라는 성자의 외침을 새겨보자. 송정산은 화합해야 하는 당위성을 다음과 같이 말하였다. "세계 평화는 한 사람 한 사람의 화하는 마음에서 부터 이루어지나니, 화하는 마음이 곧 세계 평화의 기점이니라." 그가 진정으로 생각한 평화의 모습은 우리에게 이처럼 멀리 있지 않다. 내 마음이 조물주이므로 마음을 다스리는 연습을 하면 된다.

23 송정산의 한민족관23)

우리가 살고 있는 한국의 이미지는 일반인들에게 어떻게 투영되고 있을까? 60년대로 돌아가면 자원이 부족하고 인구 밀도가 높았으니, 자연 가난한 나라로 알려져 왔던 것이 사실이다. 그러나 70~80년대를 지나면서 그 같은 부정적 이미지가 사라졌다. 한 조사에 의하면(복수응답) 한국의 이미지로는 올림픽 84.6%, 경제발전 70.2%, 분단 전쟁지역 54.4%로 나타났다. 한국은 에너지의 98%, 식량의 40%를 외국에서 수입하는데도 잘 사는 나라로 급변하였다.

한국에 대한 이미지를 알려면 외국인의 감상을 들어볼 필요가 있다. 영국대사관 2등 서기관 로스페로의 한국 이미지를 들어보자. "개인적으로 나는 한국의 자연미를 사랑하며 많은 한국인도 이런 평가를 공유하고 있다는 것을 보면 기쁘기 그지없다. 나는 북한산, 속리산, 금정산, 설악산 등으로 산행을 많이 다녔다. 산행을 하면서 본 산수의 아름다움과 마음씨 착한 한국인들은 내 기억 속에 오랫동안 기억될 것이다." 그에게 우리나라는

---

23) <전주일보>, 2000년 7월 1일.

금수강산에 더하여 마음씨 착한 한민족 국가로 투영되고 있다.

또한 미국 명문대 출신으로서 한때 한국 승려가 된 현각 스님의 한국 이미지는 어떤지 알아본다. "지금 생각해 보면 한국 사람들의 한恨의 정서에 대해 내가 그토록 쉽게 이해할 수 있었던 것은 …오랜 식민지와 분단…" 한민족은 수려 강산이 있고, 착한 민족이면서도 일제 식민지에 한을 품었던 고통 받은 민족으로 그에게 조망되고 있다. 어쩌면 우리 한민족의 한을 외국인이 그토록 잘 알고 있을까?

이제 한국에서 탄생한 한국의 성자, 송정산은 한민족을 어떻게 바라보았는가? 그는 우리민족에 대해 말하기를 "무궁화는 그 이름이 좋으니, 무궁은 한량없고 변치 않음을 뜻함이라. …태극기는 그 이치가 깊으니, 태극은 곧 우주의 원리로서 만물의 부모가 되는 것이요."라고 하였다. 따라서 이 나라가 전 생령의 정신적 부모국이 될 것을 태극기가 예시하고 있다는 것이다. 우리는 한국의 보물로서 무궁화와 태극기에 대해 고마움을 새겨야 할 것 같다.

이처럼 송정산은 무궁화, 태극기에 이어 '금강산'이 한국에 있음에 매우 기뻐하고 있다. 그는 '우리나라에서 세계에 내어놓고 자랑할 것' 세 가지를 말하고 있다. 그중에서 두 가지를 우선 예로 들어보자. 그 하나는 '금강산'이며, 그 둘은 '인삼'이다. 금강산은 세계적 명산이어서 그렇고, 인삼은 약효가 좋아서 그렇다는 그의 주장이다. 하나 더 말하면 소태산의 대도정법을 만남이라 하였다. 우리나라에 이처럼 자랑거리가 있다고 하니 여간 기쁜 일이 아니다.

그리하여 송정산은 한국에서 태어난 것을 무한한 자부심으로 생각하였다. 그는 이에 말한다. "나는 평생에 기쁜 일 두 가지가 있나니, 첫째는 이 나라에 태어남이요, 둘째는 대종사를 만남이니라." 혹시라도 한국에서 태어난 것을 불행하게 생각하는 사람이 있을지 모를 것이나, 도덕으로 세계에 크게 드러날 것이며, 또 개벽의 시기에 당해 한국으로부터 모든 분쟁이 멈출 것이라 했다. 지정학적으로 4강의 열강 대열에 끼어있는 한국, 강대국의 시름에 고통받아왔던 한민족으로서 이제는 긍지감을 가질만하다.

여기에 한국에 태어난 사람으로서 명심해야 할 점이 있다. 송정산은 젊은이들에게 다음과 같이 부탁한다. "그대들의 책임이 무겁나니, 이 나라를 세계의 일등국으로 만들라. 일등국을 … 도덕으로 만들면 이 나라가 세계의 중심국이 되리라." 과거로부터 한국은 인심이 선량하고, 수많은 종교가 있어도 종교 분쟁이 없는 나라였다. 동방예의지국으로서의 역할 덕택이다.

24 송정산의 진리관[24)]

우리가 잘 아는 미국의 명문대 예일대학의 교훈은 '베리타스(Veritas)'이다. 베리타스는 라틴말로 '진리'라는 말이다. 이는 대학이 곧 진리의 전당이라는 뜻에서 새겨졌으리라 본다. 실제 대학생들이 대학에 진학하는 이유로는 '진리를 탐구하기 위해서'라고 답한다. 이러한 진리를 탐구하기 위해 그들은 젊음을 도서관에서 많은 시간을 보내고, 리포트를 쓴다며 밤을 밝혀가며 독서를 하곤 한다.

과학에서 '진리'라는 개념을 자주 사용한다. 1+1=2는 곧 사실이자 진리이다. H_2O라는 물은 수소와 산소의 결합체임도 진리이다. 이것은 사실과 사실의 이론으로 증명되는 것이라면 과학적 분야에서 진리가 될 수 있음을 알게 된다. 다시 말해서 어떠한 상황성이 조그마한 오류까지도 극복하는 것이면 곧 진리로서 자리매김하는 것이다. 이러한 진리는 과학에서 절대적

---

24) <전주일보>, 2000년 7월 8일.

진리 내지 상대적 진리라는 개념으로 구분되어 설명되기도 한다.

기독교에서도 진리에 대하여 많은 관심을 갖고 있다. "진리가 너희를 자유케 하리라.", "진리를 찾으려면 가족을 떠나 십자가를 지고 나를 따르라." 이는 바로 성경의 글귀이다. 불교의 경우도 진리에 대한 관심이 많다. 인간은 '생로병사'한다는 진리를 석가모니가 깨닫고 '고집멸도'라는 네 가지 불멸의 진리를 설하였다. 삼법인도 불교 진리에 해당한다.

이러한 종교적 진리는 우리 인간으로 하여금 고민에 빠지게 하기도 한다. 예컨대 하버드 출신의 '폴'이 '현각'이라는 스님으로 탈바꿈하게 된 것이 바로 이 진리에 대한 의심 때문이었다. 그는 성당에 가서 다음과 같이 기도하였다. "하느님, 이 세상에 진리가 무엇입니까?" 이처럼 진리가 무엇이냐는 고민이 '폴'이라는 명문대생에서 '현각'이라는 불교 스님으로 탈바꿈한 것이다. 『하버드에서 화계사까지』라는 저술이 베스트셀러가 된 것도 많은 독자가 현각 스님의 이러한 고민에 동참하고 있기 때문이다.

여기에서 진리적 종교를 표방하고 나온 사람이 소태산이요, 이러한 진리적 종교의 신앙을 그대로 전수한 분이 원불교 2대종법사였던 송정산이다. 그리하여 송정산은 신앙의 대상에는 '진리에 맞는 대상'을 찾으라고 「신앙의 도」에서 밝히고 있다. 많은 종교가 허망한 대상을 놓고 신앙하고 있음에 대한 송정산의 진리 대상을 강조하고 있음을 알 수 있다. 신비와 이적만 강조하는 미신적 행위는 허망한 대상으로 놓고 신앙하는 행위이기 때문이다.

그리하여 송정산은 진리에 맞는 대상을 법신불이자 일원상의 진리라고 하였다. 그는 법어에서 다음과 같이 말한다. "일원상을 진리의 근원과 신앙의 대상과 수행의 표본으로 모시고…." 이처럼 원불교는 법신불 일원상을 진리의 근원으로 하여 신앙의 대상과 수행의 표본으로 하는 신앙 공동체임을 송정산은 만천하에 주창하였다.

또한 그는 "법신불이라 함은 곧 만법의 근원인 진리불을 이름이요."라고 하여 삼신불을 설명할 때 법신불을 진리불로 상정하고 있다. 그가 법신불이 진리불임을 선포한 것은 법신불의 진리가 우주 만유를 총섭하기 때문이요, 어느 생명체라도 이러한 법신불의 진리를 벗어나 있지 않기 때문이다. 따라서 법신불은 우주 만유의 진리임을 소태산과 더불어 송정산은 깨달아 실천에 옮긴 것이다.

그런데 송정산은 이 '진리'를 경외와 두려움의 대상으로 알라고 하였다. 왜냐면 그 진리는 '불생불멸의 진리'요, '인과 보응의 진리'이기 때문이다. 이에 그는 다음과 같이 말한다. "사람이 눈으로 보니 아니하여도 진리의 눈은 사람의 선악을 허공에 도장 찍나니 이 세상에 제일 무서운 것은 곧 진리니라." 기독교에서는 '하느님'이 원불교에서 '진리'(일원상)로 통하는 이유가 여기에 있다. 이제 진리가 단순한 과학 용어만이 아님을 알 것이다.

25 ▶ 해탈의 도[25]

고대의 오르페우스교는 원죄를 지닌 우리 인간이 다생의 고통스러운 삶을 살면서 지었던 그 원죄를 씻어야 한다고 말한다. 이와 유사하게 불교의 경우도 윤회의 사슬에서 벗어나는 것이 지상과제로서 하나의 '해탈'이라는 과업이 부과된다. 마치 오르페우스교에서는 '승천'이라는 과업이 부과되는 것과 같다.

중국 도가의 철인 중에서도 장자는 이 해탈의 문제에 관심을 갖게 된다. 그는 말하기를 "천하를 밖으로 한다.(外天下)"고 했는데, 이는 『장자』「대종사」편에 나오는 말이다. '외천하外天下'라는 용어는 우리가 천하에 집착

---

25) <전주일보>, 2000년 7월 15일.

된 상태에서 벗어나라는 불교의 해탈과도 같은 개념으로 등장한다. 이를테면 붕새가 아니면 9만 리 구름 위를 날 수 없기 때문에 장자가 천하를 초탈하라는 의미에서 '외천하'라는 말을 사용한 것이다.

그리스 철학이나 인도철학에서도 해탈이라는 말은 어떻게 응용되고 있는가? 실제 이들 철학에서의 해탈이라는 것은 아트만에서 브라흐만으로 되돌아가는 패턴이라고 한다. 나에 사로잡힌 아트만에서 범 우주와 하나 되는 브라흐만으로 돌아가는 것이 다름 아닌 개아에서 우주아로 나아가는 길이며 이것이야말로 해탈이라는 것이다. 이 브라흐만이 되는 길은 성자적 깨달음의 세계에 이르러야 가능한 일이다.

해탈 개념은 인도의 불교에서 비롯되었다. 불교는 BC 6세기경 인도에서 발생한 것으로, 불교의 핵심 사상은 첫째 업보 윤회의 사상이요, 둘째 수행 해탈의 사상이다. 여기에서 두 번째가 해탈로써 불교의 핵심 개념으로 등장한다. 그러면 불교에서 해탈의 대상은 무엇인가? 우리 주변의 '물질'과 나 자신의 '생로병사'에 집착하기 쉬운 것들이다. 이것들에서 벗어나는 것이 급선무이며, 스님들이 외치는 '무소유' 등이 이에 관련된다.

이에 수도인들이 궁극적으로 추구하는 바는 해탈인 것이다. 원불교의 송정산 역시 해탈을 해야만 우리가 자유를 확보할 수 있다고 하였다. 그는 말하기를 "참다운 자유는 완전한 해탈에서 오나니, 자유의 구경 원리는 곧 우주와 자성의 진리에 근원되어 있나니라."고 하였다. 우리가 누리고자 하는 참다운 자유는 나와 타자에의 집착에서 벗어나 해탈의 심경에서 얻어지기 때문이다.

이상적 목표인 해탈을 얻기 위해서는 어떻게 해야 하는가? 그것은 기본적으로 자신의 수양이 필요하다. 자신의 수양 없이 해탈은 얻어지지 않기 때문이다. 송정산은 이에 말하기를 "우리가 수양 연구 취사의 삼학으로써 공부를 진행하는 바, 결국 수양은 해탈이 표준이 되며…"라고 하였다. 그의 언급처럼 우리가 행하는 수양의 표준은 해탈이라는 것이다. 해탈을 표준으로 삼고 수양을 해야만 참다운 성위에 오를 수가 있다.

오랜 수양을 통해 얻어지는 것이 해탈이며, 이와 같이 해탈한 사람은 가히 측량할 수 없다는 것이 원불교적 인식이다. 그것은 원불교 교조 소태산의 다음 법문에 잘 나타나고 있다. "해탈한 사람의 심경은 범상한 생각으로 측량하지 못할 바가 있나니…" 감히 그의 인격을 측량할 수 없는 것은 해탈한 심경에서 기인한다. 교조 정신을 이어서 송정산도 "대 도력을 측량할 수 없다."는 법어를 내리고 있다.

이제 우리는 해탈의 심경을 가지고 세상을 바라보는 지혜가 필요하다. 해탈의 지혜를 얻는 길은 인생 전반에서 볼 때 어떻게 접근해야 하는가? 어린 아이에게 해탈하라고 할 수는 없기 때문이다. 송정산은 인생 전반을 거론하면서 말하기를 "소시에 대각하고, 중년에 제도 사업하고, 말년에 해탈하면 원만한 일생이니라."고 하였다. 해탈이란 이처럼 우리가 어른이 되어서 궁극적으로 추구하는 목표이다. '40대 이상이면 죽어가는 보따리를 챙겨야 하는 것'이 이와 관련된다.

26 집착의 원인26)

세계적 불교의 지도자 '달라이라마'는 잘 알려진 것처럼 노벨 평화상을 받은 티베트의 종교 지도자이다. 그가 언젠가 방한을 앞두고 우리 독자에게 인기를 끌고 있는 저술이 『마음을 비우면 세상이 보인다』이다. 이 책에는 다음과 같은 글이 실려 있다. "만족감에만 집착하는 것은 자살과도 같은 행위이다." 그는 이처럼 '집착'이란 단어를 매우 고통스런 용어로

---

26) <전주일보>, 2000년 7월 22일.

사용하고 있다.

우리 인간은 '집착'의 굴레에서 벗어나지 못하는 것 같다. 우선적으로 '집착'에 대한 흥미를 유발하는 의미에서 우리는 무엇에 집착하는가를 살펴보자. 그 집착의 종류에 대해 몇 가지로 언급하여 보자. 첫째, 육체의 생사에 대한 집착이다. 둘째, 상호 옳고 그름을 따지는 시비에의 집착이다. 셋째, 인연에 대한 애착 탐착이다.

이러한 집착이 우리 인간에게 문제가 되는 것은, 이 집착으로 인해 '고통'이 유발된다는 점 때문이다. 육체의 수명에 한계가 있는데도 불구하고 오래 살려고 얼마나 우리는 집착하고 있는가? 우리가 수명을 다하지 못하면 최고의 고통으로 받아들이기 십상이다. 또 시비를 따져 자신에게 불리한 판정이 나오면 얼마나 억울해하고 고통스러워하는가? 아울러 사랑하는 인연 간에 만나고 헤어짐에 대한 애착의 고통은 더 말할 나위 없다.

여기에서 집착을 벗어나기 위한 방편으로 신라의 고승 원효의 법어를 소개하여 본다. 즉 고승 원효는 해탈의 길을 생사의 집착에서 벗어나는 데서 찾고 있다. 그는 "죽기 괴롭거니 낳지를 말고, 낳기 또한 어렵거니 죽지도 마오."라고 했다. 이는 매우 역설적인 언급 같으나 현대인에게 시사점을 던져준다. 그것은 생사에 집착하지 않고 해탈하라는 뜻이다.

지난 번 '해탈의 도'를 기고하고, 이번 '집착의 원인'을 게재한 것은 우리가 성자 정신으로 돌아가야 한다는 것으로, 송정산은 특히 이러한 해탈과 집착에 관심을 기울였기 때문이다. 우선 그는 『세전』에서 말하기를 "평소에 세상 오욕에 물들거나 집착하지 아니하여야 한다."라고 하였다. 그는 우리에게 금기할 사항으로 세상의 오욕을 말하였는데, 그 오욕은 우리가 주로 집착하는 '재색명리'와 같은 여러 욕심들이다.

우리 인간은 미완의 존재이다. 완벽하지 못한 인간이기에 우리는 눈앞에 전개되는 순간의 상황에 근시안적으로 집착되어 삶을 전개하기 일쑤이다. 우리에게 상황상황 펼쳐지는 육신에의 집착, 시비에의 집착, 인연에의 집착으로 인해 '고락 빈천'에 집착됨을 벗어나지 못한다. 이에 송정산은 말하기를 "고를 당하매 거기에 구애되고 낙을 당하매 거기에 집착하여 길이 고를 벗어나지 못하며…."라고 했으며, "빈천과 부귀를 당하매 거기에 집착한다."고 하였다.

이처럼 우리는 근시안 내지 과분한 욕심이 들어서 '소유욕'에 둘러쌓여 집착하며, 그것이 성취되지 않을 경우 고통 속에서 헤맨다. 고통만 겪으면 다행이나 그는 인격에 있어 편벽된 상황으로 변질되므로 고통 중에서도 큰 고통이 아닐 수 없다. 이와 관련하여 송정산은 말하기를 "모든 사물의 양면을 두루 살피지 못하고 하나에 집착하면 편벽되어 원만하지 못한다."라고 하였다. 따라서 집착은 인격의 비뚤어진 상황으로 몰아간다는 면에서 보통 문제가 아니다.

온갖 영화榮華에의 집착을 과감히 벗어던지고 우리가 누려야 할 방향을 찾아 나서야 한다. 우리의 이상적 삶의 목적을 위해서이다. 즉 그는 말하기를 "일시적 향락과 영화에 집착하지 말고 불변 담박하고 영원한 도덕의 복락과 영화를 수용하라."라고 했듯이, 부귀영화에 집착하는 일방적 삶에서 벗어나 마음의 복락인 도덕성 회복이 필요하다. 그래야만이 종교 신앙을 통해 우리는 물질 만능의 집착에서 벗어나 정신적 깨달음 즉 해탈이 이뤄지는 것이다.

27 ▸ 휴양의 도27)

어느날 두 사람이 산에 나무를 베기 시작하였다. 나이든 분과 젊은이가 베었는데, 젊은이는 열정적으로 쉬지 않고 부지런히 베었다. 그런데 나이

---

27) <전주일보>, 2000년 7월 29일.

든 분은 50분 베고 10분 휴식하며 베었다. 하루 일을 마치며 젊은이는 쉬지 않고 베었으므로, 간간이 휴식을 취한 나이든 분보다 더 많이 베었을 것이라 생각하고 기뻐한 나머지, 벤 나무의 숫자를 세어보았다. 아니 그런데 휴식을 취한 분이 쉼 없이 일한 자신보다 벤 나무 숫자가 많은 것이 아닌가?

'글쎄?' 여기에서 우리는 의심을 갖지 않을 수 없다. 휴식을 취하며 나무를 벤 사람보다 휴식 없이 일한 사람이 더 많이 일을 하였을 터인데, 결과는 그 반대라니? 깜짝 놀란 젊은이는 나이든 분에게 그 비결을 물어보았다. 그러자 나이든 분은 다음과 같이 말했다. "나는 50분 일 하고 반드시 10분을 쉰다네. 그 10분 동안 무뎌진 도끼날을 갈고, 또 피로해진 몸을 잠시 쉬며 재충전을 취한다네."

이제 우리는 '휴식'이라는 것이 일의 능률면에서 얼마나 소중한지를 알게 되었다. 휴가를 취하는 목적 역시 우리가 일상생활에서 지친 몸을 재충전하는 계기로 삼는다는 측면에서 소중할 수밖에 없다. 여가의 선용은 이를 두고 하는 말이다. 많은 사람들이 이제 '여가'의 중요성을 알게 된 것이다.

그도 그럴 것이 다음의 설문조사를 보자. 교통개발연구원이 수도권 시민 1500여명을 대상으로 설문조사한 결과, 응답자의 89.2%가 휴가기간에 여행계획이 있다고 답했다. 그리고 여행기간은 2박 3일이 전체의 45.7%로 가장 많았으며, 3박 4일 28.2%, 1박2일 10.3%를 차지했다. 약 90% 정도가 휴가를 할 계획을 가지고 있다는 것은 그만큼 우리는 여행을 삶의 중요한 과정으로 수용하고 있는 셈이다.

여름의 휴가철을 맞게 되면, 피서지를 찾느라 사람들은 주말이 되면 무척이나 들떠 있으며, 게다가 길거리는 북새통이다. 더구나 자녀들은 교통이 막혀도 마냥 즐겁다는 듯이 즐거워하며, 부부간에 모처럼 나들이가 부러워 보인다. 새 시대의 여름, 휴가철을 맞이하여 많은 사람들이 휴가를 떠나는데, 잠시 다음 성자의 말씀을 경청해 보자. 원불교의 2대 종법사였던 송정산도 휴가의 여행에 관심을 가지고 말하기를 "여행자는 목적지가 있다."고 하였다.

여행이나 휴가 등 휴양을 강조하는 의미에서 송정산은 『세전』에 「휴양의 도」를 두어 "사람이 젊어서 사업을 하는 가운데도 적당한 시기를 따라 휴양을 취함이 필요하다."라고 역설하였다. 여기에서 주목되는 것은 적당한 시기에 휴식을 취하라는 것이다. 그가 말한 휴식의 시기란 이를테면 오늘날의 휴가철과 같은 것으로 이해하면 된다.

그렇다면 송정산은 적절한 시기에 휴식을 취하라고 했는데, 「휴양의 도」에 대해 어떻게 설하고 있는지 궁금한 일이다. 일상의 생활에서 심신이 피로해지면 눈과 귀가 피로해져 따갑고 목이 뻐근하다는 사실을 송정산은 직시한다. 따라서 송정산은 「휴양의 도」 몇 가지를 말한다. 우선 그는 피로해진 '눈과 귀의 활동'을 잠시 고요하게 만들라고 하였다. 또한 휴식을 취하면서 남의 일에 간섭하지 말고 자신을 편하게 하라는 것이다. 이어서 그간의 원망과 시비거리와 섭섭함을 잊으라고 하였다. 궁극적으로 그는 '고요한 환경에서 수련할 것'을 말한다.

이처럼 송정산이 「휴양의 도」를 강조한 것은 잡동사니를 털어버리고 적절한 휴양을 취해야 "영원한 세상의 영육 생활에 결함이 없다."는 사실 때문이다. 영육 간 피로에 지친 몸을 다시 추겨 세우고 결함 없는 건전한 심신을 회복해야 한다. 천주교의 피정, 원불교의 휴양이 등장한 것은 심신 간 피로해진 우리 모두에게 휴가가 소중함을 인지한 결과이다. 휴식은 그저 노는 것이 아니라면 말이다.

성하의 계절28)

70년대 우리나라의 경제적 부를 일으켰던 인물이 누구인가라고 질문한다면 대체로 '박정희' 전 대통령이라고 한다. 그의 아내사랑은 끔찍했던 것으로 알려져 있다. 부부 사랑은 74년 육여사의 서거 후 진면목을 드러냈다. 그가 지은 시를 보자. "해마다 여름이면, 그대와 함께 이 섬을 찾았노니, 모든 시름 모든 피로 다 잊어버리고…." '해마다 여름이면'이라는 것을 서두로 해서 평범한 가정의 휴가철 모습을 연상시킨다.

여름의 하일라이트는 휴가이다. 초복, 중복, 말복 그리고 내일이 칠석날, 모래가 입추이다. 이처럼 여름이 극하면 시상도 떠오르고 밖에도 노닐고 싶고, 또 여름 특수를 누리는 '냉면'을 먹고 싶다는 생각이 든다. 한국인들이 여름에 가장 즐겨 먹는 음식으로는 냉면(30.7%)이다. 이어서 여름철에 국수 15.9%, 삼계탕 11.7%, 된장찌개 5.7%, 냉차 4.0%, 보신탕 3.3% 등이 먹고 싶다고 한국인들은 말한다.

또 여름이면 독서삼매에 빠져 '고전' 책을 읽으며 더위를 식힌다는 사람들(?)이 일부 있는 것으로 안다. 그야말로 '이열치열以熱治熱'인 것 같다. 중국 고대의 『장자』에 나오는 여름 관련 언급을 소개하여 본다. "봄과 여름이 먼저 오고 가을과 겨울이 뒤에 오는 것은 사계의 순서이다."(천도편). 여름이 곧 가을로 변화한다는 것을 인생의 한 모습으로 달관하려는 도가철학자의 모습이 새롭다.

그런데 문제는 여름이 극하면 겨울로 이어진다는 사실을 우리는 종종 모르는 것 같다. 많은 사람들이 그 무덥던 여름 더위도 한풀 꺾였다고 하면서도 말이다. 송대의 주자는 「태극도설」을 설명하면서 무엇이나 극하면 변한다는 원리를 설하였다. 즉 그는 말하기를 "태극이 움직여서 양의

---

28) 본래 제목은 「여름이 극하면」이다(<전주일보>, 2000년 8월 5일).

기운을 낳고 움직임이 극에 이르면 고요해지며, 고요해져서 음의 기운을 낳는다."라고 한다. 여름과 같은 양 기운이 극하면 가을과 같은 서늘한 계절로 변한다는 것이다.

여름이라는 계절 감각을 새기며 종교적 성자 송정산의 법어를 새겨보자. 그는 말하기를 "여름에는 시원한 샘물을 제공하고 겨울에는 따뜻한 온돌방에서 추위를 피할 수 있게 해주며…"라고 하였다. 더운 여름은 오히려 샘물을 제공한다는 '극은 극으로 치유'라는 논리를 설파한다.

그렇다면 극과 극의 치유와 같은 변혁의 논리를 어떻게 해명할 수 있는가? 다음의 법어를 보자. "우주 만물을 볼 때 봄에는 나고 여름에는 무성하며 가을에는 쇠하고 겨울에는 앙상한 모습만 남는 것을 보게 된다." 춘하추동의 논리를 감각적으로 언급하는 법설이 이것이다. 이처럼 여름에 무성함이 가을에 쇠한다는 것은 극은 반드시 변하고야 만다는 것으로서 만고불변의 진리이다.

그리하여 원불교는 우주의 성주괴공 변화의 원칙을 이어받아 인간의 생로병사 원칙을 전개하는 등 우주의 기운을 인간의 기운과 합치시키는 가르침을 베풀었다. 송정산은 곧 산하대지에 가을이 오면 초목들이 낙엽이 되고 봄이 오면 다시 잎이 피는 것처럼, '우리가 생로병사를 면할 수 없는 것도 무형한 한 힘이 들어서 그렇게 되는 것'이라 하였다. 춘하추동의 변화처럼 생로병사로 변화하는 인생살이의 모습이 잘 드러나 있다.

요컨대 여름날 '무성함의 극단'이 지적된다. 무엇이든지 극하면 극한 줄 모르다가 대 혁신을 당하고 만다. 여름의 무성함은 가을이 되어야 파악이 가능하다는 것이다. 그는 말하기를 "여름에는 모든 초목이 다 푸르기에 그 절개를 모르나 기후가 완전히 바뀌면 알게 된다."라고 하였다. 여름의 무성함이 극에 달하고 있으나, 한편에서는 가을바람이 불어오는 순환 진리를 인지하지 않으면 안 된다. 한풀 꺾인 날씨처럼….

11세기 영국 코벤트리 지방을 다스리는 영주 부인인 '고디바'가 주민들 세금이 과중한 것을 동정하여 남편에게 부담을 감해줄 것을 요청했다. 이에 남편은 벌거벗은 알몸으로 말을 타고 시장을 한 바퀴 돌면 감해주겠다고 하니, 이튿날 17살의 앳된 부인은 실오라기 하나 걸치지 않은 노출의 '나체'로 말을 타고 거리에 나서 결국 세금 감면을 받게 한 해프닝이 벌어지고 있다.

7~8월 휴가철, 어느 해수욕장에는 수많은 인파가 모인다. 또 적외선 비디오로 수영복 입은 여성을 '누드'처럼 촬영하는 얌체족이 저녁 9시 뉴스에 기사거리로 나오니, 세상 참으로 요지경의 볼거리를 제공하는 것 같다. 인테넷 세상의 비디오 위력이 나도 모르게 누드로 촬영된다니 가관이다.

최근 문화관광부 장관이 TV에서 '선정적 화면'을 보내는 것에 경고를 가하고 엄격히 이를 규제한다고 하니, 요즘 세상은 노출 경쟁과 노출 금지의 이율배반적 시대인가 착각할 정도이다. 생각건대 여름철의 노출 심리는 두 가지 이유가 있는데, 더워서일 것이고 또 아름다운 몸매를 뽐내기 위해서 일 것이다. 그러나 그 노출의 정도가 심할 경우가 문제이다. 부끄러움 많은 사춘기 청소년들의 교육환경 때문이다.

여기에서 '노출'이라는 단어에 '부끄러움'라는 말을 상정하고자 한다. 우리가 가려야 할 육신 일부를 노출하면 부끄럽기 때문이다. 한서寒暑를 피하기 위해서 적당한 노출은 가능하다고 본다. 그러나 그 외의 이유, 즉 남의 시선을 유혹할 정도의 심한 노출은 삼가야 한다. 타인의 시선을 무시하고 '아슬아슬하게' 노출하는 행위는 부끄러움을 모르는 심야족深夜族일 것이다.

---

29) <전주일보>, 2000년 8월 12일.

부끄러움도 모른다면 그를 '안하무인眼下無人'이라 했던가? 이러한 안하무인들을 치료할 수 있는 방법이 있다. 그들을 성스러움의 분위기로 유도하는 것이다. 이는 종교적 성자의 가르침에 귀를 기울이게 하는 것에서 비롯된다. 곧 원불교의 성자 송정산이 말한 '부끄러움' 관련 법어를 소개하고자 한다.

"부끄러움에 세 가지가 있다."(『법어』법훈편 69)고 한다.

첫 번째로 알지 못하되 묻기를 부끄러워함은 우치愚恥라는 것이다. 자신이 잘 알지도 못하면서 아는 체 하며, 또 물어 알려고도 하지 않는 행위가 이것으로, 참으로 부끄러운 일이다. 자기 체면상 물을 수 없다며 아는 체 하는 행위가 얼마나 부끄러운 일인가?

두 번째로 송정산은 자신에게서 드러난 부족과 과오만을 부끄러워함은 외치外恥라고 하였다. 외관상으로 보인 자신의 결핍만을 수치로 아는 행위가 이것이다. 나의 신체가 왜소하고, 나의 두뇌 회전이 느리며, 나의 얼굴이 못생겼다는 것에 사로잡혀 부모를 원망하며 자신 없이 사는 사람들은 이 법문을 새겨볼 일이다. 또 조그마한 과실에도 자학하는 일은 얼마나 부끄러운가?

세 번째로 송정산은 말하기를 "양심을 대조하여 스스로 부끄러워하고 의로운 마음을 길이 챙김은 내치內恥니라."고 하였다. 참으로 부끄러워하는 방법을 가르치는 곳이 종교라고 본다. 부끄럼 타지 못하는 것을 부끄럼 타게 만드는 교화 행위야말로 종교의 본래 일이기 때문이다.

지나치게 육체를 노출시켜 부끄러움을 모르는 사람들도 문제이나, 더 큰 문제는 양심을 속이고도 부끄러운 줄 모르고 살아가는 사람들일 것이다. 지나친 노출의 선정성을 금하는 일도 좋으나 내면의 양심을 속이며 살아가는 사람들이 부끄럽도록 하는 세상을 만들어야 하는 이유가 여기에 있다. 그래서 송정산은 "사회를 속이되 스스로 부끄러워하지 아니하여… 세상의 혼란이 또한 그치지 아니 한다."(경의편 58)고 하였다.

　일제로부터 광복을 위해 그렇게 독립운동을 벌였던 한용운 스님은 다음의 눈물 관련 시를 쓰고 있다. "힘없는 촛불 아래에 사리뜨리고 외로이 누워 있는 오오, 님이여! 눈물의 바다에 꽃배를 띄웠습니다." 이처럼 한용운은 '눈물의 바다'라는 용어를 사용하며 저려오는 가슴을 쓰다듬는다. 그는 또 다음의 시를 쓴다. "이별을 쓸데없는 눈물의 원천으로 만들고 마는 것…." 그가 언급한대로 분명 이별은 눈물의 원천이 되리라 본다.

　2000년 광복절, 우리 민족은 남북한 모두가 눈물의 바다였다. 이산 가족의 상봉으로 그야말로 눈물과 눈물의 연속이었다. 그것도 경축절인 광복절을 기해 나온 눈물이었다. 눈물도 어떤 마음에서 나온 눈물이냐에 따라 그 성분이 다르다. 가슴 아픈 이별의 눈물이 농도가 더 찐하고 짜갑다는 것이다. 우리 민족은 이처럼 눈물이 짜갑도록 시리고 아픈 눈물로 수십년의 세월을 지내왔다.

　이 눈물이 일상적 감성의 묘약이다. 미국의 한 연구팀이 '눈물'에 대해 조사한 내용에 따르면 한달 평균 여성은 5.4회 남성은 1.4회 눈물을 흘린다고 한다. 이보다 훨씬 많은 눈물! 광복절, 이산가족의 상봉으로 우리 민족은 '울보'가 되어버렸다. 어떻게 조금의 눈물만 흘릴 것인가? 하염없는 눈물이리라. 한용운이 '눈물의 바다'라고 시구에 읊고 있으니, 눈물로 바다가 될 것이다.

　유난히 눈물이 많은 민족은 한민족이라 본다. 장례식 때 '엉엉' 울어대는 한민족의 울음바다에 외국인들은 매우 놀라곤 한다. 외국인들은 서러움의 표현을 '훔칫훔칫' 하는 정도로 하고, 속으로 흐느끼기만 하기 때문이다. 원불교의 성자 송정산도 눈물에 대해 언급하기를 "우리로서 처참한 심회

---

30) <전주일보>, 2000년 8월 26일.

와 비창한 눈물을 어이 금하오리까?"라며 이별의 서러움을 눈물로 호소하고 있다. 눈물이 많은 민족이기에 더욱 끈끈하고 선량한 민족인 것 같다.

이제 우리 민족은 울보처럼 울고만 있을 수 없다. 가슴은 뜨겁게, 머리는 차분하게 하면서 남북이 합하도록 노력해야 한다. 그런 의미에서 원불교 송정산의 통일관을 음미해 보자. 그는 미래 세상을 예언하였는데, 그것은 남북이 평화롭게 손을 잡고 화해해야 한다는 다음의 문구이다. "남북통일과 세계평화는 무위이화로 될 것이다. "우리 이러지 말자." 하고 손잡을 날이 올 것이다." 그는 남북의 통일을 기정사실화 한다.

회고해 보건대, 우리 남북은 과거에 동족상잔으로 상극의 시대였다. 그러나 미래시대는 상생의 시대가 열리리라는 것은 당연한 사실이다. 이에 송정산도 말하기를 '과거 시대에는 상극' 시대였으나 '미래시대에는 상생'의 시대라고 하였다. 그에 있어 상생 기운은 천지의 대운이라는 것이다.

그간 우리 민족은 이념대립의 피해자였는지도 모른다. 공산주의든 민주주의든 열강의 강압에 의해 남북이 분단된 상황에서 어쩔 수 없는 일이었으리라 본다. 그러나 앞으로 이러한 이념의 노예가 되어서는 안 된다. 이에 송정산은 말하기를 "민주주의가 좋다 하나 잘못 쓰면 불행하고, 공산주의가 좋다 하나 잘못 쓰면 더욱 불행하다."며, 오로지 도덕성 회복을 위해 '바른 마음'을 갖고 살아가는 것이 중요하다고 했다.

앞으로 '적화통일'이니, '흡수통일'이니 하는 말들이 사라져야 하리라 본다. 이러한 압제적 표현보다는 '평화통일'이 좋다. 그것은 적화와 흡수를 극복한 상호 중도中道에 바탕하기 때문이다. 송정산도 이러한 중도의 개념으로 '중정의 도'를 밝혀 그의 정치관을 피력한다. 그의 중도에 대한 정치관은 평화통일을 지향하는 것이다. 그런 뜻에서 송정산은 말하기를 "정치에는 중정의 정치가 제일이다."라고 하였다. 이 중정의 정치는 남북 상호를 상생의 관계로 이끌며, 다시는 눈물바다를 만들지 않을 것이다.

세 가지 나쁜 마음들[31]

요즈음 대내외적 영향으로 인하여 기분 '나쁘게' 짜증이 난다고 말하는 사람들이 늘어나고 있다. 『나는 왜 기독교인이 아닌가』라는 저술은, 러셀이 기독교계에 뼈아픈 충고를 던지고 있으므로 세인의 주목을 끈 저술이었다. 니체의 『짜라투스트라는 이렇게 말하였다』에 버금갈 정도의 책이라고 간주해도 손색이 없을 것이다. 러셀은 여기에서 다음의 글을 남긴다. "자기가 속한 사회에 의해 '나쁜 사람'으로 간주되어지는 것은 처벌의 일종이다." 나쁜 사람이라니? 그는 분명 '나쁜 사람'이라고 말한다.

왜 우리는 상대방을 '나쁜 사람'이라고 단언할 수 있는가? 아마도 '나쁜 마음'들이 왕성하게 작용하고 있기 때문이다. 따라서 '나쁜 뉴스'가 저녁 9시 텔레비전 뉴스에 단골 메뉴로 등장하는 것도 당연한 일이 아닐까? 언젠가 모 일간신문 칼럼난에 김홍중 기자가 '나쁜 뉴스'를 가십으로 다루어 독자의 시선을 끈 바 있다. 세상에서 가장 나쁜 소식이어야 텔레비전 뉴스를 타는(?) 실정이다. 누가 칼로 찔렀다느니? 성희롱, 패거리 싸움이 벌어져 사상자가 얼마 생겼다느니….

이처럼 나쁜 마음은 주로 네 탓, 너의 잘못, 조상 탓으로서 '탓'병에서 많이 발생한다는 사실을 알아둘 필요가 있다. 러시아 작가 레프 톨스토이(1828~1910)는 이에 다음의 명언을 남긴다. "남이 그대에게 불만스러운 태도를 보일 때, 그가 '나쁜 것'이 아니라 그대의 선善이 부족하였다." 그의 격언을 보면 '나쁜 것'은 남에게서 비롯되기보다는 자신에서 발단된다는 것이다.

알고 보면 '나쁜 것'의 반대는 '좋은 것'이다. 이 양자를 같이 품고 있는 단어가 있는데 그것은 '위기'危機라는 단어이다. 위험과 기회 두 의미를

---

31) <전주일보>, 2000년 9월 2일.

지니고 있기 때문이다. 이에 김지하 시인도 거들떠 말한다. "때라는 것은 언제나 '나쁜 조짐과 좋은 기회'가 한꺼번에 붙어서 온다고 본다." 그래서 나쁜 것을 알고 대처해 나가면 좋은 기회가 된다는 것은 본 글의 잠정적 결론이다.

이제 '나쁜 마음'은 어떤 종류가 있으며, 그 대처법은 무엇인지를 종교계에 돌려서 살펴보자. 이 나쁜 마음의 세 가지를 '삼독심三毒心'이라 하는데, 탐진치가 그것으로 그 하나는 탐욕의 탐심이요, 그 둘은 성냄의 진심이요, 그 셋은 어리석음의 치심이다. 원불교의 성자 송정산은 「법훈편」 17장에서 이러한 '세 가지 나쁜 마음'을 예시함과 동시에 적절한 치유법을 언급한다.

첫째, 청렴으로 탐심을 극복하는 일이 필요하다. 우리는 탐욕으로 얼마나 자신의 본래 마음을 잊어버리며 살아가는가? 참으로 나쁜 마음은 지나친 탐욕일 것이다. 이에 청렴결백이란 곧 물질 소유의 탐욕에서 벗어나는 일이라는 것은 다 아는 사실이다. 가난함에도 비굴하지 않는 안빈낙도의 선비 정신에서 청렴성이 잘 나타난다.

둘째, 공심公心으로 진심瞋心을 극복하는 일이 필요하다. 진심은 성냄의 의미로 열불난다, 속 터진다, 화가 치민다는 것들이 모두 진심에 속하는 사항들이다. 한마디로 내 마음이 뒤집어지는 것들은 모두 진심이다. 이에 대응한 공심이란 내가 공인이요 지도자라는 마음을 갖는 것을 말한다. 사회 지도자라는 생각을 갖게 되면 나의 성질을 함부로 드러내지 못하는 것이다.

셋째, 명심明心으로 치심을 극복하는 일이 필요하다. 치심이란 사량 계교가 들어 어리석어지는 마음이다. 순수한 마음이 아닌 객기의 마음도 이러한 치심에 해당한다. 명심이란 밝은 마음을 갖는다는 것으로, 무명無明을 극복하는 마음이 요구된다. 어둠에 가려짐을 무명이라 하는데, 명심을 갖게 되면 어두움이 극복되며 어리석은 마음 즉 치심이 극복된다. 송정산이 말한 청렴과 공심과 명심은 근래 일어나는 오탁악세의 청량제가 되리라 본다.

제4편

동양고전의 지혜

1 유교의 종말론[1]

세기말 1999년은 과연 종교의 말세였는가? 적어도 한국 유교에서 만큼은 말세의 현상을 톡톡히 겪었다. 그것은 아마도 『공자가 죽어야 나라가 산다』라는 기상천외의 책 제목에 기인한다. 저자 김경일 교수(상명대)는 상상력이 풍부하게 이러한 저술을 하여 유교의 부정적 측면을 통렬히 비판하고 있다.

우선 본 저술의 제목부터가 우리의 시각을 흥미롭게 한다. 유학을 전공으로 연구하고 있는 필자에게 이 제목은 충격으로 다가왔다. 기회가 된다면 필자는 저자에게 다음과 같은 제목은 어떤가라고 묻고 싶다. "예수가 죽어야 나라가 산다."라든가, "석가가 죽어야 나라가 산다."라는 저술을 할 의향은 없는지? 물론 이러한 저술이 나오면 기독교와 불교에서 어떻게 보아줄 것인지를 상상해볼 필요가 있다는 것이다.

이러한 유교, 기독교, 불교의 교조를 파괴하는 책 제목을 구상하는 것은 곤혹스럽기 그지없다. "신은 죽었다."라고 말한 니체의 유명세를 부러워하지는 않았는지? 물론 저자는 한결같은 논조로 "한국사회를 지탱해온 유교문화의 수명은 이제 끝났다."라고 말하지만, 종교학적 측면에서 그의 견해는 '교조주의'를 극복하자는 발상일 것이다. 그러나 교조주의 극복은 공자가 죽어야 하는 것이 아니라 진정 공자를 살려야 한다.

어떤 문제를 접근함에 있어 종교의 고전古典은 존중되어야 하며, 유교와 유교를 믿는 사람은 구별해야 한다. 『논어』의 정신성은 끝난 것이 아니다. 그리고 기독교를 믿는 사람과 불교를 믿는 사람들이 혹 신행信行을 잘못하면 기독교와 불교는 끝났다고 해야 할 것인가? 단언컨대 유교와 기독교, 불교 교조는 끝나지 않았고, 더욱이 신도들이 21세기에 교조정신으로

---

1) 본래 제목은 「유교의 종말론-공자가 죽어야..」이다(<월간교화> 1월호, 2000).

회귀해야 한다.

본 저술이 베스트셀러가 되었으니, 저자의 내용에 공감하는 독자가 많다고 상당히 자부심을 가질 수도 있다. 그러나 독자들은 흥미위주의 성향으로 책을 사본다. 보다 파격적이고, 저돌적인 책 제목이라면 그 책 내용의 충실성 여부를 떠나 사보고 싶은 욕망이 든다. 서갑숙씨의 성고백서가 인기를 끌고 있는 것도 바로 저돌성, 상업성, 비상식성 때문이며, 그로인해 독자들은 호기심으로 그 책을 사보고 싶어 한다.

공자가 죽어야 한다는 저술에서 유교를 비판하는 조목 몇 가지를 소개해 보자. 우선 비판받을 유교의 조목들이 눈에 뜨인다. '이혼, 남아선호, 장남 책임, 여성의 종속, 조상 숭배'가 사회 고통 및 패망의 원인이라는 비판이 이것이다. 또 저자는 효도가 사람 잡는다고 했는데, 이 말이 지면에 나와 거론되는 것 자체가 부끄러운 일이다. 어떻게 효도를 자녀의 부모에 대한 희생적 부담으로만 생각하는가? 그 외에도 저자는 '온고지신의 뒷걸음' '공자 바이러스'라는 용어를 사용하여 공자는 죽어야 할 대상으로 말한다. 러셀도 기독교를 통렬히 비판했지만 '예수가 죽어야'라는 말은 하지 않았다.

오늘날의 사회 혼란은 유교만의 현상이 아니므로 불교나 기독교, 여타 종교도 책임을 같이 져야 한다. 그런데 그의 저술을 보면 유독 오늘의 말세현상이 유교에 집중되어 있는 양상이니, 논조의 균형성에 있어 서구적 사조에 편승했는지 뒤틀린 사유가 많이 나타난다. 설사 유교적 말세 현상이라도 이는 공자가 죽어야 될 일이 아니다. 유교를 더욱 현대화하는 노력이 필요한 것이다. 그러므로 더욱 공자의 근본정신으로 돌아가야 한다.

유교 비판의 회오리가 지나친 시대에 대하여 필자는 감히 유교 논쟁의 시대로 보고 싶다. 이제 새로운 밀레니엄의 시대에는 제발 교조적 위상을 지닌 분들을 일개의 학자들이 돈키호테 식으로 휘둘러서는 안 된다. 건전한 비판은 좋으나 몰상식의 발언은 인기 작전과 연결될 수 있음을 알아야 한다. 따라서 21세기에 처하여 『공자가 살아야 나라가 산다』는 최병철

교수(청주대)의 저술을 권하고 싶다. 유교를 바로 알기에 적합한 저서가 이것이기 때문이다.

2 ## 『고전』은 정보가 아니다[2]

　요즈음 고전 음미의 정신이 사라지고 있다. 더욱이 신세대들에게는 한문 읽기가 고리타분하게 느껴지고, 한자로 글씨 쓰는 일에는 여간 어려움을 느끼고 있는 젊은이들이다. 실제 자기 가족의 이름을 한자로 쓸 줄 모르며 자신이 사는 주소를 제대로 쓰지 못하는 경우가 많다. 이렇게 한자로 글씨를 쓰지 못하는 것에 대한 자기 합리화는 대단히 발달되어 있어 우리는 한글세대가 아니냐고 반문한다.

　신세대들을 한글세대라고 인정하는 듯이 한자에 익숙하지 못한 것이 전혀 거리낌이 없다는 그들의 논리이다. 사실 한자로 글씨를 못 쓴다 해서 오늘날 그들에게 불편함이 적은 것도 사실이다. 논자의 초등학교 시절, 공무원에 합격하려면 열심히 한자 공부했던 것이 이젠 옛말이 되어버리고 말았다.

　오늘날 많은 사람들이 고전을 삶의 지침서로 생각하지 않고 필요한 때에 정보파악 정도로 생각하는 경향이 있다. 즉 고전에서 정신을 배우는 것이 아니라, 이 고전 문구가 어느 고전책 속에 있느냐 하는 '정보 파악'의 정도에 지나치고 만다. '현지우현'玄之又玄이란 용어가 『논어』 아니면 『도덕경』 어디에 있지 하는 관심만 있을 뿐 '현지우현'의 정신체득 문제는 아무런 관심도 없이 사는 현대인들이다.

　그렇다면 그들에게 '온고지신'의 정신 자세는 어디로 갔단 말인가? 옛것

---

2) <월간교화> 2월호, 원불교 교화훈련부, 2000.

을 익혀 새것을 개척하는 역사적 자세는 어떻게 해명해야 할 것인가? 생각건대 '고전'이란 시공을 초월해 우리의 의식 속에 살아 꿈틀거리는 정신적 보루 역할을 한다. 예로부터 고전이란 오래된 인간의 지식과 지혜가 현재와 미래에 영원히 살려주는 정신적 저수지가 아닌가? 한글의 70% 정도가 한자에서 나왔다는 것을 까마득하게 잊고 사는 사람들이 누구인가?

우리가 접할 고전은 유교의 사서삼경, 불교의 대장경, 도교의 도덕경, 기독교의 구약 및 신약, 원불교의 전서 등이다. 다행히 오늘날 일반인들에게 알려진 정도의 고전으로『논어』『도덕경』『명심보감』등이 거론된다. 그러나 고전의 명칭만 그들의 뇌리에 남아있지 그 속에 어떠한 정신이 살아 있는지를 모르는 경우가 다반사이다. 그럼에도 불구하고 그들은 어려운 영어 단어를 어떻게 그리 잘 아는지?

19세기 말에서 20세기 초에 걸쳐 우리나라는 서구문명이 물밀 듯이 들어왔다. 그래서 국제화, 세계화라며 우리는 서구문화에 길들어져 왔고, 영어단어에 익숙해 있다. 이것을 뭐라 시비할 수는 없다. 그러나 작금의 우리는 서구 위주로 세계화되어 있지 동양의 세계화에는 무관심했다. 중국과 일본과 한국이 한자 문화권임에도 불구하고 특히 우리는 한자에 그렇게 낯설어하며, 고전에 있는 한자 숙어는 잘 모르니 말이다.

21세기에는 아시아적 가치가 부각된다고 한다. 혹자는 아시아로 세계인이 몰릴 것이라고 한다. 이제 우리는 아시아에서 세계로, 세계에서 아시아로 발돋움하는 새 시대에 처해 '고전'古典을 음미할 줄 알고, 한자漢字에 익숙해지는 성숙한 시민이었으면 한다.

한국을 무대로 한국에서 불교를 혁신하고 일어선 소태산 대종사도 유교의 사서삼경과 도교의 도덕경 등을 읽지 않았는가? 기실 원불교의 역할은 '고전적 지혜의 요청'이라고 윤이흠(서울대) 교수는「원불교신문 창간30주년」초청강연에서 언급하였다. 우리 모두 고전에 관심을 갖고, 고전 정신을 되살려 희망찬 삶을 열어가는 새 천년의 저수지로 삼자.

언젠가 필자는 예비교무들과 더불어 가을 소풍으로 해인사 홍제암에 가서 1박을 한 적이 있다. 우리는 그곳 박종성 주지스님의 말씀을 받드는 기회를 가졌다. "우리 젊은이들은 옛것을 무시하면 안 된다. 역사를 모르는 소치이다." 주지스님이 하고 싶은 얘기가 많이 있을텐데 하필 예비교역자들에게 이러한 언급을 하였을까? 그 궁금증은 풀리지가 않았다.

성균관대학교 건학 600주년 기념행사에 세계대학교 총장 학술회의가 열렸다. 그 회의에는 이테리 볼로냐대학교 총장, 영국 옥스퍼드대학교 총장, 독일 하이델베르그대학교와 뮌헨대학교 총장, 프랑스 파리 1대학교총장 등 명문대 12명의 총장이 내방하였는데, 그들은 열띤 발표와 토론에서 특히 강조한 것으로 "가장 오래된 것이 가장 새로운 것이다."는 문구였다. 그들은 왜 가장 오래된 것이 가장 새로운 것이라고 했을까? 또 한 번 의심에 의심의 눈길이 갔다.

필자에게 하나 더 의심 가는 사항이 있었다. 그것은 원불교 조정근 교정원장이 원광대 이사장 취임식에서 언급한 내용이다. 그는 말하기를 "나는 오랜 세월동안 법고창신法古創新, 이것이 나의 좌우명이 되었다." 그의 좌우명 '법고창신'은 도대체 왜 좌우명이 되었을까? 단지 이러한 언급은 연암 박지원 선생이 '법고창신'해야 한다고 말한 내용과 같아서는 아닐 것이다.

위에 언급한 세 가지 의문사항들에 대해 의심이 풀리는 일이 근년에 있었다. 그것은 청소년들 배움의 전당인 고려대학교에 교양강의 '명심보감'이 설강되고, 연세대에 '한문방'이 설치되어 『논어』와 『맹자』 등의 강의가 시행되는 일련의 사건들에서 잘 알 수가 있었다. 그뿐이랴. 또 서울대는 서울지역 12개 대학이 98년도 논술고사 범위를 '고전'古典으로 정한 것

---

3) <월간교화> 3월호, 원불교 교화훈련부, 2000.

역시 필자로 하여금 옛것을 되살리는 지혜, 즉 젊은 청소년들에게 과거를 거울삼고자 하는 것에 초점이 있다는 것을 깨닫게 했다.

"옛것을 익혀 새롭게 한다."는 말은 유교 고전에 나와 있는 용어이다. 『중용』 27장에 "군자는 온고지신溫故知新한다"라고 한 것이다. 소인과 군자 중에서도 군자는 옛것 즉 요순우탕 문무주공의 민본民本과 인애仁愛 정신을 새롭게 하여 백성들을 교화한다고 하였던 것이다. 그러나 소인은 현실만 바라보고 근시안적으로 오늘의 막힌 현 상황에 구애되지는 않는지 궁금하다.

군자의 정신은 공자가 말한 술이부작述而不作이라는 용어와 상통한다. 공자는 옛것을 그대로 이어 받았을 뿐 내가 개작改作을 한다든가 내 주견에 사로잡혀 새롭게 만들지 않는다고 하였다. 공자가 요순우탕이나 문무주공의 정신을 『논어』에서 생생하게 전달했을 따름이며, 그의 사견에 사로잡히지는 않았다.

공자뿐이랴. 맹자도 같은 맥락에 있다. 맹자는 온고지신의 자세를 매우 적극적으로 이해하고 있다. 그는 「이루편」에서 말하기를 "정치를 하되, 선왕의 도를 따르지 않으면 가히 지혜롭다고 하겠는가?"라고 하였다. 선왕의 도를 따른다는 것은 옛것을 소중히 여긴다는 것이요, 이를 지혜로움으로 수용한 것은 새롭게 창조한다는 뜻이다.

이제 우리는 왜 옛것을 익혀야만 하는가를 알 수 있게 됐다. 현대에는 벤처산업 붐을 타고 어느덧 옛것을 소홀히 하는 성향이 있다. 창업, 창업, 창업만이 최고가치인 마냥 난리이다. 그러나 역사의 도도한 흐름 속에서 오늘의 '나'와 오늘의 '너'가 있는 것이다. 현대의 과학 기술과 문명 발전도 다름 아닌 21세기까지 전개되어온 역사의 면면약존綿綿若存과 같은 것이다. 면면이 이어온 시대적 전승을 우리는 수용하고 있지 않은가? 창조라는 가치 하에 옛것을 소홀히 하는 것은 없어야 하리라 본다. 진정한 창조知新는 옛것을 익히는溫故 자세가 그래서 더욱 필요한지 모른다.

'역성易姓'이란 무엇일까? 문자적 의미로 성(姓)을 바꾼다는 뜻인데, 이의 의미를 보다 구체적으로 살펴보면 다음과 같다. 역성혁명이란 한 마디로 정치를 잘못하는 왕이나 대통령이 있으면, 국민들이 이를 새로운 인물로 바꾸어 왕좌에 앉힌다는 뜻이다. 역성혁명의 발단이 된 중국은 봉건제후 국가였으며, 제후(왕)들이 정치를 잘못하면 백성들이 그들을 갈아치운다는 의미로서 본 혁명을 이해한다. 넓은 의미에서 혁명의 대상은 왕, 대통령 내지 장관과 국회의원도 포함된다. 한 국가의 고급 위정자들이 바로 역성혁명의 대상이라는 점이다.

그렇다면 역성혁명은 누가 주장하였는가? 우리는 흔히 맹자가 제창하였다고 한다. 물론 맹자가 역성혁명을 강조하였다. 그가 강조한 역성혁명의 내용은 다음과 같다. "제후가 사직을 위태롭게 하면 다른 사람을 제후로 삼는다(諸侯危社稷, 則變置)." 이는 『맹자』「진심편」에 나오는 내용이다. 맹자가 역성혁명을 특히 강조하였는데, 그 대상이 될 수도 있다는 우려에서 왕들은 송대에 이르기까지 백성들에게 『맹자』를 금서로 읽지 못하게 했다.

그런데 역성혁명은 맹자 이전에도 있었다. 이를테면 요임금과 순임금은 선양으로 왕위를 계승하였으나, 후에 은나라 탕왕이 걸왕을 쳐 역성혁명을 일으켰다. 이어서 주나라 문왕이 혁명으로 은나라를 멸하는 과정 중에 "덕 없는 왕은 갈아치울 수 있다."는 의미의 '천명미상天命靡常'이라는 명분으로 또 혁명을 감행하였다.

역성혁명과 더불어 세간에 잘 알려진 인물로는 강태공과 백이·숙제이

---

4) 본래 제목은 「역성혁명과 바꿔」이다(<월간교화> 4월호, 원불교 교화훈련부, 2000).

다. 강태공은 문왕의 역성혁명에 대한 의지에 적극 찬동하였고, 백이와 숙제는 '주紂왕이라도 엄연한 군자'임을 내세워 역성혁명을 거부하다가 뜻이 이뤄지지 않자 유자儒者의 지조志操로써 고사리 먹고 수양산에서 굶어죽었다. 물론 강태공은 제후로 봉해져 후에 출세가도를 달렸다.

그러면 역성혁명론이 후대에 어떻게 평가되고 있는가? 맹자의 역성혁명은 역사가 사마광에게는 비판을 받았지만, 송대 주자에게는 옹호되어 『맹자』가 4서로 추천되는 계기가 되었다. 주자는 명분에 따른 혁명이야말로 민본民本 차원에서 당연하다는 그 나름의 논리를 내세웠다. 그가 밝힌 혁명의 명분은 "민의를 수렴하지 못하고 민본을 위하지 못하는 왕과 제후들은 그보다 능력 있는 사람으로 대체되어야 한다."는 것과 크게 벗어나지 않는다.

이러한 역성혁명을 오늘날의 상황에 되새긴다면 정기적으로 선거철이 다가온다는 점에서 주목된다. 선거철에 백성들은 대통령과 국회의원 등을 뽑는다. 국회의원의 위상은 중국 고대의 제후들이나 다름없다. 이들은 각 지역을 대표하는 성격을 지니므로, 봉건국가에서 제후들이 각 지역의 대표성을 띠는 것과 별반 다를 것이 없기 때문이다. 따라서 국민들은 역성혁명의 차원에서라도 참신한 인물을 선택해야 한다.

오늘날 선량을 뽑는 국회 선거처럼, 역성혁명이 각광을 받으려면 무엇이 요청되는가? 첫째, 민본民本에서 출발해야 한다는 것이다. 둘째, 혁명革命과 같은 일대 개혁이 뒷받침되어야 한다. 셋째, 역사적 교훈으로 새겨져야 한다는 점이다. 따라서 우리는 국가 발전이라는 명분하에 풀뿌리 국민으로서 민주적 자각의식이 필요하다. 그리고 새 시대를 향한 선량 뽑기라는 혁명의 자세를 간직해야 한다. 기어코 그릇된, 부패된 정치인은 이 국가에서 퇴출시켜야 하기 때문이다.

환기컨대 역성혁명에서 퇴출 대상은 누구인가? 일단 '지역'을 볼모로 잡는 정치인은 퇴출시켜야 한다. 다음으로 '뇌물성' 돈에 연루되어 있는 자 역시 퇴출시켜야 한다. 이어서 국민을 위한 성과가 없는 정치인은 퇴출시켜야 한다. 오늘날 청소년 간에 유행하는 '바꿔!'라는 유행가 가사가 역성혁명을 새기게 하는 현 시점이 참 아이러니하다.

5 5월과 고전정신[5]

5월은 여왕의 계절이라고 한다. 여성들이 다른 계절보다 더 활보하는 시기이기 때문이다. 여기에서 여성들이 활보하게 된 내용을 보면, 꽃이 만발한 봄철이기에 여성들도 꽃처럼 아름다움을 갖고 싶은 마음이 담겨 있다. 또한 5월은 만 생명을 충만 시키는 시점임을 감안하더라도 여성의 자녀양육 등과 같은 생명 창조적 모습이 아름답기만 하다.

이처럼 5월은 화사한 꽃의 계절임과 동시에 생명력이 역동성을 보이는 시대인 만큼, 우리도 이와 관련해서 고대의 성인, 공자의 두 가지 정신을 새겨보고자 한다. 우선 공자의 다음 문구를 살펴보자.

'학이시습지 불역열호'(學而時習之, 不亦說乎)

이를 번역해 보면, "배우고 때로 익히면 또한 즐겁지 아니한가?"이다. 공자는 이 구절을 통해서 모르는 바를 열심히 배우고, 많은 독서를 통해서 교양을 넓혀간다면 이보다 기쁜 일은 없을 것이라 하였다. 5월은 덥지도 춥지도 않은 계절로써 공부하기에 적합한 시기이다. 이처럼 아름다운 계절을 맞이하여 우리는 마음을 살찌울 수 있는 독서에 심혈을 기울일 필요가 있다.

---

5) <월간교화> 5월호, 원불교 교화훈련부, 2000.

그렇다면 우리는 지금 마음의 양식인 독서에 몰두하고 있는가? 독서하고 있다면 어느 책을 읽고 있는가? 우리들이 읽고 있는 책을 주변 사람들에게 알려주고, 감명 받은 바를 스승에게 사뢰어 감정도 받아보면 어떨까 한다. 전에 '민음사' 대표 박맹호씨가 한 말이 생각난다. "책은 성숙된 인간으로 새 천년의 문을 여는 영원한 마법의 열쇠일 것이다." 어떠한 책을 읽어야 할까 망설이는 사람은 금주의 베스트셀러를 살펴보면 책을 선택하는데 유익하리라 본다.

또 하나의 문구가 우리를 사유케 한다. 공자는 『논어』 첫머리에 부분에서 다음과 같이 우리에게 말하고 있다.

'유붕자원방래 불역낙호'(有朋自遠方來, 不亦樂乎)

이를 번역해 보자. "벗이 먼 곳으로부터 오면 또한 기쁘지 아니한가?" 요즘은 학기 중반이 되어 젊은이들은 많은 친구들을 사귀며 그들만의 아름다운 대화를 주고받고 있다. 이처럼 21세기에 함께하는 친구들은 앞으로의 우리가 추억담에 등장하는 주인공들이 될 것이다. 서로 소중한 친구들을 만나면 그저 반갑고 포옹하고 새들이 지저귀는 것처럼 아름다운 모습이 아니겠는가? 우연히 중·고등학교 동창생을 길거리에서 만난다면 그처럼 즐겁고 반가운 일이 어디에 있겠는가?

여기에서 우리는 친구들과 "얼마나 친교를 교환하고 있을까?"라고 새삼 생각해본다. 나의 고민을 함께 할 친구, 나에게 격려해주는 친구를 진정 사귀고 있는가? 아니면 나를 불안하게 하고, 나를 그릇된 길로 몰아가는 친구들에게 가까이하고 있지는 않는지 반성해 봐야 한다. 많은 불량 청소년들은 주변의 불량 친구들에게서 상당한 영향을 받고 있는 것도 사실이다.

성악설을 주장한 순자도 같은 의미에서 말하기를, "옛 말에 그 사람을 모르면 그 친구를 볼 것이요."(不知其子, 視其友)라고 하지 않았는가? 그가 사귀고 있는 친구의 인품이 어떠한가를 알면, 그의 인간 됨됨이도 알아낼 수 있다. 이처럼 우리가 사귀고 있는 친구는 곧 나의 얼굴과 같은 것이다.

봄날을 맞이하면서 우리는 이처럼 내 마음을 살찌울 수 있는 양서를 읽고, 우리의 전인적 인격을 지향해야 하지 않을까 본다. 또 우리는 내가 어렵고 힘들 때 나를 도와줄 아름다운 친구들에 의지해서 난관을 극복해 나갈 수 있는 친구가 주변에 있는지 다시 한 번 새겨봐야 한다. 이를 감안하지 않고 그저 화사한 꽃만을 보고, 외부지향의 삶을 추구하는 사람들이 있다면 모처럼 찾아온 5월은 아무런 의미 없는 계절로 사라지고 말 것이다.

6 군자의 삼락6)

요즈음 성하盛夏의 계절을 맞이하여 여기를 봐도 아름다운 꽃들, 저기를 봐도 멋진 꽃들이 우리를 즐겁게 한다. 이것이 바로 기쁨 충만의 심락心樂이라고 할 수 있을 것이다. 이러한 마음 충만의 행복은 주변에 우리를 즐겁게 해주는 자연의 아름다운 환경 때문이라 본다. 여기에서 우리는 노력만 하면 얼마든지 우리를 기쁘게 하는 여건을 마련할 수 있다.

무엇보다도 기쁨이란 소중한 것이다. 삶의 행복이 이와 관련되기 때문이다. 수많은 사람들 중에서 일상적 삶에 기쁨을 누리고 사는 것은 그가 기쁨 충만 속에 있다는 것을 말하며, 이러한 사람들이야말로 성자 정신으로 살아간다고 할 수 있다. 세계적 예술가로서 삶에 기쁨을 얻기 위해 판에 박힌 생활을 극복하고 타이티로 여행을 떠났던 고갱은 그의 즐거운

6) <월간교화> 6월호, 원불교 교화훈련부, 2000.

생활을 다음과 같이 고백하였다. "나는 자유로운 생활의 인간적인 모든 기쁨을 누렸다." 이는 기쁨 충만의 아름다운 모습을 인류에게 드러낸 고갱의 예술가적 언급이다.

이러한 기쁨을 간직하는 일은 희생적 정열로 살다간 성인군자의 삶에서 더욱 모색된다. 성자들은 우리 인류에게 행복한 삶의 비결을 전해준 인류의 스승이기 때문이다. 특히 동양의 성현들은 이러한 인생의 공부 길에 모델이 되어준 분들이다. 그중에서 맹자는 인간에게 기쁨 세 가지로서 삼락三樂이 있다고 하면서 다음과 같이 말한다. "부모가 생존하고 형제가 편안한 것이 첫째 낙이요, 하늘과 사람에게 부끄러움이 없는 것이 둘째 낙이요, 천하의 인재들을 모아 가르치는 것이 셋째 낙이다."

이 말씀은 『맹자』 「진심편」에 나오는 소중한 교훈이다. 그는 많은 기쁨들 중에서 삶의 희열감에 젖어들 수 있는 즐거움을 이처럼 세 가지로 언급하고 있다. 먼저 '부모가 생존하고 형제가 편안한 것'이 첫째 낙이라는 것은 지당한 말이다. '가화만사성'家和萬事成이란 말이 있듯이, 가정이 효도하고 우애하여 평안하다면 가정에 웃음꽃이 필 것이다.

다음으로 '하늘과 땅에 부끄러움이 없는 것'을 둘째 낙이라고 한 것 역시 우리에게는 새겨볼 교훈이 아닐 수 없다. 맹자는 성선설의 발단이 되는 사단四端 중에서 '수오지심'羞惡之心을 밝혀 부끄러워할 줄 아는 것이 인간의 본성이라고 했다. 상호 예절이 여기에서 나오기 때문이다. 잘못된 행위를 하고서도 부끄러워할 줄 모른다면 그것은 인간의 무리가 아닐 것이다.

이어서 맹자는 '천하의 인재들을 모아서 가르치는 것'이 셋째 낙이라고 하였다. 많은 인재들이 모여드는 곳에 발전이 있으며, 그 반대는 정체 내지 퇴보가 있을 뿐이다. 천하사는 인재들이 개척하기 때문이다. 따라서 모든 청소년들이 배움터를 찾아 열심히 공부하도록 배려하는 것이 기성인들의 주된 임무이다.

추모의 6월을 맞이하여 이러한 세 가지 보람을 모르고 사는 현대인들은 없는지 궁금하다. 삼성그룹 고 이건희 전 회장도 말하기를 "기쁨은 나눌수록 커진다."고 하였다. 우리는 맹자가 말한 세 가지 기쁨을 남의 일로 알 것이 아니라 나의 기쁨거리로 받아들여 함께 즐긴다면 항상 웃음의 미소가 떠나지 않을 것이다. 만일 슬픔으로 나날을 보내는 사람들이 있다면 이보다 안타까운 일이 어디 있을까? 희로애락喜怒哀樂의 네 가지 감정 중에서 기쁨이 2가지나 들어 있다는 사실을 알아두자.

어쨌든 『맹자』의 고전에 나타난 군자삼락君子三樂을 우리는 다시 한 번 새기면서 우리들의 일상적 삶을 기쁨으로 이끌어가야 하는 과제가 남아 있다. 이를 위해서는 부모에게 효도하고, 형제간에 우애하며, 많은 인재들을 도량에 끌어들여 그들을 훈도해 나간다면 이보다 기쁜 일이 또 있겠는가?

7 일일신 우일신[7]

새롭고 새로운 신록新綠의 계절이다. '새로움'과 관련하여 자주 사용하는 고전 문구중의 하나를 보면 '일일신, 우일신'이라는 용어가 있다. 이 말은 "나날이 새롭게 하고, 또 나날이 새롭게 하라."는 의미로서 항상 새로운 마음으로 살아가라는 뜻이다. 이러한 용어는 동양인 모두에게 잘 알려져 있는 용어이다. 선진 어록에 '일일신日日新은 언제나 전진하는 자세'라고 풀어 말한 것을 보아도, 우리의 삶을 전진의 길로 이끄는 유명한 격언임에 틀림이 없다.

이러한 용어는 어디에 나와 있는가? 이는 『대학』 2장에 나온 말이다. 여기에서 거론되는 인물이 있는데, 그분이 바로 탕왕이다. 탕왕의 세수

---

7) <월간교화> 7월호, 원불교 교화훈련부, 2000.

대야에 쓰인 글을 보면 "약일신若日新, 일일신日日新, 우일신又日新."이라는 글이 새겨져 있다. 이를 풀어보면 "만약 날로 새로워지려거든 나날이 새로워질 것이고, 또 새로워질 것이니라."는 의미이다. 이를 교훈으로 세상에 알리고 있는 『대학』은 동양의 보고寶庫로서 사서 중의 하나이다.

『대학』에 인용 인물로 나오는 탕왕이 '일일신 우일신'이라는 용어를 왜 등장시키고 있으며, 그는 누구인가가 궁금한 일이다. 탕 임금은 사람이 그 마음을 깨끗이 씻어서 악을 제어하는 것은 마치 몸을 목욕하여 때를 버리는 것과 같다고 하였다. 그래서 그는 목욕 도구인 세수 대야에 그러한 용어를 새겼던 것이다. 아울러 탕왕은 은나라의 시조로서 하나라의 폭군인 걸桀을 죽이고 훌륭한 재상 이윤의 도움을 받았던 분으로, 공자가 훌륭한 왕으로 추앙했던 인물이다.

그런데 증자가 지었다고 하는 『대학』에서 '일일신 우일신'에 이어 바로 등장시키는 용어가 있으니 이 역시 주목될만한 문구이다. '작신민作新民'이라는 용어가 그것으로 "새로워지는 백성을 진작시켜라."는 뜻이다. 이는 백성들이 새로워지도록 더욱 분발시키라는 의미이다. 이처럼 백성들이 새로워지도록 계기를 부여하는 것이 바로 사회 지도자의 역할이 되는 셈이다.

'작신민作新民'의 용어는 '일일신日日新'과 같이 백성을 새롭게 하는 목적을 지니고 있으며, 이를 주석한 송대의 주자는 다음과 같이 거론하고 있다. 새로운 마음을 잃지 않도록 "백성을 북치고 춤추게 고무하라.(鼓之舞之)"고 주석하였다. 새로운 생활을 부단히 이어가기 위해서는 마음의 즐거움이 필요하며, 그러한 즐거움은 신명나는 삶이 요구되었던 것이다. 이에 우리는 항상 새로워지는 마음을 간직해야 하는 과제를 안고 살아가고 있는 셈이다.

유교의 『대학』에서는 삼강령 조항으로 명명덕明明德, 신민新民, 지어지선至於至善이라는 가르침을 베풀었다. 이 세 조항 중에서 '신민'은 다름 아닌 '일일신, 우일신'의 삶을 이끌어가는 공부길이다. 이처럼 고래도 동양의 공부 방법은 우리의 심법을 바르게, 밝게, 새롭게 살 수 있는 길을 열어 주었으며, 그의 장본인은 공자와 맹자이다. 공자 역시 이러한 새로움의 정신을 '온고지신'溫故知新이라 하며 옛 것을 익히되 "새로움을 인지하라." 고 하였던 것이다.

'새로움'의 출발인 '일일신 우일신'의 용어는 비단 유교의 공부법만은 아니다. 모든 종교, 모든 사람들이 눈여겨 깊이 새겨야 할 용어이다. 이에 원불교에서도 같은 흐름에서 이러한 용어를 등장시킨 적이 있으니 주목될만한 일이다. 『육대요령』(시창 17년판)에 "일일신日日新 우일신又日新"이라는 표어가 상정되어 실렸던 것이다. 유교나 원불교나 같은 심학心學의 공부법을 지속적으로 애용하기 때문이라 본다. 그리하여 대산종사는 최후법문으로 '새나라, 새세계, 새종교, 새일꾼으로 일원의 세계'를 살려 나가자고 하였다.

8 혈구지도絜矩之道[8]

오늘날 존속尊屬 문제와 관련한 불미스러운 일들이 종종 일어나고 있다. 근래 보험금을 타려고 자녀의 손가락을 자른다거나, 남편을 죽이려 하다가 미수에 그쳤다거나, 재산 싸움으로 부모를 폭행하는 일련의 일들이 이와 관련된다. 이러한 존속 상해는 오늘만의 문제는 아니다. 예컨대 주자가 언급하듯이, 중국 당나라 명황제(현종, 712~756)는 자신의 동생들과 우애가 깊었지만, 임금으로서는 자신의 신하를 죽였고 아버지로서는 자식을 죽였고 남편으로서는 아내를 죽였던 것이다.

우리는 이러한 고통스런 사건을 접하면서, 유교의 고전(古典) 정신에

---

8) <월간교화> 8월호, 원불교 교화훈련부, 2000.

귀를 기울여야 한다고 본다. 사서의 하나인『대학』에서 이와 관련한 삶의 지침을 찾아보자. 여기에서는 군자에게 혈구지도가 있다며, 누구나 혈구지도를 실천하자고 하였다. 이른바 '혈구지도絜矩之道'란 의미는 무엇인가? 여기에서 '혈絜'은 잰다 혹은 가늠한다는 의미이다. '구矩'는 '잣대' 내지 '법'을 의미한다. 따라서 혈구지도란 "법이나 잣대로 가늠한다."는 의미이다.

이 혈구지도는『대학』10장에 나오는 말이다. 증자가 지었다고 하는 『대학』에서는 혈구지도가 있는 이유로 다음 세 가지를 언급하고 있다. ① 노인을 잘 대접하는 것이고, ② 어른들에게 공경하는 것이며, ③ 고아를 궁휼히 여기는 것이다. 이러한 세 강령을 새기면서 다가오는 것은 우리들의 현실 문제라는 점이다. 과연 이러한 강령들을 실천에 옮기고 있느냐 하는 반성의 소리를 기대할법한 일이다.

그러면 이 혈구지도를 강조하는 이유는 무엇인가? 그것은 다름 아닌 "백성들이 효제孝弟를 흥기시킨다.(民興孝, 民興弟)"는 사실 때문이다. 군자가 혈구지도를 강조하고 실천하게 한다면 백성들은 부모에게 효도함은 물론, 어른들에게 공경하게 하는 인륜 기강이 확립되기 때문이다.

그러면 동양 고전의 정신을 담고 있는 보감의 문구 '혈구지도'의 본문을 열거해 보자. 고전의 음미는 역시 원문을 새겨보는 일에서 가능하기 때문이다. "윗사람에게 싫었던 것으로써 아랫사람을 부리지 말며, 아랫사람에게서 싫었던 것을 윗사람을 섬기지 말며, 앞사람에게서 싫었던 것으로써 뒷사람에게 부가하지 말며, 뒷사람에게서 싫었던 것으로써 앞사람에게 따르지 말며, 오른쪽에게서 싫었던 것으로서 왼쪽에서 사귀지 말며, 왼쪽에서 싫었던 것으로써 오른쪽에게 사귀지 않는 것을 일러 혈구지도라 한다." 이의 뜻은 분명하다.

본 혈구지도에서 알 수 있듯이, 상하의 도가 강조되고 있으며, 선후의 도 내지 동지 좌우의 도가 관련되어 있다. 이러한 도는 스스로 하기 싫은 일을 남에게 시키지 말 것이며, 또 남이 싫어하는 것을 알면서도 강권하지 말하는 내용이다. 내가 조금 편하고자, 내가 조금 이롭게 하고자 남에게 권하고 해하는 일은 없었는가를 반성하는 것도 혈구지도에서 새겨볼 일이다.

구체적으로 혈구지도를 통해서 우리는 무엇을 마음속에 새겨야 할 것인가? 크게 두 가지로 언급해 보자. 우선, 교제를 함에 있어 항상 '공경심'을 놓지 않아야 한다는 점이다. 송대의 주자도 이를 해석하며 말하기를 '무례함'을 극복하기 위해 이러한 말씀이 등장했다고 한다.

다음으로, 여러 가정의 부모에게 '효성'을 다하는 자녀가 되어야 한다. 효도를 강조하는 유교의 『효경』에서는 이와 같은 맥락에서 말하기를, "자기의 부모를 생각하지 않고 남을 사랑하는 것은 덕에 어긋난다고 하고, 자기의 부모를 공경하지 않고 남을 공경하는 것을 예에 어긋난다고 한다." 고 하였다. 『효경』의 본의는 진정으로 자신의 부모를 공경함에서 인간다움을 실천한다는 뜻이다. 혈구지도의 본 뜻은 이처럼 참으로 '사람되는 공부법'인 셈이다.

어쨌든 본 혈구지도를 새기는 의미로써, 휴가철인 여름에 즈음하여 상대방을 공경하고, 부모를 찾아뵙는 효성에서 이러한 고전의 혈구지도 정신을 새롭게 해보자는 것 이상이 아니다.

9 가위호학可謂好學9)

휴가철이 끝나고 새 학기가 시작되고 있는 요즈음이다. 우리 젊은이들은 새 학기에 접해 학교에 나아가 2학기의 여러 학과목을 접하게 된다. 즉 여름방학을 추억으로 남긴 채 다시 교정에서 실력 쌓도록 노력한다. 가을

---

9) <월간교화> 9월호, 원불교 교화훈련부, 2000.

의 9월에 당도하여, 아침 출근시간이면 길거리에 많은 학생들이 학교에 등교하느라 분주하며, 아울러 그들의 책가방은 힘에 부치도록 무겁기만 하다.

우리나라처럼 학생들이 많은 나라도 드물 것이다. 수치로만 본다면 한국은 가위 교육대국이다. 실제 한국인의 진학률을 보면, 초등학교 100%진학, 중학교 96%진학(일본의 경우는 95%), 고등학교 89%, 대학교 50%(카나다 미국과 한국이 비슷)이다. 이렇게 많은 진학을 하며 학생들이 공부하는데도 학생들은 학교생활에 만족하지 못하고 있는 실정이다. 언젠가 학생들이 받고 있는 '스트레스의 원인'을 묻는 질문에선 응답자의 82.8%가 '공부' 때문이라고 한다.

그들은 학교에서 공부하면서도 왜 스트레스를 받는가? 좋은 성적으로 명문대 입학에의 압력, 아니면 학생들끼리의 폭력인가? 아니면 잠시 시간을 과거로 돌려 개방기(1921)에 중국 유학의 거봉으로 활동했던 양계초의 '학교' 관련 문답을 들어보자. "학교는 무엇 하러 다닙니까?" "학문하기 위하여 다닌다네." "그러면 당신은 무엇 때문에 배우려 하는가?" "나는 이렇게 답하고 싶네. 학문을 하는 것은 사람이 되기 위한 것이라고." 명문 명답이 이것이다.

그렇다. 과거와 오늘날의 '학교' 다니는 목적이 같은듯하면서도 다르게 나타난다. 과거에는 '사람 되는 공부'를 목적으로 해서 인의예지仁義禮智가 강조되었다면, 오늘날은 주로 '성적 올리기'와 '명문대 입학'이 강조되고 있는 것 같다. 과거와 달리 지식산업 시대와 경쟁사회로 진입했기 때문이다.

이제 고대 공자시대에는 "학문을 좋아한다."고 하여 '호학好學'이 거론된 적이 있는데 그 내용을 살펴보자. 이를테면 그 당시 호학의 세 가지 조건에 대해 『논어』 원문을 소개하여 보자. "음식을 먹되 배부르게 하지말고(食無求飽), 거처를 정하되 안일함을 구하지 말며(居無求安), 일에는 민첩하되 말에는 삼가고愼於言 도가 있는 곳에 나아가면 가히 호학한다고 이를지니라(可謂好學)."

이 말은 『논어』「학이편」에 나오는 말이다. 여기에서 호학의 세 대상으로 첫째 "음식을 먹되 배부르게 하지말라(食無求飽)"는 말이 강조되고 있다. 과연 이것이 호학의 대상인가 하는 의심이 생길만하다. 왜냐하면 오늘날 많은 학생들은 배고픈 시대에 살고 있지 않기 때문이다. 또 '절식'에 대한 가치를 별로 중시하지 않기 때문이다.

다음으로 "거처를 정하되 안일함을 구하지 말라(居無求安)"를 생각해 보자. 오늘날 많은 학생들은 너무 안일한 생활을 하고 있는 것 같다. 풍요로운 시대 탓이다. 그러나 지나치게 안일함을 구한다면 그는 자극 없는 인생을 살고 말 것이다.

이어서 "일에는 민첩하되 말에는 삼가라(愼於言)"는 말을 새겨 보자. 오늘날 일부 학생들은 거침없이 말을 해댄다. 선생님을 고소 고발하는 것에 익숙한 모습들이 여기저기에서 나타난다. "스승의 그림자도 밟지 말라."는 말은 사라진 것 같다.

진정 학교에 다니면서 마음에 우러나와 배우는 것이 있다면 그것은 물론 학과목의 성적 올리는 것도 좋지만, 배움의 대상에 대해 다시 한 번 더 생각해보는 기회를 가졌으면 한다. 공자의 제자, 증자가 위에 언급한 호학好學의 세 가지 대상이 오늘날 교육에 시사점을 던져주는 이유를 이제야 알 것 같다. 새 학기에 접한 이 순간, 교육 대국의 이 나라 청년들이여! 호학의 대상에 대해 다시 한 번 생각해 보아야 하지 않을까? 그래야 "가히 호학이라 이를만한 것이다(可謂好學)"라는 경구에 눈이 번쩍 뜨일 것이다.

춘경추렴春耕秋斂10)

　서양인에 비해 동양인들은 오랜 세월동안 농경사회에 바탕을 두고 파종과 수확의 순환 고리 속에서 자연의 흐름에 순응하여 왔다. 춘하추동에 대한 순환법칙에 익숙한 동양인들이었기에 '하늘' 신앙이 가슴에 스며있는 것이다. 그리하여 봄과 여름과 가을과 겨울에 대한 신앙성과 시상詩想이 유난히 많은 것도 동양인들의 생명 유지 및 사유방식이 계절과 친밀하기 때문이다.

　고대 성선설을 주장한 맹자는 계절 감각을 살리며 의식주의 해결을 강조한다. "봄에는 나가서 경작하는 상태를 살펴서 부족한 것을 보충해주며, 가을에는 수확하는 상태를 살펴서 부족한 것을 도와준다.(春省耕而補不足, 秋省斂而助不給)" 이는 『맹자』「양혜왕」하편에 있는 내용이다. 즉 제나라 임금인 경공景公이 안자晏子에게 수양의 방법을 묻자 안자가 언급한 말인데, 이를 맹자가 인용하여 사용하고 있다.

　그의 언급처럼 봄에 파종을 돌보지 않으면 가을에 수확을 거둘 수가 없다. 이에 들녘의 농부들은 봄에 뿌린 씨앗을 가을에 거두는 참으로 소중한 지혜인들이다. 아직 이른 것 같은데 부지런히 논밭에 나아가 씨앗을 파종하느라 정성을 들이는 농심, 또 가을 서리가 내리기 전에 고구마를 거두고 벼를 수확하는 농심! 이러한 농심이 있기에 가을철에 거두는 오곡백과의 맛이 남다르다.

　절약 정신에 특히 관심을 보인 묵자도 춘하추동의 계절에 대하여 반성을 해야만 재물이 부족함을 면한다고 하였다. 이는 「칠환편」에 나오며, 원문은 다음과 같다. "재물이 부족하면 철에 대하여 반성하고, 식량이 부족하면 곧 사용에 대하여 반성한다.(「七患」, 財不足則反之時, 食不足則反之用)"

---

10) <월간교화> 10월호, 원불교 교화훈련부, 2000.

의식주의 재물이 풍성하도록 봄과 여름 그리고 가을철에 맞게끔 농작물을 가꾼다는 뜻이다. 그러한 철에 맞는 불공이 없다면 어떻게 우리가 겨울을 나기 위한 의식주를 구할 것인가?

이어서 묵자는 봄에 전쟁을 일으키지 못하는 것은 농사의 파종을 못하기 때문이라고 하였다. 또 가을에 전쟁을 일으키지 못하는 것도 추수를 못하기 때문이라고 하였다. 그는 말하기를 "봄에 전쟁을 일으키면 곧 백성들의 밭 갈고 씨 뿌리는 농사일을 망치게 되고, 가을에 전쟁을 일으키면 곧 백성들의 추수를 망치게 된다. 지금 오직 한 철을 망치기만 하면 곧 백성들이 굶주리고 헐벗어 얼거나 굶어죽는 자가 얼마나 많을지 이루다 헤아릴 수가 없다."「비공편非攻篇」의 내용이다.

계절에 대한 인식은 순자에게서도 발견된다. 그는 계절의 순환을 잘 알아서 이에 대응하는 것이 동양인의 습성임을 간접적으로 다음과 같이 말하고 있다. "사계절은 말하지 않아도 사람들은 누구나 다음에 올 계절을 미리 알고 기대하고 있다. 대저 이러한 상도常道가 갖추어져 있는 것은 그 성誠이 지극하기 때문이다."「불구편」의 언급으로 앞으로 겨울이 다가오기 전에 가을 수확을 다 거두는 것도 겨울의 속성을 미리 알기 때문이라는 것이다.

참으로 하늘 높은 계절 가을이 왔다. 이 가을을 맞이하여 농심으로 돌아가서 수확의 소리를 들녘에서 들어볼 필요가 있다. 과거 유교 성자들의 말씀을 더듬어보는 것도 가을을 맞이하여 농심으로 돌아가 풍성한 수확을 거두는 묘미를 찾기 위해서이다. 또 농부들에 있어 결실의 계절과 필적하여 우리 수도인의 경우, 도道 익어가는 소리를 들었으면 하는 것이 천고마비의 계절이 가져다주는 교훈인 것이다.

그저 가을이 싸늘해져 가는 겨울 이전의 길목이라는 정도만으로 생각한다면 그는 동양인의 계절에 대한 지혜를 발견할 수 없다. 가을이 사진 찍기에 좋은 계절이라고만 생각한다면 그는 가을의 비를 원망하는 정도에 머물며 동양인의 깊은 시상을 발견할 수 없다. 유교 선비들의 고상하고 현실 치세적인 모습이 바로 계절감각에서 비롯됐음을 알아야 하는 이유가 여기에 있다.

11 예禮가 아니면[11]

서양인들에게 '동양인은 예절 바른 민족'으로 비추어진다. 이러한 예절 문화를 가능하게 하는 철학적 이론이 있다. 유교의 예절을 중심으로 밝혀 놓은 경서 『예기』가 이에 관련된다. 한중일 3국은 '동방예의지국'이라 해도 과언이 아니며, 이방인들에게 예절바른 동양인이라 찬사를 들으면 이보다 좋은 일은 없을 것이다.

더욱이 한자 문화권의 유교를 신봉했던 삼국의 '삼강오륜' 정신을 보아도 예절에 깊은 관심을 지닌 동양인들이다. 군위신강과 부위부강, 부위자강의 삼강 정신과 부자유친, 부부유별, 장유유서, 붕우유신의 오륜 정신이 바로 상하의 예절 및 남녀의 예절을 대신하고 있다. 설사 삼강오륜에 불평등의 요소가 없지 않다고 해도 그 정신의 기본 출발은 상호 예절의 공경심을 찾는데 있다.

나아가 동양의 예절은 '관혼상제'와 관련되면서 더욱 그 중요성을 드러내고 있다. 관례(성년식)와 혼례, 그리고 상례와 제례를 엄숙히 진행하는 것 자체가 예절 수행으로 군자의 덕목에 해당되었다. 이러한 유교의 예절과 의례는 인간의 윤리규범을 드러내는 것이며, 보본의 이념, 천인합일의 정신들이 합류하여 있다.

---

11) <월간교화> 12월호, 원불교 교화훈련부, 2000.

또한 유교의 예절은 예악禮樂 이론과 같이 백성 교화의 두 방법으로 활용되어 왔다. 외형적 행동을 조심스럽게 하는 예절 교육(禮), 그리고 내면적 정서 순화를 담당하는 풍류 교화(樂)가 그것이다. 과거 군자나 선비들이 백성들을 교화하는 두 가지 방법으로 이러한 예절과 음악 곧 풍류를 거론하고 있기 때문이다.

그럼에도 불구하고 유교의 예절 문화가 지나치게 강조되는 것에 반기를 든 것은 '노장사상'이다. 특히 장자에 있어 "유교의 시골 선비는 예절교육에 구속되어 있기 때문에 도를 논할 수 없다."(추수편)고 하여, 유교인들이 지나치게 형식을 좋아하는 예절론을 비판하고 있다. 여기에서 이방인의 눈에는 유교가 지나칠 정도로 예절교육에 관심을 기울인 것으로 보인다.

하지만 오늘날 예절은 강조될수록 좋다고 본다. 필자가 강조하고자 하는 내용으로, 『논어』 안연편에는 "예가 아니면 …하지 말라."고 하는 사비四非에 관한 것이다. 공자는 이에 대하여 다음과 같이 말한다. "예가 아니면 보지를 말고, 예가 아니면 듣지를 말며, 예가 아니면 말하지를 말고, 예가 아니면 행동하지 말라.(非禮勿視, 非禮勿聽, 非禮勿言, 非禮勿動)"

공자의 네 가지 예절과 관련한 위의 언급은, 안연이 공자에게 '인仁은 무엇인가'라고 질문하자 공자가 '극기복례'라 답하면서 이를 보다 구체적으로 언급한 내용이다. 이처럼 유교에서는 극기복례에 나오는 것처럼 예禮를 회복하는 일을 마치 극기克己하는 일과 같이 언급하고 있다.

가을을 지나는 길목에 나무의 낙엽들이 떨어지는 것도 바로 우주 자연의 예禮이다. 생명체의 성주괴공, 생주이멸, 흥망성쇠, 생로병사의 과정 하나하나를 소중히 알고, 이의 수순을 밟아나가는 우주 대자연의 변화를 보라. 이는 예禮가 절도(節)에 맞는 것으로, 그로인해 '예절禮節'이란 말도 탄생한 것이다. '성주'에서 '괴공'으로 가지 않거나, '생주'에서 '이멸'로 가지 않거나, '흥망'에서 '성쇠'로 가지 않거나, '생로'에서 '병사'로 가지 않는 행위는 유교의 예절에 맞지 않는 행위이다. 가을에서 겨울을 준비하는데 게으른 사람도 우주의 대자연의 예에 따르지 않는 행위이다.

따라서 "예가 아니면 쳐다보지도 말고, 듣거나 말하지 말며, 심지어 행동에 옮기지도 말라."는 유교의 가르침을 '가을에서 겨울로 접어드는 시점'에 더욱 새겨볼만한 일이다. 예절이란 인간들끼리의 관련이 아니라, 우주 자연과 관련된다는 점을 새겨야 하는 이유가 여기에 있다.

12 군자와 소인[12]

우리가 다부진 마음을 먹고 무엇인가 결사의 정신으로 글을 올리는 것이 출사표이다. 출사표라는 것은 대장부로서 굳은 결의를 밝히는 비장의 카드인 셈이다. 중국의 삼국시대, 촉한의 제갈공명이 그의 애국심을 드러내고자 당시의 폐하 유선에게 간언한 내용이 「출사표」에 나오는 바, 여기에는 다음과 같이 기록되어 있다. "군자를 가까이 하고 소인을 멀리한 것은 전한이 흥성한 까닭이요, 소인을 가까이 하고 군자를 멀리한 것은 후한이 기울어지고 무너진 까닭이다."

이처럼 간절한 글귀는 우리가 접하는 『고문진보』(후집)에서 발견된다. 한 국가가 흥하고 망할 수 있는 이유가 이처럼 자상하게 나타나 있음을 타산지석으로 생각해 볼 일이다. 그야말로 중국의 삼국시대는 국가의 흥망이 바람처럼 흔들리는 때였으니, 국가를 통어하는 왕의 정신적 역할이 막중하였음을 알 수 있다.

그렇다면 군자와 소인의 차이는 어떻게 구분할 수 있을까? 흔히 우리는

---

12) 본래 제목은 「신년의 화두-군자와 소인이다(<월간교화> 1월호, 원불교 교화훈련부, 2001).

'군자는 대로행'이라는 말로 군자를 이해하곤 한다. 또 소인은 '편 가르기를 좋아하는 소인배'라는 의미로 사용하고 있다. 여기에서 소박하게도 군자와 소인의 차이를 규정하는 잣대로는 지나침과 부족함(過不及)이 있느냐, 아니면 중도를 지킬 줄 아느냐(無過不及)의 면을 거론할 수 있다. 군자와 소인이라는 용어를 가장 많이 사용하는 유교에서는 이 양자 중 '중용'中庸을 실천토록 강조한다.

중국 송나라의 유학자 주자는 백록동 서원에서 유명한 강연을 한 적이 있다. 당시 육상산과 주자는 쌍벽을 이루었으니 후래 주자학과 양명학의 대부들이었다. 이들이 서로 비판을 하면서 회담을 가진 적이 있다. 육상산이 아호사에서 주자와 변론을 시도한 후 6년 만에 주자는 육상산을 백록동 서원으로 청하여 강학토록 하였다. 육상산은 백록동 서원에서 극히 유명한 강연을 하였다. "군자는 의義에 밝고 소인은 리利에 밝다."

나아가 군자와 소인에 대해 정통적 관점으로 알려진 공자의 『논어』 「이인편」에는 다음과 같이 군자와 소인의 생각 차이가 잘 나타나 있다. "군자는 베풀 덕을 생각하고 소인은 안락한 곳을 생각하며, 군자는 법 지킬 것을 생각하고 소인은 은혜 입기만을 생각한다." 여기에서 덕을 생각한다고 함은 군자가 남에게 선행을 할 것을 염두에 둔다는 것이며, 소인이 안락한 곳을 생각한다고 함은 자신의 안일을 도모할 것을 고려하는 것이다. 그리고 군자가 법 지킬 것을 생각한다고 함은 준법의식을 갖고 법을 두려워할 줄 아는 것을 뜻한다. 소인이 은혜 입기만을 생각한다고 함은 자기 이익만을 추구하기 때문이다.

우리가 자신의 삶을 살아감에 있어 여러 인생살이를 스케치할 것이다. 이러한 자신의 인생에 대한 가치 부여는 나의 선택 차이에 있음을 간과할 수 없다. 유년기에 유학에 입문한 적이 있던 정산종사도 '군자와 소인의 차이'에 대해 예도편 18장에서 다음과 같이 말한다. "저 사람의 환경이 좋은 때에는 아첨하고 낮은 때에는 모멸함은 소인의 일이요, 저 사람의 환경이 낮은 때에 더욱 정의를 잃지 않는 것이 군자의 예이다." 21세기의 벽두에 한 해를 계획하면서 고독한 차 한 잔을 마시는 시간에 '군자와 소인의 갈림길'을 선택할 시점이라 본다.

13 　작심삼일과 안연의 분발심13)

어느덧 새해가 시작되어 벌써 한 달이 되어가고 있다. 혹시라도 연초年初에 결사의 정신으로 자신과 다짐을 한 약속들이 작심삼일처럼 하나 둘 나태로 인해 무너지고 있는 상황은 아닌가 하는 두려움을 낳는다. 겨우 새해의 한 달밖에 지나지 않았는데, 그 결심이 사라지다니….

어느 누구든 스스로 다짐하는 때가 있기 마련이다. 그것이 연초든, 새 달이든, 입학시즌이든, 이제는 새롭게 달라져야 하겠다고 다짐을 해본다. 일기에다 써보고, 책상 내지 창틀에 써 붙여 놓는다. 송대의 유자儒者 장횡거도 결사의 다짐을 창틀에다 써 붙여 놓았던 것이 그의 알려진 저술『서명西銘』이 아니었던가?

이러한 다짐의 결사 정신, 즉 분발심이란 바로 자신과 약속한 항목을 끝까지 지키고자 하는 의지의 실천력에 적용되는 말이다. 이에 유교의 맹자가 특히 분발심을 강조한 인물로 그는 다음과 같이 말한다. "사람이 짐승과 다른 점은 거의 없다.(人之所以異於禽獸者幾希)" 맹자는 이처럼 사람과 짐승이 다를 것이 없으며, 깨달아 알지 못하거나, 약속한 것을 밥 먹듯이 어기면 그것이 바로 짐승과 같은 처사라는 뜻이다. 따라서 분발심을 낼 수 있는 능력이 사람에게 있어 짐승과 다르다는 점이다.

---

13) <월간교화> 2월호, 원불교 교화훈련부, 2001.

또 맹자는 안연顔淵의 말을 빌려서 다음과 같이 말한다. "순임금은 누구며, 나는 누구인가?(나라고 순임금이 되지 말라는 법이 있는가」(舜何人也, 予何人也)" 안연은 석가의 가섭에 비견되는 공자의 제자이고, 맹자는 공자를 잇는 유교의 대들보로 알려져 있으며, 또『맹자』가 송대에 이르러 사서四書의 하나로 추송되고 있다. 맹자는 성인과 범부의 구별이 없이 만인 동성同性으로 모두 선하다고 주장하였다. 순임금이든 향원이든 상민이든 누구나 선한 성품을 지니고 있다는 것이다. 이에 착한 마음으로 분발한다면 어느 누구든 세상의 인재가 될 수 있다는 만인평등 이론이 맹자에게서 발견된다.

송대의 주자는 고려에 그의 주자학이 수입될 정도로 우리나라 선비들이 추구하는 학문의 대가였다. 그의 방대한 저술은 오늘날에도 학계에 잘 알려진 사실이다. 이에 주자는 다음과 같이 분발심을 강조하며 말한다. "내가 15~6세 무렵에『중용』에서 '남이 한 번 하면 나는 백번을 하며, 남이 열 번을 하면 나는 천번을 한다.'는 구절을 읽다가 여여숙이 이 구절을 명확하게 해석한 것을 보았기 때문에 일찍이 그것을 읽으면서 엄하게 경계하고 열심히 분발하지 않을 수 없었다."

위의 언급은『주자어류』4권의「성리편」의 내용으로, 사람이 만약 배우는데 뜻을 두었다면, 반드시 그렇게 공부를 하도록 분발해야 함을 지적하는 그의 회고이다. 남이 한 번 노력하면, 나는 열번 백번 노력한다는 선비들의 다짐을 우리는 새겨야 할 것이다. 훌륭한 인재가 되는 길은 뛰어난 아이큐가 아니라, 얼마나 분발심으로 지속적인 노력을 하는 사람이냐에 달려 있다.

조선조의 인물로 10만 병사 양성론을 주장한 율곡도 맹자와 같이 배움에 앞서 가장 중요한 것이 입지立志임을 밝히고 있다. "사람다운 사람의 모범인 요와 순임금을 빌어 그들도 사람이고 나도 사람이다." 이처럼 율곡은 누구나 분발하면 요임금과 순임금처럼 성현이 될 수 있음을 말한다. 연초에 약속한 다짐이 허물어졌는지 다시 한 번 챙겨보자.

14 공자와 장자의 봄맞이[14]

지난 겨울은 매서운 한파가 몰아쳤으니, 가난한 사람들에게는 몹시도 추웠던 계절로 기억된다. 인간들은 한파를 몰아오고 무더위를 가져오는 우주 대자연의 조화에 순응하며 자신의 생명을 유지해 왔다. 특히 동양인들은 춘하추동 계절에 맞도록 자연의 이법에 절대 순종하는 법을 배워왔다. '천인합일'이라는 유교적 명제가 바로 이와 관련된다.

꽃피는 봄철이 되어가고 있는 요즈음이다. 이 봄철을 과연 동양의 성인들은 어떠한 감회로 맞이하였을까? 궁금한 사항중의 하나이다. 공자의 경우를 보자. 공자는 『논어』 「선진편」에서 그의 제자 증점, 즉 증자의 부친과 다음의 대화를 나눈다. 공자가 제자에게 "세상 사람들이 혹시 증점 너를 알아주는 사람들이 많다면 어떻게 하겠는가?"라고 하자 제자 증점은 다음과 같이 말한다. "늦봄에 봄옷이 이미 이루어지면 관을 쓴 어른 5-6명과 아이들 6-7명과 함께 물가에서 목욕하고 무대에서 바람 쐬고 노래하면서 돌아오겠습니다." 공자 "아!" 하고 감탄하며 "나는 증점의 인간됨을 허락한다."라고 하였다.

이것은 새봄이 되면 유교의 경우 삼짇날 천지께 예를 올리는 행사가 있듯이, 공자는 제자에게 상서로운 봄철을 어떻게 맞이할 것인가라는 식의 질문이다. 그러자 그의 제자 증점은 따스한 봄날에 봄에 맞는 옷을 입고 주변 사람들과 생명이 피어오르는 들판에 나들이하여 목욕도 하고 봄바람

---

14) <월간교화> 3월호, 원불교 교화훈련부, 2001.

도 쐬며 봄노래도 부르겠다고 하였다.

공자를 추존하며 성인으로 추앙한 송대의 주자는 공자와 제자가 새봄을 맞이하는 것에 대하여 감회에 젖었던 것 같다. 이에 주자는 공자와 증점이 대화한 내용에 대해 고요히 음미하는 시간을 가졌다. 주자에 의하면, 공자의 제자 '증점의 학문은 인욕이 다한 곳에 천리天理가 유행하여 조금도 결함 없는 봄春을 노래한 것'이라고 한다. 이 봄이 되자 동할 때와 정할 때 즉 겨울과 봄에 맞는 차분함과 생활의 떳떳함을 노래하였으니, 공자가 증점의 계절감각을 칭송한 것이라 했다.

그러면 공자에 이어 맹자와 장자는 봄철이 돌아오자 어떠한 말을 하였을까? 또 궁금해지는 사항이다. 맹자와 장자는 다음과 같이 봄철에 대해 자신들의 감상을 말한다. 맹자는 말하기를 "봄에는 나가서 경작하는 상태를 살펴서 부족한 것을 보충해 준다.(春省耕而補不足)"라고 하였다. 장자는 "봄비가 내리는 철이 되면 초목은 무성하게 자란다."(春雨日時, 草木怒生)라고 하였다.

위의 언급처럼 맹자는 현실 치세의 유교인답게 봄이 되자 백성들이 춘궁기에 접해서 굶지 않도록 더욱 경작에 신경을 곤두세운다. 이에 반해서 장자는 대자연의 생명체 활동에 대해 그의 감상을 말한다. 또 장자는 봄의 들판에 아른거리는 아지랑이를 야마野馬라며 시상을 노래한다.

봄날에 경작을 생각하고, 자연의 생명체를 생각한 두 성현들의 감성지수에 대해 우리의 감성은 어떻게 작용할까? 차 한 잔을 마실 여유도 없이 그저 닥쳐버린 봄과 여름을 미더워 하는 자신의 신세타령에 매달릴 것인가? 어김없이 다가오는 3월의 봄에 내 마음을 감동시켜야 연인戀人도 생기는 법이다. 아름다운 삶에 감성지수가 부족한 사람들, 주변의 노크에 무감각한 사람들, 메말라 버린 마음의 소유자들이여, 새로운 계절의 시상에 젖고 명상에 젖어보면 좋으리라 본다.

절차탁마와 4월15)

공자가 『논어』「학이편」에서도 인용한 바 있는 '절차탁마切磋琢磨'의 문제를 생각하게 하는 독서의 계절이 시작되었다. 봄날은 모든 생명체에 생기가 솟듯이, 적공과 독서삼매를 통해 진리를 추구하고 가치관을 설정하며, 창작의 세계에 접어드는 계절이이라 본다.

이에 『대학』 3장에 나오는 것으로 소개하면, 우리의 학문·행실에 대한 적공의 화두 '절차탁마'에 대해 상기할 필요가 있다. 그것은 더욱 우리의 언행과 실력을 향상시키는데 있어 적공 및 독서의 테마와도 같기 때문이다.

『시경』에 이르기를 "저 호수 벼랑을 보니, 푸른 대나무가 무성하구나! 문채나는 군자여, 잘라놓은 듯 하고(如切), 간듯하며(如磋), 쪼아놓은 듯하고(如琢), 간듯하다(如磨). 엄밀하고 굳세며, 빛나고 점잖으니, 문채나는 군자여, 끝내 잊을 수 없다' 하였으니, 여절여차(切磋)는 학문을 말한 것이요, 여탁여마(琢磨)는 스스로 행실을 닦음이요."라고 하였다.

'절차탁마切磋琢磨'의 각 단어에는 해당되는 대상이 있다. 절차탁마란 갈고 닦아 윤기가 나고, 실력을 키우는데 쓰이는 개념인데, '절切'은 뼈骨를 재단하고, '차磋'는 뿔角을 재단하며, '탁琢'은 옥玉을 갈고, 마磨는 돌石을 간다. 이처럼 '절차탁마'에는 갈고닦는 대상이 있는 것이다. 곧 갈고 닦는 골각骨角과 옥석玉石은 고래로 예술가들에게 해당되는 말이다. 비컨대, 그것은 학문하는 사람들과 수행하는 사람들이 절차탁마 하도록 하는 비유 설법이다.

적공의 계절에, 이 절차탁마와 같은 의미를 지닌 4자성어 몇 가지를 더 인용하여 보자. 먼저 '형설지공螢雪之功'이라는 단어는 "반딧불의 조명으로 책을 읽어 성공했다."는 옛 중국 고사이다. 형설의 공을 쌓는 것이

---

15) <월간교화> 4월호, 원불교 교화훈련부, 2001.

절차탁마와 같은 뜻이 아닐까 본다. 1~2월에 졸업한 사람들과 3~4월에 입학한 학생들이 자주 듣는 형설의 공이 이와 관련된다.

이어서 "도끼를 갈아서 바늘을 만든다."는 4자성어로는 '마부위침磨斧爲針'이라는 단어도 있다. 과연 우리가 도끼를 갈아서 바늘을 만들 수 있을까? 우리의 수명 80년으로는 어림없는 소리이다. 그러나 도끼를 갈아 바늘로 만들겠다는 집념으로 덤벼드는 사람들에게는 불가능이란 없다.

다음으로 『장자』 「응제왕」 편에 나오는 것으로, "마음을 닦아 거울로 만든다."는 '용심약경用心若鏡'이라는 4자성어를 소개하여 보자. 얼마나 마음을 갈고 닦았으면 거울처럼 투명한 모습으로 만들 수 있을 것인가? 수도자의 입장이라면 장자와 같이 심신을 갈고 닦아 밝게 비추어주는 거울이되었으면 한다. 4자성어의 교훈에서 보듯, 봄날의 한 가운데 있는 계절로서봄날은 정말로 우리가 적공을 해야 할 시기가 아닌가 본다. 「절차탁마」, 「형설지공」, 「마부위침」, 「용심약경」이라는 고사성어가 그래서 더욱 빛을발할 수 있는 화두임에 틀림없다.

언젠가 우리나라 청소년들이 가장 닮고 싶어하는 인물로 삼성그룹 고 '이건희' 회장을 지목한 적이 있다. 이건희도 필자의 견해를 헤아린 듯그의 에세이집 『생각좀 하며 세상을 보자』에서 다음과 같이 '절차탁마'의언급을 하고 있다. "아무리 뛰어난 천재성을 타고 났어도 그것을 갈고닦지 않으면 안 된다. 찬란한 빛을 발하는 다이아몬드도 갈고 다듬지 않으면 그저 원석에 불과할 뿐이다."

16 ▷ 수제치평과 가정16)

시인 괴테는 "왕이든 농부든 자기의 가정에서 평화를 누릴 수 있는 자가 가장 행복한 자이다."라고 했지만, 오늘날 가족해체 현상이 두드러지고 있어 괴테의 시를 무색케 한다. 무릇 5월의 가정의 달에 더욱 가슴 아픈 사회적 분위기가 우리를 짓누르고 있다. 현대사회에 있어 편부모 가정, 이혼 가정, 독신 가정, 소년소녀가장 등 가정의 결손형태가 이와 관련된다. 특히 우리나라의 경우도 세 집 꼴로 한 집이 이혼하는 현상으로 벌어진다니 참으로 안타까운 일이다.

이에 '가정의 달'을 맞이하면서 동양의 전통사상에 귀를 기울여 가정 공동체 의식을 회복할 필요가 있다. 이른바 유교사상에서 강조하고 있는 인생관의 핵심은 가정에서 출발한다. 다시 말해서 유교의 이상세계로, 인간사회의 기본 단위는 '가족'이기 때문에 개인의 발전은 '가족' 간의 관계에서 무조건적인 사랑과 협동의 마음을 점차적으로 주위의 이웃들에게 확대해 나가는 일이었다. 이것이 후래 유교에 있어 수제치평의 수양 방법론을 탄생시킨 것이다.

수제치평의 수양론은 내가 수신하고 가정이 화목해야 국가와 세계가 평화롭다는 단계적 수양 방법론인데, 이의 고전적 근거로는 유교 경전 『대학』과 『소학』 등이 있다. 즉 『소학』에서의 가정실천 덕목에 이어, 『대학』에서의 학문 방법으로 '수제치평'(2장)이 강조된다. 이는 공자학의 수양론이 수신修身과 제가齊家라는 '나와 가정'의 기본전제에서 출발함을 말한다. 이러한 수제치평의 원리는 나로부터 가족으로, 사회 국가로, 세계로 확대된 존재에 전개되는 자연스런 현상이다.

그러면 『대학』 4장에 나오는 수제치평과 관련한 언급을 보자. 이는 수제

---

16) <월간교화> 5월호, 원불교 교화훈련부, 2001.

치평이 포함되는 유교의 팔조목에 해당하는 사항으로, 가정이 평온하여 '제가齊家'가 잘 되어야 치국治國이 가능해진다는 뜻이다. "옛날에 명덕明德을 천하에 밝히고자 하는 자는 먼저 치국治國하고, 치국하려는 자는 먼저 제가하고齊家, 제가하려는 자는 먼저 수신修身하고, 수신하려는 자는 먼저 정심正心하고, 정심하려는 자는 먼저 뜻을 성실히誠意 하고, 성실하려는 자는 먼저 치지致知하며, 치지는 격물格物에 있다."

맹자도 공자와 같은 맥락에서 가정을 잘 다스려야 사회가 평안하다는 뜻으로 수제치평의 원리를 천명하고 나선다. 그는 '가정의 화목'을 기존 단서로 삼아서 이를 굳이 언급하지 않았으나 고을, 국가, 천하의 훌륭한 위정자가 있어야 천하사를 다할 수 있다는 의미에서 다음과 같이 말한다. "한 고을의 착한 선비라야 이에 그 고을 선비와 벗할 수 있고, 국가의 착한 선비라야 이에 그 국가 선비와 벗할 수 있고, 천하의 착한 선비라야 이에 그 천하 선비와 벗할 수 있다."

앞에 언급했듯이 5월은 가정의 달이다. 가정의 달에는 어린이날, 어버이날이 있어 자녀와 부모의 관계를 더욱 생각하게 하는 계절이다. 『효경』「고우열장」에서도 "자기의 부모를 생각하지 않고 남을 사랑하는 것은 덕에 어긋난다고 하고, 자기의 부모를 공경하지 않고 남을 공경하는 것을 예에 어긋난다."고 하였다. 여기에는 자신의 부모에게 효도하고, 나아가 남의 부모에게도 공경하는 수제치평의 원리가 자리하고 있다.

다시 한 번 맹자가 어머니의 자녀교육에 의해 집을 세 번이나 이사했던 '맹모삼천지교'의 본의를 생각해 본다면 '제가'가 수신과 치국 사이에서 얼마나 중요한지를 알게 해준다. 우리는 '가정의 달'을 소중히 생각하며 '자녀와 부모'의 간격을 좁혀보는 시간이 필요하다.

　주나라 초기, 수양을 중시하며 '경'敬으로써 수양을 도모하였다. 이른바 『주역』에서는 곤괘坤卦를 설명하며 '경이직내敬以直內 의이방외義以方外'를 강조하고 있다. 안으로 경외의 심경을 지니고, 밖으로 의로움을 지닌다는 것이 이것으로, 『주역』에서는 군자가 이 경敬과 의의義를 수양의 덕목으로 보아, 구비하지 않으면 안 된다고 하였다.

　공자는 제자 자산에게 경敬을 강조하며 다음과 같이 말한다. "군자에게 네 가지 도가 있으니, 그 행동에 있어 공恭이요, 그 일에 있어 경敬이요, 백성을 기르는데 혜惠요, 백성을 부리는데 의義이다."(공야장편). 그러면서 그는 거경居敬을 강조하며, 이 경敬에 머물 것을 주문한다.

　『대학』에서는 "임금은 인仁에 머물고, 신하는 경敬에 머물며, 아들은 효孝에 머물고, 아버지는 자慈에 머물며, 친구는 신信에 머문다."(3장)라고 하였다. 인륜이 이처럼 각 덕목에 관련되고 있다. 맹자도 "선을 권장하고 삿됨을 막는 것을 경敬이라 한다.(陳善閉邪謂之敬)"고 하여, 경敬 수양론을 그토록 강조하고 있다.

　송대의 정이천은 경敬에 대해 말하기를 "이른바 경敬이라는 것은 마음을 한 곳에 주력하는 것(主一)을 말한다. 하나(一)라고 하는 것은 마음을 다른 데로 가지 않게 하는 것(無適)을 말한다."(『유서』 15권)라고 하였다. 이를 줄여 말하면 공경이란 '주일무적'主一無適이라고 할 수 있다. 하나의 기운에 주하되 흩어짐이 없는 마음 상태를 경敬이라 한다는 뜻이다.

　이어서 근세 유학의 기본 이념이 되어준 송대 주자의 수양론을 보면 "거경居敬으로 근본을 세우고, 궁리窮理로 지식을 넓혀가는 것이다.(居敬以 立其本, 窮理以致其知)"라고 요약할 수 있다. 이른바 송대의 주자 이래

---

17) <월간교화> 6월호, 원불교 교화훈련부, 2001.

강조되어온 '거경궁리'의 수양론이 이것이다.

이러한 전통에 따라 명대의 유학자 호거인(1434~1484)은 '경'敬을 학문의 지표로 삼았다. 그의 호를 '경재'敬齋라 할 정도로 경敬을 강조하고 있다. 그리하여 그는 경敬의 종류를 들며 이르기를, '단정, 정숙, 위엄, 엄격이란 경敬의 시작이니, 곧 우리가 위의와 용모를 단정히 하는 것은 경으로 들어가는 학문'이라고 하였다.

한국 유교의 선비들은 경敬 사상을 중시하였다. 퇴계는 이러한 공경론을 강조한다. 곧 그는 '삼가고 공경하는 마음'으로 나랏일을 신중이 처리해야 백성의 믿음을 살 수 있다는 '경'敬사상을 강조하여 내적 수양인 경敬과 외적 행동인 의義를 강조했다. 퇴계는 또한 『성학십도』에서 "경敬이란 일심의 주재이고 만사의 근본이 된다."라고 하였다.

생각해 보면, 6월은 추모의 달이다. 이 추모의 달을 맞으니 유교에서 특히 강조하는 '경'敬의 의미를 생각나게 한다. 선비들이 경敬의 심경으로 추모를 다하였기 때문이다. 선열들을 지극 정성으로 추모한 심법은 경敬에서 비롯된 것이다. 유자儒者들이 제례를 그렇게 공경스럽게 지내려는 정신이 여기에 스며있다.

6월에는 국가적으로 선열들을 기리는 '현충일'이 있다면 교단적으로 소태산 대종사의 열반을 기리는 '6일대재'가 있다. 이는 6월이 국가와 교단을 위해 순교, 헌신한 영령들에 대해 추모의 정을 다하자는 의미에서 갖는 행사를 말한다. 정산종사는 백범의 서거 소식을 듣고 추모의 마음(공도편 6장)을 전했고, 소태산 대종사를 기리며 주세불로 섬겼다. 다시 한 번 추모의 달을 맞이하여 교단 내외적으로 경敬의 심경으로 추모의 정성을 다할 필요가 있다.

가을을 천고마비의 계절이라 한다. 그만큼 독서하고 공부하기에 적합한 시기라는 것이다. 독서의 계절 가을이 지나감을 아쉬워하기에 앞서, 우리가 살아가면서 주변 환경에 대한 호기심을 충족시키기 위해, 또 인류 문명의 발전을 위해서는 평생 배우지 않으면 안 된다. 겸허하게 배움의 자세로 나서야 무지에서 탈출할 수 있고 무명의 번뇌를 극복할 수 있기 때문이다. 배움이 없다면 과거 원시시대로 돌아가라는 뜻이다. 따라서 과거 선지자들은 지혜롭게 배움의 정신 즉 호학(好學)을 그토록 장려하였다.

그런데 배움에 있어서 우리에게 각자 차이가 있을 수 있다. 근기가 수승한 사람과 그렇지 못한 각양각색의 사람들이 있기 때문이다. 공자는 자기 자신을 "나는 나면서부터 아는 사람은 아니다. 옛 것을 좋아하여 부지런히 배움을 추구하는 사람이다."(『논어』 술이편)라고 하였다. 그가 말한 바대로 나면서부터 아는 사람을 '생이지지'라 하고 있으며, 자신은 '생이지지'보다는 배워서 아는 '학이지지'의 편이라 했다.

여기에서 배움의 근기에 대해 좀 더 언급해 보면, 사람의 앎은 선천적으로 타고난 고유한 것이라는 생이지지 이론과, 그 반대로 후천적으로 얻어지는 것 곧 학습을 통하여 얻어지는 것이라는 학이지지 이론이 있다. 그리고 힘들게 애써야 알아지는 곧이지지 이론도 있다.

공자는 공부 근기의 3단계를 거론하며 이에 말한다. "나면서 아는 사람은 현인이요, 배워서 아는 사람은 그 다음이요, 애써서 배운 사람은 또 그 다음이니, 애써서 배우지 않으면 사람으로서 하등이 된다."(『논어』 계씨편). 이처럼 공자는 선천적으로 나면서 아는 현명한 사람을 '생이지지'라 했고, 배워서 아는 자를 '학이지지'라 했으며, 열심히 배워야 겨우 알게

---

18) <월간교화> 11월호, 원불교 교화훈련부, 2003.

되는 '곤이지지'라 했다. 이는 우리 인간들에게 배움에 근기에 따라 차등이 있음을 말하는 것이며, 그에 따른 처방을 설하는 것이다.

『중용』(20장)에서도 배움에 대한 근기를 설하는데, 『논어』의 내용과 같은 의미의 글이 있다. 공자가 말하는 다음의 내용을 잘 음미해 보자. "혹은 태어나서 알고, 혹은 배워서 알고, 혹은 곤궁하여 아는데, 그 앎에 미쳐서는 똑 같다. 혹은 편안히 행하고, 혹은 이롭게 여겨 행하고, 혹은 억지로 힘써 행하는데, 그 성공함에 미쳐서는 똑같다."

그러면 배움의 근기에 있어 우선 선천적으로 생이지지의 경우를 생각해 보자. 선천적으로 배우지 않아도 아는 경우는 갓난아이가 태어나자마자 엄마의 젖을 빨 줄 아는 경우가 이에 해당될 것이다. 그렇지만 배움에 있어 굳이 생이지지를 선망의 대상으로 삼을 필요가 없다. 누구나 배움에 있어 선천적인 경우보다는 후천적인 노력이 필요하기 때문이다.

이어서 학이지지에 대해 언급해 보자. 공자는 스스로 생이지지가 아니라 학이지지라 하여 배워서 아는, 그러므로 열심히 배우는 편을 선택하고 있다. 선천적으로 머리가 좋아서 공부를 잘 한다기보다는, 머리가 그렇게 좋지 않아도 열심히 배워 안다는 것이다. 오늘날 학교에서, 또는 선지자에게 열심히 배워 지혜의 영역을 넓혀 가는데 이 모두가 학이지지에 해당한다.

다음으로 하근기와도 같은 '곤이지지'는 어떠한가? 힘써서 배워야 아는 것을 '곤이지지'라 하며, 생이지지가 상근기, 학이지지가 그 다음 근기라면, 힘들지만 고단하게 배워야 겨우 아는 경우 곤이지지에 해당한다. 하근기라고 해서 물론 못 배울 일이 없다. 하지만 보다 노력이 필요하다는 면에서 힘들게 배우는 하근기에는 고통이 상존해 있다.

이러한 배움의 근기에 대해 정산종사도 관심을 표명하였다. 일상수행의 요법 7조 "배울 줄 모르는 사람을 잘 배우는 사람으로 돌리자."를 설명하면서 정산종사는 다음과 같이 말한다. "사람이 누구나 생이지지가 아닌 이상 배워야 하나니, 만일 배우지 못하면 벽에 얼굴을 마주 댄 것과 같이 갑갑할 것이니라. 한 가정에 있어서도 배우지 아니하면 그 집은 망할 것이요, 개인이나 사회나 배우지 아니하면 망하는 것이며, 한 나라에 있어서도 국민이 배우지 못하면 망하나니라"(『정산종사법설』).

이처럼 정산종사는 모두가 '생이지지'가 아닌 이상 열심히 배우는 '학이지지'로서 배움의 기회를 잘 활용하라고 했다. 배우지 못하면 그만큼 개인과 국가의 발전이 없기 때문이다. 여기에서 우리는 근기에 따른 공부법을 더욱 확실히 인지하게 된다.

소태산 대종사 역시 『대종경』 교의품 23장에서, 교화하는 방법은 나무의 가지와 잎사귀로부터 뿌리에 이르게도 하고, 뿌리로부터 가지와 잎사귀에 이르게도 한다고 했다. 이는 각각 그 사람의 근기를 따라 법을 베푸는 연고 때문이라는 것이다. 공자나 소태산이나 모두 배움에 근기가 있다고 인정은 했지만 선천적인 것보다는 후천적으로 열심히 배워야 함을 강조하고 있는 것이다.

우리는 머리가 좋다고 하는 생이지지의 사람들이 배움을 등한히 하는 경우를 보아왔다. 배움의 겸손이 빠진 것은 아닐까? 따라서 학이지지로서 이 가을이 가기 전에, 아니 4계절 내내 열심히 배우는 자세가 좋을 성싶다. 물론 하근기라도 열심히 배우려는 호학의 정신을 놓지 않는다면 굳이 배움이 어렵다고 할 수는 없다.

19 　신기독[19]

가을이 가기 전, 우리에게 '신기독愼其獨'이라는 개념이 더욱 다가온다. 올 1년의 후반기에 접어들어 정진 적공을 통하여 알찬 결실을 생각해보는

---

19) <월간교화> 128호, 원불교 교화훈련부, 2003.

겨울이기 때문이다. '신기독'이란 분명 종교 수행의 적공과 관련되는 것으로 유교의 선비들이 자주 사용하던 용어이다. 다시 한 번 얼마 남지 않은 1년을 반조하면서 우리의 신앙 수행에 좋은 성과가 있기를 바라는 마음에서 '신기독'이라는 단어를 가슴속에 새겼으면 한다.

그러면 유교 경전 중에서 '신기독'에 대한 용어가 어디에 나오는가? 이는 『대학』 6장에 나오는 말씀으로, 공자가 군자가 될 수 있도록 하는 뜻에서 '성誠' 곧 정성을 촉구하는 의미에서 설해진 말씀이다. "이른바 그 뜻을 성실히 한다는 것은 스스로 속이지 않는 것이니, 악을 미워하기를 악취를 미워하는 것과 같이 하며, 선을 좋아하기를 호색을 좋아하는 것과 같이 하여야 하나니, 이것은 스스로 만족함이라 이른다. 그러므로 군자는 반드시 그 홀로를 삼가는 것이다." 홀로 있을 때 삼가는 공부가 진정한 공부이다.

따라서 신기독이란 선악을 판별하여 지속적으로 선행을 하되, 여색을 좋아하듯이 하라는 공자의 풍자적 법설이다. 바로 이어서 공자는 소인이 되지 말고 군자가 되도록 진실 무망으로써 적공하자는 뜻에서 '신기독'에 대해 다음과 같이 강조한다. "소인이 한가로이 거할 때에 악을 행하여 자행자지하다가 군자를 본 뒤에 겸연쩍게 그 악행을 가리고 선행을 드러내지만, 남들이 자기 보기를 자신의 약점 보듯 할 것이다. 그렇다면 무슨 유익함이 있겠는가? 이 알라. '마음에 성실하면 외면에 나타난다'고 하는 것이다. 그러므로 군자는 반드시 신기독(홀로 있을 때를 삼감)한다."(『대학』)

이처럼 공자의 소중한 말씀에 대해 주자도 다음과 같이 경건하게 해석하였다. "악을 버리고 선을 실천하여 스스로 자기에게 만족하게 할 것이요. 한갓 구차히 외부세계를 따라 남을 위해서는 안 되는 것이다." 곧 그는 '신기독'을 해석하면서 "자신 홀로 있을 때 충실할 것을 주문하고 외부의 세계에 대해 지나치게 의식하지 말라."는 것으로 이해하였다. 혼자 있을 때를 삼가는 것은 나태하기 쉬운 상황에서 자신에게 성실한 행동, 곧 정진 적공을 하는 것과 같은 의미를 지니고 있다.

공자의 가르침을 새롭게 새긴 송대의 주자 역시 신기독'의 중요성을 강조하고 있다. 그것은 유교의 교리, 삼강령 팔조목의 하나인 '성의誠意'를 실천에 옮기는 구체적 방법이기 때문이기도 하다. 유교의 팔조목으로 수신, 제가, 치국, 평천하, 격물, 치지, 정심, 성의誠意이다. 이 '성의'를 보다 실천적으로 접근하는데 '신기독'의 공부가 필요하다는 뜻이다.

그러면 교단적으로도 이러한 '신기독'의 중요성을 어떻게 볼 수 있을까? 초기교단의 박대완 선진은 '신기독'을 공자의 소중한 가르침으로 새기고 있다. 배움을 싫어하지 않고 가르침을 게을리 하지 않은 군자를 연상하면서 박대완 선진은 "군자는 신기독이라, 극기복례하니 열 눈이 보는 바이며 열 손이 손가락질하기 때문이다."라고 했다. 이처럼 영산 박대완은 '신기독'을 군자로서 삼가 경외심으로 대인접물 하는 처세훈으로 이해하고 있다.

각산 신도형도 신기독을 자신의 「자경 7훈」 중에서 세 번째 교훈으로 새기고 있다. "항상 그 홀로를 삼가라."(각산문집Ⅱ). 이처럼 부단한 자기 경책의 적공에도 홀로 있을 때를 삼가야 하는 것은 당연한 일이다. 그것은 홀로 있을 때 방심하기 쉽고, 나태에 흐르기 쉽기 때문이다.

실제 홀로 있을 때 방심할 수 있는 경계가 생기는 것은 출가 수도인의 경우 흔한 일이다. 이종원 교무도 부직자로서 겪은 감각감상에서 다음과 같이 말한다. "교당에서 생활을 하다 보면 혼자 있을 때가 더러 있다. 혼자 있다 보면 급한 일을 처리한 후에 허전한 마음과 함께 '무엇을 해야 되나' 라는 생각이 들 때가 있다. 아직 부직자라서 그런지 일이 안 보이고, 개인 수행도 뒷전으로 미뤄두고 무엇인가를 해야겠는데 마땅한 일이 보이지 않고 나태한 마음이 들 때가 있다."(『나는 조각사』, 2000)

이와 같이 출가 수도인으로서 더욱 방심해서는 안 된다는 입장에서 김덕권 청운회장도 언급하고 있다. "불타는 지붕 밑에서 잠을 자고 살얼음판을 걸어가듯 하는 사람이 교무이다. 바람직한 교무상의 정립이 교무 개인의 성공은 물론이고, 교단의 발전과 미래로 이어진다." 재가로서 출가 교무들에 대한 우려와 경외의 심경에서 언급한 것으로 보인다.

여기에서 한 가지 주의할 사항은 '신기독愼其獨'을 잘못 이해하여 '독선기신獨善其身'과 같은 의미로 해석한다면 잘못된 것이다. '독선기신'은 벽지 불처럼 홀로 독공하는 데에만 취미를 붙이는 행위라면, '신기독'은 개인이 홀로 나태에 빠졌을 때 더욱 적공해야 함을 권면하는 뜻이기 때문이다. 올해를 결산해야 할 상황에서 '신기독'은 온고지신의 심경으로 마음공부를 하는 수도인에 있어서 새겨야 할 경구가 아닐 수 없다.

20 유교와 도교[20]

1) 정신문화의 한 뿌리

서양에서는 기독교, 동양에서는 유불도 3교가 정신세계의 두 축을 이루며 서양철학과 동양철학의 근간을 형성해 왔다. 유교는 예치주의에서 출발하여 정치이념과 사회질서의 확립에 기여하였고, 가족주의에서 출발하여 조상숭배와 관혼상제의 의례에 기여하였다. 이에 반해 도교는 무위의 도론과 양생술이 확산되어 개인의 구속 없는 자유와 초탈을 도모하였다.

유교의 시조로서 중국 노나라 출신의 공자는 춘추시대를 풍미한 성철이었다. 이를테면 요순의 선정덕치를 본받아 주공을 찬양하며 사회질서와 평천하의 길을 도모하였다. 이에 호학과 충서, 극기복례의 정신이 담긴 『논어』에 그의 경륜이 잘 드러나 있다. 물론 도교의 시조로서 초나라 출신의 노자 역시 춘추시대를 풍미하며 『도덕경』을 저술하였는데, 공자의 사유와 달리 우주 대자연을 강조하며 순박함으로 돌아가길 촉구하였다.

---

20) <원불교신문>, 2007년 10월 26일.

유·도 상호 대비적 배경에서 볼 때 유교문화의 뿌리는 중국 주족이 세운 서주에서 발단되어 추·노에서 정착하였으며, 도교문화의 뿌리는 동이족이 세운 상나라에서 발단되어 제·초에서 정착하였다. 그리하여 중국에 정착된 고유문화는 추·노의 인문주의적 유가문화와 제·초의 자연주의적 도가문화에 기반하고 있다는 점이다.

나아가 유교와 도교의 위상은 음양론의 구조에서 볼 때 유교는 양, 도교는 음에서 파악되는 성향이다. 양은 적극적이고 사회적이며 남성적이고 현실적이라면, 음은 소극적이고 자연적이며 여성적이고 초월적이라는 면에서 유교와 도교의 다른 면이다. 하지만 음양의 두 기운은 생명현상에 있어 생생불식生生不息하는 기氣라는 점을 생각한다면, 유교와 도교는 음양 조화라는 생명현상의 한 뿌리임은 분명한 것이다.

2) 우환의식에서 발단

중국이라는 대륙의 많은 인민들은 고대의 유교와 도교를 종교의 속성과도 같은 공통의 우환의식에서 발전시켰다. 유교와 도교의 참고경전 『주역』에 많은 우환론이 언급되고 있는 점이 이를 증명한다. 근대 철학자 서복관에 의하면 "유교는 우환에 직면해서 구제를 하려고 시도하였다면, 도교는 우환에 직면하여 해탈을 구하려고 하였다."고 하였다. 인간으로서 안심입명을 바라는 우환의식의 출발점은 같으나 방법에 미묘한 차이가 있는 것이며, 이것이 유교와 도교의 정체성을 가르는 계기가 되었다.

따라서 인류에 닥치는 우환의 극복을 위한 도의 체득과 인식에 있어서 서로 다르게 이해되는 성향이다. 유교의 도는 일용 사물의 규범적 적인 것과 관련된다면 노장의 도는 탈규범적 삶의 문제와 연관된다. 유교의 도는 인문에 가깝고 도교의 도는 자연과 신비에 가깝기 때문이다. 이처럼 도 개념의 차이에 의해 유교와 도교의 우환의 극복과 세계관에 차이가 나타나는데, 유교가 전체를 부분들의 집합으로 보는 관계론적 사유를 보여 준다면, 도교는 부분들로 나누어지지 않는 미분할적 통합론의 사유를 보여 준다.

더불어 우환의식의 중심에 있는 인간의 존재는 유교와 도교의 관점에 있어 서로 시각을 달리한다. 이를테면 유교의 천인합일, 일체된 인간 존재 의 측면은 도덕주의에 바탕한 이기理氣의 존재론으로 나아간다면, 도교의 경우 자연주의에 바탕한 기氣생성의 존재론으로 전개된다. 그리하여 후기 유교는 이기질의 측면에서, 후기 도교는 정기신의 측면에서 인간의 존재론 이 특징화된다.

3) 반대급부, 인성론과 수양론

유교에 있어 인성 수련의 이념과도 같은 인仁에 대하여 도교는 불인不仁 을 강조한다. 공자는 인의 실천이 가치 이념을 현실에 구현한다고 하지만 노자에 있어 인은 단지 세상의 혼란만을 야기한다는 것이다. '천지는 불 인'(도덕경5장)이라 하여 유교의 인의를 여지없이 비판한다.

나아가 유교와 도교는 인간 본성을 본질적으로 선하다는 면에서는 통하 지만, 유교로서는 유위적 선행의 추구, 도교는 상대적 선악을 넘어서는 자연 그대로의 성품을 추구한다. 쉽게 말해서 유교나 도교에 있어 인간의 본성은 악함보다는 선함에 가깝지만 공자와 맹자의 성선설이 인의 실천이 라는 규범성으로 지속 내지 교정된다면, 노자와 장자의 성품론은 자연의 본성을 벗어나지 않는 것이다.

또한 수양론에 있어서 유가는 굳센 의지의 정의로운 기상을 추구한다면, 도가는 순박하고 자연스런 모습을 추구한다. 맹자는 부동심의 기상을 강조 한다면 노자는 유약과 겸손을 주장한다. 그로 인해 유교의 극기克己와 도교 의 무기無己는 수련의 다른 특성으로 나타난다. 공자는 극기복례의 성인과 군자를 도모했고, 노장에 있어 무기는 지인과 진인을 추구했기 때문이다. 곧 유교는 외적인 절도와 규범이 강조되지만 도교에서는 수련과 은둔을 강조하는 내학을 자칭하고 있다. 이는 유교는 정명正名으로 수양의 의지를 분명히 한다면 도교는 무명無名으로 수련의 달관을 도모하는 것과 같은 맥락이다.

4) 처세와 치국의 이상향

유교와 도교에 있어 처세론 및 예법실천은 극명하게 대비된다. 공자나 맹자는 인본주의적 시각에서 시비분석과 예악실천에 대한 적극적 입장이다. 하지만 노자나 장자는 이러한 시비 예악이 인간의 인위적 행위에 불과하고 가식적 처사라 맹렬히 비판하였다. 도교는 도를 따르고 자연의 순박함으로 돌아가는 처세를 원했던 것이다. 현실주의적 성인군자를 목적하는 유교에 대해 도교는 초탈주의적 진인을 추구하기 때문이다.

비판의 시각에서 볼 때 지식에 대한 접근 태도에 있어서도 유교는 합리주의를 추구한다면 도교는 다소 신비주의적인 측면이 있다. 곧 유학자들에 있어서 지식이란 출세와 성공의 한 방편으로 보아 호학의 정신에 따라 합리적인 수단이요 방법으로 이해되었다면, 도교에서는 무지無知를 주장하면서 지식이란 인간의 간교한 욕심 내지 수단으로 곡해됨을 지적하였다.

이와 더불어 유교의 성인군자 혹은 도교의 진인 모델들이 바라는 이상적 국가 통치론은 회통하는 점이 있지만 묘한 차이가 있다. 이를테면 내성외왕內聖外王의 실현 방법에 있어 유교는 규범적 인의예지에 관련되지만 도교는 비규범적 소국과민의 세계에 관련된다. 그리하여 자연의 인간화를 추구한 것이 유교라면, 인간의 자연화를 추구한 것이 도교인 셈이다.

5) 동전의 양면으로 성장

서로 다른 것 같으면서도 한 뿌리 속에 있는 것이 유교와 도교임은 이미 언급하였다. 중국이라는 종교 문화권 속에 두 개의 물줄기가 확인된 셈이다. 이러한 에너지는 유교는 관료 제도권 정부나 왕조의 통치론에 응용되었다면 도교는 재야, 농민, 일반 백성의 삶에 보다 가깝게 다가섰다고 볼 수 있다. 이 두 구조가 중국에 그친 것이 아니라 한국과 일본에도 같은 양상으로 널리 영향을 미쳤던 것이다.

마치 유교와 도교는 동전의 양면처럼 상호 보완적으로 그 에너지가 파급되었다. 유교는 사회의 구조적 체제 내에서 함께 하는 인문주의로서, 또 도교는 자연적 질서 내에서 순박함을 추구하는 자연주의로서 저울의 평형 유지 본능과도 같았던 것이다. 다만 유교는 인본주의적 규범이지만 도교는 규범을 구속이라는 이유로 달관하려는 자연주의인 까닭에, 전자는 현실주의적 제도권으로 나아갔고 후자는 은둔주의적 재야로 나아갔다.

그러면서 공맹의 유교와 노장의 도교는 후세에 철학에서 종교라는 종교 형식을 갖추어 발전하는 계기가 되었다. 철학의 한계를 극복하고 종교의 형식을 빌려 중국 동한 때 장도릉(34~156)은 노자를 교조로 하여 철학의 도가에서 종교의 도교를 구축했던 것이다. 유교 역시 근대 강유위(1858~1927)는 공자를 교조로 하는 공자교 운동을 벌였지만 별 성과가 없었다. 하여튼 한국유교는 고려시대의 관학, 조선시대의 국학으로서 정착해 크게 발전했다면 한국의 도교는 민초民草들을 상대로 불교와 습합(칠성각)도 하며 초자연과 주술의 역할을 하며 발전했다.

도박공화국과 계율[21]

　1차 세계대전이 끝난 후 이탈리아 정부가 공식 승인한 대중적인 카지노가 베네치아에 등장했다. 카지노는 타락과 파멸의 대명사였으나 표리부동하게 그 도시 재정만큼은 살찌우게 하였다. 원래 이탈리아 말로 노래와 춤을 즐기는 공회당을 뜻하던 카지노가 유럽에서 도박장의 의미로 변질된 것은 19세기 중반이다.

　우리나라는 21세기 초 '바다이야기'로 얼룩진 사행성 도박이라는 중증을 앓았다. 도시에서 흥행하던 오락실이 농촌에도 강타하여 농민들에게 한탕주의인 도박심리를 자극한 것이다. 세상살이에 고단한 서민 및 일용노동자들이 이 도박의 덫에 걸려들었으니, 그야말로 도농都農 할 것 없이 파멸의 늪으로 빠져들게 한 것이다.

　그러면 도박이 무엇이기에 우리나라를 그토록 강타했던 것인가? 이의 사전적 의미를 살펴보자. 곧 도박은 포커게임, 화투, 경마, 경륜 등과 같이 승부의 결과가 불확실한 것에 대해 요행을 기대하면서 돈이나 재물을 걸고 내기를 하는 행위이며, 노름이라고도 말한다.

　바다이야기 사건이 터지며 국가 당무부처에 대한 불신이 극도에 올랐다는 사실을 상기하고자 한다. 당시 문화관광부 장관으로 일할 때 일어난 '바다이야기' 사태와 관련하여 대국민 사과문을 발표했다. 그는 문화부 장관으로 있으면서 도박공화국을 야기한 책임이 있다고 하면 서운할지 모른다. 그러나 그가 장관으로 있던 때 문화부 산하 영상물등급위원회는 '바다이야기'를 허가했으니, 직간접으로 책임이 있었을 것이다.

　우리나라 전체 레저시장의 50% 이상이 사행·도박산업이 차지하고 18세 이상 국민의 10% 내외가 도박문제를 겪었다는 심각한 우려가 있었는데,

---

21) <월간교화> 11월호, 원불교 교화훈련부, 2006.

뒤이어 전국적으로 바다이야기라는 도박공화국이 독버섯처럼 번진 것이다. '바다이야기' 심의 통과, 상품권 인증제 도입, 22개 인증업체 허위사실 기재로 전면 취소, 상품권 지정제 전환 등 도박공화국 건설이 차차 진행되어 망국의 국가병으로 번진 것이다.

이러한 망국병이 권력형 게이트라는 것인가? 도박의 파문을 둘러싸고 권력형 비리가 개입되었다고 여당과 정부를 신랄하게 비난한 적이 있다. 여야를 떠나서 도박공화국은 우리 모두의 심각한 병증의 하나인 것만은 사실이다.

패가망신이라는 말은 멀리 있지 않다. 정당한 대가를 부정하고 일확천금을 얻으려는 인과 부정의 행위를 한다면 이것이 패가망신이다. 우리나라에는 여전히 '5대 합법 도박'인 경마·경륜·경정·로또·강원랜드카지노에 15조원 이상이 몰렸다. 성인오락실만 전국에 수만 개가 넘으니 "나를 이렇게 만든 이 세상 모든 성인오락실은 없어져야 한다."며 자살한 어느 도박중독자의 유서가 섬뜩하다.

이제 우리는 도박이 개인의 정신적 중독현상임을 알고, 온전한 정신력 양성에 노력해야 한다. 곧 국가를 좀먹는 것이 도박이라는 사실을 알고 요행을 극복토록 해야 한다. "희망은 종교이다. 희망 없이 이 각박한 세상을 어찌 살아가랴? 어려움에 처할수록 희망은 더욱 강력한 구원의 빛으로 다가온다." 강준만 교수는 도박공화국에 대한 일간지 칼럼에서 이같이 말했다.

희망은 종교라 한 것처럼, 소태산 대종사는 계문 보통급 5조에서 잡기를 하지 말라고 하였다. 그가 말한 잡기는 다름 아닌 도박과 같은 뜻이다. 소태산은 말하길, 세상 사람들의 보통 생활에는 주색이나 잡기로 소모되는 금전이 얼마인가(『대종경』, 수행품 8장)라고 하여, 잡기로 인한 개인의 재산 손실뿐 아니라 가정의 파괴 및 국가의 병증이 심각한 점을 분명히 하였다.

영광 어느 교도 가정에서는 부부가 서로 재미있게 교당에 내왕하며 신앙생활을 하다가 그의 처가 우연히 한 교도와 사이가 멀어지면서 교중과 발을 끊었으며 그 남편도 주색잡기 등으로 소일을 하다가 일시에 패가 되었으니, 이것이 현재에 그 과보를 받는 일례가 된다고 소태산은『대종경 선외록』에서 언급하였다.

원불교 초창기 구인 제자들이 하늘에 기도하며 맹세를 했지만, 제자 한명이 그 맹세를 어기고 나가서 술 먹고, 노름을 하니 구인 제자들이 마음이 흔들렸다. "맹세를 하고 술 먹고, 노름하면 천벌을 받는다고 했는데 저 사람은 왜 아무렇지도 않은가?" 라고들 의심하였는데 그 사람이 어느 날, 마루에서 떨어져서 3일 만에 죽었다고 한다.

이제 도박의 사행성 극복은 철저히 '인과'를 세상 사람들에게 주입시키는데 있어 그 실마리가 풀릴 것이다. 콩 심은데 콩 나고 팥 심은데 팥 난다는 인과의 이치를 주입함과 아울러 '고락의 원인'을 알려주는 일이 시급하다. 중요한 것은 교법정신에 근거하여 사리사욕에 어두운 위정자들로 하여금 치국治國의 중요성을 일깨워주어야 한다.

제5편
구만리 장천의 봉황

환골탈퇴한 붕새[1]

우리에게 잘 읽히고 있는 장자의 첫편인 「소요유」첫머리에 다음의 우화가 있다. "북녘 바다에 물고기가 있다. 그 이름을 곤鯤이라 한다. 곤의 크기는 몇 천리나 되는지 알 수가 없다. 이 곤이 변해서 새가 되는데 그 이름을 붕鵬이라 한다. 붕의 등 넓이는 몇 천리가 되는지 알 수가 없다. 힘차게 날아오르려면 그 날개는 하늘 가득히 드리운 구름과 같다. 이 새는 바다 기운이 움직여 큰 바람이 일면 바람을 타고 남쪽 바다로 날아가려 한다. 남쪽 바다란 곧 천지天池를 말한다." 매우 흥미로운 우화로 다가온다.

이 짤막한 우화에는 장자의 심오한 철학이 스미어 있다. 두 가지 측면에서 이를 언급할 수 있는데, 그 하나는 현실의 구속을 벗어나 절대 자유의 세계에서 맘껏 노니는 장자만의 매력이 나타나고 있는 것이다. 다른 하나는 생명 탄생의 원리로 전변설轉變說이 거론되어 어느 개체라는 인과적 필연의 변화를 상정하지 않고 그저 다른 존재로 자유롭게 전이하여 생명체가 태어난다는 뜻이다.

어떻든 장자의 철학을 한마디로 말하면 초탈적 시공간계에서 마음껏 유영하며 노니는 모습일 것이다. 그가 이렇게 시공간계를 초탈하고자 한 것에는 인간들의 작위적 행위와 계교 사량 때문이다. 작위와 계교는 도가에서는 '인위人爲'라는 말로 대신하고 있다. 이 인위는 곧 유가에서 주장하는 시비이해라든가 인의예지로 인해 인간을 가식주의자로 만드는 행위가 된다며, 장자는 이를 거부하고 있다.

또한 생명 변화의 전변설에서 우리가 배울 것이 전혀 없는 것은 아니다. 인과론을 신봉하는 원불교나 불교에 있어 도가의 전변설은 다소 어색하게 다가올지 모른다. 『장자』「지락편」에 나오는 열자와 관련한 전변설의 예

---

1) <월간교화> 10월호, 원불교 교화훈련부, 2003.

화를 보면, 시공초탈의 절대 자유를 만끽하며 인간의 규범과 기계론적 인과론에 쐐기를 박는 듯한 인상이다.

"열자가 여행하다가 길가에 식사를 했다. 그때 백년 묵은 두개골을 발견하고 쑥풀을 뽑아 그것을 가리키며 말했다. 나와 자네만이 죽음도 없고 삶도 없다는 걸 알고 있네. 자네는 과연 기뻐하고 있는 걸까? 변화해서 생기는 종류란 헤아릴 수가 없다네. 물이 있으면 곧 물때가 생기고 물과 흙이 맞닿는 곳이면 곧 갈파래가 되며 언덕에 생기면 곧 질경이 풀이 되고 질경이 풀이 거름 더미에 있으면 부자附子가 된다네. 이 부자의 뿌리는 나무 굼벵이가 되고 그 잎은 나비가 되지. 나비는 서胥라고도 해. 또 이것이 변화해서 벌레가 되어 부엌 밑에서 생겨나는데 그 모양이 탈피하는 것과도 같지. 그 이름을 귀뚜라미라 하지. 귀뚜라미가 천일이 지나면 새가 되는데 그 이름을 비둘기라 해. 이 비둘기의 침이 쌀벌레가 되고 쌀벌레는 눈에놀이 벌레가 돼. 벌레는 눈에놀이 벌레서 생기고 황항이라는 벌레는 구유에서 생기며 무예라는 벌레는 부관에서 생기지. (한편) 양해라는 풀은 변해서 죽순이 되고 해묵은 대나무는 청녕을 낳고 청녕은 정程을 낳으며 정은 원숭이를 낳고 원숭이는 사람을 낳는다네. 사람은 다시 (만물이 발동하는) 조화造化의 무無로 돌아가지. (이리하여) 만물은 모두 조화의 근원인 무에서 생겼다가 모두 다시 그 무로 돌아가는 걸세."

이는 자유로이 환골탈퇴 하는 모습으로 다가와 필연의 숙명적 변이가 아닌, 무한 변이의 전변설로써 자유를 누리는 장자의 심경을 드러낸다. 이러한 그의 심경을 반영하듯 장자는 용어 선택에 있어서도 아무런 구애됨이 없었다. 곤鯤이라든가, 붕鵬, 천지天池라는 용어가 바로 그것이다. 여기에서 그는 세속의 인간으로서 한계를 느낀 탓인지 자연물을 초탈한 탈세속의 경지에서 인간의 절대 자유를 누리며 자신을 그러한 여러 개체에 투사하고 있음을 알 수 있다.

따라서 '곤鯤'이라는 생명체는 물고기로서 바다를 제집처럼 유영하며 여여如如하게 자유를 누리고 있다. 인간으로서는 바다 속에서 자유롭지 못한 것을 알아차린 장자였을까? 곤이라는 큰 물고기大魚를 상정한 장자는 아무런 구애 없이 특유의 자유를 누렸기 때문이다. 인간이 큰 물고기인 곤으로 전변하여 대해장강을 맘껏 유영하고 싶은 심정이었을 것이다. 아무리 최령한 존재인 인간이라 해도 물속에서 자유롭지 못함을 알아차린 장자가 아니었는가?

이어서 그는 '붕鵬'이라는 시공초탈의 존재를 등장시켜 맘껏 하늘을 날게 하였다. 구만 리 장천을 날아간다는 상상은 무한의 공간에서 맘껏 자유를 누리는 장자만의 멋진 해학에서 가능한 일이며, 그로인해 그 스스로 절대 자유를 누리는 통 큰 철인으로 변모한 것이다. 인간은 육지를 조금만 벗어나더라도 창공에서 날 수가 없었기에 그처럼 창공을 자유로이 날아다니는 붕새가 된 것이다.

그리고 그는 '천지天池'라는 공간을 등장시켜 산하대지의 한계를 극복하고자 했다. 곤과 붕새가 오가며 노니는 무한 공간의 세계가 바로 하늘 연못인 '천지'이기 때문이다. 곤과 붕새가 천지라는 연못에서 맘껏 소요할 수 있는 대화의 화제가 장자에 있어서 탁월하게 선택되고 있다는 점이 우리의 답답한 심정을 상쾌하게 해준다.

이제 우리는 다시 현실의 원불교인으로 돌아와서 장자의 이같은 예화를 곰곰이 음미해 보자. 그의 시공 초탈적 심경을 선정禪定의 화두로 생각해 보자는 것이다. 이는 시공 한계의 자기 억압이나 속박을 벗어던져 무아·무불아의 경지로 나아가는 심경을 느끼는 일이다. "천지여아 동일체."처럼 말이다. 또 장자 전변설이 주는 교훈으로 인과를 새롭게 생각해 보자는 것이다. 법박이나 숙명론으로 받아들이는 인과를 아무런 착심 집착도 없는 전변설의 초탈 심경을 옆에서 구경해 볼 법한 일이 아닌가?

　　교조 소태산은 달마를 응용무념의 덕을 강조한 선각으로 보았고, 노자를 상덕은 덕이라는 상이 없는 철인이라 하면서 다음과 같이 말한다. "공부하는 사람이 이 도리를 알고 이 마음을 응용하여야 은혜가 영원한 은혜가 되고 복이 영원한 복이 되어 천지로 더불어 그 덕을 합하게 될 것이니, 그대는 그 상 없는 덕과 변함없는 복을 짓기에 더욱 꾸준히 힘쓸지어다." 이 말씀은 『대종경』 인도품 17장에 나오는 말씀이다. 이는 소태산이 노자를 인용한 직접적인 가르침의 법어이다. 노자가 말하는 최고의 덕이란 덕을 베풀었다는 상이 없는 덕이라는 것으로 달마대사의 응용무념의 덕과 나란히 하여 언급한 것이다. 소태산이 언급한 노자사상을 보면 우리가 노자가 어떠한 사람이며 어떠한 사상을 지닌 철학자인가를 알아야 할 것이다. 유불도를 통합 활용한 그의 정신에서도 더욱 그렇다.

　　여기에 「노자 이야기」의 시리즈가 전개되는 단초이다. 그러면 노자는 과연 누구인가? 사마천에 의하면, 노자는 춘추시대 말기의 사람으로 성은 이李씨이고 이름은 이耳이며 자는 담聃이다. 그는 초나라 고현 여향 곡인리에서 태어났다. 공자와 동시대에 살았던 인물로서 서로 만난 적이 있으며 공자보다 수년 선배였다.

　　필자가 「노자 이야기」에서 중점으로 다루고자 하는 것은 노자가 지었다는 동양의 보고 『도덕경』을 중심으로 한 내용이다. 따라서 노자 이야기의 논리 전개는 노자사상을 쉽게 전달하는 것이고, 원불교적 시각에서 그의 사상을 바라보며 접근하는 것이다. 우선 『도덕경』이란 무엇인가? 노자가 지었다는 본 고전은 5천여 언으로 춘추시대에 만들어진 것이며, 고금 도교

---

2) 여기서부터는 <월간교화>에 연재된 본래 주제 「노자이야기」를 내용에 맞게 재설정하였다.(<월간교화> 1월호, 원불교 교화훈련부, 2009).

의 으뜸 경전으로 받들어지고 있다. 한나라의 하상공이 이를 81장으로 분류한 것으로, 오늘날 『도덕경』으로 호칭되어 온 것이다.

　명가명名可名이면 비상명非常名이라 했던 노자가 하필 그의 논리에 벗어난 듯한 『도덕경』을 언어 문자로 남기게 된 사연은 무엇일까? 그는 도를 언어로 표현하면 참 도가 아니요, 눈앞에 나열된 세계를 말로 표현하면 참 언어가 아니라 하였는데도 말이다. 언어도단의 세계를 추구하면서도 하필 5천언이나 되는 『도덕경』을 저술한 의도가 분명 있을 것이다. 노자 이야기의 두 번째 전개는 이를 언급함으로써 시작해야 한다.

3 ▶ 언어도단의 소통3)

　『정전』 「일원상서원문」을 보면 언어도단의 세계와 언어명상이 완연한 세계를 말하여 우주 변화현상에 있어 유상의 세계와 무상의 세계로 분류하고 있다. "일원은 언어도단의 입정처이요, 유무초월의 생사문인 바, 천지부모 동포 법률의 본원이요, 제불 조사 범부 중생의 성품으로 능이성유상하고 능이성무상하여 유상으로 보면 상주불멸로 여여자연하여 무량세계를 전개하였고, 무상으로 보면 우주의 성주괴공과 만물의 생로병사와 사생의 심신작용을 따라 육도로 변화를 시켜 혹은 진급으로 혹은 강급으로 혹은 은생어해로 혹은 해생어은으로 이와 같이 무량세계를 전개하였나니…."

　진리의 표명에 있어 언어도단이면서도 언어로 표현할 수 있는 세계가 일원상의 진리임을 위의 언급에서 알 수 있다. 사실 진리의 심오한 세계는 말로 표현할 수 없기 때문에 상징성을 부여하여 언어도단을 강조하고 있다. 그렇다고 언어도단만이 아니라 방편적으로 설명할 수 있는 언어명상의

---

3) <월간교화> 2월호, 원불교 교화훈련부, 2009.

세계를 열어놓은 것이 일원상 진리의 심오한 경지라 본다.

이를 유추하면 노자『도덕경』역시 '도가도 비상도, 명가명 비상명'을 말하여 언어도단의 세계를 말하면서도 노자 스스로 5천언이나 되는『도덕경』81장을 문자로 표명하고 있으니 언어명상이 완연함의 세계가 드러나 있다.「노자이야기」(1)의 글에서 언어도단의 세계를 추구하면서도 5천언이나 되는『도덕경』을 저술한 의도가 분명 있을 것이라 하였다.

따라서 노자의 언어명상이 완연한 세계에 대하여 언급해 보려는 것이다. 곧 노자의 나이 70세경으로 거슬러 올라간다. 그는 어느 날 진秦나라로 가서 은둔할 것을 결심하고 황하를 건너 남하하여 도림새(지금의 潼關)에 이르는데, 이때 그는 자기와 학문과 사상이 같은 국경 문지기 관윤을 만나게 된다. 거기서 관윤의 강력한 부탁를 받고 노자는 평소 자신이 생각하던 바 언어명상이 완연한 세계로서 '도와 덕에 관한 글'(도덕경) 5천여 문자를 남긴 것이다.

다음에 전개될 노자 이야기(3)는 언어도단과 언어명상이 함께 내재되어 있는『도덕경』81장을 장별로 연재하여 여기에 숨어있는 뜻을 새겨봄은 물론 가능하다면 일원상과도 연계하여 보고자 한다. 그래서 다음에 전개될『도덕경』1장의 내용이 더욱 궁금해진다.

4 ▶ 도道와 일원상[4])

<노자이야기>의 세 번째 글부터『도덕경』(81장)을 매 시리즈마다 1장씩 내용을 소개하고 풀이하여 우리의 실제 삶으로 용해시켜 보고자 한다.

---

4) <월간교화> 3월호, 원불교 교화훈련부, 2009.

먼저 1장의 내용은 다음과 같다. "도를 가히 언급할 수 있으면 참 도가 아니요, 이름을 가히 부여할 수 있으면 참 이름이 아니다. 이름 없는 세계(無名)는 천지의 시작이요 이름 있는 것(有名)은 만물의 어머니이다. 그러므로 항상 무욕으로서 진여묘체를 볼 것이요, 욕심으로서 현실세계를 볼 것이다. 이 두 가지는 같은데서 나오지만 이름이 다르니 현묘하다고 이른다. 현묘하고 또 현묘하니, 만물이 쏟아져 나오는 문이다."

위의 언급에서 알 수 있듯이 『도덕경』 1장은 우선 『도덕경』 전반의 구조를 이해하는데 도움이 된다. 도道와 명名, 무명無名과 유명有名, 무욕無欲과 욕심有欲, 묘유妙와 현상徼이라는 용어들이 상대적으로 대비되며 모순과 조화의 양면에서 마주친다. 언어표현의 상대성이 나타나듯 하지만 이는 언어의 상대성을 벗어나려는 노자 특유의 어법에 기인한다.

본 『도덕경』 1장의 핵심은 참 도란 무엇인가에 대한 질문과 답변인데, 곧 도를 가히 말로 표현할 수 있으면 떳떳한 도가 아니라는 점이다. 진나라 왕필은 이를 주석하기를, 가히 말로 표현할 수 있는 도는 참 도가 아니라고 하며 언어도단의 세계를 밝힌다. 노자는 왜 언어를 벗어나라고 하였을까? 한정된 언어로 표현하는 것 자체가 도의 진체眞體를 설명할 수 없기 때문이었다.

여기에서 노자의 도는 일원상 진리의 구조와 유사함이 발견된다. 『정전』 일원상 진리에서 일원은 언어도단의 입정처라 했다. 소태산은 또한 언어도단의 세계를 『대종경』 「성리품」에서 밝히고 있다. 참 진리의 세계를 현상적 도구인 언어에 집착됨을 벗어나고자 하였기 때문이다. 그러면 언어도단만이 능사인가? 다음 시리즈에서 언어명상의 세계에 대한 응답을 할 차례이다. 근원적 진리에 대한 소태산과 노자의 만남이 가능할 것이다.

언어명상의 세계5)

일원상과 노자의 도는 언어도단이라는 용어를 통해 현묘한 진리의 세계가 언어에 구애되는 것을 극복하고 있다. 그렇다면 언어명상에 의한 진리의 표현이란 불가능한 일인가? 이는 노자가 『도덕경』을 저술한 배경과도 관련된다. 노자는 70세경에 진나라로 가서 은둔하려고 황하를 건너는데, 이때 관윤關尹을 만난다. 거기서 관윤의 강력한 권유를 받고 5천여 문자로 『도덕경』을 저술하였으니 이것이 곧 언어명상이 완연한 세계인 셈이다.

이제 언어 표현을 통한 『도덕경』 2장의 내용을 소개하여 본다. "세상 사람들이 다 아름다움이 아름다운 것인 줄은 알되 이에 추할 따름이다. 모두가 착함이 착한 것인 줄 알되 이는 악함일 뿐이다. 그러므로 유무가 서로 낳고, 난이가 서로 이루어주고, 장단이 서로 드러나고, 고하가 서로 기울고, 음성이 서로 화하고, 전후가 서로 따른다. 그러므로 성인은 무위에 처하고, 말없는 가르침을 행한다. 만물은 성장하되 사양하지 않고, 생겨나게 하되 소유하지 않으며, 만들어내되 뽐내지 않고, 공을 이루면 머물지 않는다. 대저 오직 머물지 않은지라, 떠나지도 않는다."

위의 언급처럼 노자는 절대적 가치판단의 세계를 극복, 상대성을 인정하는 자연의 사실판단으로 나아가고 있다. 선악, 미추, 유무, 난이, 장단, 고하, 전후의 상대성을 인정하면서도 상호 유기체성을 강조하고 있기 때문이다.

이에 대하여 경산종사는 『노자의 세계』에서 다음과 같이 해설하고 있다. "우리들은 사물을 보고 듣고 하면서 아름답다고 느끼거나 착하다고 생각할 때, 또 더럽다고 생각할 때나 또 악하다고 생각할 때에 마음속에는 아름다움의 기준이나 선한 것의 표준이 생기게 된다. 그러므로 아름답다고 할 때에 그 아름다움의 기준에 의하여 그 반대되는 추악함이 발생하는

---

5) <월간교화> 4월호, 원불교 교화훈련부, 2009.

것이다." 아름다움과 추함의 상대성이 있다는 것이다.

　나아가 본 2장에서 주목되는 바는 성자의 인품을 크게 두 가지로 설정하고 있다. 곧 무위의 처사와 말없는 가르침이다. 이를 위해서 노자의 네 가지 금기조항을 주목해야 한다. 떠넘기지 않음[不辭], 소유하지 않음[不有], 뽐내지 않음[不恃], 머물지 않음[不居]이 그것이다. 본 상대성의 이론(?)을 드러낸 『도덕경』 2장을 음미하면서 얻게 되는 무위자연의 도락이 이것이라 본다.

6 **상대성이론의 노자[6]**

　19세기에 아인슈타인의 상대성 이론이 나오면서 그것은 사회에 큰 반향을 불러일으켰다. 이는 갈릴레이의 지동설이나 근래 뉴턴의 진화론과 같은 세기적 발상에서 나온 이론이었기에 많은 주목을 끌었던 것이다. 1905년 스위스 베른의 젊은 특허국 직원이었던 26세 무명의 아인슈타인(Albert Einstein, 1879~1955)이 창안한 이론은 과연 무엇이었을까?

　아인슈타인은 시간과 공간에 관한 새로운 관점을 제시하였는데, 이것이 상대성 이론이며 20세기 현대 물리학의 전환기적 반향을 불러일으켰다. 본 상대성이론은 19세기를 통해서 부상되었던 고전 역학과 고전 전자기학 사이에서 나타나는 문제점을 해결하였기 때문이다. 당시 전자기 법칙들은 불변적인 것이었으나 주어진 상황에 따라 속도가 변화한다는 상대성 이론이 부상한 것이다.

　이를 노자사상에 연결하여 보자. 『도덕경』 3장의 내용이 위의 상대성

6) <월간교화> 5월호, 원불교 교화훈련부, 2009.

이론과 유사하다고 본다. "현명함을 숭상하지 않으면 백성들로 하여금 다투지 않게 할 수 있고, 얻기 어려운 재화를 귀하게 여기지 않으면 백성들로 하여금 도둑질을 하지 않게 할 수 있고, 욕심날 것을 보이지 않으면 백성들로 하여금 마음을 어지럽지 않게 할 수 있다. 그러므로 성인의 다스림은 그 마음을 비우고 그 배를 채워주며, 그 뜻을 약하게 하고 그 뼈를 튼튼하게 해준다. 항상 백성들로 하여금 앎이 없고, 욕심이 없게 하며, 저 지식인으로 하여금 감히 할 수 없게 한다. 무위를 하면 다스려지지 않음이 없다."

본장의 의미는 상식 밖의 내용처럼 들린다. "현명함을 멀리하라." "재화財貨를 귀하게 여기지 말라." "지식을 멀리하라." 현명함을 지니고, 재화는 귀하게 여기며, 지식을 섭렵하는 것은 현대사회의 불문율과도 같은 절대명제라고 할 수 있다. 하지만 노자는 이를 멀리하라는 것이다.

노자는 현명함을 너무 강조하다 보니 다툼이 생겨나고, 재화를 귀하게 여기다 보니 도둑이 생겨남을 내다본 것이다. 그로 인해 세상사가 난국으로 치닫게 되었으므로 소박 무욕한 이상사회를 꿈으로 여겼다. 당시의 시대상황에서 볼 때 상식으로 통하는 절대명제를 과감히 벗어던지고 현명함의 상대성, 재화의 상대성, 지식의 상대성을 부르짖었으니, 아인슈타인보다 훨씬 일찍이 상대성 이론을 밝힌 노자였던 것이다. 이러한 상대성 이론에 더하여 화광동진을 밝힌 노자의 사상은 불가의 성속일치와의 만남을 약속한다.

　과연 노자는 시계를 거꾸로 돌아가게 했다는 것인가?『도덕경』3장의 내용에서 여전히 이해하기 쉽지 않는 내용이 있다면 그것은 전장에서 이미 밝힌 바대로 "현명함을 멀리하라." "재화財貨를 귀하게 여기지 말라." "지식을 멀리하라" 등이다. 상식을 초월한 상대성 원리 같아 난해하지만 오히려 이것은 노자사상의 매력 중의 하나라고 본다.

　노자로서는 지당하면서도 법규적인 상식논리를 벗어나고자 한 근본 의도는 무엇인가 궁금한 일이다. 그것은 당시 유학자들의 규범적이고 도식적인 삶이 자연의 원리와 거리가 있음을 알고 이를 싫어했기 때문이었으리라 본다. 유학에 있어서는 현명한 현자가 되라고 하면서, 제도권 속의 재화를 소중하게 여겼고, 지식을 확충하도록 호학의 정신을 강조하였으니 이에 대한 무위자연이 노자의 매력으로 자리한 것이다.

　따라서 노자는 유학적 틀에서 벗어나면서 자연스럽게 허정무위虛靜無爲의 사유구조를 지향하게 되었다.『도덕경』4장의 내용이 이것이다. "도는 텅 비었으되 아무리 써도 항상 차는 일이 없으니 만물의 근원 같도다." 또는 밝은 세상을 선망하면서 티끌세상과 함께하는 '화광동진和光同塵'을 밝히고 있다.

　노자의 화광동진과 유사한 사자성어로서 유교는 '화이불류和而不流'를 강조하고 있다. 친구들과 교제를 함에 있어 친히 다가서되 아닌 곳에는 함께 하지 말라는 것이다. 화이불류는 화이부동과 같은 것으로 이해할 수 있다.『논어』「자로편」에서 공자는 군자를 화이부동和而不同 하는 사람이라 했기 때문이다.

　어떻든 성현의 온고지신 정신에서 접근해 본다면 노자의 화광동진이나

---

　7) <월간교화> 6월호, 원불교 교화훈련부, 2009.

공자의 화이불류·화이부동을 오늘의 세태世態에서 화두로 삼아보고자 한다. 왜냐하면 경제적 어려운 현실에서 세상살이가 녹록해지지 않고 있는 마당에 인플루엔자가 유행하여 세계 곳곳에서 사람들이 마스크를 하고 다닐 정도로 세상이 혼탁해졌기 때문이다. 과연 화광동진해야 할 것인가, 아니면 화이불류·화이부동해야 할 것인가? 의두연마가 다른 것이 아니라고 본다.

8 천지불인天地不仁8)

『도덕경』 81장의 해석에 있어 난해한 것으로는 "천지는 어질다고 하지 않는다.(天地不仁)"는 5장의 글이다. 일반적 상식으로는 천지란 만물을 생육(生育)해주기 때문에 당연히 어질다(仁)고 해야 하지 않겠는가? 이 천지는 봄에 만물의 생기를 불어넣어주고 여름에 성장시켜주며, 가을에 거두고 겨울에 함장의 시간을 주는데, 우주의 상생 기운이 작용하는 천지가 어질지 않다는 말이 납득하기 쉽지 않은 것도 사실이다.

그러면 노자는 정말 천지는 어질지 못하다고 하였는가? 다음 『도덕경』 5장을 살펴보도록 한다. "천지는 어질지 않아(不仁) 만물을 초개로 삼는다. 성인은 어질지 않아 백성을 초개로 삼는다. 천지 사이는 풀무와 같도다. 텅 비어서 다함이 없고 움직이면 만물이 쏟아져 나온다." 위의 문구를 접근함에 있어 두 가지 해석학적 방법이 필요하다.

첫째, 이를 인위와 무위의 측면에서 접근해 보자는 것이다. 노자는 천지는 어질지 않다고 하였는데, 왜 천지는 어질지 못하다는 것인가? 그의

---

8) <월간교화> 7월호, 원불교 교화훈련부, 2009.

주장 속에는 공자의 인仁사상이 극력 비판받고 있다. 노자에 의하면 자연의 도道가 있었는데, 도가 없어지면서 인仁과 의義와 예禮 등이 생겨났다며 이러한 인의예지는 도덕이 피폐하여 가식으로 나타난 작위적 개념이라는 것이다. 따라서 그는 가치 지향적 인위人爲를 극복하고 사실 지향적 무위無爲를 등장시키고 있다. 인의예지는 유교의 가치 기준이 되고 있는데, 노자는 이를 비판하면서 무위자연의 대도에 합류할 것을 강조한다.

둘째, 천지는 본래 공평무사하여 사사로이 개개물물에 어질지 않다(不仁)하지 않다는 것이다. 다시 말해 사사로운 감정으로 호·불호의 인자함을 보이는 허울을 벗어나라는 것이다.

하여튼 노자는 『도덕경』 5장의 본질을 '응용무념'으로 접근하려 하였으며, 그로 인해 천지는 사적私的으로 불인不仁하다고 했다. 그의 천지에 대한 인식 방법은 원불교적으로 접근이 가능하다. 곧 천지 팔도 중에서 '응용무념의 도'와 연결시켜 볼 필요가 있다. 천지보은에 있어 핵심은 응용무념의 도라는 측면에서 그 유사성이 돋보인다. 이에 더하여 소태산은 상덕上德은 덕이라는 상이 없다(『대종경』, 인도품 17장)고 하였는데, 『도덕경』 5장도 지공무사의 대인大仁을 염두에 두고 불인不仁하다고 했던 것이다.

9 곡신谷神의 신비[9]

절대자를 언급하는데 있어서 종교적 시각에 따라 각자 다른 표현을 사용하고 있다. 기독교에서는 하나님, 불교에서는 부처님, 유교에서는 공자님, 도교에서는 노자님이라 하고 있다. 그런데 노자는 자신을 절대화한 것이

----

9) <월간교화> 8월호, 원불교 교화훈련부, 2009.

아니라 도 혹은 곡신 등을 절대자의 개념으로 사용하고 있다. 다만 후래 도교에서 그를 교조화하여 신격화한 것일 따름이다.

그런데 노자는 절대자의 표현을 몇 가지로 언급하고 있다. 이를 둘로 나누어 보면 이법적인 측면에서는 도道라 호칭하고, 인격적 측면에서는 곡신谷神이라 표현하고 있는 것이다. 그가 절대자의 모습으로 거론한 바, 곡신이 언급되어 있는 『도덕경』 6장의 내용을 살펴보도록 한다. "곡신은 죽지 않으니 이를 일러 현빈玄牝이라 한다. 현빈의 문은 천지의 뿌리라 이르므로 영원히 존재하여 왔으니, 아무리 써도 지치지 않는다." 이처럼 곡신은 죽지 않는다는 측면에서 노자는 이를 절대자 내지 완벽한 존재로 표현하고 있다.

그러면 왜 곡신은 죽지 않는다는 것일까? 골짜기처럼 비운 형상을 상징한 곡신은 텅 비어 있기(虛) 때문이다. 텅 비어 있다는 것은 허虛로서 불교의 공空과 다를 것이 없다. 텅 비어 있는 곡신은 왕필이 주석한 것처럼 골짜기 가운데가 움푹 파인 곳이기 때문에 붙여진 이름이다. "텅 빈 골짜기의 신은 형체나 그림자가 없고, 거슬리거나 어기지 않으며, 낮은 곳에 처하여 움직이지 않고, 고요함을 지켜 시들지 않으니, (만물이) 골짜기로 인해 이루어지되, 형체를 보이지 않으니 이는 지극한 존재이다."라고 말한 왕필의 주석에서 노자의 곡신을 이해할 수 있다.

이러한 곡신의 속성을 텅 빈 허虛라는 점에서 한걸음 나아가 노자는 현빈玄牝이라는 용어를 사용하고 있는 점도 주목된다. '현빈'이란 검은 암소라는 뜻이며, 이를 종교적 용어로 풀이하면 만유를 창조하는 생명의 '어머니'라는 용어가 대신할 수 있을 것이다. 일원상이 만유의 어머니이듯이, 노자의 세계에서 곡신이라는 인격적 절대자에 합류할 수 있는 길은 만유의 어머니와도 같은 현빈玄牝의 창조적 능력을 함유하는 길일 것이다.

이제 우리는 『도덕경』 6장에서 화두를 연상한다면 '곡신불사(谷神不死)'이다. 우리는 과연 곡신불사의 경지에 다가설 수 있을 것인가? 그 해답은 내가 일상의 삶에서 텅 비우며 살아갈 수 있느냐 하는 허虛와 空의 깨달음에 맞물려 있다. 이제 저 허공虛空의 참 주인이 될 수 있느냐는 수도인의 본질적 질문에 답할 때이다.

10 ▶ 웰빙과 장생10)

현대는 건강하게 오래 살고자 하는 웰빙의 시대이다. 건강이 현대사회의 여러 가치 중에서 주요 가치로 등장하면서 '웰빙'이라는 용어에 현대인의 염원이 실려 있다. 백과사전에 웰빙이란 "육체적·정신적 건강의 조화를 통해 행복하고 아름다운 삶을 추구하는 삶의 유형이나 문화를 통틀어 말한다."라고 한 것도 같은 맥락이다.

이러한 '웰빙'의 조건에는 육체적 웰빙에 더하여 정신적 웰빙이 함께해야 행복한 삶이 보장된다. 이에 필적할만한 용어를 노자철학에서 찾아보면 '장생'이란 용어일 것이다. 노자는 이를 대변이라도 하듯이 『도덕경』에서 '장구長久' '장생'이란 용어를 사용하고 있다. 물론 그가 말한 장생에는 그저 육신만 포함된 것이 아니라 정신적 장생도 포함되고 있다.

이에 『도덕경』 7장의 내용을 살펴보도록 한다. "천지는 장구하다. 천지가 장구할 수 있는 이유는 자기만 살려고 하지 않기 때문이니, 고로 능히 장생한다. 그러므로 성인은 자신을 뒤에 두지만 오히려 앞서고, 자신을 내버려 두어도 그 몸이 간직되는데 그것은 사사로움이 없기 때문이 아닌가. 그러므로 능히 사사로움도 성취할 수 있다." 천지는 왜 장구하다는 것인가? 자기만 혼자 살려고 하는 욕심을 버리라는 노자의 정신적 가치가

---

10) <월간교화> 9월호, 원불교 교화훈련부, 2009.

있기 때문이다. 그에 의하면 천지는 자기 혼자만 살려하지 않고 만물을 살려주기 때문에 장구하다고 하였던 것이다.

덧붙여 노자는 성인이란 장생에 더하여 사사로움도 성취할 수 있다고 하였다. 그것은 자신을 남의 뒤에 두는 무사無私의 정신을 간직하기 때문이라 하였다. 예수와 석가모니는 물론 공자와 노자는 성철로서 이미 몸은 이 세상에 없지만 오늘날 여전히 부활하고 있으니 이것이야말로 자신의 영예까지도 성취한 장생이 아니겠는가?

이제 노자에 있어 천지의 장생長生과 성인의 무사無私 정신을 원불교적 교리로 접근해 보자. 소태산은 천지팔도의 영원불멸한 도에 더하여 천지은의 응용무념의 도를 밝히고 있다. 대산종사도 "몸은 천하의 뒤에서 일하고 마음은 천하의 앞에 서서 일하라."는 「전무출신의 도」를 밝히었다. 『도덕경』 7장을 음미하면서 아름다운 삶을 추구하려는 성자의 회통정신을 확인시켜준 셈이다.

오곡백과가 여물어 가는 초가을에 즈음하여, 현대인의 심신 건강이라는 '웰빙' 가치에 더하여 장생長生과 무사無私의 공인公人 정신을 모색해보는 것도 나의 심신을 살찌우는 길이라 본다.

---

11 ▷ 물의 덕11)

경기도 연천에서는 북한 댐의 방류로 인해 6명의 인명피해가 발생하였다. 북한 황강댐의 수위가 급상승하자 심야에 임진강으로 급히 방류된 것으로, 그 지류에서 피서를 즐기는 남한 사람들이 생명을 잃은 것이다.

---

11) <월간교화> 10월호, 원불교 교화훈련부, 2009.

30여 년 전, 평화의 댐 건설에 국민성금이 답지한 과거의 기억을 더듬어 보자. 북한이 남한을 수공水攻 작전으로 침략한다는 것이었으며, 그 망령이 근래 되살아난 것 같기만 하여 씁쓸하다.

하지만 물이란 인간의 생명수와도 같은 덕행의 상징으로 묘사되기도 한다. 『주역』 「절괘」에서 말하기를 "못 위에 물이 있음이 절節이니, 군자가 보고서 도수度數를 제정하며 덕행을 의논한다."라고 하였다. 물이란 조절만 잘 하면 매사의 덕행으로 이어진다는 것으로, 송대의 정이천도 물은 관리를 잘 해야 넘치지 않는다고 하였다.

물이란 이중성을 지닌 관계로 인간의 생명을 잃게 하는 무서운 무기로 돌변하면서 한편으로 인간의 생명을 살리는 덕의 상징물이 되는 것이다. 물이 넘쳐도 곤란하지만 물이 부족하면 생명체는 고통을 겪는 것으로 이는 자연의 섭리이다.

노자는 물에 대하여 『도덕경』 8장에서 다음과 같이 언급하고 있다. "최고의 선善은 물과 같다. 물은 능히 만물을 이롭게 하되 다투지 아니하고, 모든 사람들이 싫어하는 곳에 머문다. 그러므로 도에 가까운 것이다. … 대저 물水은 오직 다투지 않으므로 허물이 없는 것이다." 이처럼 노자는 물을 최고의 선이라 하여 자연의 도道라 했다. "물은 낮은 곳으로 흘러가 오직 다투지 않으므로 허물이 없다."라고도 하였다. 물이 허물이 없는데도 졸렬한 인간들이 물을 허물로 뒤집어씌운다는 것이다. 수공水攻으로 공격하느니, 부득이 방류하느니 하며 위정자들은 이번 사건에 물을 공범으로 몰아세우는 꼴이다.

우리가 환기할 것은 물이란 본래 은생수라는 점이다. 단지 우리가 물 관리를 잘 못한 허물이 있을 따름이다. 그래서 『주역』에서 물은 인간에 덕을 가져다주는 상징물로 묘사를 하면서도 겸손하게 물 조절을 잘 해야 하는 삶의 지혜를 가르쳐주고 있다. 근래 현안으로 대두되는 4대강 사업도 이에 지켜볼 일이니, 동양 성철이 밝힌 것처럼 고금을 꿰뚫는 심안을 참조해야 할 것이다. 다시금 노자의 가르침이 생각난다. 인위적인 행위가 아닌 자연으로 돌아가라. 그러면 허물이 없어질 것이다.

12 금은보패를 멀리하라[12]

전 세계의 금값이 정세政勢에 따라 천정부지로 오르내리곤 한다. 하락하는 달러가치로 인해 나라마다 외환보유의 대안으로서 안정된 금으로 대체함으로써 오는 현상이라고 한다. 아울러 우리의 생활수준이 올라가 금의 수요가 많아졌기 때문이기도 할 것이다.

금값이 오르는 것을 보면서 생각나는 것은 2천5백 년 전, 노자는 이를 조롱하기라도 하듯이 금과 옥이 집에 가득하면 능히 지킬 수가 없다고 했다. 장자 역시 보물 상자를 자물쇠로 채워둔다고 해도 오히려 도둑을 맞기 쉽다고 하였다. 도둑이 자물쇠 달린 상자를 통째로 가져가버리기 때문이라는 것이다.

노자는 『도덕경』 9장에서 오늘의 금金 품귀 현상을 반영하고 있듯이 다음과 같이 말한다. "가득담긴 그릇을 들고 있음은 그만둠만 못하고, 날카롭게 간 칼은 오래 보존하지 못한다. 금과 옥이 집에 가득하면 능히 지킬 수가 없고, 부귀하면서 교만하면 스스로 재앙을 남기나니, 공을 이루면 몸은 물러나는 것이 하늘의 도이다." 본 언급의 핵심은 금을 능히 보존하기 쉽지 않은 것도 포함되지만 금과 옥의 상징인 부귀와 교만이 재앙의 근원이라는 것이다.

그러면 노자는 왜 금을 보존하지 말고 마음을 비우라고 하였는가? 금이

---

12) <월간교화> 10월호, 원불교 교화훈련부, 2009.

아무리 소중한 보물이라 해도 간직하는데 한계가 있고, 만족을 모르는 인간의 욕심이 있는 한 금과 옥으로 내 마음을 충족시킬 수 없기 때문이다. 이에 금과 옥을 집에 간직하려다 보면 결국 그 욕심으로 인해 순간의 부귀영화는 채울 수 있을지언정 교만해지고 또 항상 부족함을 느끼게 될 것이다.

그러면 부귀와 교만을 없애는 방법은 무엇일까? 노자는 소박하게 무위자연無爲自然으로 살라고 하였다. 물론 소태산도 재색명리를 초월하여 살라고 하였다. 노자나 소태산의 경우 극복 방법에 다소의 차이가 있는데, 노자의 경우 '자연'을 거울삼으라 했다면 소태산은 조촐한 '마음'을 거울삼으라 한 것이다.

두 성자정신에서 새겨 보아야 할 것은 황금덩어리로 내 마음을 충족시킬 수 없다는 것이며, 덧붙여 본래 자성에 금과 옥이 어디에 있겠는가 하는 점이다. 인간들이 인위적으로 가치화한 보물들의 한계를 직시하고, 청정자성의 영원한 보물을 찾아야 하는 이유가 여기에 있다.

13 ▶ 현덕玄德과 불법[13]

우리의 인생사가 수월할 것 같으면서도 난관에 봉착하는 경우가 있다. 세상을 살아나감에 있어 어려울 것 같으면서 쉬운 것은 그래도 다행이지만, 쉬울 것 같으면서 어려운 것을 만나면 녹록치 않은 것에 고통스러울 것이다. 이따금 우리에게 장벽으로 부딪치는 화두가 이것으로, 노자는 표현법에 있어 '부가附加 의문'의 형식을 이용하여, 『도덕경』 10장에서 우리

---

13) <월간교화> 11월호, 원불교 교화훈련부, 2009.

를 환기시킨다.

이에 필자 나름대로 10장의 원문 내용을 축약하여 본다. "심신작용을 하면서 도道를 능히 떠나지 않을 수 있겠는가? 현묘한 마음의 거울을 깨끗이 하여 한 점의 먼지도 없겠는가? 만물을 낳고 길러주면서 소유하지 않고, 일하고도 뽐내지 않을 수 있겠는가?" 만일 그렇게만 살아간다면 무위자연의 삶을 통해 이상적 인격상을 이룰 것이며 노자는 이를 현덕玄德이라 하였다. 이러한 경지에 이르러야 소박 무위의 이상향에서 삶을 멋지게 소요할 수 있다고 말한 노자의 심경을 헤아릴 수 있는 우리의 지혜가 작동하게 된다.

그러면 현덕의 삶을 살아가기 위해서는 어떻게 해야 할 것인가? 노자가 강조하는 심법을 불법佛法과 연계시켜 보고자 한다.

첫째, 능히 도를 떠나지 않으려면 어떻게 해야 할 것인가? 이는 우리가 왜 도를 떠나고 싶은 유혹에 떨어지는가의 본질을 파악해야 한다. 세상의 사마외도邪魔外道가 판을 치는 경우를 만나면 이를 물리칠만한 마음의 안정이 필요하다.

둘째, 마음의 거울에 먼지가 끼지 않으려면 어떻게 해야 할 것인가? 우리는 실제의 거울을 통해 화장을 하고 얼굴을 밝게 하려고 한다. 그러나 정작 마음의 때를 벗기는데 소홀한 것이 현대인들이라는 면에서 육체로부터 마음으로의 관심을 돌이킬 줄 아는 지혜를 키워야 한다. 노자는 소박 무욕한 밝은 빛의 거울을 요구하고 있는 셈이다.

셋째, 길러주고 소유하지 않고 공을 이루되 뽐내지 않으려면 어떻게 해야 할 것인가? 나의 자취를 남기지 않는 용단의 힘이 필요하다.

이번 겨울의 추위가 녹록치 않을 것 같은데 한파에 몰린 용산난민, 도시 빈민들을 생각해보자는 것이다. 겨울 한파가 몰려오기 이전 자비심과 노자의 현덕을 통해 그들의 응어리진 마음을 품어야 하는 이유이다.

우리 인생에도 나이테가 있듯이 오랫동안 글을 쓰다보면 자신의 경륜이 묻어나와 글에도 나이테가 있을 법한 일이다. 그러나 나이테마저 없는 세계가 노자의 본심일까? 모든 것을 텅 빈 무無로 돌아가라고 했으니 말이다.

"텅 비우라." 곧 불교의 핵심사상이 공空이라 하면 노자의 핵심사상이 무無이다. 불교의 공과 노자의 무는 사상적으로 통하는 바가 있다. 중국의 남북조 시대에 들어온 불교가 격의불교로 발전하면서 노자 사상에도 영향을 미쳤는데, 대표적인 것으로 불교의 공과 노자의 무가 같은 뜻으로 이해된다.

그러면 노자가 밝힌 무無, 곧 "텅 비우라."는『도덕경』11장을 소개하여 본다. "30개의 바퀴살이 한 바퀴통에 모여 있으되, 그 가운데가 비어無 있기 때문에 수레로 쓰임이 있다. 찰흙을 이겨서 그릇을 만들되, 그 가운데가 비어 있기 때문에 그릇으로 쓰임이 있다. 문과 창문을 뚫고 방을 만들되, 그 가운데가 비어 있기 때문에 방의 쓰임이 있는 것이다. 그러므로 유有가 이용되는 것은 무無가 작용하기 때문이다."

본 11장의 핵심은 무엇이든 쓸모가 있으려면 텅 비워야 한다는 것이다. 노자는 이를 매우 사실적 예화로 언급하였다. 과거 농경사회의 필수품으로 '수레'가 필요했고, '그릇'이 필요했으며, 집의 '방'이 필요했다. 이 세 가지는 생명 유지에 없어서는 안 되는 주요 항목들이다. 우리의 생명유지에 있어 이 3가지가 유용한 것은 그것이 텅 비어있기 때문이라는 것이다. 수레바퀴통 속이 비어야 굴러가고, 그릇이 비어야 밥을 담고, 방이 비어야 잠을 자는 공간이 생기기 때문이다.

---

14) <월간교화> 12월호, 원불교 교화훈련부, 2009.

석가모니는 『금강경』 4장에서 수보리에게 "동방의 허공虛空을 사랑하겠느냐?"며 허공처럼 텅 비워야 함을 가르치고 있다. 노자가 밝힌 무無의 의미를 새기면서 과거사는 다 비워버리고 새로운 한해를 맞이해야 할 때가 왔다. 모든 것을 비우면 유용한 것으로 가득 채워진다는 노자의 가르침을 새기면서, 텅 빈 본래의 자성을 찾아가는 비장한 각오를 할 때이다. 호랑이는 뱃속을 텅 비워야 먹이사냥을 하듯, 새해의 화두를 노자의 무無로 삼아봄이 어떨까?

15 　 오감의 유혹[15]

불교에서는 바른 행동을 위해 육근六根 작용을 잘하라고 한다. 이에 대하여 노자는 오근五根 작용을 밝히고 있다. 오근을 잘못 사용하면 인간의 본성을 상실하여 단맛만 맛보다가 입맛을 상하는 꼴이 된다는 것이다. 노자의 언급처럼 물이 생명수인 것은 담백 무미無味하기 때문이다.

우주 대자연의 원리에 반하는 것은 하나같이 인간의 교묘한 '인위'라는 가치에 기인한다. 노자는 우리의 다섯 가지 감각기관을 인위로 작용할 경우 눈, 귀, 입, 마음, 행동이 뒤틀려버린다며 경종을 울리고 있다.

그것은 노자가 『도덕경』 12장에서 다음과 같이 매우 상징적으로 언급하고 있다. "오색(청, 황, 흑, 백, 적)은 사람으로 하여금 눈을 멀게 하고, 오음(궁, 상, 각, 치, 우)은 사람으로 하여금 귀를 멀게 하고, 오미(단맛, 짠맛, 쓴맛, 신맛, 매운맛)는 사람으로 하여금 입을 어긋나게 하고, 말을 타고 달려 사냥함은 사람으로 하여금 마음을 미치게 하고, 얻기 어려운

---

15) <월간교화> 1월호, 원불교 교화훈련부, 2009.

재화는 사람으로 하여금 행동을 비뚤어지게 한다.”

이처럼 노자는 현대인들에게 다섯 가지 화두를 던지고 있다. 당연히 오감을 인위적으로 사용하지 말라는 뜻이다.

먼저 눈을 멀게 하는 것은 무엇인가? 어딘가에 매몰된 눈으로 보면 세상이 어지럽혀지는 것이다. 귀를 멀게 하는 것은 무엇인가? 나의 귀에 솔깃한 소리가 전해오면 세상이 내 것인 마냥 자만해진다. 입을 어긋나게 하는 것은 무엇인가? 쓴맛은 내뱉고 단맛만 삼키는 행위이다. 마음을 미치게 하는 것은 무엇인가? 무언가에 마음을 빼앗기면 한 순간도 마음이 안정되지 않고 잡념으로 들끓게 된다. 행동을 비뚤어지게 하는 것은 무엇인가? 오욕에 내 육신이 물들면 행동은 자행자지로 치닫기 쉽다. 궁극적으로 노자의 사상에서 시사하는 것으로, 도가의 무위자연으로서 소박 무욕의 인간상을 추구함에 있는 것이다.

한편 과불급이 없는 중도中道의 정신을 정산종사도 설하고 있다. 학인이 사뢰기를 “누구나 다 하여야 할 변치 않는 공부법 하나를 일러 주옵소서.” 정산종사 말씀하시기를 “매사에 과불급이 없이 중도를 잡는 법이니라.”(응기편 15장) 육근을 중도에 맞게 쓸 때 우주 대자연의 순리를 벗어나지 않기 때문이다. 고금을 통한 성철의 말씀은 삶의 귀감으로 작용한다.

16 ▶ 부귀영화의 허실16)

오늘날 유행하는 자격증을 노자에게 준다고 하면 세 가지의 자격증을 부여해야 한다고 본다. 그것은 논리학 자격증, 철학 자격증, 상담사 자격증

---

16) <월간교화> 1월호, 원불교 교화훈련부, 2009.

이다.『도덕경』 13장에는 이러한 자격증을 선물할만한 가치와 근거가 되기에 충분하다.

노자는『도덕경』에서 어떠한 논제를 전개함에 있어 첫째, 당시의 문제점을 진단하는 내용을 서두에 놓고, 둘째 논제의 의미규정과 방법론 제시를 하고 있으며, 셋째 그 문제점을 해결하여 얻는 결과를 제시하였으니, 3단 논법을 가장 리얼하게 구사한 것이『도덕경』 81장 중 13장이다. 총애와 욕됨이라는 상대적 논제를 가지고 이 3단 논법을 구가한 것이다.

1단 논법으로, 총애와 욕됨의 문제점을 지적하였으니 "세상 사람들은 총애를 받거나 욕을 당함을 놀라는 것같이 하고, 부귀영화를 귀하게 여겨 자기 몸같이 생각한다."라고 하였다.

2단 논법으로, 총애와 욕됨의 의미를 규정하고 이를 극복하기 위한 방법을 다음과 같이 제시한다. "총애와 욕됨을 놀라는 것같이 함은 무엇을 이름인가? 총애를 좋은 것이라 하고 욕됨을 낮은 것이라 여겨, 이를 얻으면 놀라는 것같이 하고 이를 잃으면 놀라는 것같이 하니, 이를 일러 총애와 욕됨을 놀라는 것같이 한다고 한다." 인간의 근심거리인 부귀영화, 곧 총애를 자기 몸처럼 귀하게 여기는 이유는 나에게 부귀영화가 있다고 하는 까닭에, 또 나에게 몸이 있다고 생각하기 때문이다.

3단 논법으로, 우리가 총애와 욕됨을 없애면 어떠한 경지에 이를 것인가에 대하여 언급하고 있다. "나에게 몸이 없음에 이르러서야 나에게 무슨 부귀영화가 있겠는가? 그러므로 내 몸을 귀하게 여겨 천하를 위하는 사람은 가히 천하를 맡길 수 있고, 내 몸을 사랑하여 천하를 위하는 사람은 가히 천하를 맡길 수 있다."라고 말한 것이다.

이처럼 노자는 논리를 철저히 구사한 대논리학자요, 삶의 처세훈을 설한 대철학자이며, 인간의 고통을 극복하도록 한 상담사와 같다. 오늘날 원불교에 노자를 초빙하여 강의를 듣더라도 전혀 손색이 없을 것이니, 그것은 원불교가 추구하는 것과 노자가 추구하는 것에 있어 '심학心學'이라는 면에서 공감대가 형성되고 있기 때문이다. 남의 총애 받는 것을 좋다고 놀라고, 부귀영화를 좋다고 놀라는 어리석은 인간에게 풍자적 논법으로 순박한 삶을 살라는 노자의 가르침은 귀감이 되리라 본다.

17   도의 본체적 속성17)

진리의 본체 세계를 언어로 표현한다는 것은 쉽지 않은 일이다. 불가에서는 체·용 내지는 체·상·용이라는 방식으로 진리의 본체와 현상의 세계를 언급하였다. 원불교에서는 이를 진공묘유와 공적영지라는 용어로써 진리의 본체와 현상의 세계를 설명하고 있다.

그러면 노자의 경우, 도의 본체를 어떻게 언급하고 있는가? 여기에 대하여 노자는 이·희·미夷·希·微를 거론하고 있다. 눈으로 볼 수 없는 세계를 이夷라 하고, 귀로 들을 수 없는 세계를 희希라 하며, 손으로 잡을 수 없는 세계를 미微라 하여 본체의 세계를 우리의 감관기관과 연결시키고 있는 것이다.

이와 관련하여 노자의 『도덕경』 14장을 소개하여 본다. "볼래야 볼 수 없으니 이를 일러 이夷라 하고, 들을래야 들을 수 없으니 이를 희希라 하며, 잡을래야 잡을 수 없으니 이를 일러 미微라 한다." 그러므로 노자에 있어 도란 이 세 가지가 엉키어서 하나가 된 것이라는 것이다. 이와 희와 미라는 독특한 용어가 2500년 전에 이미 노자가 진리의 본체를 설명하면서 동원한 것으로 도의 진면목을 현상의 언어문자로 파악할 수 없다고 하였다.

여기에서 노자가 도의 본체를 그렇게 강조한 이유가 무엇인가? 무위無爲

---

17) <월간교화> 3월호, 원불교 교화훈련부, 2009.

의 도는 인간의 인식작용 즉 유위有爲의 조작으로 파악할 수 없다는 사실 때문이다. 이에 부득이 언어로 표현하자면 이·희·미라는 용어를 동원할 수밖에 없었던 것이다.

노자는 이러한 용어마저도 결국 본원으로 돌아갈 것을 강조하면서 무물無物의 세계를 밝힌다. 그는 이에 말한다. "그 위라 하여 밝지 않고 그 아래라 하여 어둡지 않으며, 끊임없이 이어오건만 무어라 이름할 수 없다. 다시 무물無物에 돌아가는지라, 이를 일러 형상 없는 형상이요 형체 없는 형체라 하며, 이를 황홀하다고 한다." 황홀의 세계가 여기에서 발견된다.

황홀의 세계로서 도를 닦는 사람은 흔적을 남기지 말라고 한다. "도는 앞에서 맞이해도 그 머리를 볼 수 없고 뒤에서 따라가도 그 꼬리가 보이지 않는다."는 사실 때문이다. 이러한 경지에 이르고서야 도가 능히 태고의 시초임을 알 수 있으니 이를 일러 도의 근본이라 한다는 것이다. 불립문자 및 언어도단의 입정처의 세계를 노자에게서도 파악할 수 있으니 유불도의 진리는 참으로 현묘하고 현묘하다.

18 선비의 표준18)

우리가 지향하는 이상적 인간상을 어떻게 설정할 것인가? 일상의 삶에서 형성된 가치관에 따라 인간상도 여러 가지가 거론될 수 있다. 하지만 고금 성자들이 상정한 인간상을 참고하는 것은 나의 가치관 정립에 큰 영향을 미치며, 그것은 우리가 성자를 존경하는 마음으로 접하기 때문이다.

도가철학의 성철로서 노자는 이상적 인간상으로 '훌륭한 선비善士'를

---

18) <월간교화> 4월호, 원불교 교화훈련부, 2009.

상정하고 있다. 『도덕경』 15장에서 그는 다음과 같이 말한다. "옛날의 훌륭한 선비는 미묘 현통하여 깊이를 헤아릴 수 없었다. 대저 오직 헤아릴 수 없는지라, 그러므로 강연히 형용하여 본다. 머뭇거려 겨울에 내를 건너는 것 같고, 느려서 사면의 적을 두려워하는 것 같고, 의젓하여 손님과 같고, 풀리어 얼음이 장차 녹는 것 같고, 두터워 그 다듬지 않는 나무토막 같고, 넓어서 그 골짜기 같고, 뒤섞이어 흐린 물 같다."

이처럼 노자가 이상적 모델로 언급한 훌륭한 선비론은 유교에서 언급하는 비분강개의 선비론과는 반대된다. 노자에 있어 무위자연을 최고 가치로 삼는 선비가 이상적 인간이기 때문이다. 이에 노자가 밝힌 선비는 당연히 순진무구한 자연의 본성에 따르는 심법과 관련된다. 그는 이를 일곱 가지 표준을 우리의 일상적 처세와 연결하고 있다.

첫째, 머뭇거려 겨울에 시냇물을 건너는 것처럼 하라는 뜻은 매사를 너무 성급하게 하지 말라는 것이다.

둘째, 느려서 사면의 적을 두려워하듯 하라는 것은 모든 것에 조심성을 가지고 임하라는 뜻이다.

셋째, 의젓하여 손님과 같이 하라는 것은 우리가 손님으로 남의 집에 초대받았을 때 예절을 갖추듯 하라는 것이다.

넷째, 풀리어 얼음이 장차 녹는 것 같이 하라는 것은 봄에 만유를 품듯 온화함을 가지라는 뜻이다.

다섯째, 두터워 다듬지 않는 나무토막 같이 하라는 것은 계교하지 말고 순박함을 지니며 살라는 것이다.

여섯째 넓어서 그 골짜기 같이 하라는 것은 마음을 텅 비우라는 의미이다.

일곱째, 섞이어 흐린 물 같이 하라는 것은 성속을 가르지 말고 속세를 품으라는 뜻이다. 정치적인 갑론을박을 살펴보면서 이 7가지 처세론을 하나같이 현대인으로 하여금 순진무구한 삶을 살라는 성자의 가르침으로 삼자는 것이다. 이상향으로서 깨달음의 세계를 바라보면서, 성자의 대각人

^覺 소식도 이와 다를 것이 없다고 본다.

19 허정의 심학心學19)

주변 사람들과 대화를 하다보면 내 견해가 상대방에 설득되지 않는 경우가 있다. 이는 내가 상대방을 억지로 설득시키려 하거나, 그가 무언가에 막히어 받아들이지 않는 것과 관련된다. 결국 서로의 기운이 통하지 않아서 대화의 진전이 없을뿐더러 상호 서먹해지는 경우가 발생한다.

상타원 전종철 선진은 수행일기에서 다음을 고백한다. "오해를 입는데 굳이 해명할 필요가 있을까? 기운이 막힐까 두려우나 내 마음속 깊이 사심이 없으면 촉이 맞닿지 않고 머금어 오겠지." 상호 기운이 막히어 서먹해질 때를 대비해서 마음을 비워 사심을 없애자는 고백의 일기이다.

『황제내경』「소문편」에 다음의 글이 있다. "상도常道를 잃으면 천지사방이 막히게 된다." 떳떳함을 잃게 된다면 나의 주위가 막히어 벗어나기 힘들다는 것이다. 『주역』비괘否卦 95 효사에서도 "막힘을 두려워함이니 이는 뽕나무 뿌리에 단단하게 묶이는 것과 같다."고 하였다. 어렸을 때 뽕나무 뿌리로 팽이채를 만들면 단단하고 질기다는 것을 잘 알고 있다. 이 질긴 뽕나무 뿌리가 내 주위를 꽉 막히도록 얽매고 있다면 질식하기 십상이다.

이에 노자는 『도덕경』16장에서는 다음과 같이 말한다. "마음 비우기를 극진히 하고, 고요함 지키기를 돈독히 한다. 만물이 아울러 일어남에 각자 다시 그 근본으로 돌아간다. 근원으로 돌아감을 고요함이라 하고, 고요함

---

19) <월간교화> 5월호, 원불교 교화훈련부, 2010.

은 천명으로 돌아감이라 한다." 이처럼 그는 세상사가 얽히어 막히는 것을 경계하면서 마음을 비운다는 '치허致虛'와 고요함을 지킨다는 '수정守靜' 수양론을 주장하였으며, 허정虛靜을 간직하려는 노자의 심학心學에서 강조되는 내용이다. 불교의 공空이라든가 고요함이란 것이 그것이며, 선정을 통해 공적空寂한 경지를 체험하자는 것이다.

언젠가 필자는 "성직의 생활이 답답하다."는 일선교무의 서신을 받은 적이 있다. "교무님 안녕하세요? 어제는 휴가를 얻어 1년 만에 사가에 왔습니다. 교당생활을 긴장 속에서 살았다는 생각이 듭니다. 마음의 자유를 얻고자 온 생활인데 왜 그렇게 걸리고 막히는 일도 많은지 답답한 시간이었습니다." 노자의 수양론에 언급한 것처럼, 점차 더워지는 날씨에 막힘의 답답함을 허정과 공적의 자성광명으로 날려 버리자.

20 지도자의 상중하[20]

선거철이 돌아오면 전국에서는 일꾼을 뽑는 중대사가 있다. 선거란 풀뿌리 민주주의의 꽃이라 할 정도로 민심의 향방을 가늠할 수 있는 대의 민주주의 제도가 아닐 수 없다.

이러한 맥락에서 노자는 마치 각 지자체에 뽑힌 일꾼들을 겨냥한 발언을 하고 있으니, 위정자들은 위를 새겨볼만하다. 곧 그는 『도덕경』 17장에서 다음과 같이 말한다. "가장 훌륭한 임금은 백성들이 그가 있음을 알 뿐이고, 그 다음가는 임금은 백성들이 그를 친근히 하고 칭송하며, 그 다음가는 임금은 백성들이 그를 두려워하고, 그 다음가는 임금은 백성들이 그를

---

20) <월간교화> 6월호, 원불교 교화훈련부, 2010.

업신여긴다.”

이를 달리 역으로 접근해 보자. 위정자의 가장 부정적인 측면에서 말한다면 백성들이 업신여기는 사람은 국민의 대표로 뽑혀 일할 자격이 없다는 것이다. 이어서 백성들이 두려워하는 인물이 또한 뽑혀서는 안 된다. 폭군이 나타나면 백성들은 고통스럽게도 구속받고 학대받기 때문이다.

이어서 백성들이 친근히 칭송하는 인물이 뽑혀야 한다. 그러한 인물은 백성을 사랑할 줄 알기 때문이다. 하지만 이것으로 만족할 수가 없다. 진정한 위정자이자 나라의 일꾼은 백성들이 단지 그가 임금으로 있는 줄만 알 따름이며, 그가 백성들에게 높은 신임을 얻는다 해도 백성들의 원하지 않는 바를 추진하려 하지 않을 것이다.

구체적으로 백성들에게서 아무리 신망을 받는다 해도 임금의 이름이 자주 오르내리고 매스컴에서 진보와 보수에 끌려 살지 않을 것이다. 진보와 보수를 다 품은 임금이 진정한 임금이기 때문이다. 이는 노자가 말하는 무위無爲정치의 달인일 따름이며, 산하대지를 마구 개발하려는 인위人爲정치의 위정자는 아닌 것이다.

노자에 의하면 임금의 신의가 부족하면 백성은 믿지 않는다고 하였다. 소태산은 '무위이화'라는 말을 원용하고 있다. “사람의 정성에 따라 무위자연한 가운데 상상하지 못할 위력을 얻게 되는 것이라.”(『대종경』, 교의편 17장)든가, 무위이화無爲而化 자동적으로 생겨나, 우주는 성주괴공으로 변화하고, 일월은 왕래하여 주야를 변화시키는 것이라 한 것 등이 이와 관련된다.

이제라도 유위의 정치를 통한 문명개발이라는 명목으로 자연을 파괴하는 것보다는 자연에 순응하는 섭리를 배워야 한다. 곧 천리天理를 따르듯 백성들의 뜻을 겸허히 받아들여 무위이화의 정치를 하는 것이 이번 지방선거에서 뽑힌 대표 일꾼들의 몫이라 본다.

　　세상을 살아가는 방법으로는 여러 가지가 있을 것이다. 세상을 반대로 생각하고, 거꾸로 생각하면 일상적 사유의 틀을 벗어날 수 있으며, 자각하지 못했던 부분이 새롭게 열리는 체험을 하게 된다. 우리가 자주 사용하는 "꿈 깨라.(dream off)"는 말이 있는데, 이를 미국에서는 "꿈 꿔라.(dream on)"는 말로 사용하여 상호 반대적 표현법 속에서도 의미가 상통함을 알게 된다.

　　매사를 있는 그대로만 생각하다가 반대로 생각해보는 것은 해석학에서 자주 사용되는 방법이다. 판에 박힌 일상들이 다르게 접근되는 것은 삶에 활력을 불어넣는 요인이 되며, 발상의 전환과 더불어 자성적 성찰이라는 계기도 갖게 되는 것이다.

　　우리가 신뢰하는 사람을 칭찬할 때 '법 없이도 살아가는 사람'이라고 하며, 또 법을 잘 지키지 않는 사람에게는 "법을 어기지 말라."고 한다. 여기에서 우리가 접하는 사람의 성향에 따라 상반된 어법이 동원된다. 이를테면 공자는 유가의 시조로서 법규를 꼭 지키며 살라 하였고, 노자는 법규를 벗어나서 자연인으로 살라고 하였다. 유가와 도가가 고대 중국철학의 좌우 양대 산맥으로 거론되는 이유는 이처럼 상반된 사유의 철학적 특징에 연유한다.

　　이에 노자는 『도덕경』 18장에서 유가에서 강조하는 이념에 대하여 비판적으로 접근하고 있다. "대도가 무너지고서 인의가 생겨났고, 지혜가 나와서 큰 거짓이 생겼으며, 육친(가족)이 불화하고서 효도와 자애가 생겼고, 국가가 혼란하여 충신이 생겼다." 인의, 지혜, 효도, 충신의 유가적 개념이 노자에게 부정적으로 접근되는 양상이다.

---

21) <월간교화> 7월호, 원불교 교화훈련부, 2010.

유교적 이념에 익숙할 경우 인의, 지혜, 효도, 충신의 정신을 키워나가야 할 것이며, 노자의 사유에 젖어들 경우, 이 같은 인위적인 규범을 벗어나 소박한 자연인으로 돌아가라는 가르침에 따를 것이다. 물론 노자는 공자의 인의仁義 이념을 무조건 부정하는 것이 아니라, 그러한 이념은 난세에나 등장하는 것이라며 안타까워하고 있음을 주목해야 한다.

그러면 노자의 입장에서 볼 때 공자의 인의, 지식, 효도, 충신과 같은 규범은 인위적인 것으로 비판적 성찰의 대상이며, 이에 무위자연으로 돌아 가기를 원한다.

오늘날 종교인들이 그토록 주장하는 상생, 보은이라는 이념적 구호 역시 난세의 배은자들이 많기 때문에 자주 등장한다. 공자의 가르침처럼 우리가 도덕을 지키고 인륜을 중시하며, 효도를 잘 해야 한다고 하면서도, 그러한 작위적 규범들은 인간의 가식에 불과하기 때문에 이를 과감히 벗어나야 한다는 노자의 말에 귀를 기울여봄직한 일이다.

22 ▶ 소박무욕의 인품22)

우리는 일상적으로 성인을 가까이 하고 지혜를 쌓아가도록 배워오면서 인의를 실천하도록 하였으며, 재주를 키워서 이윤을 키워가는 것이 부귀공 명을 누리는 행복한 삶으로 인지되어 왔다. 그러나 노자는 오히려 이러한 것들을 버려야만 세상은 도둑이 없는 평화로운 세상이 된다고 하였다.

"성인과 지혜를 멀리하면 백성들의 이익이 백배나 되고, 인의를 끊고

---

22) <월간교화> 8월호, 원불교 교화훈련부, 2010.

버리면 백성들이 효와 자애로 돌아가고, 교묘함과 이욕을 끊고 버리면 도둑이 없어진다. 이 세 가지는 꾸밈으로 삼기에 부족한 고로 하여금 (근본에) 붙이는 바가 있어야 하거니와 바탕을 나타내고 소박함을 품어 사심을 적게 하고 욕심을 줄여야 한다."(도덕경 19장)

노자는 왜 세상에서 추구하는 가치관과 달리 성인을 지혜를 멀리하라고 했는가? 이것은 유교와 도가의 성인관이 차별화되는 이유이다. 유교에서는 성자로서 인륜과 규범을 잘 지키도록 하는 것이라면, 도가에서는 그러한 가치는 인위적인 것이므로 이를 극복하여 소박한 자연으로 돌아가라 함이다.

또한 인의를 버리라고 한 이유는 무엇인가? 그것은 인의 자체를 버리라는 것이 아니라 인의를 실행하는 마음의 자세를 비판하는 것이다. 즉 가식으로 인의로 행동하는 것을 버리고 무위자연의 경지를 즐기라는 뜻이다.

나아가 재주와 이윤을 멀리하라고 한 이유는 무엇인가? 노자에 있어서 재주는 인위적인 기술이고 이윤은 이기주의의 소산이라 비판하고 있다. 그래서 그는 남을 속이는 재주를 멀리하고 소박 무욕한 인품을 기르라고 하였다. 이를테면 화려한 무늬의 도자기가 아니라 무늬 장식이 없는 소박한 질그릇을 원했다. 그것은 소박 담대한 인품을 추구하기 때문이다.

이와 관련하여 성현의 가르침을 빌리면 '문질빈빈文質彬彬'이라는 말이 있다. 여기에서 문文은 현상계요 장식의 세계라면, 질質은 소박한 그 바탕이라는 뜻이다. '문질빈빈'이란 말은 공자의『논어』옹야편에 나오는 말이며, 본질과 현상을 아울러야 참 군자가 된다는 것이다.

정산종사도 문질빈빈을 언급하여 "사실적 도덕의 훈련은 형식적, 가식적인 예의범절을 행하지 아니하고 진실된 도덕 즉, 우주의 진리를 탐구하며 사실 선행을 닦는 것이요, 문질빈빈하고 내외 겸전한 것이다."(『한울안 한이치에』, 제3장 일원의 진리 2)라고 하였다. 문질빈빈이『도덕경』19장과 통하는 면이 이것이다.

우리에게 화두가 필요한 것은 일상적이고 통속적인 틀을 벗어나 진리의 깨달음을 선사하는 삶의 묘미에 있다. 일상적이고 상식적인 논리를 벗어나 직관적이고 격외적인 반야지般若智를 체험하게 하는 것이 성리요 화두이기 때문이다.

이를테면 "학문을 열심히 공부해야 네가 성공할 수 있고 행복해진다."는 말은 부모가 자녀교육에서 흔히 전하는 말로서 매우 상식적인 가르침이다. 그러나 "학문을 멀리하면 근심이 없어진다."는 말은 일반상식으로 도저히 이해할 수 없다. 학문을 도외시하면 무식해지고 가난하게 산다는 것이 일반인의 평범한 생각이기 때문이다.

노자는 보통사람들과 달리 "학문을 끊어버리면 근심이 없어진다.(絶學無憂)"라고 하였다. 이것은 상식을 벗어난 말과 같아서 격외의 화두 성격을 지닌다. 학문을 배우지 않으면 근심이 사라져 행복해진다는 노자의 말은 납득하기 쉽지 않기 때문이다. 『도덕경』 20장에서는 다음과 같이 말한다. "학문을 끊어버리면 근심이 없어진다. … 세상 사람들은 밝은데 나만 홀로 어두운 것 같고, 세상 사람들은 총명한데 나만 홀로 바보 같구나."

사람들은 자신들 스스로 유식하고 지혜롭다고 자랑하는데 노자는 자신을 어리석기 그지없는 존재라 하고 있음이 주목된다. 세상 사람들은 총명한데 자신만 바보 같다는 언급이 이것이다. 노자는 자신을 바보 같다고 말한 본의가 무엇인가?

세상 사람들은 학문을 널리 배워 밝다고 하는데, 노자는 지식을 넓히는 공부를 하는 자가 과연 밝은 사람인가에 대한 의문을 던진다. 또 사람들은

---

23) <월간교화> 8월호, 원불교 교화훈련부, 2010.

총명하다고 하는데, 총명의 가치에 대하여 반기를 들고 있는 노자이다. 지식의 가치를 맹종하고 끝없는 지식 추구에 몰두하는 사람들에게 한가롭고 여유로운 무위자연의 소식을 전하고 있기 때문이다.

소태산은 다음과 같이 말한다. "아무리 지식과 문장이 출중하고 또는 한 때의 특행으로 여러 사람의 신망이 높아진다 하더라도, 그것만으로는 이 회상의 종통을 잇지 못하는 것이요, 오직 … 신성으로 혈심 노력한 사람이라야 되나니라." 고금의 성철들이 전한 메시지에는 공통점이 있다. 학문을 끊으라는 노자의 소박 무욕한 인간상과 소태산 대종사의 혈심 인물론은 학문과 지식의 총명함만을 중시하는 현대인들에게 경종을 울리고 있는 것이다.

24 응용무념의 덕24)

세상을 살아가면서 가장 소중한 인품을 언급하라 한다면 그것은 덕성德性이라 본다. 덕을 쌓으면서 살아간다면 훌륭한 인격자라 할 수 있기 때문이다. 덕을 베푸는 삶과 베풀지 않는 삶에는 군자와 소인, 불보살과 중생의 삶으로 갈리는 것을 우리는 잘 알고 있다.

군자와 성인이 되는 길을 밝힌 『주역』은 동양인의 고전으로서 정신적 지주의 역할을 하는 보배경전이다. 『주역』「계사전」하편에서 대덕大德이란 천지를 살리는 생명의 기운(天地之大德曰生)이라 하였다. 『논어』「이인편」에서도 "덕은 외롭지 않으니 반드시 이웃이 있다."라고 하여 덕불고필유린德不孤, 必有鄰이라 하였다.

---

24) <월간교화> 10월호, 원불교 교화훈련부, 2010.

저서 이름에 '덕'이 들어가 있는 고전이 있다.『도덕경』이 그것으로 여기에는 도와 덕에 대한 언급이 핵심을 이루고 있다.『도덕경』 21장에서는 다음과 같이 말한다. "큰 덕의 모습은 오직 도에 따를 뿐이다. 도 그 자체는 오직 있으면서 없는 듯하고 없으면서 있는 듯하며, 그 가운에 형상이 있고, 있으면서 없는 듯 없으면서 있는 듯 하되 그 가운데 사물이 있다."

덕을 쌓되 있는 듯, 없는 듯 하라는 것은 덕을 베푼다는 흔적을 남기지 말라는 것이다. 내가 좋은 일을 하고 거기에 상을 남긴다면 오히려 덕을 상실하는 경우가 많기 때문이다. 착한 일을 하고서 거기에 흔적을 남기면 그것은 조그마한 일을 하고서 생색을 내는 꼴이니 부끄럽지 않겠는가?

장자도「천지편」에서 수양을 언급하면서 덕에 대하여 깊은 관심을 표명하고 있다. 그는 성수반덕性修反德의 수양공부에 대해 말하기를 "性을 닦아 덕을 돌이키어 덕이 지극하면 태초에 같아질 것이다."(性修反德, 德至同於初)라고 하였다. 덕을 나의 마음에 반조하다보면 본래 맑은 진여자성에 계합한다는 것이다.

같은 맥락에서 정산종사가 전수한『수심정경』제7장의「상청정경」에 "상덕은 무상에 처하기 때문에 덕스럽지 않으며 하덕은 유상에 집착하므로 덕에 매달린다."(上德處無相 故不德 下德執有相 故執德)고 하였다. 대덕과 상덕은 통하는 말로서 한 결 같이 큰 덕은 덕을 쌓는다는 상을 놓는 공부에 관련된다.

달마대사는 "응용무념을 덕이라 한다." 하였고, 노자는 "상덕은 덕이라는 상이 없다."고 하였으니, 공부하는 사람이 이 도리를 알고 이 마음을 응용하여야 은혜가 영원한 은혜가 되고 복이 영원한 복이 된다(『대종경』, 인도품 17장)고 말한 소태산의 가르침은 고금을 꿰뚫는 혜안으로 우리의 미래 복전을 준비하게 하였다.

오늘날 우리는 어떠한 사람들을 존경하는가? 이러한 질문을 던지는 이유는 과거에 존경받았던 자와 오늘날 존경받는 자에 차이가 있는가를 생각해 보자는 것이다. 사회에서 출세하고, 스포츠계에서 금메달 받고, 연예계에서 주연으로 참여하는 것이 오늘날 청소년들에게 우상으로 떠오르는 현실을 탓할 수는 없을 것이다.

오늘날 쉬지 않고 물러섬 없이 진보하는 것을 가치의 미덕으로 알며, 남과의 경쟁에서 뒤처지지 않는 것이 지고의 가치로 변화하고 있는 현실이다. G20 회의를 한국에서 개최한 것도 경쟁사회에서 어떻게 하면 잘 먹고 잘 사는가를 숙의하며 인간의 무한 자본을 만들어보려는 속세 정치인들의 치열한 현장이다. 물론 이러한 현상을 뭐라 할 수 없는 이유는 오늘날 글로벌 사회의 특성이기 때문이다.

그러나 잠시 눈을 감고 과거를 회상해 보자. 좀 더 과거로 돌아가면 고대사회의 정경이 그려질 수 있다. 이에 풍자적 표현이 가장 밀도 있게 드러나는 것은 노자의 다음 처세론이다. "굽으면 온전해지고, 구부리면 곧아지고, 패이면 채워지고, 해지면 새로워지고, 적으면 얻고, (지식이) 많으면 미혹에 빠진다".(『도덕경』 22장) 위의 언급에서 얻는 직접적인 교훈으로 자신을 굽혀보라는 것, 부족한 듯 하라는 것, 낡은 것은 그대로 두라는 것, 순박해지라는 것 등이 거론될 수 있다. 왜 이러한 처세론이 등장하는가? 두 가지 이유가 등장한다. 하나는 노자 자연주의의 소박한 인간상 때문이며, 다른 하나는 유교사상의 작위적 행태를 비판하였기 때문이다.

그러면 노자는 왜 그러한 처세론을 부각시키고 있는가? 그는 스스로 나타내지 않으므로 밝아지고, 스스로 옳다하지 않으므로 드러내게 되며,

25) <월간교화> 11월호, 원불교 교화훈련부, 2010.

스스로 뽐내지 않으므로 공이 있게 되고, 스스로 자랑하지 않으므로 오래 간다는 사실을 상기하기 위해서이다.

여기에서 노자사상이 던지는 메시지는 무엇인가를 알 수 있다. 오늘날 재주와 아이디어가 판을 치는 세상에 좀 더 순박해지는 삶을 요구하며, 지나치게 교만해지고 자기과시적인 행태에 대한 겸손의 가치를 강조한다.

이에 소태산의 『대종경』 「인도품」 34장의 인용 법어가 회상된다. "처세에는 유한 것이 제일 귀하고 강강함은 재앙의 근본이니라. 말하기는 어눌한 듯 조심히 하고 일 당하면 바보인 듯 삼가 행하라. 급할수록 그 마음을 더욱 늦추고 편안할 때 위태할 것 잊지 말아라." CEO들의 존경가치도 크지만, 숲을 거닐고 면벽을 하며 내면을 살피면서 적공하는 수도인의 존경 가치가 부각되는 이유이다.

26 자연은 말이 없다26)

"자연은 말이 없다."는 의미로서 '희언자연希言自然'이라는 언급이 노자 『도덕경』에 나온다. 우리가 자연에 어떠한 행위를 하더라도 자연은 말이 없이 그대로 받아줄 뿐이라는 것이다. 산에 올라가 나무 하나를 베어온들, 들판에 나아가 멋스럽게 흐르는 시냇물의 물꼬를 다른 데로 돌린들, 산하 대지의 들판은 말없이 그대로 묵묵히 따라줄 뿐이다.

이러다 보니 자연은 인간에게 이용당하는 경우가 많다. 자연은 말이 없지만 인간은 간교한 지식을 동원하여 변명의 말이 많아지곤 한다. 말이 없다는 것은 이타주의의 속성이 있고 말이 많다는 것은 이기주의의 속성이

---

26) <월간교화> 12월호, 원불교 교화훈련부, 2010.

있다는 뜻이다. 이기적 발상을 하려다보니 자기의 욕망을 자꾸 표출해야 하니 말이 많아진다.

결과적으로 인간이 자연으로부터 받은 은혜는 많지만 인간이 자연에게 베푸는 은혜는 비할 바 못된다. 이에 고금을 통해 수많은 인간들이 자연에 전가한 온갖 이기적 발상을 다소 부끄러운 성찰 속에서 노자의 『도덕경』의 가르침을 새겨보고자 한다. "말이 없음은 자연이니, 그러므로 회오리바람은 아침내 불지 못하고, 소나기는 하루 종일 내리지 못한다. 누가 이 비바람을 일으키는가? 천지이다. 천지도 오히려 능히 오래 계속하지 못하는데 하물며 사람에 있어서랴. 그러므로 도에 따라 일을 하는 자는 도에 어울리고, 덕을 지닌 자에게는 덕에 어울리며, 도와 덕을 잃은 자에게는 도와 덕을 잃은 것으로 어울린다."

위의 언급은 말없는 자연에 이기적 발상을 전가한 사람들에게 경고하는 말이다. '도와 덕을 잃은 사람들'이 그들이다. 산림의 나무를 마구 훼손하고, 도랑의 물줄기를 욕망의 물길로 돌려버리는 사람들이 이러한 도와 덕을 잃은 사람이 아닐까 본다.

노자는 성에 차지 않은지 자연을 거스르는 사람들에게 이어서 경고한다. "신의가 부족한 자는 불신만 있게 된다."(信不足 有不信) 인간에 자연에 대한 신의를 잃어버리면 곧 자연은 인간에게 불신을 가져다주어 결국 자연의 재앙을 가져다준다는 뜻이다.

천지자연은 무섭게 소나기를 내리게 하여 강둑이 터지게 하고 오탁악세로 이어지게 한다. 산과 들을 파헤친 곳에 우박과 홍수를 가져다주어 농작물을 상하게 하고 또 산사태를 불러온다. 이러한 풍수재해를 지나온 역사를 통해 겪어왔건만 여전히 반성하지 못하는 인간들에게 "자연은 말이 없다."고 또 다시 경고하고 있다. 자연도 동포임을 모르는 소치가 이와 관련된다고 본다.

27 곡마단의 조롱[27]

2011년 연초, 부산의 한 백화점에서 서커스공연을 하던 외국인 여성이 땅에 떨어져 중상을 입었다는 보도가 있었다. 안타깝게도 안전장치 미흡으로 일어난 인재人災라 본다. 이 사건을 만일 노자가 보았다면 어떠한 표정을 지었을까? 무위의 삶을 추구한 사람이었으니, 현대인들의 감미로운 눈요기로 인해 탄생한 서커스에 대한 강평은 『도덕경』의 24장에 나타나 있다. "발끝으로 서는 자는 오래 서 있지 못하고, 가랑이로 걷는 자는 멀리 가지 못하고, 스스로 나타내려는 자는 드러나지 않고, 스스로 뽐내는 자는 공이 없고, 스스로 자랑하는 자는 오래가지 못하는 것이다. 그것은 도에 있어서 밥의 찌꺼기나 군더더기 행동이라 하고, 만물은 항상 이를 싫어하며, 그러므로 도를 지닌 사람은 그런 곳에 처하지 않는다."

서커스의 행위와 유사한 행위를 비판한 것이 노자의 위 언급이다. 곡마단처럼 발끝으로 서서 사람들에게 뽐내려 하지만 오래 서 있지 못한다고 하였고, 가랑이로 걷는 자 역시 멀리 가지 못한다고 하였다. 그것은 평범한 행위가 아니기 때문이며, 우주 대자연의 모습을 벗어난 기이한 행동은 깨달음을 추구하는 도인들이 취하지 않는다는 것이다. 기묘한 것을 좋아하는 것은 인위적 작태를 부리는 사람들이나 취할 일이라는 뜻이다.

여기에서 다시 '서커스'라는 어원에 대하여 이해할 필요가 있다. 축제를 정치적으로 변형시킨 것이 로마의 '키르쿠스(Circus)' 곧 서커스의 의미이며, 서커스는 로마 황제가 정치적 불만세력이 될 가능성이 농후한 프롤레타리아(하층민)들에게 눈요기 거리를 제공하기 위해 만든 대형 원형경기장의 이름이라는 것이다. 이에 로마 제정의 우민정책을 '빵과 서커스'라고 힐난한 사람은 당대의 풍자시인 유베날리스였다.

---

27) <월간교화> 1월호, 원불교 교화훈련부, 2011.

오늘의 경우는 스트레스를 풀기 위해 희롱거리를 제공하는 것이 서커스라는 점에서 로마의 경우와 다르겠지만, 『도덕경』의 경구를 생각해 보면 거기가 거기이다. 발끝으로 오래 서 있다거나, 가랑이로 걷는 등 희한한 행동으로 사람들을 희롱한다면 그것은 자연의 이치를 벗어난 인위적 행위 곧 곡예라는 점에서 희롱의 서커스로 여겨진다. 서커스 공연을 하다 크게 다친 우크라이나 여성에게 심심한 위로의 말을 전하지 않을 수 없다.

28 만유의 어머니[28]

도道란 무엇인가? 이는 보는 시각에 따라 다르게 말할 수 있다. 노자에 있어서 도는 곧 절대자요 진리라는 점에서 다른 종교적 시각에서는 얼마든지 다르게 접근될 수 있다. 무극과 태극, 청정법신불 등의 표현이 이를 증명해준다. 『도덕경』 25장에서 노자는 다음과 같이 말한다. "뒤범벅된 한 물건이 있어 천지보다 먼저 생겨났으니, 고요하고 쓸쓸하여 홀로 서서 영원히 변함없고, 두루 행하여 조금도 게으르지 않아 천하의 어머니라 하겠다. 내 그 이름을 알 수 없으나 글자로 붙여 도道라 부른다."

이에 노자는 도를 알기 쉽게 '천하의 어머니(天下母)'라고 하였다. 원불교 성가에서도 법신불 일원상을 '만유의 어머니'라고 하였는데, 그것은 노자가 말한 도가 소태산 대종사가 밝힌 일원상과 통한다는 뜻이다. 여기에서 『도덕경』 25장의 인용구를 다음과 같이 바꾸어 언급할 수 있을지 모르겠다. "뒤범벅된 한 '원상'이 있어 '허공법계'보다 먼저 생겨났으니, 고요하고 쓸쓸하여 홀로 서서 영원히 변함없고, 두루 행하여 조금도 게으

---

28) <월간교화> 2월호, 원불교 교화훈련부, 2011.

르지 않아 '만유의 어머니'라 하겠다. 내 그 이름을 알 수 없으나 글자로 붙여 '일원상'이라 부른다."

춘추시대의 난세치유를 거론한 노자와 근세의 마음치유를 선언한 소태산은 선시禪詩를 주고받았다면 불불계세佛佛繼世 성성상전聖聖相傳의 경지를 음미할 수 있을 것이다.

노자가 밝힌 도의 속성은 무엇일까? 그에 의하면 크다는 것이요, 큰 것은 작용하여 나아간다는 것이며, 나아간다는 것은 심오함으로 멀리 간다는 것이며, 멀리 간다는 것은 다시 돌아온다는 것으로 풀어나간다. 일원상 속성 역시 크고, 나아가며, 멀리 향하고 되돌아오는 속성을 지니고 있다.

그러면 우리는 도와 일원상의 경지를 어떻게 본받아야 할 것인가? 노자는 이에 말한다. "사람은 땅을 본받고, 땅은 하늘을 본받고, 하늘은 도를 본받고, 도는 자연을 본받는다." 이 모두가 삼라만상 허공법계이니, 법신불 사은을 본받는 공부와 다를 것이 없다. 심학心學의 담론이여, 즐겁고 즐겁지 아니한가?

29 고요함은 시끄러움의 근본29)

그렇게 춥던 겨울이 지나고 이내 따뜻한 봄철이 시작되었다. 추위는 더위가 있어 좋고 더위는 추위가 있어 좋은 것 같다. 춥기만 하면 북극처럼 사람이 살기 힘들며, 덥기만 하면 사막에서 갈증으로 견디어 내기 힘들 것이기 때문이다.

모든 생명체의 유지도 음양의 조화로 이루어진다. 세상은 남성만 살 수 없으며, 또 여성만으로 살 수 없는 것이다. 남성과 여성이 서로 근본이

29) <월간교화> 3월호, 원불교 교화훈련부, 2011.

되어 조화를 이루어 살고 있기 때문에 생명성이 지속되는 것이다.

한서라든가, 남녀라든가, 음양이라는 개념이 노자와 장자철학에 유난히 많이 등장한다. 그들은 우주와 인생, 그리고 자연의 생명을 담론으로 즐겼기 때문이다. 『도덕경』 26장에서 노자는 다음과 같이 말한다. "무거움은 가벼움의 근본이 되고 고요함은 시끄러움의 임금이 된다(重爲輕根, 靜爲躁君). 그러므로 성인은 종일 가되 치중거를 떠나지 아니하고, 비록 떠들썩한 구경거리가 있더라도 편안히 초연한다. 어찌 만승萬乘의 천자天子로서 몸을 천하보다 가벼이 할 수 있는가? 가벼이 하면 근본을 잃고, 시끄러우면 임금을 잃는다."

노자의 언급대로 세상이 떠들썩하더라도 조용함을 유지하고, 수많은 백성이 있더라도 경시하면 임금을 떠나라고 한다. 아니 경시할 뿐만 아니라 독재를 부리면 더욱 민중은 항거한다. 이에 가벼이 하면 근본을 잃게 되고 민심에 위배되면 임금은 하야를 해야 할 것이다.

작금의 중동사태를 보자, 바레인이 그렇고 이란·이라크가 그러하며 더욱이 리비아의 정황政況 등이 그렇다. 백성은 임금을 존경하도록 덕치를 베풀 것이며, 임금은 백성을 위해 퇴진의 결단을 내려야 한다. 독재자의 길을 걷는 임금은 백성들이 근본으로 삼지 못하기 때문이다.

이제 종교인의 경우로 되돌아가보자. 재가들이 근본 삼을 수 있는 출가가 되는가? 혹시라도 재가들이 출가자를 거울삼는데 있어서 수행과 신앙의 힘을 보여주지 못하는가를 항상 자성하면서 살아가야 한다.

소태산은 『대종경』 교단품 38장에서 다음과 같이 일반 교무에게 훈시하였다. "교화선상에 나선 사람은 물질 주고받는 데에 청렴하며, 공금 회계를 분명하고 신속하게 할 것이요, 뿌리 없는 유언에 끌리지 말며, 시국에 대한 말을 함부로 하지 말라." 그리하여 교무는 지방에 있어서 종법사의 대리라는 것을 명심하고, 그 자격에 오손됨이 없이 사명을 다해 주기 부탁한다는 것이다.

30 소아적 사고[30]

우리가 현실의 삶에 치중하다 보면 소아적 사고를 갖기 쉽고 자기 울타리에 갇혀 국이 좁은 삶을 살곤 한다. 답답할 땐 하늘 한 번 쳐다보고 성철의 고전에 귀를 기울여 가르침을 얻는 것이 중요하다. 창공은 우리에게 티 없이 살라 하고, 성철은 우리에게 겸손하게 살라고 가르친다. 예컨대 "공로가 있으면서도 겸손하니 군자가 종終이 있으니 길하다." 『주역』「계사전」의 언급이 이와 관련된다.

노자의 경우는 이에 하늘 한 번 쳐다보고 자연에 따르라고 한다. 인위적 조작의 행동이야말로 인간을 고통의 나락으로 떨어뜨리기 때문이다. 『도덕경』 27장에서 노자는 다음과 같이 말한다. "잘 가는 사람은 수레바퀴 자국을 남기지 않고, 말을 잘하는 사람은 험 잡고 책망할 것이 없으며, 숫자 계산을 잘 하는 사람은 주판을 쓰지 않고, 잘 잠그는 사람은 빗장을 지르지 않지만 열지 못하고, 잘 묶는 사람은 밧줄로 묶지 않지만 잘 풀지 못한다."

위에서 언급한 세 가지 가르침에 더하여 노자는 계산을 잘 하는 사람은 계산기를 사용하지 않으며, 잘 묶는 사람을 밧줄을 사용하지 않는다고 하였다. 이를테면 지식이 꽤나 많은 사람들은 계산을 잘한 나머지 남을 속이려 하고, 들판에서 노니는 동물들을 억지로 밧줄에 묶어두려 하지만 동물들은 잘도 빠져나간다는 것이 노자의 입장이다.

종종 동물원에 가두어둔 맹수가 밖으로 뛰쳐나와 사람을 상해하는 일이 적지 않게 벌어지고 있다. 사육사들이 자신의 지혜로 동물들을 꼭꼭 묶어두었다고 해도 그것은 동물의 본성에 거스르기 때문이다. 자연의 본성에 거슬려 계교하지 말고 사량하지 말라는 뜻이다.

---

30) <월간교화> 4월호, 원불교 교화훈련부, 2011.

노자의 『도덕경』 27장을 음미하면서 소태산의 다음 법어가 떠오른다. "'그 의義만 바루고 그 이利를 도모하지 아니하며, 그 도道만 밝히고 그 공功을 계교하지 아니한다.' 한 동중서의 글을 보시고 칭찬하신 후 그 끝에 한 귀씩 더 붙이시기를 '그 의만 바루고 그 이를 도모하지 아니하면 큰 이가 돌아오고 그 도만 밝히고 그 공을 계교하지 아니하면 큰 공이 돌아오나니라' 하시니라."(『대종경』, 인도품 7장).

수레바퀴 자국을 남기지 말라는 노자의 언급이 그 의를 바루고 이를 도모하지 않는다는 동중서의 언급에 어울리며, 의만 바로고 이를 도모하지 않으면 큰 이가 돌아온다는 소태산의 보설로 이어지고 있으니 성자의 심법에서 무위이화 시방일가의 소식이 전해지고 있다.

31 천하의 시냇물[31]

우리는 선이면 선, 악이면 악이라는 절대 가치에 사로잡힌 나머지 선이 악이 될 수 있고 악이 선으로 변할 수 있다는 상대적인 세계관을 너무도 모르며 사는 것 같다. 절대적인 가치만을 추종하다 보면 어느 하나에 집착하는 중생심이 발동하기 때문이다. 이를테면 나의 가치관만 생각하다 보면 상대방의 가치관을 모르는 일이 얼마나 많은가?

이러한 맥락에서 노자와 소태산의 교감되는 바가 적지 않다. 노자는 『도덕경』 28장에서 다음과 같이 세 가지 상대적 세계관을 언급하고 있다.

첫째, 남녀관계이다. "그 남성을 알고서 그 여성을 지키면 천하의 시냇물이 되고, 천하의 시냇물이 되면 참다운 덕이 떠나지 않아 어린 아이로 되돌아간다." 오늘날 남자는 남자라는 시각에 사로잡히고, 여자는 여자라

---

31) <월간교화> 5월호, 원불교 교화훈련부, 2011.

는 시각에 사로잡혀 서로의 성격을 모르고 접근하다가 갈등을 야기하고 심지어 사건사고가 빈발하는 경우가 있는데 이미 노자는 2500년 전에 이를 환기시키고 있음에 주목할 일이다.

소태산도 사상적 회통會通의 입장에서 남자와 여자의 성격에 차이가 있음(『대종경』, 수행품 31장)을 알고 이를 주지시키고 있다. 남자들은 대체로 너그러우나 허한 듯하여 견실성 없는 것이 병이 되고, 여자들은 대체로 주밀하나 고정하여 용납성 없는 것이 병이라 했다. 남자는 너그러우면서도 견고하고 여자는 주밀하면서도 관대하기에 노력하라는 것이다.

둘째, 노자는 그 밝음을 알고서 그 어둠을 지키면 천하의 법도가 되고, 천하의 법도가 되면 상덕은 어긋나지 않아 무극으로 돌아간다는 것이다. 밝은 곳을 모르고 어둠만을 찾아다니며 살아간다면 그것은 양심이 바르지 못한 삶일 것이다. 또 밝은 곳에서만 살려고 하면 어두운 밤의 휴식이라는 가치를 모르며 살아간다. 명암에 자재하는 삶이 아쉽다는 뜻이다. 소태산도 불보살이란 능히 밝을 때에 밝고 어둘 때에 어둡다(『대종경』, 불지품 4장)고 하여 명암 자재의 소식을 전하였다.

셋째, 영화와 욕됨의 관계이다. 노자는 말한다. "영화를 알고서 욕됨을 지키면 천하의 골짜기가 되며, 천하의 골짜기가 되면 상덕은 이에 족하여 통나무로 돌아간다." 부귀영화는 생명을 내놓듯이 좋아하면서 그것에 화근이 되면 파멸의 나락으로 떨어지는 것을 모르는 중생들이 많다. 부귀영화나 권력을 즐기는 사람의 경우 말로가 좋지 않거나, 거기에 심취되어 결과적으로 타락하는 삶을 사는 경우가 많기 때문이다. 이에 소태산은 영화와 안일을 불고하는 삶을 살라(『대종경』, 인도품 48장)고 하였다.

요컨대 노자는 남녀, 명암, 영욕에 대한 상대적 시각을 가지고 이를 초월라고 하였는데, 소태산 역시 이와 유사한 법어를 설하였다. 노자나 소태산의 심월상조와 같이 사상이 통하는 것은 이들 모두가 심학心學에 있어서 함께하는 성자들이기 때문이다.

생태계의 교란32)

무엇이든 억지로 하고자 하면 뒤로 넘어져도 코가 다치는 경우가 발생한다. 그것은 서두르거나 남이 원하지 않는 것을 행하기 때문에 나타나는 현상이다. 이를테면 주위 사람들이 반대함에도 불구하고 자신의 영리를 위해 산림을 훼손하여 골프장을 만들려고 한다면 그것은 결과적으로 환경 파괴로 이어져 인간이 살아가는데 고통을 겪게 되는 것이다.

노자는 이에 『도덕경』 29장에서 다음과 같이 말한다. "장차 천하를 취하고자 하여 작위하려 한다면 내 그 얻지 못함을 보았을 뿐이다. 천하는 신령스런 그릇이어서 인위적으로는 되지 않는다. 인위적으로 하는 자는 실패하고, 인위적으로 잡는 자는 그것을 잃는다."

자연이 주는 교훈을 거역하고 인간의 이욕으로 물줄기를 막고 산림을 마구 개간하여 생태계를 흩트리는 일들이 적지 않게 발견된다. 이러한 일들은 크게 개인적으로 범하는 경우가 있고, 또는 조직을 통해 자행되는 경우가 있다. 그것은 불교의 개업과 공업의 원리로 작용하는 것이다.

여기에서 우리는 각자가 환경의식을 갖고 환경보호 운동에 뛰어드는 경우가 있고, 또는 조직을 통해 자연보호의 중요성을 외치는 경우가 있다. 우리가 살아가는 곳에서 이 두 가지 운동이 동시에 일어나면 더없이 좋을 것이다. 그러나 둘 다 어려우면 자기가 처한 상황에서 자연의 순환원리에 동참하는 자세가 요구된다.

여기에는 개인과 사회를 일깨우는 성자의 가르침에 귀를 기울여야 한다. '무소유'라든가 '불살생'의 원리가 얼마든지 성자의 어록에서 발견된다. 노자는 이어서 다음과 같이 말한다. "무릇 사물은 먼저 가는 것도 있고 뒤따라가는 것도 있으며, 불어 덥히는 것도 있고 불어 식히는 것도 있으며,

---

32) <월간교화> 6월호, 원불교 교화훈련부, 2011.

강한 것도 있고 약한 것도 있으며, 싣는 것도 있고 떨어뜨리는 것도 있다. 이러한 까닭으로 성인은 심함을 버리고 사치함을 버리며 교만함을 버린다."

우리가 의식주의 삶을 마련하는데 있어 부득이 자연의 은혜를 입고 살아야 한다. 하지만 자연에 피해를 최소한으로 줄이는 자세가 요구된다. 그것은 노자가 말했듯이 '심함을 버리고 사치함을 버리며 교만함을 버리는 행위'이다. 이는 실천하는데 있어서 매사를 억지로 하지 않고 자연의 이법에 따르면 되는 것이다.

소태산은 "어떠한 방면으로든지 나의 분수에 편안하라는 말이니, 이미 받는 가난에 안심하지 못하고 이를 억지로 면하려 하면 마음만 더욱 초조하여 오히려 괴로움이 더하게 된다."(『대종경』, 인도품 28장)고 하였음을 상기할 일이다.

33 군인의 처세훈[33]

요즘 심심찮게 군대의 불미스런 사건이 매스컴에 보도되곤 한다. 성추문은 물론 기수열외를 당한 병사가 동료사병을 살해하는 등 어처구니없는 일들이 벌어진다. 군대에 관련한 언급을 하였으니, 기왕지사 역성혁명易姓革命이란 말이 생각난다. 정치가 잘못되면 군인이 나서서 쿠데타를 일으킨 경우가 이와 관련될 것이다.

역성혁명이란 맹자가 언급한 것으로 알려져 있지만 이를 합리화하는 기록은 일찍이 천명미상天命靡常이라는 『시경』의 「대아문왕」편과 천명불

---

33) <월간교화> 7월호, 원불교 교화훈련부, 2011.

간상(天命不于常)이라는 『서경』의 「강고」편, 그리고 『주역』에도 나타난다. 모두가 국민을 위해 왕이 정치를 잘못하면 권좌에서 물러나야 한다는 뜻에서 나온 발상일 것이다.

역성혁명의 근원이 되는 것은 병력에 의한 무력 도발이다. 노자는 이에 대하여 『도덕경』 30장에서 다음과 같이 말한다. "도道로 임금을 돕는 사람은 병력으로 천하에 강함을 드러내지 않으며, 그 일은 되돌아오기를 좋아하기 때문이다. 군대가 머물렀던 곳에 가시나무가 생겨나고, 큰 전쟁 뒤에는 반드시 흉년이 있기 마련이다."

춘추전국의 난세에서 노자는 군인으로 살아갈 처세의 교훈을 간곡히 전한다. 그것은 비단 군인이나 위정자들에게만 해당되는 내용이 아니라 평범한 일상을 살아가는 사람들에게도 도움이 되는 처세론이라 더욱 귀감이 간다. "용병을 잘 하는 사람은 목적을 달성하는데 그칠 뿐이며, 감히 강함을 취하지 않고, 목적을 달성하되 자랑하지 말고, 목적을 달성하되 뽐내지 말고 목적을 달성하되 교만하지 말고 목적을 달성하되 마지못해야 하며, 목적을 달성하되 강하게 하지 말아야 한다."

노자의 『도덕경』 30장을 보면서 이와 유사한 소태산 대종사의 법어가 상기된다. "처세에는 유한 것이 제일 귀하고(處世柔爲貴) 강강함은 재앙의 근본이니라(剛强是禍基). 말하기는 어눌한 듯 조심히 하고(發言常欲訥) 일 당하면 바보인 듯 삼가 행하라(臨事當如痴). 급할수록 그 마음을 더욱 늦추고(急地尙思緩) 편안할 때 위태할 것 잊지 말아라(安時不忘危)."(『대종경』, 인도품 34장)

소태산은 "이대로 행하는 이는 늘 안락하리라(右知而行之者常安樂)' 하였으니, 노자와 소태산의 처세론은 모두 도道와 일원상—圓相 진리에서 상통하는 것으로서 고금 성성상전聖聖相傳의 소식을 전해 듣는 느낌이다.

좌우 양 날개34)

요즘 좌익 및 우익이라는 말들이 매스컴에 자주 등장한다. 좌우라는 말은 고금을 통틀어 사용되어온 것임을 보면서 우리 인간들이 갖는 편향적 사유가 얼마나 질긴가를 알 수 있다. 좌익은 나쁘고 우익은 좋다느니, 아니면 그 반대라느니 하면서 거론하는 성향이 많기 때문이다.

학교의 무상급식과 관련하여 이에 찬반의 투표를 하느니, 마니 하는 것도 이러한 좌편향, 우편향의 논란과 관련되어 있음을 부인하기 어렵다. 사회복지와 시장원리가 부딪치는 현상이 서울에서 벌어진 것이다.

본 논제와는 다른 점이 있을지 모르지만 좌편과 우편에 대한 언급이 춘추시대의 노자에게서도 발견된다. 그는 이에 대하여『도덕경』31장에서 다음과 같이 말한다. "군자가 거처함에는 왼편을 귀중히 하고, 군대를 움직일 때는 오른쪽을 귀히 여긴다. 병기는 상서롭지 못한 것이어서 군자가 다룰 것이 아니다. … 길한 일은 왼편을 숭상하고 흉한 일은 오른편을 숭상한다."

물론 노자는 좌익과 우익 자체에 매달려 있는 것이 아니다. 그는 사람을 죽이는 것이 많으면 슬피 울어 애도해야 하며, 전쟁에서 이길지라도 상례로 삼아야 한다는 의미에서 이를 언급한 것이다. 그리하여 "전쟁에 이겨도 경사로 여겨서는 안 되며, 이를 경사로 여기는 자는 사람 죽이기를 좋아하는 것이니 사람 죽이기를 좋아하는 자는 천하에서 뜻을 얻지 못한다."고 하였다.

이와 관련하여『정산종사법어』에서 이미 밝힌 바 있다. "사람의 투쟁이 처음에는 사상전에서 시작하여 다음에는 세력전으로 옮기고, 다음에는 증오전에 옮겨서 필경은 무의미한 투쟁으로써 공연히 대중에게 해독을 끼치

---

34) <월간교화> 8월호, 원불교 교화훈련부, 2011.

기 쉽나니라."(국운편 20장)

물론 우리 모두가 똑같은 생각을 하면서 살기란 쉽지 않다. 자유주의 사회에서는 얼마든지 자유로운 판단과 생각을 피력할 수 있기 때문이다. 그러나 공동체를 뒤흔들고 당파를 나누며 피차를 구분하는 좌우의 편견 속에서 살아간다면 조촐하고 맑은 성품을 발견하지 못하는 데에 문제가 있는 것이다.

오른 편이 좋든, 왼 편이 좋든, 우리는 그것이 사상전에서 시작하여 나중에 군대에 의존하여 큰 전쟁으로 벌어질 수 있는 현상을 우려하는 것이며, 이것은 소태산 대종사가 밝힌 '일원주의'와 정산종사가 밝힌 삼동윤리 정신에 의존하자는 논리이기도 하다.

35 ▶ 통나무의 교훈35)

우리가 조직사회에서 살아가는 것은 의식주의 풍요와 더불어 인간의 사회적 본능을 채우는 것에서 비롯된다. 우리는 혼자서 살아갈 수는 없기 때문이다. 스코틀랜드의 항해사인 알렉산더 셀커크가 아프리카 서해의 무인도 페르난데스에 표류해 야생의 염소젖을 짜먹고 살아남은 것이 계기가 '로빈슨 크루소의 모험'이 발생한 것은 다 아는 사실이다. 이처럼 사회라는 매체가 없는 무인도에서 여간 살아남기가 쉽지 않다.

따라서 우리는 오늘날 조직사회에서 살아갈 수밖에 없다. 조직체에서 살아가려고 하면 나와 너의 상대심이 생기기 마련이며, 이에 자칫 나의 우월의식, 나아가 나의 권력 독점이라는 욕망에 사로잡히기 쉽다.

---

35) <월간교화> 9월호, 원불교 교화훈련부, 2011.

권력의 독점욕을 채우면서 사는 이들이 과연 역량도 많으며, 남보다 능력이 많아야만 또 행복한 일인가? 사회에서 유용의 존재가치가 무엇이며, 유용해야만 살아갈 수 있는 것인가의 고민이 생길법한 일이다. 이에 노자는 『도덕경』 32장에서는 다음과 같이 말한다. "도의 본체는 이름이 없으니, 통나무가 비록 작지만 천하가 감히 신하로 부리지 못한다. 임금이 만일 이를 능히 지킨다면 만물은 장차 손님으로 찾아올 것이다. 천지가 서로 화합하여 단 이슬을 내리거니와 백성들에게 명령하지 않아도 저절로 고루 다스려질 것이다."

이름이 있는 나무는 대들보로 쓰이고, 서까래로 쓰일 것이다. 그러나 건축물은 대들보와 서까래만으로 지어지지 않는다. 보이지 않는 곳에 수많은 목재가 활용되는 것이다. 이름을 알리기 위해 대들보로만 쓰겠다고만 한다면 그것은 건축물을 만들 수 없는 상황으로 전락한다.

남이 알아주지 않는다 해도, 조직 권력에 속해 있지 않다고 해도, 우리는 여기에 소외감을 가질 필요가 없다. 현재 처한 곳에서 자신의 존재가치를 확인하며 행복한 나날을 보내는 것이 중요한 일이다. 유용의 가치에 함몰되기 보다는 무용無用의 도락을 즐겨보라는 의미이다.

노자는 덧붙여 다음과 같이 말한다. "통나무는 비로소 쪼개져서 이름이 생기며, 이름이 또한 이미 생겼으니, 대저 또한 장차 멈출 줄 알아야 하며, 멈출 줄 알면 위태롭지 않다." 소태산 역시 노자의 상덕은 덕이라는 상이 없다고 하였으니, 공부하는 사람이 이 도리를 알고 이 마음을 응용하여야 은혜가 영원한 은혜가 되고 복이 영원한 복이 되어 천지로 더불어 그 덕을 합하게 될 것이라고 『대종경』 인도품 17장에서 언급하고 있다.

덕이라는 상이 없는 덕, 유용이라는 세속의 잣대를 넘어서는 여유로운 무위도락의 가치를 누가 알 것인가? 깨달음을 열망하는 자들이 그 주인공들인 것이다.

우리는 일생을 살아가면서 나와 남을 비교하는 심리가 발동하여 우월감을 갖곤 한다. 이러한 비교의 결과로 인해 고통이 유발되는 것이다. 나를 고요히 함으로써 얻어지는 행복은 가까이 있는데 저 멀리서 찾으려 하면 그 고통은 이루 말할 수 없다. 고통은 '나'를 상대방과 비교해보려는 마음에서 비롯되기 때문이다.

여류 여행가 한비야는 『중국견문록』에서 다음과 같이 말한다. "아프리카의 킬리만자로, 파키스탄의 낭가파르바트, 네팔의 에베레스트 베이스캠프를 오를 때 공통적으로 깨달은 것이 있다. '정상까지 오르려면 반드시 자기 속도로 가야 한다.' … 자기 속도로 가기만 하면 되는데, 그렇게 한 발짝 한 발짝 부단히 올라가면 정상에 오를 수 있는데, 쓸데없이 남과 비교하면서 체력과 시간을 낭비하느라 꼭대기에 오르지 못한다."

정상까지 뚜벅뚜벅 일념으로 오르면 행복할 수 있겠지만 남보다 앞서 산에 오르려고 하다보면 체력이 떨어져 실패할 가능성이 크다. 내가 남보다 역량에서 앞서고, 실제의 삶에서도 남을 이기고 싶은 마음이 장애물이라는 뜻이다.

현실의 세상은 만만치 않으며, 나보다 훨씬 능력도 많고 잘난 사람들이 많다는데 문제가 있으며 고통은 여기에서 비롯되는 것이다. 이에 노자는 『도덕경』 33장에서 다음과 같이 말한다. "남을 아는 자는 지혜롭고, 스스로를 아는 자는 밝으며, 남을 이기는 자는 힘이 있고 스스로 이기는 사람은 강하다. 만족함을 아는 자는 부하고 힘써 행하는 자는 뜻이 있으며, 그 자리를 잃지 않는 사람은 오래가고, 죽어도 망하지 않는 자는 수한다."

우리와 더불어 살아가는 상생의 존재인 상대방을 경쟁의 대상으로 여긴

---

36) <월간교화> 10월호, 원불교 교화훈련부, 2011.

나머지 그를 이겨야 쾌감을 느낀다면 살벌한 경쟁일 뿐이다. 세상의 전쟁이나 파멸의 근본적 원인은 상대방을 상생의 관계로 여기지 않고 자신 휘하에 넣으려는 본능 때문이 아니겠는가?

내 주변을 살펴보자. 너 때문에 내가 열등감을 느낀다고 생각하지 말고 너로 인해 내가 행복하다고 하면 어떨까? 소태산은 『대종경』 요훈품 15장에서 다음과 같이 말한다. "다른 사람을 이기는 것이 그 힘이 세다고 하겠으나, 자기를 이기는 것은 그 힘이 더하다 하리니, 자기를 능히 이기는 사람은 천하 사람이라도 이길 힘이 생기나니라." 행복은 멀리 있지 않음을 노자와 소태산의 가르침에서 발견할 수 있다. 성현의 말씀 따라 남을 이기는 것보다 나를 컨트롤하는 지혜는 행복을 찾아가는 열쇠요 마음공부의 결실인 것이다.

37 소유욕의 분출37)

물질문명이 발달한 현금, 우리에겐 소유욕이 강하게 나타나는데 특히 지성인일수록 소유의 대상이 높아진다. 의식주가 부족한 사람에게는 본능적 의식주의 소유에 강한 열망이 일어나는 반면, 가치를 창출하는 스승에게는 우연자연하게 가르친 학생을 자기 제자로 삼으려는 욕망이 이와 관련된다.

이를 극복하는 일이 참 지성인의 몫이요 만물의 영장으로서 고준한 품격을 유지하는 길이다. 그것은 동물과 다르다는 점에서 더욱 가치 상승을 요구하는 인류 집단에서 나타나는 현상이다. 동물들은 자기 앞에 먹을

---

37) <월간교화> 11월호, 원불교 교화훈련부, 2011.

것을 많이 갖다 놓기를 원하며, 이러한 과정에서 수치심을 모른다.

본능적 동물과 달리 이성적 존재로서 인류는 높은 이념과 가치를 창출하고, 이에 합류하려는 자세를 가지게 되었다. 그것이 종교와 철학의 필요성을 인정하게 되어 오래전부터 인품 함양과 같은 본령을 담당하게 된 것이다.

이러한 이상적 사유에서 탄생한 것이 성철이 주장하는 대도人道이며, 우리는 이 대도를 실천해야 하는 종교적·철학적 당위성에 직면한 것이다. 노자는 『도덕경』 34장에서는 다음과 같이 말한다. "대도는 넓어서 좌우에 두루 미친다. 만물이 이에 의지하여 생겨나되 사양하지 않고, 공을 이루어도 이름을 두지 않으며, 만물을 사랑하여 기르면서도 주인 되지 않는다. 항상 욕심이 없어 가히 작은 것이라 이름하며, 만물이 그에 돌아가되 주인 되지 않으니 가히 큰 것이라 할 수 있다. 그리하여 성인은 마침내 스스로 크다고 하지 않으므로 능히 큰 것을 이루어낸다."

노자의 언급에 의하면, 대도를 간직한다면 만물을 길러주되 소유하지 않고, 제자를 키우되 자기 제자로 삼으려는 소유욕을 극복한다는 것이다.

소태산은 이러한 소유적 욕망에 대하여 다음과 같이 말한다. "우리는 현실적으로 국한된 소유물 밖에 자기의 소유가 아니요, 현실적으로 국한된 집 밖에 자기의 권속이 아닌데, 부처님께서는 우주만유가 다 부처님의 소유요 시방세계가 다 부처님의 집이요 일체중생이 다 부처님의 권속이라 하였으니, 우리는 이와 같은 부처님의 지혜와 능력을 얻어 가지고, 중생 제도하는 데에 노력하자는 바이니라."(『대종경』, 서품 17장)

하여튼 노자는 공을 이루면 흔적도 없이 떠나며, 만물을 길러주되 주인 되지 않는다고 하였고, 소태산 역시 국한된 소유물을 경계하며 시방삼계의 주인이 되라고 하였다. 고금의 성철聖哲이 지적한 것처럼 흔적을 남기지 않으며 국한이 없는 심법을 소유하는 것은 대도와 일원상에 다가가는 길이라 본다.

제6편

대학신문 사설을 쓰면서

"신룡벌 캠퍼스를 누비는 원광학우 여러분 안녕하세요!" 어느덧 4월이 시작되었다. '4월'의 영어 단어는 'April'이라고 한다. 이 'April'이 의미하는 것은 라틴어로 '열림' '열린다.'는 뜻이다.

4월 초순, 우주 만물이 싹의 움을 틔우고 세상 밖으로 나와 생명체들이 활동하는 곳은 이곳 '열림'의 공간이라 본다. 아! 그러니까 4월은 온갖 생명체가 새싹을 세상에 뽐내고, 벚꽃은 우리에게 오라고 손짓을 하는 소생의 계절이다. 4월을 또 달리 생각해 보면, 북한 청소년 학생들은 4월 1일날 입학식을 한다. 우리는 이미 3월에 학기가 시작되었는데, 북한 학생들은 이제야 4월 새 학기가 시작되었다.

앞에서 말한 'April'의 '열림'이라는 뜻을 곰곰이 생각해보니, '열림'이라는 말을 한자어로 말하면 무엇일까? 그것은 '개벽開闢'이라는 뜻이다. 이 개벽 단어와 원광대 사이에는 밀접한 관련이 있다. 그것은 원불교를 창시하고 대학을 설립토록 한 소태산의 시대인식과 관련되기 때문이다. 소태산은 "물질이 개벽되지 정신을 개벽하자."라는 슬로건으로, 여러분에게 후천개벽의 주역이 되라고 하였다.

이제 대학생 여러분들에게 4월을 맞이하여 하고 싶은 한두 가지 희망사항을 전하고자 한다.

첫째 이번 4월을 맞이하여 봄과 관련한 시 한 편을 써보면 어떨까? 내가 가르치는 「종교와 원불교」 강의시간에 1학년생 들에게 이번 주 '봄'과 관련한 시 한 편을 써내도록 했다. 그리고 수업시간에 학생들이 쓴 몇 편을 시를 읽어주니까 학생들 스스로 너무 좋아하는 모습이었다.

다음으로 봄의 향기를 뿜어내는 주변의 꽃 앞에서 작품 사진 하나정도

---

1) 원광대 학원방송국 원고, 2001년 4월 9일~13일 오후 5시-5시30분 교내방송.

남겨도 좋으리라 본다. 이는 학창시절의 영원한 추억이 될 것이기 때문이다. 나는 봄날 봉황각 주변의 벚꽃이 만개하면 카메라로 멋진 정경을 담아 작품사진으로 남겨오는 습관이 있다.

하나 더 제안하고자 한다. 나무 심는 달 4월을 맞이하여 나무 하나 사와서 이 학교 캠퍼스 한 구석에 심어보는 것도 어떨까? 그리고 4년 동안 자신이 심은 나무가 커가는 것을 보면서 학생들도 성숙해 가는 모습을 발견했으면 한다. 나도 2000년 교학대 건물 바로 옆에 단풍나무 하나를 심어놨는데, 지금 잘도 크고 있어 무척 기쁘다. 시골에 계시던 어머니가 단풍나무 캐다가 학교에 가져다 심으라 하였던 것이다.

지금 캠퍼스 어디선가 거닐고 있는 학생 여러분은 나의 목소리를 잘 들었는지 모르겠다. 다시 한 번 강조하고자 한다. 시 한 편, 또 사진 한 장, 다른 하나는 나무 한 그루. 이 세 가지 실천이 여러분의 학창 시절을 알차고 추억 넘치는 생활로 자리매김을 할 것이다.

2 일상수행의 요법 7조-배우는 생활 확립[2)]

1) 「일상수행의 요법」의 의의

근래 「일상수행의 요법」의 실천을 구체화하자는 운동이 출가 교화단회를 통해 이루어지고 있음은 교리의 생활화라는 측면에서 고무적인 일이다. 그만큼 일상수행의 요법이 우리의 일상생활에 절실한 상황으로 접근해오고 있다는 뜻이라 본다.

---

2) 2013년 6월, 필자는 교화단 곤방 2단으로서 원고를 작성, 「항단회」에서 단대표로 발표한 내용이다.

언젠가 성리법회에서 심익순 원로교무는 "일상수행의 요법은 결국 성리를 활용하는 노력이다. 모든 문제를 멀리 놓고 생각하지 말자."(원불교신문, 2001.5.4)라고 하였다. 이 역시 일상수행의 요법은 성리 공부에 있어 필수적인 것이라는 뜻이다. 이는 진리에 관심을 갖고 성리연마를 함에 있어서도 「일상수행의 요법」을 실천하는 것 외에 다른 것이 아니라는 의미이다.

일상수행의 요법은 교강敎綱으로서, 요법 1조~3조가 삼학의 비롯이며 공부의 요도에 있어 그 요체가 된다. 육조 혜능의 언급한 내용을 보자. "심지무란 자성정心地無亂 自性定, 심지무치 자성혜心地無痴 自性慧, 심지무비 자성계心地無非 自性戒." 심지는 원래 요란함이 없고, 어리석음이 없으며, 그름이 없으니 정혜계를 갖춘다는 뜻에서 원불교의 일상수행의 요법이 전통불교 선사의 가르침과 그 맥을 같이 한다.

언젠가 중앙총부 일요예회 시간에 좌산종사는 「일상수행의 요법」에 대해 강조하면서, 일상수행의 요법을 실천하느냐 못하느냐는 성불과 연결된다는 취지에서 다음과 같이 말한다. "일상수행의 요법은 여래되는 것 바로 그것이다. 나날이 '여래될지어다!' 하고 맹세하는 일상수행의 요법이기 때문이다."

「일상수행의 요법」 7조는 "배울 줄 모르는 사람을 잘 배우는 사람으로 돌리자." 즉 「배우는 생활 확립의 길」로서 무지 무명의 업력에서 벗어나 윤회를 극복하는데 큰 도움을 줄 것이다. 배울 줄 모르기 때문에 무명의 번뇌를 벗어나지 못하며, 그로 인해 중생의 악도 윤회는 지속되는 것이다. 이러한 배움의 자세는 어린이로부터 성인에 이르기까지, 또 무종교인으로부터 종교인 모두에게 필요하다는 것을 인지해야 한다.

따라서 '배움의 대상'을 「마음」(진리)과 「지식」(학문) 두 가지로 상정하여, 이를 상호 보완적으로 접근해 보는 방식이 좋다고 본다. 현대사회에서의 '지식'이나 종교적 영성 회복으로서의 '마음'을 배움의 대상으로 보아

겸전하는 것이 전인적 인격 형성의 길이기 때문이다. 종교와 과학, 도학과 학문의 상호 협조적 습득 영역이 이와 관련된다.

이른바 「일상수행의 요법」의 의의를 보면 원불교의 교리 강령이 다 포함되어 있다. 따라서 교리의 전반 내용을 실제 수레의 두 바퀴처럼 굴러가게 하는 실천 지향의 9항목들이 구조화되어 있는 것이 「일상수행의 요법」인 셈이다. 본 요법의 전반이 삼학팔조, 후반이 사은사요를 포괄하고 있어 원불교 교강이라 할 수 있는 것이다.

2) 「일상수행의 요법」의 성립사

(1) 「일상수행의 요법」의 성립 과정

일상수행의 요법은 최초 교서에 「본회의 목적」이라 호칭되었다. 이 「본회의 목적」 실천 방안의 착안 연도는 언제인가? 불법연구회 회원들에게 「본회의 목적」을 알리는 방법으로 문자화된 것은 시창 23년(1938) 5월호 『회보』 44호이다. 여기에 기록된 본회의 목적으로는 두 가지가 제시되어 있다. 그것은 공부의 요도와 인생의 요도이다. 처음에는 본 교강이 이 두 가지로부터 「본회의 목적」이라는 호칭으로 출발한 것이다.

그러면 「본 회의 목적」에 나타난 내용 두 항목을 살펴본다. 우선 「공부의 요도 삼강령 팔조목」으로는 다음과 같다. 1) 잡념을 제거하고 일심을 양성하자, 2) 모르는 것을 제거하고 아는 것을 양성하자, 3) 이론만 하지 말고 실행을 양성하자. 4) 신과 분과 의와 성으로 불신과 탐욕과 나와 우를 제거하자.

다음으로 「인생의 요도 사은 사요」 5항목을 살펴보자. 1) 원망생활을 감사생활로 돌리자, 2) 타력생활을 자력생활로 돌리자, 3) 배울 줄 모르는 사람을 잘 배우는 사람으로 돌리자, 4) 가르칠 줄 모르는 사람을 잘 가르치는 사람으로 돌리자, 5) 공익심 없는 사람을 공익심 있는 사람으로 돌리자.

이 「본회의 목적」이 선포된 1년 뒤(시창 24년, 1939)에는 「본회의 교강」으로 호칭이 바뀐다. 다시 말해서 이 「본회의 목적」이란 말은 『회보』 52호(시창 24.2)부터 「본회의 교강」으로 변경된 것이다. 변경 내용을 보면, 공부의 요도 4조항이 다소 달라진 반면, 인생의 요도는 그대로의 모습이다. 「본회의 교강」을 보자. 1) 심지가 요란하지 아니하게 하는 것으로 자성의 정을 세우자, 2) 심지가 어리석지 아니하게 하는 것으로써 자성의 혜를 세우자, 3) 심지가 그르지 아니하게 하는 것으로써 자성의 계를 세우자, 4) 신과 분과 의와 성으로써 불신과 탐욕과 나와 우를 제거하자(시창 24년 회보 52호 앞표지 뒷면). 이하 인생의 요도 사은사요는 본회의 목적과 동일한 조목으로 전수된다.

세월이 흘러 1943년 대종사 열반 직전, 교조의 염원으로 간행된 『불교정전』의 관련 내용을 소개하여 보자. 여기에는 표어가 많이 편입되었으며, 교리도가 신앙·수행 양문으로 재편성되었다. 그리고 게송이 새로 삽입되었으며, 특히 사요 중의 남녀권리동일, 자우차별, 무자녀자 타자녀교육, 공도헌신자 이부사지가 자력양성, 지자본위, 타자녀교육, 공도자 숭배로 자구 수정되었다. 특히 「본회의 교강」이 「일상수행의 요법」으로 수정, 인생의 요도 5조와 공부의 요도 4조를 9조로 통합, 드디어 오늘의 「일상수행의 요법」으로 탄생한 것이다.

(2) 해방 후 「일상수행의 요법」의 전개

위의 언급처럼 「본회의 목적」이 「본회의 교강」으로 변경되었으며, 그 뒤에 「일상수행의 요법」으로 정착되었다. 이를 보면 알 수 있듯이 「일상수행의 요법」이 초기교단에서 교리적 위상에서 볼 때 교단성립의 목적과 교강으로 이해되었다.

교조 소태산의 「일상수행의 요법」은 해방을 맞아 강력한 실천운동으로 전개된다. 이를테면 1945년 해방 직후 전국적으로 뿌려진 내용은 「일상수행의 요법」의 핵심 내용을 전개하고 있다. 서울 거리에 뿌려진 전단 『말씀의 선물』이 그것이다. 해방 직후 혼란한 민심을 일깨우기 위해 '불법연구회 부인동맹'에서는 『말씀의 선물』을 '불법연구회 청년동맹'의 이름으로 교강 9조로 요약한 「새 조선에 새 생활 건설」이라는 전단을 서울 거리에 배포하기에 이르렀다.

이처럼 「일상수행의 요법」이 치국治國의 수단으로 사용되는 등 본 요법은 강력한 국민운동으로 전개되는 기연을 맞은 것이다. 이에 불법연구회 부인 및 청년 동맹에서 전단으로 유포한 「일상수행의 요법」은 당시 어떠한 내용으로 배포되었는가를 살펴 보자.

(3) 새 조선에 새 생활 건설

"1. 허영의 생활을 안분의 생활로 돌리자. 2. 원망의 생활을 감사의 생활로 돌리자. 3. 타력생활을 자력생활로 돌리자. 4. 배울 줄 모르는 사람을 잘 배우는 사람으로 돌리자. 5. 가르칠 줄 모르는 사람을 잘 가르치는 사람으로 돌리자. 6. 공익심 없는 사람을 공익심 있는 사람으로 돌리자." 이와 같이 일상수행의 요법 9조 가운데 실천지향적인 항목들을 6항으로 골라서 배포하였다. 이는 해방 직후의 일이라 시대화된 교법으로 국가 시국의 상황에 맞게 응용, 변통된 것으로 보인다.

그 뒤 1949년 7월 30일에 간행된 《원광》 창간호 표지 이면에 교강 9조를 실어 전 교단적으로 보급하였다. 창간호 《원광》은 국판 활자판 98쪽으로, 표지 이면에는 교강 9조를 실었던 것이다. 원불교의 신앙·수행의 잡지 표지에 이러한 「일상수행의 요법」 9조를 실어 원불교 신앙인에게 보급하였다.

오늘날 독송하는 「일상수행의 요법」은 법회 전반에 반드시 암송하는 것으로, 재가·출가 모두에게 실천을 강력히 주문하는 행위와도 같다. 이는 마치 기독교의 「주기도문」을 외우는 것과 흡사하다고 볼 수가 있다. 이처럼 매주 일요 법회에 일상수행의 요법을 암송함으로써 한 주일을 살아가면서 우리가 어떻게 교리를 실천해야 할 것인가를 구체화한 행동강령으로 자리잡기에 충분하였다.

3) 「일상수행의 요법」 7조의 실천방안

(1) 개인 내적 측면의 확립 방안

「일상수행의 요법」은 교리의 핵심 내용으로서 실천지향적으로 구조화되어 있다. 백낙청 서울대 교수도 이에 동의하고 있다. "교도들이 늘 암송하는 '일상수행의 요법'만 하더라도, 이건 뭐 다른 분들이 이미 말한 것이겠지만, 그 아홉 조목 안에 원불교의 모든 교리가 다 들어있다. 1, 2, 3조에 심지는 원래 요란함(또는 어리석음, 그름)이 없건마는 경계를 따라 있어지나니 … 그리고 6조부터 9조까지는 인생의 요도 사요에 해당한다. 이렇게 일상수행의 요법 하나만에도 일원상 진리와 삼학팔조, 사은사요가 모두 담겨 있는 것이다. 일상수행의 요법은 개인적 신앙·수행으로 볼 때 교리의 삼학팔조 사은사요를 포괄하여 실천 지향으로 전개되고 있다.

일상수행의 요법을 실천하는 것은 개인의 인격 변화와 또 미래지향적 인재로 양성될 수 있는 첩경이 된다. 숭산 박광전도 이에 말한다. "일상수행의 요법 9조가 별 것 아닌 것 같지만 이 세상에 나서 자기의 인격을 완전히 이루어 가지고 세상에 유익한 인물이 되며 공적을 끼친 사람이 되려면 이러한 수행이 필요하다."(『대종경강의』, p.72). 이를테면 일상수행의 요법은 개인의 완전한 인격을 양성하는데 구체적인 도움을 주고, 세상의 인재가 될 수 있게 해준다는 것이다.

이에 본 주제에 충실히 하는 것으로, 개인으로서 일상수행의 요법 7조 "배울 줄 모르는 사람을 잘 배우는 사람으로 돌리자."의 실천 방향을 언급하고, 뒤이어 보다 실제적인 내용을 나열해 보고자 한다.

먼저 호학 정신의 계승이라는 방향을 상정해 볼 일이다. 원불교 교리는 호학 정신과 연결되어 있다. 어떻게 하면 호학의 정신을 실천 방향으로 유도할 것인가를 생각해 보자. 지식을 선용하는 원불교의 지자본위 제도도 이러한 호학을 권면하는 교리 정신이다.

다음으로 솔선수범의 체질화라는 방향을 상정해 보자. 대체적으로 배움의 자세에는 분위기 조성이 필요하다. 상하의 관계에 있어 특히 솔선수범하는 자세는 모범된 행동을 선보이는 것으로, 상대방으로 하여금 '자발적으로 배우고자 하는 마음'을 불러일으킨다. 이에 솔선수범의 체험을 통해 이를 삶에 체질화하는 것이라면 더욱 좋을 것이다.

이어서 지도인으로서 준비할 요법의 실천 방향을 상정해 볼 일이다. 지도인으로서 준비할 요법은 각자가 배우고자 하는 지식관련 내용으로 구조화되어 있다. "지도받는 사람 이상의 지식을 가질 것이요."(1조)의 내용을 보면 알 수 있듯이, 지식 수용을 하는 '지도인의 요법'을 항상 상기하며 접목할 일이다.

또한 한국의 교육열 활용이라는 방향을 상정해 보자. 우리나라는 세계적으로 교육열에 있어 선두를 달리고 있다. 전통 유교 문화권에 따른 현실적 모습이 이것으로, 이를 잘 활용한다면 문맹률도 거의 없어진다. 우리나라는 문맹률이 거의 없는 것도 사실인데, 이 역시 배움은 무한하다는 점에서 "배우지 않으면 안 된다."는 국가적 여망 덕택이다. 앞으로도 이러한 교육열을 잘 활용하여 배울 줄 아는 상황으로 접근해야 한다.

그리고 실력의 경쟁의식 확대를 생각해 보자. 앞으로 실력이 없으면 사회 활동에 지장이 있으며, 모든 것은 경쟁의 시대가 도래한 만큼 실력을 차분히 쌓아가는 일이 필요하다. 교단에서도 실력의 경쟁력을 확보하려면 배우는 자세가 아니면 안 된다.

이러한 방향성을 기저로 해서 배우는 생활 확립의 길을 마련해야 한다. 구체적으로 몰아 말한다면, 교단과 각 교당은 '독서 문화'에 있어 관심 있는 「도서」를 구비하여 읽도록 하고, 중요한 것은 「기록」을 하도록 하며, 좋은 책은 나누어 읽도록 「대여」하는 길을 모색해야 한다. 리고 주변인들에게 '교당'에 인도하여 교무들에게 배움의 길을 안내해주는 것도 필요하다. 또한 가난한 '만학도'들을 생각하여 배움의 길을 인도하는 일도 필요하다.

이어서 일기법에 나타나 있는 것처럼 '하루 일정'을 만들어 여기에 꼼꼼히 배움의 시간을 할당하는 일도 필요하다. 개인의 '자존심을 세우지 말고' 배울만한 전문가가 있다면 가까이 하는 일도 필요하다. 그리고 자신의 취미를 살려 '사설 학원'에 나가 자격증을 따는 것도 배움의 길을 터득하는 방법이 된다. 참으로 인생을 배울 수 있는 훌륭한 스승, 선지자를 찾아뵙는 시간(선진법회 등)을 많이 갖도록 하여 종교적 영성을 함양하는 자세를 갖도록 하는 일은 더욱 필요하다.

(2) 조직·단체 측면의 확립 방안

「일상수행의 요법」은 교리실천의 유도에 좋다. 특히 조직과 단체가 실천을 할 수 있다면 이보다 좋은 교법 실천의 길은 없을 것이다. 원광대 교양과목 「종교와 원불교」 시간에 '일상수행의 요법'을 자주 강조하며, 토론식 수업을 유도하므로 반응이 좋다고 K교무는 자신의 대학생 수업시간의 체험을 말하였다(원광대 1학년 교양강의 담당). 따라서 중·고등학교나 대학교의 각 학급을 대상으로 실천할 수 있는 프로그램을 만들어 그 방향을 찾아줄 수 있으면 좋을 것이다.

정산종사는 영산 학인들에게 구성심 조항을 써 주었다. "심지가 요란하지 아니함에 따라 영단이 점점 커져서 대인의 근성을 갖추게 되고, … 배울 줄 모르는 사람을 잘 배우는 사람으로 돌리며 가르칠 줄 모르는 사람을 잘 가르치는 사람으로 돌림에 따라 세세 생생에 항상 지식이 풍부하여 지고…"(권도편 30). 이처럼 학교 학생 단체를 대상으로 「일상수행의 요법」의 실천 프로그램을 만들어 활용하면 좋지 않을까 본다.

「일상수행의 요법」 가운데 7조는 지식과 관련되는 것인 만큼 지성인의 단체, 학교의 단체(대안학교) 등에 실천 방향을 열어주면 좋을 것이다. 정산종사는 「일상수행의 요법 7조」를 다음과 같이 말한다. "사람이 누구나 생이지지가 아닌 이상 배워야 하나니, 만일 배우지 못하면 벽에 얼굴을 마주 댄 것과 같이 갑갑할 것이니라. 한 가정에 있어서도 배우지 아니하면 그 집은 망할 것이요, 개인이나 사회나 배우지 아니하면 망하는 것이며, 한 나라에 있어서도 국민이 배우지 못하면 망하나니, 현재의 실지實地를 보더라도 외국 사람들은 많이 배웠기 때문에 문명이 발달되었으며 세계 문화를 떨치는 것이니라."(『정산종사법설』, p.419).

이제 일상수행의 요법 7조를 단체나 조직에서 실천할 수 있는 방향을 모색해 보자.

1) 「장학금 지급」이라는 방향을 상정해 볼 일이다. 무어라 해도 조직·단체 등이 배우려면 기본적으로 경제적 여건이 마련되어야 한다. 경제적 여건이 마련되지 않으면 배우려 해도 배울 여건이 되지 못하는 경우가 있다. 이에 그들에게 장학금을 지불함으로써 배우고자 하는 동인을 키워주었으면 한다.

2) 「교육기관의 설립 및 투자」라는 방향을 상정해 보자. 배우고자 하는 사람들이 조직적 성향을 지닐 때는 교육기관이라는 것이 필요하다. 이에 교단적으로 교육기관에 투자를 도모하고 설립하는 일이 필요한 일이다. 여기에서 교립학교의 적절한 응용 및 대안학교의 성공사례담은 그 효과를 더해줄 것으로 보인다. 그리고 일선교당의 여러 유아원 시설을 통해 '배움의 길'을 확실히 하여 기초부터 다질 필요가 있는 것이다.

3) 「지식·정보화 시대의 적응」이라는 방향을 생각해 보자. 21세기는 특히 지식사회이자 정보화의 사회이다. 이러한 시대적 상황에 적응하는 일도 쉽지 않다. 배우고자 하는 열정이 없으면 이러한 사회에 낙후된다는 상황을 인지토록 하여 지식정보화 사회에 적응하는 프로그램 가동이 필요

하다. 이는 종교적 영역의 확대 내지 보편화라는 면에서도 권장될만한 일이다.

4) 「야학 등 교육활동 확대」라는 방향을 상정하여 보자. 초기교단이나 일선 교당(특히 삼동원)도 야학 등을 통해서 비교도나 이교도들과 접근하는데 상당히 자연스러운 환경을 가져왔다. 또 그들을 궁극적으로 교화하는데 공헌하기도 하였다. 이에 교당에서는 한자공부, 예절교실 등을 열어서 교육활동을 확대하여, 배울 줄 아는 분위기로 나가도록 해야 한다.

이러한 방향성을 기저로 해서 「배우는 생활 확립의 길」을 마련해야 한다. 단체의 경우를 상정하여 말한다면 다음과 같다. 우선 단체와 단체가 서로 '자매결연'을 통해서 끝까지 책임을 갖고 배움의 길로 안내하는 일이 필요하다. 이러한 자매결연의 효과는 상당하기 때문이다. 또한 교당에서는 야학을 학습할 수 있도록 하는 교역자의 학습 프로그램을 개발하는 일이 필요하다. 한문교실, 예절교실, 꽃꽂이 교실 등을 열어서 그룹으로 지도하는 일이 이것이다. 컴퓨터를 잘 활용해서 컴맹을 탈출할 수 있는 교당 프로그램의 응용도 필요하다. 우리가 지식 정보화 사회에 적응하는 길을 모색하면 방법은 다채로워질 것이다.

이어서 배움 권면을 위해서 교도들의 장학금 통장 만들기도 필요하다. 교도들이 합력해서 장학금 통장을 만들어 학교에 후원하는 것은 배움의 터전을 만드는 실제적인 일이다. 교당에서는 학교 교사들을 대상으로 교육 철학, 교육 이념을 제공해줌과 더불어, 교사들을 교화함으로써 간접적으로 교육에 큰 힘을 실어주는 일도 필요하다. 교당에서는 '일일견학' 프로그램을 만들어 지역사회의 현황을 알게 하고, 또 문화생활에 기여하는 여건 마련도 필요하다. 그리고 그룹별 「마음공부」 프로그램에 참여토록 하여, 배움의 대상인 '마음'을 잘 배워서 용심법의 전문가가 되도록 하는 일도 필요하다.

　어느 누구든 이 가을에 계절을 알리는 편지 하나라도 받아보지 못했을 경우, 가을을 정취 있게 살지 못했다고 하면 무리일까? 그렇다면 무관심과 자기 고립 때문일 것이다. 이 가을에 접해 필자는 몇 학생들로부터 받은 편지 일부를 소개해 보고자 한다.

　며칠 전 한 학생으로부터 다음의 편지를 받았다. "이제는 진짜 겨울인 것 같습니다. 떨어지는 낙엽들을 보면서 이런 생각이 들었어요. 겨울을 준비하기 위해 잎들을 하나둘씩 떨어뜨리는 나무. 나무도 그러한데 우리도 지금까지 살아왔던 습관이나, 편견, 고집 등을 하나 둘씩 떨어뜨려야 겠습니다." 원불교학과 1학년 'G' 학생의 편지이다. 어김없이 가을에 떨어지는 낙엽들을 보고 시상에 젖은 내용이 아닐 수 없다.

　학생들은 강의시간에 말이 없다. 그러나 그들에게 말을 시키고, 편지할 기회를 주면 또박또박 할 말을 다한다. "때론 스승님의 모습으로, 때론 아버님처럼, 저희들에게 자비를 베풀어 주세요. 이제 말문이 트였으니 자주 인사올리고 여러모로 자문 구하겠사오니 자비훈풍 불러주세요." 이는 2학년 'S' 학생이 보내온 편지이다. 학생들에게 편지할 기회를 주는 교수의 모습이 좋지 않을까? 그들이 편지를 쓰면 어른스럽게 "이제 말문이 트였으니…." 그리하여 공부할 방향을 자주 물어본다.

　가을이 깊다 못해 겨울로 접어드는 계절에 학생을 지도하는 교수들이 학생들에게 메일 편지를 보내면 어떨까? 필자는 최근 어느 대학생에게 편지를 보내자 곧 다음의 답장이 왔다. "교수님께서 메일을 보내주셔 황송하고 감사합니다. 교수님께 메일을 받아보기는 이번이 처음이거든요. 스승

---

3) 본래 제목은 쌍방소통-이런 편지 받아 봤나요?」이다(원광대신문, 「연구실단상」, 2001년 11월 26일).

님께서 제자를 먼저 챙겨주는 것은 제자로서 마음을 부끄러이 가질 일입니다." 'L' 학생(2학년)의 편지다. 교수들이 학생들에게 편지를 보내면 답장 받는 일이 얼마나 즐거울까? 스승이 제자에게 가르치는 솔선수범이라는 교훈이 생각나는 계절이다.

대학 4학년인 'K' 학생의 편지는 고 학년다운 내용이다. "또 한 해가 다가고 있음을 몸보다 눈으로 먼저 느껴지는 계절입니다. 아침마다 대각전 주위를 쓸면서 이제 남은 낙엽도 얼마 되지 않은 것이 조금 아쉽기까지 합니다." 벌써 4년이 지나 아쉽다는 말이 세월 무상을 체험한 스님처럼 제법 우주 소식을 전하는 듯하다.

교수와 학생의 상호 만남에서 이 가을에 손 편지를 주고받는다면 더할 수 없는 추억이라 본다. 거기에는 맑고 훈훈한 인간 냄새가 베어 나오기 때문이다. 가을의 감성을 삭막하게 고립시킨다면 오늘의 순간이 아쉬울 따름이다.

4 　새 출발이 주는 의미[4]

우리에게는 모두가 아름다운 학창시절이 있기 마련이다. 학창시절은 무지로부터의 탈출과 지정의知情意 전인으로의 진입이라는 두 가지 면에서 가장 빛나는 생활이 되어야 한다. 그런데 학창시절이란 말은 러시아 용어로 '스베뜰라야 쥐즈니'이며, 이의 원뜻은 '빛나는 생활'이다. 곧 러시아인들에게 학창시절은 인생에 있어 가장 빛나는 생활을 의미하고 있는 것이다.

엊그제 우리 대학에서는 아름다웠던 학창시절을 마감하는 4학년 졸업생들의 학위수여식이 있었다. 졸업卒業이라 하면 동양 한자의 자의상 "학업

---

4) <원대신문>, 1997년 3월 3일, 사설.

을 마친다.”는 뜻이 담기어 있는데, 사실 영어로는 ‘Commencement’로써 “시작한다.”의 의미가 담겨 있다. 동·서양이 모두가 학생들의 졸업식을 거행하지만, 동양에서는 이를 “마친다.”고 하고 서양에서는 이와 달리 “시작한다.”라고 말한다.

동서양에 있어 이처럼 상호 반대되는 의미의 졸업행사가 진행되지만, 사실 졸업식은 “마친다.”와 “시작한다.”는 말을 아울러 포함하고 있다. 대학을 마치면 사회생활을 새로 시작한다는 것이 이것이다. 미국의 시인 에머슨(1803~1882)도 마침과 시작의 의미를 둘로 나누어 보지 않고 하나로 보았다. 즉 그에 의하면 “우리가 결과(마침)라고 하는 것은 시작이다.”라고 한 것이다.

우리는 4학년 선배의 졸업과 1학년 새내기의 입학이 둘이 아님을 알고서 시종 여일한 마음으로 즐거운 학창시절을 맞이해야 한다. 이제는 4학년 졸업생들이 정들었던 교정을 떠나고 새로 들어온 신입생들이 이 학교의 신룡벌에 벌써부터 새 봄의 동남풍을 몰고 오고 있다.

이제 새 출발의 벅찬 가슴으로 우리는 한 학기의 계획을 세워야 한다. 그리고 이러한 계획들을 이루어낼 실천방법들을 구체화해야 한다. 나아가 실천방법을 행동에 옮기는 중간 중간에 이를 점검해야 한다. 계획과 실천방법과 점검이라는 3박자가 아울러질 때 새 출발이 가져다주는 의미가 새삼 커지게 됨을 느낀다.

5 공부하지 않는 학생들의 부류5)

인간이 만물의 영장靈長인 이유는 배울 줄 아는 지성의 존재이기 때문이다. 배울 줄 모른다면 그것은 인간이기를 포기하는 일이나 다름없다. 독일

---

5) <원대신문>, 1997년 3월 10일, 사설.

의 문호인 괴테(1749~1832)도 인간은 어느 것이든 배워야 한다고 하였다. 배우려는 마음이 없다면 이는 미개한 사회로 전락되고 만다.

그런데 배움과 지성의 전당殿堂은 다름 아닌 대학이라는 사실이다. 대학 캠퍼스 안에서 살아가는 사람들이 배움을 놓고 이에 등한히 한다면 이는 대학 문화의 흐름을 거스르는 부류에 속하고 만다. 학생들이나 혹 교수들이 공부를 하지 않는다면, 이들은 배움의 전당에 있으면서도 배움의 물결에 합류하지 못하는 미개인에 해당되기 때문이다.

여기에서 우리가 환기할 것은 배움의 전당에서 4년간을 호흡하며 살아가는 요즘 학생들이 공부를 열심히 하지 않는다는 지적이다. 학생들 스스로도 "내가 고등학교 때처럼 공부한다면 4년 장학생을 할 것이다."고 주저 없이 말하는 학생들이 많다. 이처럼 대학생들이 공부를 열심히 하지 않는 이유는 고등학교까지 열심히 공부하다가 대학에 들어오면 그만 해방감으로 공부에 등한시하기 때문이다. 그러나 외국의 경우 초·중·고 때보다 대학에 들어와 더 열심히 공부한다는 것을 우리는 알아야 한다.

그러면 공부하지 않는 학생들은 어떠한 부류인가를 눈여겨보아 이에서 벗어나야 할 것이다. ① 수업시간에 노트필기를 않다가 시험 볼 때 친구의 노트를 빌려 복사하는 학생, ② 레포트 과제물을 옆 친구 컴퓨터 디스켓에서 복제, 프린트하여 과제물로 내는 학생, ③ 지각과 결석을 자주 하면서도 이를 대수롭게 생각하지 않는 학생, ④ 학교에 수업 교과서를 가지고 오지 않는 학생, ⑤ 수업시간에 주로 강의실 뒤편에 앉아 강의에 집중하지 않는 학생, ⑥ 시험공부를 하지 않고 있다가 컨닝(cheating)으로 좋은 성적을 받아보려는 학생이 그들 부류에 속한다.

하지만 묵묵히 강의실과 도서관圖書館에서 공부하는 학생들을 격려하는 마음으로 바라보는 일이 필요하다. 밤낮으로 도서관에 찾아와 열심히 공부하는 학생들의 진지한 모습을 지켜 볼 일이다. 그들의 미래를 책임질 미래의 동량棟梁들이기 때문이다.

신입생 신고식의 폐단[6]

요즈음 새로 들어온 신입생들은 재학생들의 입장에서 보면 우리에게 활력을 불어넣는 후배이자, 사랑스런 동생들이다. 신룡벌 캠퍼스 교정에 의기 발랄한 신입생들이 들어옴으로 인해서 분위기가 한층 밝고 활력에 넘쳐 있다. 그러다 보니 자연스럽게 신입생을 환영하는 분위기가 무르익는 것은 선·후배의 정감을 교환하는 의미에서 고무적인 일이라 본다.

그러나 시일이 지난 감은 있지만 각 대학의 신입생 환영회가 일부 잘못 변질되어 염려스러운 점이 있다. 언젠가 충남대 토목공학과 「신입생환영회」에서 신입생 한 명이 선배들이 냉면 그릇에 담아준 소주를 억지로 마신 후 죽는 불상사가 벌어졌다. <동아일보>에 신입생 환영회와 관련하여 「요즈음 동아리, 술항아리?」라는 기사의 경고가 실리기도 하였다. 경사스런 신입생 환영회에서 이 같은 불상사가 벌어지는 현상은 마음을 무겁게 한다.

그 우려 사항은 「신입생신고식」의 폐단에 대한 것이다. 이의 폐단으로는 몇 가지가 있다. 효과요법으로 신고식을 하는 경우이다. 여기에는 주로 '술'이라는 매체를 통해 신고식을 하는 행위이다. 그리고 신고식 때에 체벌을 가하며 신고식을 하는 경우이다. 신입생에게 기합을 주고, 운동장을 돌게 하며 물리적 체벌을 가한다. 다음으로 신고식 장소를 기이한 곳에서 하는 경우가 있다. 술집이나 카페 등에서 하는 행위는 다소 어색하고 어두운 분위기만을 가져다준다.

이처럼 신입생 환영의 모임에서 나타날 수 있는 폐단을 과감히 벗어나야 한다. 과거지향의 신고식에서 나타난 물리적 효과, 강압적 굴욕 등을 주는 신입생 환영회가 있다면 그것은 경직된 선후배 사이를 조장할 뿐이다. 한준상 교수는 선배들이 신고식에서 '쇼크요법'으로 후배들의 환심을 사려

---

6)《원대신문》, 1997년 3월 17일, 2면 社說

는 것은 원시적 선후배 관계라고 규정하였다.

따라서 신입생 환영회는 과거의 구태舊態를 벗어나 이제 대학생답게 새롭게 정착을 해야 한다. 여기에는 지도교수의 참석, 선배들의 따뜻한 영접, 회장 혹은 대표의 활동계획, 신입생들의 자기소개, 이어서 다과가 곁들인 조촐한 환영 모임으로 끝을 맺는 것이 좋다.

7 대학 캠퍼스의 공해7)

'동방의 고요한 아침의 나라'라고 말한 시성 타고르는 우리나라를 정적靜寂의 나라로 바라보았다. 이처럼 이방인들에게 한국은 고요하고 차분한 나라로 비추어진 것이다. 동방의 코리아가 고요한 나라임에도 불구하고 외국 언론에서는 한국을 대형사고들이 터지는 빅뉴스(big news)를 만드는 나라로 간주하는 것을 보면 이내 부끄럽기만 하다.

시성 타고르의 지적처럼 한국에서도 고요해야 할 곳은 한국에서도 대학 캠퍼스이다. 그곳은 대학 지성들이 공부하는 곳이며, 낭만을 즐기며 캠퍼스를 자유롭게 산책하는 곳이기 때문이다. 학교 교정의 아침 출근길을 보면 고요한 원대 켐퍼스를 여느 때처럼 많은 대학생들이 낭만으로 거닐고 있었다. 그 순간 어느 승용차 한 대가 '빵빵' 하며 소리를 내고, "왜 안비켜 주느냐?"는 식으로 차를 학생들 쪽으로 밀어댔다. 이에 아침 기운을 머금으며 상쾌하게 거닐던 몇몇 대학생들은 놀란 표정으로 비켜 주었다.

어느 날 "한국의 가장 무서운 것은 무엇인가?"라는 질문이 외국 여성에

---

7) 본 내용의 원제는 「대학의 3적」으로 실렸으나 「대학 캠퍼스의 공해」로 수정하였음을 밝힌다.(<원대신문>, 1997년 3월 31일, 사설)

게 던져졌다. 이에 미국인 마사 레이어스는 이내 "한국에 무서운 것이 하나 있다."라며 말하기를 "길거리를 거니는데 갑자기 택시기사들이 '빵빵' 하고 달려드는 것이 한국에서 가장 무서운 일이다."라고 하였다. 어쩌다 이 나라 이곳이 무서운 거리로 돌변하게 되었는가? 승용차를 몰고 교내를 다니는 운전기사 나리들이여! 제발 '빵빵' 소리 없는 교정을 만들어주자. 자유스럽고 낭만스럽게 거니는 대학생들의 모습에 경외敬畏의 마음을 보내자.

또한 교내에서 추방되어야 할 소음들이 더 있다. 수업 중에 자주 오토바이가 요란하게 굉음을 내며 교정을 질주하는 것을 보곤 하는데 이 또한 시정되어야 할 일이라 본다. 이와 더불어 수업 시간임에도 불구하고 강의실 옆을 지나며 개념 없이 떠드는 소리도 교정에서 추방해야 할 대상이다. 심지어 도서관 열람실 주변에서 제멋대로 소음을 내며 무법자처럼 행세하는 일부 대학생들은 이곳 교정의 공부 분위기를 흔드는 주범主犯들이다. 제발 이곳 교정에서 만큼은 승용차, 오토바이 등의 소음을 추방하자.

8 ▶ 대학의 제자리 찾기[8]

50년대와 60년대가 우리나라 대학의 정초기였다면, 70년대와 80년대는 정국의 혼란한 상황에 따른 대학의 시련기였다. 그리고 90년대 중반을 넘어서 대학은 본연의 공부하는 진리 탐구의 전당으로 제자리 찾아가는 현상이 목격되고 있다. 이러한 흐름을 반영하듯 최근에 모 일간지에서도 「제자리 찾아가는 대학」이라는 기사를 게재하고 있다. 사실 새 학기에

---

8) 《원대신문》, 1997년 4월 7일, 2면 사설.

여러 대학들이 대학 본연의 모습으로 회귀하는 바람이 일고 있다.

얼마 전 '인간 띠 잇기 시위'가 대학가에 신선한 충격을 던져주고 있다. 집회와 시위를 앞세운 이념투쟁 일변도의 학생 운동권을 비판하고, '제자리 찾기' 운동에 비운동권인 일반 학생들이 앞장서고 있다는 사실이다. 서울 홍익대학 학생 40여명이 서총련의 교내집회를 저지하기 위해 벌인 인간 띠 잇기 시위는 그간 제 목소리를 내지 않았던 말없는 다수가 더 이상 침묵하지 않고 대학 지키기에 나섰다는 것을 말해준다. 이들은 인간 띠 잇기에서 '폭력 최루탄 화염병 NO'라는 플래카드를 교문 앞에 내걸자 수많은 학생들이 이를 지지하는 서명에 동참하고 격려했다고 한다.

3월 12일에도 광주 호남대 총학생가 남총련의 교내집회에 대항하여 인간 띠를 만들어 몸으로 저지한 사실은 이와 비슷한 양상으로 볼 수가 있다. 더구나 호남대에 이어 경남지역 5개 대학, 경북지역 3개 대학, 충남지역 12개 대학 총학생회가 기성 조직을 탈퇴하여 기존 시위양상인 과격투쟁 노선을 지지할 수 없다는 입장을 밝힌 것은 학생운동 방향전환의 단초를 연 것이나 다름없다.

80년대와 90년대 초반까지만 해도 본교 정문 앞에는 최루가스가 난무하고, 경찰들의 도서관 진입, 군홧발 소리의 진동, 황등가는 길목이 막혀 시내버스를 비롯한 모든 차들이 이곳 신성한 교정을 통과하는 등 고통스러웠던 일들을 지울 수가 없다. 물론 과거의 군사독재에 대한 젊은 대학생들의 정의正義의 데모들이 오늘의 제자리 찾는 대학으로 발돋움하는데 기여를 해온 점은 누구나 간과할 수 없다. 이제 국가의 정치가 제발 바르게 향도되어 젊은이들을 더 이상 분노케 해서는 안 되며, 대학 역시 공부의 전당으로 제자리를 지키도록 학생 교직원 모두가 노력 협심할 때이다.

익산에 원광의료원 외에 3개의 병원이 더 생겨 바야흐로 병원들 간에 환자 유치의 경쟁에서 살아남는 병원만이 발전할 것 같다. 원광의료원은 그간 이들 병원이 생기기 전까지 일취월장의 발전을 해왔으나 이제 만만치 않는 경쟁 대열의 도전받는 병원으로 되었다.

잔뜩 긴장하며 대학 의료원의 전원은 헌신적으로 노력하는데, 어찌된 일인지 못내 가슴 아픈 일이 있는 것 같다. 원광대 응급실 등에 가면 "H병원으로 가시오."라는 말이 그곳 관련자 몇몇으로부터 이따금씩 들린다고 한다. 이를 직접 목격한 Y씨가 한 말이다. 응급환자가 일반의원으로 갔을 경우 대학병원으로 가라는 말은 자주 들었으나, 원광대 응급실 등지에서 근무하는 일부 관련자들이 환자에게 "H병원으로 가시오."라는 말을 하는 경우가 종종 있었다고 한다면 이는 다음 몇 가지로 의미 있게 해석해 볼 만만 한 일이다.

첫째, 누구나 공감할 만한 일로서 그곳 H병원이 이곳 원대병원보다 더 나은 시설과 의료진이 있기 때문이다. 둘째, 다른 연유가 있는 듯하다. 예를 들어 그곳과 직·간접의 관련될만한 공로(?)가 있을 것이다. 이 조항은 쉽게 납득이 가지 않는 일이다.

얼마 전 원광대 총장은 자랑삼아 하는 말이 '원광의료원'이 고객서비스 부분에서 우수병원으로 뽑혔다고 한다. 그런데 며칠 전 어느 보호자가 교통사고 모 환자를 데리고 원대병원에 갔는데 응급실의 불친절에 속상한 것 같다. "다음에 다시는 원대병원으로 가지 않겠다."고 한다. 이러한 불친절을 겪은 이가 일부이기를 애써 기대해 보고자 한다.

---

9) 본 사설의 주제는 「H병원으로 가시오」였으나, 「친절과 주인의식」으로 수정하였다(<원대신문>, 1997년 4월 14일, 사설)

원광대는 의료원과 대학 본부라는 큰 두가기 행정기관이 있다. 이들은 적자 없는 운영, 즉 고객관리 차원에서 고교 학생들과 병원 환자를 친절히 고객으로 모셔야 한다. 그것은 행정 당무국의 불친절이라는 말이 없도록 만드는 일에서, 혹 "다른 병원으로 가시오."라는 말이 없도록 하는데서 단서가 생긴다.

어느 병원에서는 교통사고 환자를 그곳 병원으로 모여들게 하기 위해 일부 택시기사, 견인차 기사들에게 로비활동을 한다고 한다. 예를 들어 연초에 선물을 선사한다던가 하는 일이 아니겠는가? 비단 우리네 병원에 근무하는 환자 담당 관련자들 중에서도 극소수가 이러한 선물을 받았을 리 만무하다.

10 ▷ 아름다운 캠퍼스10)

"아름답다, 와 좋다, 환상적이다."라는 말들이 여기저기에서 터져 나온다. 본교의 캠퍼스에 피어난 아름다운 꽃들을 두고 참아내지 못한 젊은 감성들의 표출이다. 너무도 아름다운 캠퍼스이기에 카메라를 가지고 여기 저기 아름다운 장면에 셔터의 찰깍 소리가 은은히 들려온다.

벚꽃, 목련꽃, 개나리의 찬란함에 흠뻑 반해버린, 더더욱 밤하늘에 수를 놓은 환상의 꽃들을 구경하기 위해 1학년에서 4학년 전체의 여학생(원불교학과)들이 밤 나들이를 했다고 한다. 밤 9시~10시까지 그 여학생들은 저녁 일기시간을 대신해서 원광대 캠퍼스 내의 벚꽃 구경을 했다. 목련과 벚꽃 구경을 다 마치고 잔디광장(국악관 앞)에 동그란 원을 지어 「원하옵

---

10) 본 글은 1997년 4월 21자 <원대신문> 사설로 쓰려고 준비해 두었으나, 이 기간이 중간고사 시험기간이라 제출 못한, 다시 말하면 社說로 준비했으나 실리지 못해 영원한 「사설후보」의 글이다.

니다.」 성가를 부르면서 그들의 영성에 노크했다고 한다.

봄철의 화사함을 물씬 풍기는 4월의 계절을 찬미한 노래가 있다. 「사월의 노래」에 "목련꽃 그늘 아래서 베르테르의 편질 읽노라 ··· 돌아온 4월은 생명의 등불을 밝혀든다."라는 가사가 있다. 봄의 향기를 가득 담은 시구詩句 같은 것을 명곡에 담은 박목월 작품이다. 겨우내 얼었던 환경이 봄이 되면서 온갖 꽃들이 아름다운 자태를 뽐내고 있으며, 이를 영원히 간직하고 싶은 사람들의 심리가 발동한 것이다.

아름다운 캠퍼스로 알려진 원광대학교에 「환경관리과」를 둘 정도로 대학의 정원을 가꾸려는 우리 모두의 결실이라 본다. 언젠가 다녀간 정동영 국회의원도 '아름다운 캠퍼스의 순박한 학생들'이라고 원광대를 찬미하지 않았는가! 이를 모르고 살아가는 사람들은 아마도 불감증에 걸린 사람들일 것이다. 계절 무감각증, 학년 무감각증, 나이 무감각증으로 막혀버린 감성들이 있다면 어서 뛰쳐나와 이곳 전원 같은 생명체들과 함께 즐겨보자.

전인적 인간은 지정의知情意 3방면에 정성을 쏟을 때 가능한 일이다. 강의실에서만 전인이 되는 것이 아니며 아름다운 주변 환경도 이에 못지않게 교육적 효과가 큰 것이다. 아름다운 교정에서 공부하고 일하는 우리들은 전원 같은 환경에 감사해야 하리라 본다. 아직도 겨울인양 마음이 얼어 있는 사람들이 주변에 없는지 살펴보자.

11　인생에 시험이 필요한 이유11)

대학에 들어오면 학생들은 정규 중간·기말시험을 보아야 의젓한 대학

---

11) 본래 제목은 「중간고사와 컨닝」이다(<원대신문>, 1997년 5월 5일, 사설)

졸업장을 받는다. 엊그제 그 일환으로 본교생 모두가 중간고사를 보았다. 이처럼 인생에 시험이 필요한 이유로는 수업에 있어 배우려고 하는 적절한 긴장이 있어야 하고, 시험을 통한 실력향상이 확인되어야 하며, 시험을 체험함으로써 자아성취를 느끼게 하는 것이다.

물론 시험이 있어야만 그러한 일들을 성취할 수 있다는 것은 아니다. 괴테도 말한 바 있듯이 꼭 공부를 잘 해야만 훌륭한 사람이 되는 것은 아니며, 무엇을 하건 언제나 최선을 다하는 성실하고 진지한 태도가 가장 중요하다. 시험이라는 제도적 장치도 자신의 순간순간 생활을 성실하게 최선을 다하는 일이라는 면에서 필요한 일이기 때문이다.

그런데 웬일인지 시험 감독에 들어가면 불미스런 일들이 가끔 발견된다. 부정행위를 하는 학생들, 하얀 벽면·책상 위에 깨알같이 쓰인 글씨들이 우리의 머리를 현기증 나게 한다. 「한국대학신문」 등이 근래 전국 24개교 대학생 892명을 상대로 실시한 조사에 따르면, 전체 62.4%가 컨닝 경험이 있다고 답했다. 또 의약계열 학생들의 컨닝 경험률은 85.7%, 공학 72%, 인문 58.8%, 사회 56.6%, 자연계열 56%나 되었다.

이처럼 시험과 관련한 부정행위가 심각하게 주변 학생들에서 자행되고 있음에도 불구하고 불감증에 걸린 학생과 교수들의 태도가 아쉽기만 하다. 대학생들의 부정행위 심각성에 대한 반응조사에서는 응답자의 82%인 374명이 부정행위를 해도 발각되지 않는다고 했으며, 53%(241명)는 부정행위 때 발각돼도 처벌받지 않는다고 했다. 이를 보아도 알 수 있듯이 양심 불감증마저 걸린 인상이다.

컨닝이란 인생의 해악害惡으로 자신을 속이는 일에 해당된다. 어느 대학이든 시험감독 교수나 행정부서는 철저한 시험 감독과 시험 컨닝자의 처벌을 보다 강화하여 대학생들이 양심을 속이는 일이 없도록 지도해야 할 것이다. 본교의 일부 단과대학의 컨닝 추방 캠페인에 걸맞게 우리는 이러한 컨닝 없는 시험을 치룰 수는 없는가? 무감독 시험이란 불가능한가?

이러한 무감독 시험을 도덕대학이란 이름에 걸맞게 실행할 수는 없는가? 교학대학 원불교학과부터 이를 시작해 볼 일이다.

12   정신의 문을 열어주는 스승[12]

  5월 15일은 「스승의 날」이다. 원광대학교는 이날 개교기념일로로 휴일이므로 스승의 날 당일의 행사를 하지 못하는 아쉬움이 있다. 그렇지만 이날 전후에 행사를 하는 경우가 있어 스승의 은혜에 보답하려는 대학생들의 성의 표시가 없는 것은 아니다.

  잠시 소박한 동심에 비추어진 스승의 일그러진 모습들을 살펴보자. 5월 5일 MBC TV 9시뉴스 시간에 「어린이날」을 기하여 그들에게 비추어진 스승의 모습이 몇몇 어린이들의 인터뷰를 통해 언급되었다. "야단만 쳐요." "무서워요." "공부만 하라고 해요." "우리를 차별해요."라는 응답들이 있어 스승의 얼굴이 홍당무가 될 법한 일이다.

  문제의 심각성은 아동이나 학생들이 그래도 스승을 본받는 대상으로 삼는다는 점이다. 무엇보다도 어린 학생일수록 스승은 집중적인 모방의 대상이 된다고 『이큐』의 저자 도리스 매틴은 언급하고 있다. 일그러진, 그리고 굴절된 스승의 모습을 본받지 않을지 조바심이 앞선다.

  스승의 윤리적 위상에 대해 한국갤럽이 조사한 바에 의하면, 우리나라 스승의 정직도·윤리 수준으로 5위 초중고 교사, 7위 대학교수로 나타나 가히 스승의 일그러진 자화상이나 본 듯한 느낌을 가져다준다. 그 원인이

---

12) 본래 제목은 「일그러진 스승상」으로 스승의 날을 맞이하여 쓴 글이다(<원대신문>, 1997년 5월 12일, 사설)

어디에 있는가? 부모와 동격으로 존경받아야 할 스승의 참 모습은 어떻게 찾아야 할 것인가? 반드시 그 원인 규명을 통해서 스승들 스스로가 사명을 인지함으로써 왜곡된 스승상의 틀을 벗기도록 하는 일만 남아 있다. 스승의 중요한 사명은 지식을 밝혀주는 것이 아니고, 정신의 문을 두드려 주는 것이라고 인도의 시성 타고르는 말한다. 정신의 문을 열어주는 스승, 생각만 해도 가슴이 벅차오른다.

굴절된 스승상을 바로 세워 진정한 감사함을 학생들로 하여금 느끼게 해야 한다. 여기에서 모든 스승들은 제자들에게 친구처럼 다가서는 마음으로 신뢰감을 싹틔우는 자세, 지식만 전달하는 지식인 보다는 정신의 문을 열어줄 수 있는 지도인의 모습, 인생을 상담해주고 사회를 간접 체험케 해주는 부모의 마음을 간직하자. 바야흐로 우리들의 일그러진 스승상이 지상에서 추방되어야 할 시기가 도래한 것이다.

13   성년식을 거교적 행사로[13]

청소년으로서 반갑게 여겨질 5월 19일은 성년의 날이다. 이날은 나이만 20세가 되는 청년들의 날로서 어른이 되는 성년식을 거행하는 날이다. 예로부터 우리는 성인이 된 남자에게는 새 의복을 입히고 갓을 씌우는 관례冠禮를, 여자에게는 머리에 비녀를 꽂아주는 계례笄禮를 성년식으로 새겨왔다.

이들이 성년이 됨으로써 「미성년자 관람불가」 영화를 볼 수 있고, 유흥업소에서 술을 마실 수도 있다. 또한 성년식을 치루는 그들은 법정 대리인

---

13) <원대신문>, 1997년 5월 19일, 사설.

의 동의 없이도 법률 행사를 할 수 있고, 부모의 동의 없이 약혼과 결혼도 할 수 있다. 그들은 선거권이 부여되어 정치 참여를 할 수 있고 혼자 집을 사고팔고 영업도 자유롭게 할 수 있다.

이와 달리 그들에 의해 손해가 가해진 일에 대해서는 스스로 배상의 책임을 져야 하며, 범죄를 저지를 때에 소년법의 보호를 받지 못하고 형사 처벌을 받아야 한다. 이처럼 막중한 책임이 지워지는 만 20세의 청소년들은 지금 어느 집단에 소속되어 있는가? 물론 일찍 사회 일선에 뛰어든 세대 외에는 대학의 1~3학년들이다. 미래의 주인공인 오늘의 청소년, 그럼에도 불구하고 사회에 청소년에 대한 이미지는 긍정적이지 못하다. '청소년'이라는 단어를 생각하면 골치 아픈 청소년 문제로 연상되는 경우가 많기 때문이다.

관혼상제의 행사중 혼례·상례·제례에 관심은 많으나 관례, 즉 성년식에 대한 우리의 관심은 미약하기만 하다. 일부 종교나 일부 학교에서 형식적으로 조그마한 행사에 치우침은 안타까운 현실이 아닐 수 없다. 어린이날, 스승의 날, 어버이날의 행사는 있는데 대학의 주역들인 성년의 날 행사는 미미한 실정이며, 일부 사람들에게는 그날이 있는 것조차 모르는 상태에 있다.

이제 그들에게 관심을 기울여 성년식을 본교에서 거교적 행사로 진행하자고 건의한다. 다양한 프로그램의 개발을 통해 성대한 성년식을 갖게 하여 그들로 하여금 책임 있는 사회의 일원이 되는 것을 만천하에 공표하는 날로 삼자. 그들에게 순결 지키기의 징표로써 사랑의 반지도 끼워주어 보자. 그리고 성년식을 치른 대학생들로 하여금 이제 의젓한 행동을 하도록 하여 그들의 행동에 책임을 지워주어 보자.

축제의 허와 실14)

우선적으로 언급할 것은 원탑 대동축제를 "진심으로 축하한다."는 말이다. 축하에 앞서 본교 대학생들이 따온 용어 '대동'이란 의미를 살펴봄으로써 대동 축제의 참된 의미가 빛바래지 않도록 하였으면 한다.

'대동'이란 용어의 등장은 중국 청대의 강유위가 힘주어 사용한 용어인데, 그는 이상사회로서 대동을 표방하였다. 이것은 물론『예기』의「예운편」에서 가장 이상적인 평화사회를 대동大同이라 불렀고, 그보다 한층 열악한 사회를 소강小康이라 부른데서 연유한다.

여기에서 대동의 의의를 다음 세 가지로 밝히며, 이에 모순되는 학생들의 행동에 경종을 울렸으면 한다.

첫째, 대동이란 젊은이들의 '어우러짐' 한마당으로서의 대동이다. 당사자 학생들은 어우러짐 마당에 참여하지 않고, 야외로 빠져 나가거나 아예 집안에 머물러 동참하지 않는 학생들이 있다면 바람직하지 않을 것이다.

둘째, 대동이란 젊은 여러분이 소속한 학과 그리고 동아리 팀이 소속된 동질감의 정체성을 드러내고 장기를 과시하는 멋진 행사의 축제를 벌이는 날이다. 그러나 일부 대학생들이 그들 행사의 축제에 참관하지 않거나 방관자적 입장에 있다면 안 될 것이다.

셋째, 대동이란 젊은 대학생들은 강의실 수업의 다른 영역, 즉 놀이문화로서 낭만의 레크레이션을 통한 정서순화의 대동이다. 본교에서는 이를 수업의 일환으로 알고 공결처리까지 해주는데 오히려 이를 핑계로 등교하지 않고 젊은이 스스로의 축제 낭만을 포기하는 학생들이 있다면 안 될 것이다.

참다운 축제란 무엇인가? 파이퍼(Pieper)는 말하기를 "진정한 축제는

---

14) 본래 제목은「대동축제의 허와 실」이다(원대신문, 1997년 5월 26일, 2면 社說)

아무데나 존재하는 것이 아니라, 그 자체로써 의미있는 행위 속에 존재한다."라고 하였다. 즉 축제의 참 뜻은 대학생 여러분들이 벌이는 축제의 행사 자체에 있으며, 이에 능동적으로 동참하는데 있다.

따라서 대학생 여러분들에게 다음 두 가지를 부탁하니, 그 하나는 여러분들이 벌려놓은 축제에 불참이 아닌, 적극적인 동참을 호소한다. 또한 젊음을 향한 낭만의 축제인지, 그저 놀다가는 놀이판인지를 분명히 구분하여 대학생의 성숙된 축제의 한 마당을 펼쳐야 한다는 점이다.

15 학생들의 교수평가[15]

한 학기를 마감하는 종강시간이 서서히 다가오고 있다. 학생들에게는 이것이 즐거운 방학으로 이어지고 교수들에게는 밀린 논문작성이나 계획 일정표대로 방학을 보내는 일 등이 있을 것이다. 종강에 즈음하여 본교에서는 학생들의 강의평가 설문이 있다. 여기에서 학생들은 교수들에게서 한 학기동안 배운 것을 진솔하게 평가를 하게 된다.

평가란 삶에 있어 왜 중요한 것인가? "살아있다는 것은 '평가하는 것'이다."라고 하이데거는 말하고 있다. 살아있는 행위 자체가 평가와 연결된다는 그의 견해가 돋보인다. 특히 시험을 보듯이 평가를 받는다는 것은 내키는 일만은 아니라는 사실에서 평가를 받는 일은 여간 소중한 일이 아니다.

이번 본교 행정본부 관련부서에서는 그간의 강의평가를 심도 있게 도표화하여 교수들에게 그 자료를 보내왔다. 대학별·학과별로 평가한 결과가 항목별 도표로 정리된 것을 한 눈에 볼 수가 있어 교수들에게는 유익한 자료라 여겨진다. 이를 바탕으로 하여 또 시행하는 한 학기 수업에 대한

---

15) <원대신문>, 1997년 6월 9일, 사설.

학생들의 교수강의 평가의 내용을 보면 수업목표 및 내용, 수업방법, 과제·시험, 교수, 성취도, 실험·실습 등의 항목이 있다.

이제 학생들이 평가에서 요구하는 것을 교수들은 겸허하게 받아들여, 깊은 관심을 가질 필요가 있다. "학생들이 뭘 안다고 이런 요구를 해."라고 생각한다면 불행한 일이다. 나를 아는 일은 등잔 밑이 어둡듯이 나 자신보다 다른 사람의 관점이 더 정확할 수 있기 때문이다. 그들의 예리한 관점을 개선의 축으로 생각한다면 서로가 좋을 일이다.

얼마 전 배부된 강의평가 자료를 이번 학기의 일회성 참조에 그치지 말고, 두고두고 참고하자. 그리하여 다음 학기 산뜻한 강의를 위한 토대가 되도록 열과 성을 다해 준비하는 것이 필요하다. 교수의 생명력 중의 하나가 알찬 강의와 명강의 방법에 있지 않는가?

다만 평가가 절대적인 것만은 아니라는 사실은 인지할 필요가 있다. 평가에서 부정적 평가가 나왔다고 해도 이에 너무 구애되는 사고는 바람직하지 않다. 마키아벨리도 『군주론』에서 "사람들은 당신을 속속들이 알기보다 겉으로 나타난 외관만으로 당신을 판단하는 법이다."라고 말한다. 진정한 강의 평가는 학생이 아닌, 교수 스스로가 할 수 있을 것이다.

16 운동경기 후반전16)

무던히도 덥던 여름 방학이 끝나고 2학기가 시작되었다. 두 달 만에 첫 대면하는 교수들에게 인사하고, 학생 동료들을 만나 포옹하며 '반갑다.'는 인사도 해보는 등 정겨운 2학기 개강의 새 출발이다. 그렇다고 마냥

---

16) <원대신문>, 1997년 8월 25일, 사설.

들떠 있을 수만은 없다. 2학기를 새로 맞이하는 '개강開講'의 의미에 대해서 숙고해 봄으로써 알찬 한 학기를 접할 수 있지 않은가?

이에 개강의 의미는 첫째, 1학기를 거울삼아 새 출발하는 뜻을 지니고 있다. 설사 1학기에는 부적응하였다고 하지만 이를 교훈으로 새 출발을 기약하자. 둘째, 2학기는 한 학년의 후반전이라는 것이다. 운동에도 전반전과 후반전이 있듯이 전반전을 보내고 2학기에 후반전을 맞이한 것이다. 셋째, 2학기에 즈음하여 새 교과서 새 교수와 적응하는 뜻을 지닌다. 새롭게 수강 신청한 과목에 따라 처음 접하는 교수들을 맞이하여 학업을 시작하는 때가 이때이기 때문이다.

그렇다면 새 학기에 적응하는 일이란 무엇인가? 그것은 일차적으로 자기가 선택한 전공학과에 적응하는 일이다. 대학가에 본래 선택한 전공을 포기하고 이동하는 전과생·편입생의 경우, 첫 적응에 실패하고 새로운 적응을 위함일 것이다. 이는 본래 생각했던 자기 전공에 일치감을 느끼지 못하기 때문이다.

아울러 수강신청한 각 학과목의 수업에 적응을 하는 일이다. 전국적으로 학교당 상당수 학생들이 학업 부적응 학생으로 탈락하고 있다. 이러한 부적응으로 인하여 자신에의 불만, 학과 동료와의 갈등, 교수에의 불신으로 전이된다면 그는 2학기에 부적응 학생으로 탈락하고 만다.

부적응 문제의 심각성은 학교 수업으로 그치는 것은 아니다. 이는 사회 부적응으로 이어진다. 90년대 미주의 모 언론사에 의하면 미국 교포 한국인 1.5세 및 2세들 중 약 70%이상이 의외로 미 주류사회 진출에 적응하지 못하며, 일반 한국인 대학생들의 취업률도 미국 학생의 절반 수준(중앙일보, 1995년)에 미치지 못한다고 한다. 이는 학교 부적응이 사회 부적응으로 이어지는 예이다.

우리는 수많은 빅게임을 청중의 입장에서 지켜보았다. 많은 운동경기에서 실패한 것은 특히 운동선수들이 후반전에 전력하지 못한데 기인한다.

그러므로 우리는 운동 경기의 "후반전에 약하다."는 징크스를 가장 두려운 경구로 삼을 필요가 있다.

17 사유의 표리부동17)

원광대 「신입생들의 의식 실태조사」(학생생활연구소, 2,917명 조사)를 보고 다음 네 가지 차원에서 대학생들의 표리부동한 측면을 살펴보아 그들로 하여금 바람직한 방향으로 유도하고자 한다.

첫째, 학생들은 「성공의 조건」으로 실력과 재능을 가장 높게 응답하고 (42.9%) 학벌·가문·운수를 낮게 답하였다(4.3%). 실제로 상당수 학생들은 자신의 실력향상을 위해 열심히 뛰고 있지만, 그러나 얼마나 많은 학생들이 뒤편에서 자신의 학벌과 가문과 운수로 자신의 출세를 추구하고 있는지 자못 궁금한 일이다.

둘째, 성 문제와 관련한 표리부동한 측면이 있다. 배우자의 「혼전 순결문제」에 있어 '매우 중요' '중요' 조목을 합하면 77.6%인데 반하여, 「혼전 성관계」에서는 가능하다는 답변이 64.8%가 응답해 양자 간 불일치를 나타내고 있다. 즉 그들은 혼전 순결을 강조하면서도, 혼전 성관계도 가능하다는 도덕적으로 표리부동한 입장인 것이다.

셋째, 대학이 추구해야 할 인간상으로 도덕적·자율적 인간상이 57%이면서도 대학의 가장 중요한 기능으로 학문·전문 지식인이 62.4%가 답해 도덕과 학문 사이에 혼동이 일고 있다. 이는 내면적으로 도덕적인 인간상을 추구하면서도 현실적으로는 학문과 전문지식에 치우치는 면이 있음을

---

17) 본래 재목은 「대학생들의 표리부동」이다(<원대신문>, 1997년 9월 1일, 사설)

단적으로 나타낸다. 따라서 학생들은 학문적 성취에 못지않게 도덕적 인간상 확립이 중요함을 알아야 한다.

넷째, 대학에 진학하는 이유로서 교양·사회지위·소질적성이 60.8%이면서도, 전공학과의 선택동기로서 취직·성적이 70.7%나 차지했다. 대학진학 목적을 '교양인'이라는 등 이상적으로 보면서도 실제 학과선택은 '직장인' 같은 취업 측면에 앞세우고 있음은 다소 표리부동한 측면이다. 여기에서 우리는 대학에 들어와 4년 동안의 학창시절을 통해 취직에만 우선하지 말고 교양인, 사회적 품위, 그리고 소질 개발에도 관심을 기울여야 함을 느끼게 해준다.

그리하여 대학생들은 이상적으로 품은 사유와 현실적 삶 사이에 간격이 없어야 하며 양자 사이에 균형 있는 학창시절을 보내야 할 책무가 있다. 따라서 수많은 대학생들은 성공의 진정한 방법, 이성간의 건전한 교제, 이상적 인간상 추구에 혈과 성을 다해야 할 줄로 안다.

18 도서관 이용 유감[18]

무더위가 지나고 석양의 귀뚜라미 소리가 처량하게 들릴 정도로 가을이 성큼 우리 곁으로 다가왔음을 느끼게 해준다. 가을은 '독서의 계절'인 만큼 9월 초가을, 향학열에 불타 학생들을 포함한 교직원들이 도서관에 많이 찾을 것 같다.

21세기의 정보화 시대에 접하면서 본교가 도서관 전산화 부분에 있어 8위를 차지한 이후 도서관의 서적색인 역시 '원리스'로 컴퓨터화하였다.

---

18) <원대신문>, 1997년 9월 8일, 사설.

도서 대출자로서는 여간 편리한 일이 아니며, 몰라보게 달라진 도서관 이용 편의성에 새삼 정보화 시대가 다가왔음을 실감케 한다.

그런데 땀 흘려 이룩한 도서관 전산화 작업과 달리 도서를 빌려가는 독자의 입장에서, 도서관을 이용하는 일부 학생 및 교직원들에게 시정되어야 할 다음 몇 가지 유감 되는 바를 언급코자 한다.

먼저 애써 빌린 일부 도서들의 경우 어느 쪽(page)들이 찢겨 나가 없다는 점과, 도난 서적에 관한 유감이다. 정말 눈여겨 찾아볼 책과 쪽이 낙장되어 있거나 도난당했다면 이보다 더한 낭패가 어디에 있는가? 물론 본교 도서관에는 지금 책 도난장치가 되어있어 과거에 비해 도난 빈도가 줄어들었다는 관계자의 얘기이나, 낙장 및 도난 방지에 더욱 정성을 쏟아야 할 것이다.

다음으로 도서 속의 중요 내용에 볼펜이나 연필로 줄을 그어 둔 부분이 많다는 점이다. 빌린 책들의 낙서된 부분은 뒤에 빌려보는 사람들에게 고통을 준다는 점이다. 대출자가 빌려간 책에 자기 책처럼 줄을 그어 순간의 편의를 제공받을지 모르나 이 책을 다른 사람이 빌려 본다는 사실을 기억해야 할 것이다.

그리고 대출자가 빌려간 도서들이 반환되면 이 도서를 '분류기호'에 맞게 다시 재정리하는데 게으르다는 점이다. 물론 오후 4시쯤에는 도서 정리 시간이 있다는 소리는 들었다. 그렇지만 도서를 빌리러 간 당사자가 책을 찾아보려고 하면 상당수가 분류기호대로 정리되어 있지 않다는 것을 한두 번 느낀 것이 아니다.

이러한 유감 치유에 모두가 노력해야 하며, 그것은 원광의 문화인으로서 성숙된 의식과 더불어 진행될 것이다. 아무튼 도서관 교직원들에 의해 그간 애써 이룩된 도서관 전산화 작업의 노고에 심심한 갈채를 보내는 바이다.

19 대학 경쟁력과 어학원[19)

우리나라는 아시아에서 노동 경쟁력이 낮은 것으로 나타났다. 아시아 최고경영자를 대상으로 조사한 아시아 각국의 노동경쟁력 결과는 우리에게 경종을 울려주고 있다. 한 가지 주목할 것은 필리핀이 노동 경쟁력이 가장 강한 이유로써 노동자의 임금이 저렴하면서도 '외국어 구사능력' 때문이라고 한다. 이처럼 영어 구사력이 우수한 노동력을 많이 보유하는 핵심요인이라는 것이 놀랄만하다.

외국어의 구사능력만이 사람들의 모든 경쟁력을 키워주는 것은 아니다. 전반 분야에서의 경쟁력이 고루 뒷받침되어야 할 것이다. 21세기는 국제화되고 있으며 세계화의 추세에 따른 세계시민으로서의 경쟁력을 갖추어야 하는 상황에 직면해 있다.

이에 본교 어학원에서는 많은 홍보를 통해 학생들의 외국어구사 능력향상에 심혈을 기울이고 있다. 얼라이브 외국어 습득을 꾀하는 외국인 하숙집을 구한다거나, 교직원 자녀 외국어 교육 프로그램 및 위성강좌를 실시한다거나, 대학생들을 위해 유명강사 초빙하여 양질의 외국어 교육을 실시하는 등의 포부가 대단한 모양이다.

우리나라 외국어 교육은 그간 시험위주로 실시하여 왔다. 이에 본교 어학원에게 부탁하고 싶은 말은 진정 얼굴을 붉히지 않고도 외국인과 대화할 수 있는 회화 능력을 키우도록 해달라는 것이다. 영어 원전독해는 매우 잘하면서도 직접 외국인을 만나 외국어 회화에 약한 학생들이나 일부 교수들을 보면 깜짝 놀라는 경우가 많다.

아울러 어학원에서 실시하는 외국어 교육비가 다소 비싸다는 일부의 소리가 있다. 이에 지역사회 봉사의 차원에서도 저렴한 외국어 교육비를

---

19) <원대신문>, 1997년 9월 29일, 사설.

상정하였으면 한다. 본교 어학원은 사설학원처럼 영리 위주로 하지 않는 것이 좋을 성 싶기 때문이다. 그리고 본교 당국에서도 이에 후원 및 투자를 더욱 해야 할 것으로 본다.

미래 21세기의 경쟁력 중의 하나가 외국어 구사능력이라는 인식하에, 과감한 전략으로 대학생과 교직원의 발길이 잦은 어학원으로 알려져야 한다. 그 전략 속에는 검증을 통한 유수한 외국어 강사초빙, 외국어 구사의 현지실습, 맨투맨 식의 외국인과 빈번한 만남 주선, 저렴한 수강료, 어학원 구성원들의 철저하고도 경쟁력을 갖춘 준비 등이 포함될 것이다.

20 ▶ 대학평가와 애교심[20]

작년 본교 교직원 및 학생들의 희망을 불러 일으켰던 것은 전국 대학평가를 받은 11개 대학에서 등위가 판별되었는데 본교가 5등을 차지하였다. 그것은 4위까지 서울소재 대학이며, 지방대학으로서는 가장 수위를 본교가 차지했다는 것이다. 서울에 있는 동국대도 제치고 5위를 차지한 원광대였던 것이다.

이처럼 희망에 찬 본교 수위권 진입의 기대마저 무너진 것은, 요즈음 중앙일보가 창간 32주년을 기념하여 각 종합대학의 평가순위 결과를 지상에 제시하고 있어 각 대학들을 초긴장 상태로 몰아가는 것에서 비롯된다. 본 신문에서는 여러 차원에서 평가를 하였는데, 지상 공개는 1위에서 20위까지 하였으며, 이와 아울러 개교 20주년이 못된 대학들도 평가순위를

---

20) 본래 제목은 「대학평가 순위의 허탈감」이었다.(<원대신문>, 1997년 10월 6일, 사설)

정하였다는 점이 주목된다.

　이번 일간지 평가에서 본교가 아직껏 어느 분야에서도 20위권에 들지 못하였음은 안타까운 일이다. 이에 다음과 같이 4가지 차원에서 대학평가 결과를 밝힘으로써 본교의 위상을 다시 한 번 점검해 보아야 할 때라고 본다. 첫째「종합대학 평가」순위를 보면 1위 포항공대, 2위 KAIST, 3위 서울대가 차지하였다. 둘째「종합 평판도」에서의 평가순위를 보면 고려대, 연세대, 서울대 순위였다. 셋째「대학개혁도」에서 평가 순위를 보면 연세대, 카이스트, 경희대 순이었다. 넷째「교수연구」순위를 보면 KAIST, 서울대, 포항공대가 그 순서를 차지하였다.

　그래도 아쉬움이 가실 수 있는 것은 '원광대' 순위의 유일한 도표 기록은 '사회평판·학생만족도'에서 '중위'에 머물렀다는 점이다. 본 항 상위권에 강원 경북 금오공대 울산 전남 전북대 등 지방대학이 포함되어 있는데 본교는 이 점에서도 상위에 진입하지 못하였다. 설사 종합평판도나 교수연구 순위에 본교가 상위권 진입을 하지 못하였더라도 적어도 '대학개혁도' 순위 정도는 20위권 내에 진입했어야 하지 않았는가를 반성할 일이다.

　이제 다시 시작한다는 각오로 경쟁력의 대학사회에서 살아남는 방안을 교직원 학생 모두가 창출해 나가야 한다. 분연히 떨쳐 일어나 전반 분야에서 경쟁력 향상을 위해 몸소 뛰어야 하는 것이다. 마치 작년 정보화 부분에서 본교가 상위그룹에 속하였던 것처럼 하면 된다. 이 모두 본교를 사랑하는 우리 모두의 진솔한 반성에서부터 시작되어야 한다.

교내공사와 시중時中21)

"차가 지나가고 난 뒤에 손을 들면 무슨 필요가 있겠는가?"라는 말은 손을 드는 타이밍(timing)이 맞지 않음을 질타하는 속담이다.『중용』10장에서도 군자는 시중(時中)한다고 하였다. 시중이란 유교에서 말하는 것으로 모든 것에 시의적절하게 임해야 한다는 것을 말한다. 선거에 임하면서 모 정당 총재의 비자금에 대해 검찰수사를 해야 하느냐 여부에서 시비에 휘말리는 것도 수사의 타이밍 때문이다.

이러한 맥락에서 시의적절하게 일을 처리하는 일을 동양인은 '시중(時中)'이라는 말을 쓰고 서구에서는 '타이밍(timing)'이라고 한다. 이에 본교 사업과 관련, 크게 두 가지 차원에서 시중 & 타이밍에 대해 언급해 보고자 한다.

첫째, 본교 대학 내 공사가 여름방학이 끝나고 수업이 진행되면서 대대적으로 행해졌다. 수업하는데 공사소리를 들어보지 못한 사람이라면 간첩일 정도로 우리는 소음공해에 8월부터 10월까지 시달려야 했다. 대학은 조용하게 공부하는 전당이어야 한다. 그럼에도 불구하고 신학기가 시작되면서 본교 도로를 지금껏 공사를 해왔다는 것은 시설당국의 공사에 대한 비중이 학생들의 수업에 대한 비중을 앞세웠다는 비난을 면하기 어렵다.

물론 컴퓨터상에 공사 관련 알림을 못 본 것은 아니지만, 일본의 고속도로 보수공사 등에는 몇 개월 전부터 공사기간 안내가 도로 곳곳에 부착되어 있다. 그것도 교통량이 가장 적은 때를 골라서 한다고 한다. 과연 본교는 몇 개월 전부터 공사를 한다고 공고하였으며, 수업시간을 피해 공사하려는 시도를 얼마나 하였는가?

둘째, 교내 차량의 폭증으로 인해 교내 주차비 거출문제가 거론되고

---

21) 본래 제목은 「교내공사, 주차타이밍」이다(원대신문, 1997년 10월 27일, 사설)

있는 듯하다.[22] 이는 과거와 달리 주차량의 증가로 주차비를 받으면 시의 적절하게도 이의 감소가 예상되고 또한 기금도 마련된다는 면에서 고무적인 일이라 보인다.

그러나 외부 손님이 본교를 방문하는데 주차비 시비로 인상을 구기고 가거나, 학생 자가용의 진입 시비가 거론될 수도 있다. 지금도 주차비 거출 문제에 대해서 관련부서가 회의를 한다고 하지만 주변의 여론을 더욱 경청하여 차량폭증에 따라 타이밍에서 볼 때 부득이한 조처라는 것을 설득시켰으면 한다.

22 학생운동과 자신혁명[23]

'학생의 날'은 1929년 일제에 항거한 광주학생 운동 11월 3일을 기념하여 지정하고, 1953년 10월 20일 국회 결의안에서 비롯된다. 이는 얼마 못가 1973년 3월 30일 대통령령에 의해 기념일이 폐지되었다가 다시 부활되어 교육부 주관 하에 행사가 이뤄지고 있다.

잠시 학생운동에 대해 회고를 하여 보자. 우리나라 학생운동은 1919년 3·1일 운동이 그 태동이다. 그 뒤를 이어 1926년 6월 10일 조선 마지막 왕 순종의 국장일 계기로 학생들이 주동이 되어 독립만세 운동이 이어졌는데 이것이 6·10만세 운동이다. 다음으로 29년 11월 초 광주학생운동이며, 이에 전국 194교 6만 명 이상이 참여하였다.

이어서 1960년 4월 학생들이 주동이 되어 자유당 정부를 해체시킨 4.19

---

22) 2021년 현재는 교내에서 30분 머무르면 교내 주차비를 받고 있다.
23) 본래제목은 「학생의 날, 나의 혁명」이다(<원대신문>, 1997년 11월 3일, 사설)

혁명이 일어났다. 그 뒤 79년에는 박정희 대통령 때 부마사태가 일어났으며, 전두환 전 대통령의 무모한 진압이 80년 5월 광주 민주항쟁으로 이어진다. 이러한 일련의 학생운동 특징 두 가지는 우리나라의 '외세침입' 문제와 국가의 '권력부패' 정치에 반기를 든 것이다.

그러나 오늘날 국내 정황으로나, 국제정세로 보아 안정되는 기조로 흘러감에 따라 과거와 같은 학생운동 외에 새로운 학생운동으로 전개해야 할 시점에 와 있다. 여기에 더하여 학생운동을 전개해 나갈 것이 하나 빠져 있음을 알 수가 있다.

달리 말하면 '학생 자신'을 향한 학생운동이다. 학생 자신을 향한 학생운동이란 '자신의 의식개혁' 운동에 동참하는 일이다. 학생들의 의식개혁은 과거처럼 혁명적 열사의 차원이 아닌, 조용한 '나의 혁명'이다. 조용한 나의 혁명이란 모든 대학생들이 학생의 직업을 가진 '장인' 정신으로 거듭나는 것이다. 취업난에 더욱 학생으로서 장인의 실력을 쌓는 일이 나의 혁명이다.

다음으로 나의 혁명은 젊은 나이에 맞게 '정의로움'에 앞장서는 일이다. 이기주의가 만연한 사회에서 이타적 정의를 부르짖는 젊은 혈기를 회복하는 것이 학생운동의 본질이라 본다. 이러한 혁명은 과거처럼 정쟁政爭의 거사가 아닌 조용한 나의 혁명이다.

23 **휴대폰 에티켓24)**

다가오는 21세기는 정보화의 시대이다. 본교는 이에 발맞추어 정보화의 선진대학으로 발돋움하고 있다. 얼마 전 <동아일보>와 교육부에서 공동

---

24) 본래제목은 「수업, 삐삐 휴대폰 장애」이다(<원대신문>, 1997년 11월 10일, 사설)

조사한 '전국대학 정보화 평가'에 본교가 5위를 차지하였다. 그것도 교육행정 전산화 부문에서 당당히 전국 1위를 차지한 것이다.

이러한 정보화 물결에 편승한 우리나라의 경우도 인터넷과 휴대폰 증가율은 년年 85%로써 미국의 2배가 넘어서고 있다. 많은 대학생들은 휴대폰을 소유하기 시작하였다. 과거 군인들만이 소유한 무전기와 같은 휴대폰을 우리가 소유하는 시대로 접어든 현대이다.

이처럼 대학생들이 정보기기를 이용하는 것은 현대인의 편의성에 따른 자연적 현상이다. 그러나 정보화 사회에 젖어들면서 현대인에게 예절 하나가 더 늘어나고 있다는 사실을 주목해야 한다. 그것은 휴대폰 사용의 매너이다.

대학 수업시간에 수업 분위기를 깨트리는 것이 있다. 그것은 갑자기 울리는 휴대폰 소리 때문이다. 사실 우리는 수업이나 공식 모임을 하는 도중 과거와는 낯설게도 휴대폰 신호음 및 카톡소리에 눈살을 사는 경우를 겪고 있다.

이러한 소음공해는 여기저기에서 울리는 휴대폰 소리도 한몫을 한다. 조회시간이나 회의시간에 휴대폰 벨 소리가 나면 그 모임 역시 분위기가 일순간 산만해진다. 얼마 전 대표성을 띤 교수모임에 참석하여 1시간가량 회의를 하는 도중에 휴대폰 전화소리가 들려 모임의 집중도가 떨어져 달갑지가 않았다.

이에 못내 다음의 새삼스런 당부의 말이 귓전에 다가온다. 본교 모대학의 학생들 학술대회가 10월 28일에 열렸는데, 당시 학생 사회자의 커렁커렁한 당부 목소리가 들려왔다. "학생 여러분! 지금부터 휴대폰의 벨소리를 꺼두거나 진동으로 하여 주십시요" 이처럼 우리 지성의 현대인들에게는 수업과 모임에 공중 예절 하나가 더 늘어난 셈이다. 따라서 무의식적으로 켜놓은 휴대폰은 공식 모임석상에서는 반드시 꺼놓든 진동으로 하든 공중 매너를 지키는 지성인이 되어야 한다.

수업을 하는 일은 학생과 스승간의 지적·인격적 교류이다. 이점에 있어 상호 수업은 효율적으로 해야 하는 당위성을 지닌다. 중고생들을 상대로 「학교생활을 힘들게 하는 요인」을 설문조사하였는데, 이중 하나로 「흥미와 적성에 맞지 않는 수업내용」이 71.9%에 달하였다. 이는 학교 선생님이 수업을 진행함에 있어 흥미를 유발하지 못한 탓일 것이다.

수업을 함에 있어 사제간 부수되는 문제점은 얼마든지 있다. 이를 인지하는 차원에서 본교의 수업을 진행하는데 다음 두 가지의 문제점을 비판적으로 전개하여 보고자 한다.

그 하나는 수업시간에 늦게 들어오는, 이른바 지각 교수와 지각 학생들에 관한 사항이다. 언젠가 한 학생에게 "왜 지각했느냐?"라고 다그쳤더니, 그 학생은 답하기를 "교수님들도 5~10분 늦게 들어오는 경우가 많잖아요?"라고 하였다. 그런데 정말 타성에 젖어 5분 이상 늦게 들어오는 일부 교수들이 있다는 것을 실제 목격하고 학생의 말이 푸념이 아님을 알게 되었다.

늦게 들어온 후에도 바로 수업에 임하지 못하는 경우가 많다. 왜냐하면 출석을 불러야 하기 때문이다. 교수가 학생 출석을 부르다 보면 수업은 고작 시작 벨이 울린 15분 후에나 시작하는 경우가 있다면 더욱 수업의 진도는 뒤쳐질 수밖에 없는 일이다.

그 다음으로는 수업진도에 대한 진척의 정도를 문제 삼고자 한다. 벌써 한학기의 후반기 접어들었는데도 교과목의 수업진도가 아직도 교과서 전반이나 중반밖에 나가지 못하였다면 이는 문제가 따른다. 11월 이즈음이면 교과목의 중반을 지나 후반으로 가야 할 때이다. 어떤 학생 왈 "수업 진도

---

25) 본래제목은 「수업진도를 생각할 때」이다(<원대신문>, 1997년 11월 17일, 사설)

요? 모 교수님은 개강 때 수업하던 것을 9월 한 달간 계속 끌더니 지금 진도가 겨우 중반에 진입했어요." 하는 것이었다.

수업 진도가 뭐 그리 대단한 것이냐는 논리도 있을 수 있다. 그러나 분명한 사실은 우리가 과거 행해진 '책거리'라는 말을 새길 필요가 있다는 것이다. 책거리란 책 한권을 다 끝냈을 때 사제 간 기쁨으로 시루떡이 나오는 파티이다. 또한 우리 학생들의 즐거움은 내용을 완전히 이해했든 못했든 책 한권을 끝마쳤다는 뿌듯함이 이에 스며있는 것이다. 교수들이 학기 초에 배부한 「수업계획서」를 이따금 점검할 필요가 있다.

25   모라토리엄과 새 희망26)

새해가 다가왔다. 다른 어느 해보다 이번 신년은 "신난다."가 아니라 "심난하다."로 대치해야 할 판이다. "신난다."의 분위기를 잇는 어린이들은 용돈이 생기고 나이가 한 살 더 먹었다고 기뻐할지 모른다. 그러나 우리나라 국민 대다수는 "심난하다."는 분위기 편에 서 있다.

이에 편승하듯 최근 유행하는 용어로 '모라토리엄'이란 단어가 우리의 귓전에 종종 들린다. 어쩌면 우리나라는 지금 이 고통스런 용어에 시달리고 있는 시국인 것 같다. 다시 말해 '모라토리엄'이란 용어는 '국가부도'라는 의미를 지니고 있으며, 최근 매스컴에서 종종 사용하는 용어이다.

그렇다면 우리는 왜 '모라토리엄'이란 용어를 접해야 하는가? 그것은 IMF한파에다 1$에 2천원 이내의 상황이라면 더욱 그렇다. 이러한 난국의 상황에서 우리들은 화병이 늘어나고 분노가 치밀어 오른다. 'IMF'라는 말만 들어도 스트레스가 팍팍 쌓인다고 하는 직장인들은 요즈음 살맛이 나지

---

26) <원대신문>, 1998년 1월 1일, 사설.

않으며 입맛마저 잃었다고 하소연한다.

고요한 산사에서 침묵하고 있던 법정스님 마저 최근 일간지 칼럼난에 다음과 같은 언급을 하고 나섰다. "요즘 우리가 겪고 있는 경제난국은 위기관리에 미숙하고 솔직하지 못하며 무책임한 정부로 인해 지금 온 나라가 국제적인 수모와 수난을 겪고 있다."라고 하였다. 이러한 난국에 처한 우리는 그 책임자가 누구냐고 탓하기 이전에 난국을 난국으로 인지하고 이를 극복하는데 총력을 모을 필요가 있다.

이제 우리에게 희망의 전조는 없는가? 이를 우리의 근실한 '국민성'과 '새 정부'에 기대하는 수밖에 없다. 과거로부터 우리 민족은 부지런하고 저축밖에 모르는 민족이었다. 이에 허리띠를 졸라매고 다시 일어나자. "김대중 정권이 경제난 극복능력이 있다."고 답한 국회의원들(170명)은 64.4%에 달하였다.

무인년 첫 출발에 즈음하여 희망의 빛을 잃지 말자. "걷잡을 수 없는 슬픔의 힘을 옮겨서, 새 희망의 정수박이에 들어부었습니다."라는 한용운의 「님의 침묵」 시를 새겨보아 다시 일어나자. S총장도 지난 10월 어느 모임에서 말하기를 "희망을 갖는 태도는 삶에 무한한 가능성을 준다."라고 하였다. 희망은 다가오는 것이 아니라 우리가 만들어 가는 것임을 자각하고 새해에 희망의 등불을 켜도록 노력하자.

26 ▶ 시운의 감내[27]

97년 하반기부터 불어 닥친 IMF 한파의 영향이 학교와 학생들에게도 예외는 아니었다. 졸업식에 축하 인파도 줄어들고 꽃다발을 사는 사람들도

---

27) 본래 재목은 「IMF 시대의 졸업생」이다(<원대신문> 1998년 2월 20일, 사설)

예년에 비해 적었다고 한다. 어쩌면 이번 졸업하는 학생들은 오늘의 IMF 현실에 대해 원망하는 사람들이 많을 줄 안다. "하필 내가 졸업할 때 이런 IMF 한파가 올게 뭐람?" "1년 전에 오든지 1년 후에 오든지 하면 될 터인데…." 이처럼 원망하는 졸업생이 있다면 동정이 갈 듯 하다.

사실 98년도에 졸업하는 학생들의 고통스런 경제 시운(時運)을 우리가 눈감아 버리자는 말은 아니다. 우리는 이번 졸업생들과 더불어 이러한 고통을 함께 하고 있지 않은가? 4년 동안 자녀를 졸업시키기 위해 부모들이 피땀 흘려 고생한 보람이 이 지경으로 되었다고 하면 학부형들의 고통도 이만저만이 아닐 것이다.

그렇다고 우리는 시운만 탓하고 있을 것인가? IMF 현실을 이 시대의 불운이라 하여 졸업생들 스스로가 '불운아'라고 원망하고만 있을 것인가? 로마의 철인 세네카는 "불운을 참는 것은 쉬운 일이지만, 그것을 끝까지 견디는 것은 어려운 일이다."라고 고백하였다. 불행스러운 일을 미리 경험한다는 다부진 생각을 가지고 이를 극복하는 졸업생들이었으면 하는 바람에서 이러한 언급을 하고자 하는 것이다.

이른바 "영웅이나 위인 달사는 어려운 사회 환경에서 태어난다."는 평범한 사실을 깨닫자. 그러한 의미에서 이번 IMF 한파는 졸업생들에게 '고진감래'의 한 시련으로 생각하는 것이 필요하다. 도리스 매틴 카린 뷕의 다음 언급을 졸업생들에게 전해주고 싶다. "만회할 수 없는 기력의 소진 같은 어려움을 잘 극복할 수 있느냐 없느냐는 자신을 존중하는 마음, 세상을 바라보는 눈에 달려 있다." 이번 고통스런 경제난국을 오히려 재기의 발판으로 삼아 분발하는 기회로 활용하자는 것이다.

'위기'는 '위험'하다는 것과 '기회'가 주어졌다는 두 가지 의미가 내포되어 있음을 상기하자. 자! 힘내자. 다시 일어서자. 우주의 대기를 호흡하며 곰곰이 생각해 보자. 그리고 IMF를 "나는 F학점이다."라는 해석보다는 "IM Fighting."으로 해석하자. 더욱 중요한 것은 이번 졸업하는 학생들이 사회에 발 디딜때 주변의 따뜻한 배려가 필요하고, 그들의 가정과 친구들의 아낌없는 조력도 필요하다.

27 ▸ 새 출발 매력의 세 가지[28]

드디어 새 학기의 입학과 개학이 시작되었다. 작년에 헤어졌던 급우들과 악수하며 교수님들과 인사하니 반갑기만 하다. 이처럼 들뜬 분위기 속에서 우리는 새 학기를 맞이하였다. 그러면서도 우리는 이번 학기에 전년도보다 다른 다짐과 계획들이 있어야 할 것이다. 이러한 일들을 추진함에 매력적인 요소가 있어야 행동의 동기유발이 된다. 특히 주위의 상황에 유혹되기 쉬운 20대 청춘세대들의 경우는 행동의 동기유발이 중요하다.

그렇다면 대학에 있어 새 학기의 동기유발로써 매력적인 것은 어느 것들이 있는가?

첫째 신룡벌에서 가장 상큼하고 젊음을 간직한 '신입생'들이 있다는 점이다. 풋내 나는 새싹들은 겨우내 얼어붙었던 땅을 박차고 나오듯, 우리 교정에도 신입생들이 신룡벌을 채워 한층 밝은 분위기에 젖어 있다. 재학생들은 신입생들에게 형으로, 언니로 다가서서 친절하게 안내하는 동료가 되자. 그리고 신입생들은 선배 학생들에게 열린 마음으로 대화의 창을 열어 놓자. 신입생 여러분은 신룡벌에서 가장 젊은이들이 아닌가!

둘째 '새 책, 새로운 교수'를 접한다는 점이다. 초등학교 시절 가슴 벅차게 새 책 받아오던 기억이 있지 않은가? 새 선생님을 가까이 하려고 앞좌석에 앉았던 기억도 선명하다. 이제 우리는 새 학기에 당하여 새로운 수업과

---

28) 본래 제목은 「새학기 매력 3가지」이다.(<원대신문>, 1998년 3월 2일, 사설)

새 교과서를 접하고 새 교수님들을 강단에서 만나게 되니 설렘 가득하다.

셋째 '새 희망, 새 약속'을 갖는다는 점이다. 본교 S총장님이 지난 번 어느 모임에서 "희망을 갖는 태도는 삶에 무한한 가능성을 준다."고 하였다. 자기와의 다짐 속에 희망이 있음은 젊은 대학생들의 앞날에 무한한 가능성이 있음을 말한다. 새 희망으로 신학기를 다짐하는 대학생들이 되었으면 한다.

젊은이들이여! 우리는 과거 나가노 동계올림픽 쇼트트랙에서 고국 선수들이 투지로 금메달 3개를 거머쥐는 것을 보았을 것이다. 선수들이 쇼트트랙 500m나 1천m 출발선에서 '스타트'하는 것이 얼마나 중요한 지도 알게 되었다. 출발이 늦으면 좋은 성과를 거두지 못함을 우리는 너무 잘 알고 있기 때문이다. '신학기'에 접한 우리, 용기백배 호랑이해에 스타트 선에서 '새 출발'을 힘차게 하자.

학생들이 원하는 강의[29)]

며칠 전 180명의 원광대 신입생들에게 "학생들이 교수에게 원하는 강의가 무엇이냐?"는 설문을 한 적이 있다. 그것은 입학·개강과 더불어 본교 수업이 일제히 진행되는 시점에서 유익한 수업이 이루어질 수 있도록 하는 의미에서 시도된 것이다.

본 설문 결과에 의하면 학생들이 교수들에게 수업에 있어 요구사항은 크게 17가지로 나타났는데, 이를 대표성 있게 요약하여 4가지만 소개하고자 한다.

---

29) <원대신문>, 1998년 3월 9일, 사설.

첫째, 수업 내용의 전달에 있어 "쉽고 지루하지 않게 해달라."는 부탁이 응답자의 상당수였다. 일단 수업이 지루하면 학생들은 집중력을 상실하고 시계만 바라보기 일쑤이다. 주의력을 끌고 흥미진진한 수업이라면 강의의 효율성이 더해지리라 본다.

둘째, 교수님들이 "열성적으로 강의에 임해달라."는 점이 의외로 비중 있는 응답을 차지하였다. 힘없이 강의하는 교수보다는 힘주어 자신감 넘치게 강의를 한다면 학생들은 매료될 것이다.

셋째, 자유로운 분위기 속에서 "토론방식으로 기억에 남는 수업을 해달라."는 점도 많은 학생들이 요구하였다. 물론 대다수 학생들에게 토론방식의 문제점도 있으나 학생들은 고교시절 일방적 강의와 달리 대학다운 쌍방적 수업을 원한다.

넷째, 수업의 맥을 집어주고 "현실성 있는 강의를 해달라."는 부탁도 있었다. 오늘의 수업 진도를 항시 주지시켜 주고, 수업 내용은 현실성 있게 전달하는 것이 학생들로 하여금 문제의식을 갖게 해준다.

물론 대학의 바람직한 수업방법은 학생들이 교수에게 일방적으로 요구하는 것만이 능사는 아니다. 여기에는 학생들의 수업 듣는 태도가 무엇보다 중요한 일이다.

언젠가 「서울대 학생생활연구소」에서 대학생으로서 어떤 식으로 공부해야 할 것인가에 대해 일간지에 기고한 적이 있다. 그 내용을 보면 "강의를 잘 듣기 위해서는 교수의 강의 내용에 틀린 곳이 없나 하는 물음을 갖는 태도, 마음이 다른 곳으로 가지 않도록 하는 주의, 교수의 강의방식에 유연하게 적응하는 능력을 기르도록 한다."는 내용이다. 바로 이러한 점들을 교수와 학생들은 겸허히 경청해야 하리라 본다.

대학가의 분규와 데모 흐름을 보면 시류時流를 타고 있음을 알게 된다. 이를테면 70년대 후반부터 80년 초반은 민주화를 위한 대학가의 투쟁이, 80년대 중반-90년대 초반의 경우는 군부독재 타도에 대한 대학가의 투쟁이, 90년대 후반에 접어들면서 학내學內 자체의 분규 내지 후생복지 차원에서의 투쟁이 일고 있다. 이에 98년도 대학가의 분규는 주로 학내와 관련된 사안이 그 주류를 이루고 있는 것이 특색이다. 사실 새 학기를 맞아 전국의 대학가는 학내분규로 몸살을 앓고 있는 것이 이를 증명해준다.

근래 전남대는 치대 건물신축과 자료공간 확보를 요구하고 나선 적이 있다. 이러한 일은 다반사지만 2~3년 전 원광대의 치과대학생들이 건물확충을 요구하며 대학에 시위를 벌인 경우도 있다. 그 외에 동아리 공간확보 문제라든가, 휴게실 확보문제, 또한 구내 자판기 이익분배 등과 관련한 문제들도 어느 대학이든 다소의 문제가 있으리라 본다.

나아가 실제 교수채용과 관련하여 분규 의혹들은 어떠한 진상인가? 이를테면 서울대 치대의 교수임용 비리, 경산대의 교수채용 과정의 금품수수 의혹, 조선대 치대와 영암 대불대의 교수 임용관련 금품수수, 광주여대의 교수임용 금품제공 문제, 충북대의 교수채용 비리의혹, 순천대의 교수임용 비리, 고려대 의대의 교수임용 비리의혹 등이 그 주류를 형성하였다.

아울러 대학가의 분규 씨앗은 총장 선출 문제로 인해 달아오르고 있다. 이미 총장선거를 치렀거나 앞으로 실시할 대학은 고려대를 비롯하여 한국외대, 건국대, 인하대, 충북대, 전북대 등 전국 40여개 대학인 것으로 알려졌다. 여기에 충북대, 인하대, 덕성여대 등 일부 대학은 교수간의 마찰 및 재단과 교수협의회 사이의 갈등이 증폭돼 총장 선출을 놓고 혼미를

---

30) 본래 제목은 「대학내 분규들」이다.(<원대신문>, 1998년 3월 16일, 사설)

거듭하고 있다는 소식이다.

이제 우리대학은 사전에 이러한 비리를 없애는데 노력을 해야 하며, 어떠한 비리의 빌미도 주어서는 온당치 못하다. 사실 본교는 교수임용에 있어 금품을 수수하는 일 없이 투명성을 보장한 채 공평하게 해왔음을 학교 당국자들은 자신 있게 말하고 있다. 아울러 후생시설 확충의 문제나 총장선출 문제 등에서도 순리에 따라 자유의 원칙하에 지켜져야 하리라 본다.

30 절약과 애국심[31)](#)

경제 한파를 극복하는 뾰족한 방법, 즉 해결의 '키(key)'는 없는가? 외국 속담에 "Conservation is the key."(절약이 키이다)라는 말이 있다. 난국을 극복할 수 있는 키는 다름 아닌 절약이라는 뜻이다. <원대신문> 좌측 상단에도 교훈처럼 새겨지는 말이 있는데, "절약생활 체질화로 튼튼한 나라경제"라 쓰여져 있다. 이처럼 경제적 어려움을 감내할 수 있는 길로는 절약이 최선이라는 현실이다.

오늘날 절약정신은 가장 좋은 미덕중의 하나로 부상하고 있다. 근대 자본주의 정신을 개척한 벤자민 프랭크린은 "무엇을 절약할 수 있을 것인가?"를 삶의 화두로 삼기도 하였다. 이에 본교 총학생회에서도 '알뜰장터'를 열었으니 절약정신에서 보면 바람직한 일이라 본다.

절약의 일환으로 우리는 '아나바다' 운동을 곳곳에서 펼친 경험이 있다. 대학과 관련된 연구단체에서도 아나바다 운동을 실천하였다. "연구 기자재도 나눠 쓰고 바꿔 씁시다."라는 케치프레이즈를 가지고 대덕 연구단지

---

31) 본래 제목은 「대학위기, 아나바다로」이다(<원대신문>, 1998년 3월 23일, 사설)

내 「한국과학재단」이 전국 대학과 연구소 등을 대상으로 연구기자재와 시약을 공동 사용하거나 바꿔 쓰기의 '연구기자재 아나바다' 운동을 펼쳤다.

대학생들도 애교심 및 애국심은 아나바다 운동의 실천에서 더욱 발휘된다는 사고방식을 확산시켜야 하리라 본다. 그런 의미에서 대학이 아나바다 운동을 실천에 옮기고 이에 동참하는 일이 필요하다. 이에 '아나바다'의 실천 방안을 다음과 같이 예시하고자 한다. '아'=전기·수도물 아껴 쓰자. '나'=시설물·실험기구을 나눠쓰자. '바'=교직원 장터를 마련하여 안 쓰는 물건 바꿔 쓰자. '다'=레포트 용지·컴퓨터 용지 이면을 다시 쓰는 것이 이것들이다.

이런 흐름에서 S총장은 숭산기념관에서 아침기도를 마치고 「대학 위기」를 지적하며 동참 교직원들에게 다음과 같이 말한 바 있다. "이 경제난국에 본교의 물자를 아끼는 문제, 인원감량 등 구조 조정하는 문제에 교직원들이 협력하여 주었으면 한다." 본교를 내 집처럼 알아 전기를 아끼고, 시설물을 나눠 쓰며, 재생용지를 사용하고, 보은 장터도 열어 위기를 극복하자.

31 인사와 기본 에티켓[32)]

우리 동양인은 의례 인사말로 "식사하셨습니까?"라고 한다. 이에 대해 막스 베버는 영국의 "안녕하십니까?"를 '식사'라는 말로 대신하는 동양인들에 대해 관심을 표명하였다. 요즈음 우리는 반가운 의미에서 인사 표현으로 '안녕'이든 '식사'든 양자를 통용하고 있다.

우리나라는 '동방예의지국'이라 하여 예절바른 국가로 널리 알려져 왔

---

32) 본래 제목은 「인사에 인색한 학생들」이다.(<원대신문>, 1998년 3월 30일, 사설)

다. 어렸을 때부터 어른을 만나면 "인사 잘 해라."는 말을 귀가 따갑게 들을 정도로 교육을 받아왔다. 이러한 덕택에 모두가 인사 잘하는 것을 삶의 미덕으로 여긴다.

그런데 어느 때부터인가 청소년들의 인사성이 과거보다 인색해졌다. 그것은 다름 아닌 요즘 대학생들의 상당수가 교직원을 만나면 인사를 잘 안하는 것도 포함된다. 그야 안면이 없는 교직원을 보면 인사를 안 할 수 있지만, 과거 배웠던 교수를 교정에서 만나도 인사를 하지 않는 것이 아쉽다는 것이다.

서강대 학보사가 학생 200명과 교수 19명을 상대로 실시한 앙케이트를 보자. 즉 수업시간에 담당교수에게 인사를 하는지의 여부를 조사하였는데, 학생들은 "남들이 하면 따라 한다."가 37.5%, "인사를 하는데 신경 쓰지 않거나 인사하지 않는다."는 56%, "빠뜨리지 않고 인사한다."는 6.5%에 불과하였다. 과반수가 수업을 듣는 교수에게 인사를 하지 않는 것으로 나타났다.

교양수업을 받은 학생으로서 안면이 있는 학생임이 분명한데 시선이 마주쳐 앞을 지나가는데도 모른 척하고 가는 것을 보고 속이 상한 교수들이 많으리라 본다. 이에 어느 학생에게 "수업을 들은 교수들을 보면 인사를 하느냐?"고 물은 적이 있다. 그러자 그 학생은 "요즘 학생들은 교수를 보면 상당수가 인사를 안 해요."라고 답하는 것을 보고 놀랐다. 그래도 다소 위안이 되는 것은, 학생이 소속한 학과 교수들에게는 인사를 잘 하는 모양이다.

고 이건희 삼성 전회장은 국가 경쟁력과 관련하여 국제사회가 요구하는 에티켓에 대해 언급하였다. 그는 초등학교 때부터 국제사회가 요구하는 기본 에티켓을 가르치는 것이 필요하다고 하였다. 그의 지적대로 사회에 나갈 대학생들이 기본 에티켓으로 인사에 인색하다면 앞길 개척은 더욱 험로가 될 것이다.

본교 신입생들이 대학에서 가장 하고 싶은 조항 여섯 가지 중에서 꼴찌를 차지한 것은 '학생회운동'이다(4%). 그만큼 요즈음 대학생들은 학생운동에 별 관심이 없는 것도 사실이다. 그들은 학생운동보다는 동아리 활동이나 미팅, 그리고 자신의 전공에 더 많은 관심을 기울인 탓도 있겠으나, 그보다 학생운동이 투쟁 일변도로 향했고, 또 학생들에게 호소력 있는 운동을 유도하지 못한 원인이 크다고 본다.

근래 29개 '대학총학생회'가 새로운 학생운동 연대기구를 만들겠다고 선언하였다. 며칠 전 29개 대학총학생회가 새 학생운동기구를 만들겠다고 선언하고 나섬에 따라 학생운동권이 변화의 조짐을 보이고 있다. 1987년 전대협이 결성, 와해된 이후 학생운동권이 10년여 만에 변신하고 있다는 소식이다. 이들 주체세력은 '사람사랑' 계열과 '새벽그룹'의 총학생회들이 주축인 것으로 알려졌다.

그들이 새로운 결성체를 구성하는 마당에 과거와 같은 학생운동은 이제 그만했으면 하는 바람이다. 왜 한총련이 붕괴되기에 이르렀는가를 그들은 적극 검토, 분석하여 그러한 전철을 다시는 밟지 않았으면 한다. 한총련 탈퇴의 대학이 수십 개로 늘어난 이유가 무엇인가를 면밀히 살펴볼 필요가 있다는 것이다. 본교 역시 작년 한총련 탈퇴를 선언하였음을 감안하여, 총학생회를 이끌어가는 학생 대표들은 학생운동의 새로운 이정표를 세워가야 한다.

이번 전국 학생운동 연대기구에서는 다음과 같은 비전을 제시하고 있어 그들이 진정으로 새로운 탈바꿈을 호소하고 있는 것 같아 일단 긍정하고 싶다. 그들은 진취적 슬로건을 내걸고 있기 때문이다. 즉 투쟁중심의 학생

---

33) 본래 제목은 「학생운동의 변화 조짐이다」(<원대신문>, 1998년 4월 6일, 사설)

운동을 지양하고 대학개혁, 북한돕기, 취업대책 등 학생들과 함께 하는 학생운동 쪽으로 전환한다는 것이다.

본교를 방문했던 정동영 전 국회의원도 학생운동의 비전을 다음과 같이 말하였다. "학생운동은 사회에 소외된 계층을 감싸며, 비극적 정치구도를 타파하고, 계몽적이고 확장된 시각으로 분단의식을 극복하고 국민과 함께 하는 세력으로 거듭나야 한다." 이점을 잊지 말고 총학생회는 새로운 변신을 해야 한다. 학생운동의 놀랄만한 변신만이 침묵의 많은 학생들을 다시 응집시키는 동인이 됨을 알아야 한다.

33 익명성과 인터넷 예절[34]

21세기에 진입하여 인터넷 문화는 우리의 소중한 삶의 장으로 다가오고 있다. 최근 인터넷의 생활 기여도를 보면 「학업 연구에 중요」 39.6%, 「업무를 위해 중요」 23.7%로 나타난 것이 이를 잘 대변한다. 교내 역시 정보화 선진대학으로 인터넷 설치가 되어 있어 종이 없는 공문이 사이버 공간에서 시시각각으로 전달되고 있다.

엊그제 인터넷에 '유료 주차화' 문제로 2~3개의 글이 띄워져 있어 주목을 끈 적이 있다. 이러한 글들은 우리에게 활발한 정보 교환이라는 점에서 고무적인 일이라 본다. 그런데 환기할 것은, 인터넷에 교직원의 「토론마당」과 「알림마당」이라는 엄연한 두 종류의 정보 전달의 장이 마련되어 있음에도 불구하고 '혼용' 내지 '무명씨'로 게재하는 자가 종종 있다는 점이다. 물론 익명 게재의 경우 전산실에서 지운다고 하지만 한동안 버젓이 있는

---

34) 본래 제목은 「인터넷 예절의 실종」이다(<원대신문>, 1998년 4월 13일, 사설)

경우가 많았다.

쉽게 말해서 교직원 「알림마당」은 공문을 대신해서 공적으로 교직원들에게 알림의 마당이어야 함에도 불구하고 사적 불만(?)의 의견 토론의 성격이 짙은 내용들이 일부 익명으로 올려 있다는 것은 뭔가 잘못된 인상을 가져다준다. 물론 개인적으로 얼굴 없는 익명을 원하거나, 나의 의견이 「알림마당」에 들어가야 한다는 사적 판단을 우선하는 경우도 있겠지만, 이는 객관성과 예절을 갖춘 인터넷 문화를 먼저 생각해야 한다.

인터넷에 게재된 내용들에 있어 일부 익명성으로 띄우는 이유가 무엇인가? 중요한 사안임에도 불구하고 '원광인'이라든가, '무명씨' 등으로 얼굴 없는 이름들이 있다면 떳떳하지 않을 것이다.

아무튼 인터넷에 띄워진 내용들은 우리에게 무언가 생각하게 해주는 중요 사안들임에 틀림없어 긍정적인 측면이 많이 있음에도 불구하고 인터넷 예절의 실종은 아쉬운 일이다. 이처럼 개운치 못한 것은 인터넷 예절이 시급히 정착되어야 함을 뜻한다. 아울러 인터넷을 통해 보다 건전한 공감共感의 장이 형성되도록 우리의 관심도 뒤따라야 한다.

34 부모와 스승의 존재35)

근래 청소년 문제가 사회에 우려할 사항으로 인지되고 있다. 일본과 미국에서는 '무서운 10대'라는 말이 유행할 정도이다. 10대 청소년들이 일본에서 여교사를 칼로 찌르고, 미국에서는 총을 난사하는 일이 벌어져 세상 민심을 흉물스럽게 하고 있다. 이들 젊은이들이 사회에 물의를 일으

---

35) <원대신문>, 1998년 5월 11일, 사설.

키는 원인은 무엇인가?

그 주요 원인으로 그들이 부모와 스승으로부터 멀어진 탓이다. 이들 10대가 바로 대학에 들어와 대학생들이 되는데, 이들도 정체성을 찾지 못하고 있다면 부모와 스승의 그늘에서 벗어나기 일쑤이다. 이에 학교에서 수학하고 있는 일부 허약한 학생들을 책임지고 인성 교육과 전공 지도에 열성을 다할 선생님들의 사명을 깊이 새길 때이다.

대학 집단과 인연이 깊은 5월, 어버이날과 스승의 날을 맞이하여 학생들 지도에 열과 성을 할 두 주체 집단이 있다면, 그들은 부모와 교수 집단일 것이다. 부모님은 자녀를 대학에 오도록 물심양면으로 키워왔다면, 스승은 그들의 정신적 지도와 문맹으로부터 벗어나도록 교육을 정성껏 담당해주었다. 이에 부모 없이, 스승 없이 우리 젊은 자녀들의 존재는 상상하기 어렵다.

학생에 있어 스승과 부모는 원초적 인간관계이다. "스승과 학생, 부모와 자식만큼 원초적인 관계가 있을까?"라고 L교육부장관은 어느 언론에서 언급하고 있다. 이처럼 양자의 관계는 긴밀하고 원초적 관계로서 상호 모방하는 사이인 만큼 언행을 조심하는 사이가 되어야 한다. EQ교육에 관심을 가졌던 도리스 매틴은 말하기를 "학생에게서 교사는 부모와 마찬 가지로 집중적인 모방의 대상이 되는 밀접한 관계를 맺는 사람이 된다."라고 하여 스승과 부모는 학생들에게 모범적 행동을 권면하고 있다.

5월 8일 어버이날, 15일 스승의 날을 맞이하여 부자, 사제 상호 존재를 좀 더 깊게 생각하는 시간이 되었으면 한다. 청소년은 아직도 부모와 스승에게서 은혜를 입고 있는 존재이다. 그분들이 아니었더라면 정신적·육체적 도움을 어떻게 받았겠는가? 자녀는 부모를 닮고, 제자는 스승을 닮는다는 성자의 말씀을 새기고 서로 포용, 선도하는 일이 남아 있다. 원광대 창립주인 정산종사는 "자녀가 부모를 닮아 가듯, 제자도 스승을 닮아 가야 하나니…"라고 하였다. 5월과 더불어 스승의 말씀을 깊이 새길 때이다.

교수와 보직 감투36)

언젠가 매스컴에 지적된 우리나라 대학의 보직교수 비율이 전체 교수의 30%에 육박한다는 보고가 있어 곱지 않은 주목을 끌고 있다. 즉 보직교수 비율이 방만하여 학교운영과 예산낭비를 초래하고 있다는 지적이 그것이다. 이는 최근 교육부의 자료에 의한 것으로 전국 26개 국공립대학과 사립대의 경우가 포함된 것으로 알려져 있다.

사안의 심각성에서인지 어느 일간지 사설에서도 이를 비판하고 나섰다. 사설의 제목은 「감투 많은 교수사회」라 꼬집고 있다. 비판의 주요 핵심은 교수들이 보직을 맡으면 갖가지의 특혜로 여러 명목의 수당이 붙고 연금이 불어나는 혜택을 누린다는 것이다. 그래서 교수들은 다투어 감투를 쓰려하고 이 때문에 부학장, 학장보, 부처장, 부실장 등 종래에 없던 이상한 이름의 보직 자리가 늘어났다고 한다.

그렇다면 교수보직 비율의 문제에 있어 외국의 경우를 살펴보자. 미국 메릴랜드대는 9.2%, 일본 동경대는 3.4%에 불과하다. 우리나라 대학들은 평균 30%에 이르며, 특히 배재대는 56.5%, 연세대 47%, 건국대 46.3%에 이른다고 한다. 본교의 보직 현황은 어떠한가? 일례로 본교의 보직으로 교무위원은 타대학에 비해 다소 많은 편이라고 한다.

물론 보직을 맡은 교수는 자신의 연구시간을 헌납하고 대학에 헌신적으로 기여하는 경우가 많이 있음을 모르는 것은 아니다. 대학의 봉사 현장에서 그분들의 희생적 자세는 누구에게나 귀감이다. 그러나 일부가 혹시라도 보직을 입신출세의 감투로 생각하는 경우가 없는가 하는 점이 문제이다.

사실 보직을 맡게 되면 그 교수들은 개인 연구시간을 많이 빼앗기게 된다는 점도 무시할 수 없는 일이다. 유명한 사회학자인 루이스 코저는

---

36) <원대신문>, 1998년 5월 18일, 사설.

말하기를 "미국의 교수는 또 여러 가지 위원회의 일에 관계하고 있어서 이것 때문에도 퍽 많은 시간을 빼앗기고 있다."라고 하였다. 이어 그는 교수들이 시간은 부족하다면서 모순되게 행정적인 일에 자신의 시간을 소모하려 든다고 지적한다. 아무튼 전국의 대학에 보직 비율을 줄이는 일은 기업의 구조조정과 맞물리는 상황인 만큼 시급한 과제인 것만은 틀림없다.

36 ▷ 자매결연과 내실37)

가족이 혈연으로 자리하는 것은 형제자매의 친족관계 때문이다. 이 가족 관계처럼 사회 공동체에서도 돈독한 관계를 유지할 수 없다는 뜻에서 '자매결연'이 성립되었다. 성프란체스코는 땅과 금수를 '자매'로 삼아 사랑과 합일을 실천하였고, 미국의 타임워너사도 자매지 〈머니〉와의 관계에서 수시로 정보를 주고받아 첨단의 길을 걷고 있다.

본교 역시 그간 국외 35개 대학과 자매결연을 통한 교류관계를 맺어오고 있으며, 근래 러시아 울리아노브스크대학과 상호교류를 체결한 것이다. 이처럼 많은 교류관계가 성사되었음에도 불구하고 상당수 교직원들의 눈에 긍정적으로 다가오지만은 않다. 그것은 양적 확산 외에 질적 교류가 눈에 띄지 않기 때문이다.

이에 보다 알찬 국내 대학과 자매결연을 맺으면 하는 아쉬움이 있다. 특히 어려움에 처한 국내 대학들은 구조조정을 해야 하고, 경쟁력을 키우기 위한 꿈틀거림이 있어왔다. 곧 대학 경쟁력을 위해 국내의 대학 간 전략적 제휴가 요청되어 공동학점 인정, 교수의 상호 교류, 대학 간의 공동

---

37) 본래 제목은 「계명대와 자매결연이다(<원대신문>, 1998년 6월 1일, 사설)

프로그램을 적극 추진해야 한다는 단국대 모교수의 지적이 설득력을 더하고 있다.

이러한 상황에서 본교는 개교기념일에 '계명대'와 양 총장의 조인하에 자매결연식을 가졌다. 본교의 이러한 국내 교류는 처음인 것으로 '축복'이며 자매결연에의 기대가 더욱 커지게 된 것도 사실이다. 더욱 5월 29일 본교 소운동장에서 자매결연의 기념으로 계명대와 야구친선 게임을 하였는데, 이는 자매결연을 축하하는 첫 출발이었다

이제 자매결연도 양 위주가 아닌, 질 위주로 나아가야 하리라 본다. 질 위주란 내실 있는 교직원 교류, 학생교류, 각종 학술연구 공유 등에서 그 실마리가 풀릴 것이다. 차제에 계명대와 원광대의 자매결연에 있어 세 가지 특성을 살려 양교가 원하는 바, 기대에 찬 대학으로 남아있기를 요청한다. 첫째 영·호남 화합의 가교, 둘째 원불교와 기독교간 정신 공유의 가교, 셋째 지방 사학간 협력의 가교가 되었으면 한다. 특히 영남의 지방사학으로서 계명대와 호남의 지방사학으로서 원광대는 닮은꼴이 많은 점을 상기하여 자매결연의 좋은 결실을 맺었으면 하는 희망이다.

37 ▶ 모험과 방학38)

'방학放學'이란 어원은 한자로 보면 "학업에서 해방된다."는 의미이며, 영어로 보면 비우고 휴식하는 'Vacation'을 의미한다. 이처럼 방학은 한서寒暑를 피하기 위해 학생들이 학교에서 수업하는 것을 잠시 멈추고 일정기간 휴식에 접어드는 것을 말한다. 어느 누구나 학생을 경험한 사람들이라

---

38) 본래 제목은 「방학에 해야 할 세 가지」이다(<원대신문>, 1998년 6월 8일, 사설)

면 자유로움을 선사하는 방학을 좋아하는 것은 당연한 일이다.

대학의 여름 방학은 두 달 동안 이어진다. 이 기간이 길다고 하면 긴 시간이며, 60일 동안 무언가 계획을 세우고 열심히 노력하면 어떤 일이든 좋은 성과가 있을 것이다. 이와 달리 60여일의 방학을 허무히 보내는 경우도 많이 있다. 방학을 잘 보내고 잘못 보내는 일은 학생들의 의지, 즉 마음가짐에 달려 있다고 해도 과언이 아니다.

방학을 앞둔 대학생들에게 환기 차원에서 의미 있게 보내지 못하는 대표적인 경우를 다음과 같이 언급하고자 한다. 우선 무계획적으로 방학을 보내는 일이다. 계획 없이 방학을 보내므로 당연히 젊은 학창시절의 소중한 시간을 허송하고 만다. 다음으로 혹시라도 좋지 못한 친구들과 어울리는 일이다. 젊은 시절 여러 친구들과 어울리다 보면 신세 망치는 일이 얼마든지 있음을 알아야 한다. 개인적으로 상처를 줄 수 있는 불의의 사건 사고를 방지하기 위해서도 더욱 그렇다.

따라서 방학 동안에 권하고 싶은 다음 세 가지를 대학생 여러분에게 소개하고자 한다. 첫째, 알바를 권하고 싶다. 경제에도 눈을 떠 땀을 흘려보는 것을 경험하는 일은 인생 설계에 있어 더없는 가치가 있다. 둘째, 여행을 권하고 싶다. 물론 여행에는 자신의 처지에 따라 조심스럽게 하되, 여행의 목적을 분명히 하는 일이다. 독일 괴테의 이탈리아 피렌체와 나폴리의 여행은 그를 더욱 세계적 지성으로 성숙하게 했다. 셋째, 외국어 학원에 다니기를 권하고 싶다. 영어회화나 제2외국어를 배워 국제 경쟁력을 키우는 일이다.

어쨌든 방학의 본질은 학교생활의 연장이라는 사실에 있으며, 또한 삶의 재충전에 있다. 또 학기 중 부진했던 것을 재정비하는 데 그 가치가 있다. 이러한 사실을 잘 알아서 방학동안 해야 할 위의 세 가지 사항을 다부진 마음으로 미리 꼼꼼히 챙겨보는 일이 필요하지 않을까?

공백탈피의 리듬39)

방학 직전 본보 사설에 '방학에 해야 할 세 가지'를 언급한 적이 있다. 그것은 '아르바이트' '여행' '외국어 공부'에 관한 것이었다. 우리는 새 학기에 접어들어 방학동안 과연 이러한 3가지 일 중에서 하나라도 제대로 했다면 방학을 뜻있게 보냈을 것이며, 두 개 이상 실천한 사람은 방학을 매우잘 보냈을 것이다. 그리고 위의 3조항을 다 실천한 사람은 방학을 그야말로 성공적으로 보낸 사람들이라 본다. 이러한 사항들에 대해 아무지게 실천한학생과 그렇지 못한 학생 사이 방학생활의 질적 차이가 생길 것이다.

이제 2달여 긴 여름방학이 끝나고 새로 2학기가 시작되었다. 지난 방학은 우리나라의 경우 어려움이 많았다. 그렇지만 아쉬움과 추억의 일은 접어두고 학기 후반을 새롭게 시작하는 현 시점이라는 것을 자각해야 한다. 방학동안 생긴 공백을 탈피해서 학생 본연의 업무에 몰두하는 일이 보다 현명한 일이다. 그런 의미에서 방학의 공백을 탈피하기 위한 다음세 가지 사항을 살펴보자.

첫째, 방학의 공백에서 벗어나 생활 리듬의 균형감각을 찾아나서야 한다. 혹시라도 긴 휴식으로 인해 삶의 리듬이 깨졌다면 이를 벗어나도록하자. 둘째, 잠시 동안 있었던 학문과의 공백에서 벗어나 학문에의 지속성을 복원시켜야 한다. 학과 공부란 잠시라도 접어두면 새잡이가 된다는것은 잘 알고 있는 사실이다. 셋째, 한동안 헤어졌던 학교 친구들과의 재회를 통해 젊은이들 사이 유대감을 공유하는 일도 필요하다. 젊은 시절의대인관계는 소중하며, 인생의 동반자이기 때문이다.

이번 2학기 역시 소중한 한 학기에 해당한다. 이는 운동경기로 생각한다면 후반전이다. 후반전을 어떻게 뛰느냐가 승부의 성패로 판가름된다. 박세

---

39) 본래 제목은 「방학 공백의 탈피」이다(<원대신문>, 1998년 8월 24일, 사설)

리 전 골프선수도 골프에서 후반전에 해당하는 3~4회전을 매우 중요시하고 성적부진 만회의 기회로 삼았다. 건국 50주년의 광복의 기쁨 속에서도 취업난에 따른 대학생의 어려움이 가중되어 있는 한 학기이다. 이 모든 영욕의 일들을 우리는 거울삼아 새롭게 다시 시작하는 한 학기를 기약하자.

39 건강관리와 시설관리40)

개강과 더불어 학교 정원의 관리로서 전지剪枝하는 모습을 보면 우리 학교는 꾸밀수록 아름답다는 생각이 든다. 잔디구장과 화단의 잡초제거 작업도 이러한 면에서 우리 교내 캠퍼스를 시민공원처럼 아름답게 꾸미는 모습들이다. 교내 환경담당 부서에 갈채를 보내는 바이다.

이와 달리 우리가 스트레스 해소 및 건강관리 차원에서 실제로 이용하는 교내 운동기구에 대한 담당부서의 관심 소홀이 나타나고 있어 몇 가지 지적해 두고자 한다. 먼저 대운동장으로서 '잔디구장'의 모습을 보면 동편 좌우로 곳곳이 움푹 패여 조금만 비가 와도 물이 고인다. 몇 년 전 잔디구장 주변에 마사토 보완 작업을 한 것으로 알고 있으나, 잔디구장의 모습은 비만 오면 웅덩이처럼 물이 고여 축구하는 이들의 옷을 흙탕물로 만들곤 한다.

다음으로 교내 운동장 트랙에서 조깅을 하는 경우가 있는데 대운동장의 조깅 코스도 정비되어야 한다고 본다. 400m트랙을 돌다보면 움푹 패인 곳이 많으며, 비가 조금만 와도 질퍽질퍽해진다. 마사토로 보완하는 것이

---

40) 본래 제목은 「운동시설의 관리허술」이다(원대신문, 1998년 8월 21일, 사설). 현재(2021)는 대운동장의 인조 잔디구장으로 조성되어 있다.

필요하다. 그리고 100m트랙의 우레탄이 설치된 곳 역시 한 곳이 기울어져 비만 오면 그곳에 물이 고이고 있어 이의 관리 및 시정이 요청된다.

하나만 더 집고 넘어갈 사항으로, 운동장의 축구대, 송구대, 야구장 그물 망, 농구대, 철봉 등 시설물의 재편이 아쉽다. 이동식 농구대가 들어와 운동장에 있는데 제각기 있는 경우가 있으며, 철봉 등 녹이 슨 곳도 있다. 그리고 테니스장 역시 대학인으로서 애용되는 곳이다. 그런대로 교직원 테니스장은 잘 보수되고 있으나 학생들의 테니스장은 보수가 늦어지는 성향이 있다. 바람막이 텐트라든가, 철조물 등의 상시 보완도 필요하다.

어쨌든 새 학기가 시작된 마당에, 우리는 건강이라는 21세기의 최고 상품을 인지하듯, 정원 가꾸기에 못지않게 건강과 스트레스 해소를 위한 교내 시설물 점검에 보다 많은 관심을 기울여야 할 때이다. 강의실에서 열심히 공부하고, 운동장에서 열심히 뛰노는 학생들의 체력을 위해 관련 당국에서는 세심한 배려가 요청된다. WHO의 규정에 의하면 심신의 '건강 이란 신체적, 정신적으로도 또 사회적으로도 양호한 상태'라고 하였다.

40 신룡벌의 자랑[41]

원광학원에 몸을 담고 있는 우리로서는 감정의 동물인 이상 희로애락이 없을 수 없다. 이에 요즘 우리를 기쁘게 하는 것들이 있어 '즐거움'을 함께 누리는 공유의 자세도 필요한 것 같다. 베이컨은 "학문하는 것이 기쁘다." 라고 했는데, 우리는 그저 몇 가지 사실이 있어 기쁠 따름이다. 우리는 다음 네 가지 사항을 음미해 보며 함박 같은 모습으로 한 번 크게 웃어보자.

---

41) 본래 제목은 「우리, 너무도 기쁜 점들」이다(<원대신문>, 1998년 9월 7일, 사설)

또 기쁠 때 웃어주는 것도 용기백배의 힘을 발하게 해준다.

첫째, 교내 인터넷의 홈런 타들이 우리를 즐겁게 한다. 대학총장들 모임이 지난 여름 처음으로 본교에서 열렸으며, 이의 실황 중계가 인터넷(리얼플레이어)을 통해 처음으로 생중계되었다. 또 얼마 전 본교는 우리나라 대학에서 처음으로 인터넷 방송을 시작하였다. 정보화 시대를 살아가면서 전국대학에서 본교가 이처럼 인터넷 선구가 되었다는 것은 매우 즐거운 일이다.

둘째, 캠퍼스가 너무도 아름답다. 전국 대학 캠퍼스대회라도 할 것 같으면 우리 대학이 또 선발될 수도 있을 것이다. 분수대의 물결, 아름다운 정원들, 잘 다듬어진 산책길들이 우리를 즐겁게 한다. 일부 신입생들에게 본교 입학 동기를 물어보면 학교 캠퍼스가 좋아서 왔다고 한다. 석양에 까치들의 날갯짓을 하며, 비둘기들이 한가롭게 날고, 여기저기의 아름다운 꽃들이 젊은 청소년의 가슴 속에 와 닿는다. 허균이 말한 율도국 같은 캠퍼스의 모습을 보기만 해도 즐거운 일이다.

셋째, 군산 의료원의 경영권 취득, 군포병원의 흑자운영, 광주한방병원의 확대 등은 우리로 하여금 또한 마음을 설레게 만든다. 얼마 전 전북대와 본교의 경합 속에 일궈낸 군산의료원 경영권 확보라든가, 군산과 전주의 한방병원의 활동상, 서울 근교지역의 군포병원의 개업 이 모두가 젊은 인재의 일터를 일구어낸다는 점에서 아름답기만 하다.

하나 더 우리를 설레게 하는 것이 있다. 그것은 우리 대학이 '도덕' 대학을 표방하고 있는데, 「선과 인격수련」 수강학생 지원자들이 갈수록 늘어나 1천명이 넘어선다고 하는 점이다. 각박한 사바세계에 도의실천을 향한 마음 수련생들이 늘어나는 일은 여간 즐겁지 않은 일이다. 이처럼 좋은 일들이 지속된다면 지방대학의 핸디캡을 물리치고 반드시 명문사학의 금자탑을 이룰 수 있을 것으로 확신한다.

41   셀카봉과 겨울방학[42)

발명은 필요의 어머니라 했던가? 고대에 미분未分의 시간 속에서 시계가 없었던 때에 아낙시만드로스는 최초로 해시계를 발명하였으니 편리하게 시간의 흐름을 알아내었다. 그는 밀레토스에서 살았으며 그의 친구인 탈레스와 더불어 신 발명품을 만들어낸 것이다.

무엇이든 우리가 필요를 느끼면 발명품은 나타나기 마련이다. 앨빈 토플러에 의하면, 비행기는 결코 날지 못할 것이라고 장담하던 과거의 그 모든 전문가들을 기억해 보라고 했는데 지금 비행기들이 세계 곳곳을 날아다니며 여행의 기쁨을 선사한 것이다.

2015년의 최대 발명품과 인기품목은 단연 셀카봉으로 이는 전 세계적으로 유명세를 탔다. 셀카봉이 올해의 최고 인기품목으로 유명세를 탄 것은 그것이 우리에게 필요하였기 때문이다. 과거의 경우 자신의 사진을 찍기 위해서는 반반한 곳에 번거롭게 삼각대를 설치해 놓아야 했는데 이제 셀카봉만 있으면 어디서든지 쉽게 자신의 사진을 찍을 수 있게 된 것이다.

여기에서 셀카봉이 우리가 맞이하게 되는 '겨울방학'과 유사점이 있다는 점이다. 어떠한 점에서 이러한 유사점이 있는가를 다음 세 가지 측면에서 접근해 보고자 한다.

첫째, 겨울방학은 '자신 스스로를 바라보는 시간'이라는 점에서 셀카봉과 유사점이 있다. 셀카봉 역시 자신 스스로를 바라보며 사진을 찍고자할 때 요긴하게 쓰인다는 점이다. '나' 자신을 사진으로 담고자 할 때에 타인에게 의뢰하지 않고 곧바로 사진을 찍을 수 있으며, 그것은 겨울방학이나 셀카봉이나 자신 스스로를 바라보는 점에서 유사점이 있는 것이다.

둘째, 겨울방학은 대학생활에 있어서 잊지 못할 '추억'이자 '역사'의 장

---

42) <원대신문>, 2014년 12월, 「신룡벌단상」.

면이라는 점에서 셀카봉과 관련이 있다. 셀카봉은 자신의 사진을 찍어둠으로써 자신의 지난 추억과 역사를 만들어내는 기구이기 때문이다. 겨울방학을 보람 있게 보내든 보내지 못하든 간에, 2-3개월의 긴 방학은 대학생활에 있어서 추억의 한 장면이 된다. 1년에서 4년까지의 역사를 더듬어 볼 때 방학이 지니는 학창시절의 궤적은 크기만 하다.

셋째, 겨울방학은 대학생들에게 있어서 여행의 기회가 된다는 점이며, 셀카봉 역시 여행에 있어서 필수품이 되어가고 있다. 특히 홀로 여행을 할 때에 아무리 좋은 경치와 풍물을 답사한다고 해도 셀카봉이 없다면 자신의 사진을 담아둘 수 없다는 점을 고려해봄직한 일이다.

이제 겨울방학과 셀카봉의 상호 관련성을 알았으리라 보며, 몇 가지를 언급해 본다. 우선 겨울방학을 자신관리에 철저히 해달라는 것이다. 나의 일을 남이 해주는 것이 아니다. 내가 나의 일을 스스로 해야 하므로 겨울방학에 자신의 미래 일을 해결한다는 차원에서 자신불공을 해달라는 것이다. 겨울방학을 추억의 시간으로 만들고, 그것이 인생 전체를 통해볼 때 역사의 한 장면이 되는 시간이 되어달라는 것이다.

다음으로 겨울방학 때 움츠리지 말고 여행을 한번 해보라고 권하고 싶다. 배낭여행이든 패키지여행이든 상관이 없겠지만 배낭여행을 권하고 싶다. 여행지 역시 국내 여행이든 국외여행이든 상관없다. 중요한 것은 여행은 최고의 스승이라는 점을 생각해보면 대학시절 최고의 스승을 모시고 체험을 해보라는 뜻이다. 대학생들은 방학을 이용하여 배낭여행을 하며, 올레길 여행을 계획하는데 있어서 대학생 여러분 겨울방학 때 셀카봉을 꼭 챙겨야 할 것이다.

요즘 캠퍼스를 거니노라면 많은 콜택시들이 드나드는 것을 본다. 우리가 택시를 타는 것은 시간적으로 쫓기거나 비가 내리는 날의 경우라면 이해할 법한 일이다. 그러나 맑은 날씨, 더욱이 걷기 좋은 선선한 날씨에도 많은 택시들이 드나드는 모습을 볼 수 있다.

차가 많이 드나드는 관계로 교정에서 작은 교통사고들이 목격되곤 한다. 교내에서는 속도를 줄여야하는데도 바쁘다는 핑계로 속력을 줄이지 않는 차량을 볼 수 있으며, 오토바이의 굉음은 강의실의 훼방꾼으로 나타난다.

원광대학 캠퍼스는 잘 가꾸어진 공원과 같은 곳으로서 형설의 탑이자 청춘남녀의 산책코스라고 할 수 있다. 수덕호 분수대를 보면 사색의 창이 열리는 것 같고 수목원 역시 산책코스로 적격이라 본다. 요즘 수목원은 유치원생들의 소풍코스가 되고 있는 모습이다.

캠퍼스에서 청춘남녀가 산책하면서 데이트가 이루어지는 경우는 부지기수이다. 일례로 1971년 빌 클린턴 미국 전 대통령이 대학 캠퍼스를 산책하면서 미국의 현 국무장관 클린턴여사와 데이트가 이루어졌으니, 캠퍼스 산책을 계기로 결혼에까지 이른 것이다.

필자가 조교시절, 숭산 박길진 초대총장은 저녁이면 캠퍼스를 산책하곤 하였다. 대학의 초석을 다진 분으로서 산책하던 중 사색에 젖어들던 모습이 눈에 선하다. 『숭산문집』을 보면 그 감회를 감지할 수 있다. "나는 산에 올라 솔밭을 거닐며 인생 문제를 세계정세와 역사 흐름에 대해 많은 생각을 하였다." 어려웠던 시절에 산책하면서 새로운 구상들을 했을 것이다.

요즘 산책하기 좋게 올레길이 개발되고 있다. 제주도를 비롯하여 우리나라 산수 좋은 곳곳에 오솔길들이 등장한 것이다. 익산 함라산 주위의 올레

---

43) <원대신문>, 2012년 6월 11일, 「신룡벌 단상」

길이 있어 산책을 하곤 하는데, 시골정경의 친환경 산책로를 잘 만들었다고 보며, 등산객들이 주말이면 자주 찾는다.

시인들, 소설가들은 아이디어가 떠오르지 않을 경우, 길을 무작정 걷는다고 한다. 생각이 잘 나지 않을 경우 걷다 보면 산뜻한 아이디어가 떠오르는 경우가 많기 때문이라는 것이다. 필자도 논문을 쓰다가 막히면 무작정 캠퍼스 주위를 걷고 수목원도 자주 걷는다.

『서 있는 사람들』의 저자, 법정스님도 말하기를 "연구실에서 풀리지 않던 문제가 산을 오르거나 바닷가를 산책하는 무심한 여가에 문득 풀리는 수가 있다."고 『맑고 향기롭게』라는 저서에서 언급하였다. 걸을 거닐며 서 있는 사람들을 보면 맑고 향기로운 새로운 아이디어가 솟구칠 것이다.

오늘날 많은 젊은이들이 걷는 것을 싫어하는 사람들이 많다는 것을 알게 되었다. 땀이 나서 싫고, 아파서 못 걷고, 걸으면 피곤해서 싫고, 바빠서 싫다는 것이다. 나름대로 이유가 있을 것이다. 걷는 것을 싫어하는 이유가 혹 편의주의로 살아왔던 생활습관 때문이 아닐까 의구심을 가져본다. 걷기를 싫어하면 비만해지기 쉽고 인내력이 없어진다.

가능한 교내 캠퍼스에 택시를 타고 들어오는 것을 삼가자. 학생들은 콜택시를 자제하고, 교직원들도 대학 캠퍼스에서는 승용차를 놓고 걷는 습관을 길들이자. 강의실이 좀 멀다하여 차로 운행하면 대학은 승용차로 몸살을 앓을 것이다.

이제 캠퍼스를 여유롭게 걷는 산책로라 생각하여 낭만의 거리로 만들자. 쇼펜하우어가 철학체계를 세우기 위해서 수목 사이로 명상을 하면서 산책하곤 하였다고 한다. 산책을 하면서 수목의 싹이 터져 나오는 것을 보고 큰 소리를 내고 기뻐했다는 것이다.

여유롭게 걷고 또 걸으면 건강도 좋아지고 캠퍼스의 많은 생명체들과 대화할 수 있다. 바쁘다는 구실로 걷는 것을 힘들어한다면 우리의 심신은 더욱 나약해짐은 물론 캠퍼스 내에 교통순경이라도 두어야 할 판이다.

| 저자 소개 |

■ 哲山 류성태

現 원광대학교 원불교학과 교수
現 원광대학교 대학원 한국문화학과 주임교수

■ 주요 저서

- 원불교와 동양사상(1995)
- 동양의 수양론(1996)
- 성직과 원불교학(1997)
- 경쟁사회와 원불교(1998)
- 정보사회와 원불교(1998)
- 지식사회와 성직자(1999)
- 지식사회와 원불교(1999)
- 21C가치와 원불교(2000)
- 중국철학사(2000)
- 정산종사의 인품과 사상(2000)
- 정산종사의 교리해설(2001)
- 원불교인은 어떠한 사람들인가(2002)
- 원불교인, 무얼 극복할 것인가(2003)
- 소태산과 노자, 지식을 어떻게 보는가(2004)
- 대종경풀이(상~하)(2005)
- 원불교 해석학(2007)
- 정산종사법어풀이(1~3)(2008)
- 정전풀이(상~하)(2009)
- 정전변천사(2010)
- 장자철학의 지혜(2011)
- 원불교와 깨달음(2012)
- 견성과 원불교(2013)
- 원불교와 한국인(2014)
- 원불교 100년의 과제(2015)
- 중국철학사의 이해(2016)
- 불교와 원불교(2018)
- 개혁정신과 원불교(2020)
- 세상읽기와 원불교(2021)

세상읽기와 원불교

초판 인쇄   2021년   11월 15일
초판 발행   2021년   12월 1일

지 은 이 | 류성태
펴 낸 이 | 하운근
펴 낸 곳 | 學古房

주   소 | 경기도 고양시 덕양구 통일로 140 삼송테크노밸리 A동 B224
전   화 | (02)353-9908 편집부(02)356-9903
팩   스 | (02)6959-8234
홈페이지 | http://hakgobang.co.kr/
전자우편 | hakgobang@naver.com, hakgobang@chol.com
등록번호 | 제311-1994-000001호

ISBN 979-11-6586-429-3 93220

값 : 22,000원